商务部国际贸易经济合作研究院学术文丛

亚洲时刻：
新时代的全球发展治理
与地区合作

Asian Moment：

Global Development Governance and

Regional Cooperation in the New Era

姚　帅◎著

中国商务出版社

· 北京 ·

图书在版编目（CIP）数据

亚洲时刻：新时代的全球发展治理与地区合作／姚帅著. —北京：中国商务出版社，2023.7（2024.5重印）

ISBN 978-7-5103-4328-5

Ⅰ.①亚…　Ⅱ.①姚…　Ⅲ.①亚洲经济—区域经济合作—研究　Ⅳ.①F13

中国版本图书馆 CIP 数据核字（2022）第 103840 号

亚洲时刻：新时代的全球发展治理与地区合作

YAZHOU SHIKE：XINSHIDAI DE QUANQIU FAZHAN ZHILI YU DIQU HEZUO

姚　帅◎著

出　　版：中国商务出版社	
地　　址：北京市东城区安外东后巷 28 号	邮　　编：100710
责任部门：融媒事业部（010-64515164）	
责任编辑：云　天	
直销客服：010-64515164	
总 发 行：中国商务出版社发行部（010-64208388　64515150）	
网购零售：中国商务出版社淘宝店（010-64286917）	
网　　址：http://www.cctpress.com	
网　　店：https://shop595663922.taobao.com	
邮　　箱：631229517@qq.com	
排　　版：北京天逸合文化有限公司	
印　　刷：北京明达祥瑞文化传媒有限责任公司	
开　　本：787 毫米×1092 毫米　1/16	
印　　张：22.5	字　　数：337 千字
版　　次：2023 年 7 月第 1 版	印　　次：2024 年 5 月第 2 次印刷
书　　号：ISBN 978-7-5103-4328-5	
定　　价：79.00 元	

凡所购本版图书如有印装质量问题，请与本社印制部联系（电话：010-64248236）

总　序

商务部国际贸易经济合作研究院（以下简称研究院）从 1948 年 8 月创建于中国香港的中国国际经济研究所肇始，历经多次机构整合，已经走过七十多年的辉煌岁月。七十多年来，研究院作为商务部（原外经贸部）直属研究机构，始终致力于中国国内贸易和国际贸易、对外投资和国内引资、全球经济治理和市场体系建设、多双边经贸关系和国际经济合作等商务领域的理论、政策和实务研究，并入选第一批国家高端智库建设试点单位，在商务研究领域有着良好的学术声誉和社会影响力。

商务事业是经济全球化背景下统筹国内、国际双循环的重要枢纽，在我国改革开放、经济社会发展和构建新发展格局中发挥着重要作用。新时期经济社会的蓬勃发展对商务事业及商务领域哲学社会科学事业的理论、政策和实务研究提出了更高的要求。近年来，研究院在商务部党组的正确领导下，聚焦商务中心工作，不断推进高端智库建设，打造了一支学有专攻、术有所长的科研团队，涌现出了一批学术精英，取得了一系列有重要影响力的政策和学术研究成果。

为了充分展示近年来研究院国家高端智库建设所取得的成就，鼓励广大研究人员多出成果、多出精品，经过精心策划，从 2021 年开始，研究院与中国商务出版社合作推出研究院"国家高端智库丛书"和"学术文丛"两个系列品牌出版项目，以支持研究院重大集体研究成果和个人学术研究成果的落地转化。

首批列入研究院"国家高端智库丛书"和"学术文丛"出版项目的作者，既有享受国务院政府特殊津贴的专家，也有在各自研究领域内勤奋钻研、颇具建树的中青年学者。将他们的研究成果及时出版，对创新中国特色社会主义商务理论、推动商务事业高质量发展、更好服务商务领域科学决策都有着积极意义。这两个出版项目体现了研究院科研人员的忠贞报国之心、格物致知之志，以及始终传承红色基因、勇立时代潮头的激情与责任担当。

我相信，未来一定还会有更多研究成果进入"国家高端智库丛书"和"学术文丛"。在大家的共同努力下，"国家高端智库丛书"和"学术文丛"将成为研究院高端智库建设重要的成果转化平台，为国家商务事业和商务领域哲学社会科学研究事业作出应有的贡献。

值此"国家高端智库丛书"和"学术文丛"出版之际，谨以此为序。

商务部国际贸易经济合作研究院

党委书记、院长

顾学明

2022 年 8 月

推荐序

　　姚帅同志是我所指导的学生中，同我学习时间最长的学生。从本科到硕士再到博士——我很欣慰，一路见证她逐步成长为我国对外援助政策研究领域的青年专家。姚帅同志热爱自己从事的事业，十年前她再次回到母校，在工作之余攻读博士学位，将对外援助作为研究对象，希望通过学术深造提升自己的研究水平和工作能力。今天推出的这本著作，凝结了她十余年援外研究工作的持续跟踪和思考。她把对外援助和国际发展合作放在全球发展治理和亚洲地区合作的大框架中进行分析，呈现了理解国际问题的新的视角。

　　当前，世界面临百年未有之大变局，在新冠肺炎疫情催化下，国际权力多极化演进增速。一方面，全球政治和经济格局呈现"东升西降"态势。经济上，全球经济发展的重心逐渐从北大西洋沿岸转移到亚太地区；政治上，中国的崛起、美国等西方国家对华遏制、地区热点频发，使得亚太越来越成为全球政治博弈主战场。另一方面，新兴大国与老牌强国力量对比呈现"南升北降"。新兴市场和发展中经济体发展势头迅猛，成为世界经济复苏和发展的重要引擎；而西方世界分裂和力量式微趋势加速，民粹主义、单边主义等思潮沉渣泛起，经济复苏乏力、难民危机、恐怖主义等使西方陷入持续困境。国际力量对比的深刻调整，意味着新格局不断发展的同时旧体系结构的瓦解，全球发展治理也随之发生深刻变化。

如今，全球发展遭遇逆流，发展动力不足、南北不平衡等问题依然突出。尤其对于发展中国家而言，如何在维护国家安全的同时实现国家发展进步，成为国家现代化过程中的重要课题。这就决定了，对外援助需要不断调整，以适应发展中国家的需要，更有效地应对复杂的全球挑战。

中国是一个奋发有为的崛起大国，已经成为影响世界大变局的重要因素，具有在力量、机制和规范上影响地区格局的能力。党的十八大以来，中国特色社会主义进入了新时代，在中华民族伟大复兴战略全局与世界百年未有之大变局相互交织、相互激荡、相互影响这一背景下，中国日益走近世界舞台中央，外交理论与实践创新不断推进，相继提出全球发展倡议、全球安全倡议和全球文明倡议，对外援助在其中发挥越来越重要的作用，推动周边外交和亚太外交亮点纷呈。

我很高兴地看到，姚帅同志这部著作的出版可谓恰逢其时。凭借对援助和国际发展问题的长期观察和思考，她以发展合作为主线，对全球发展治理形势、国别发展合作案例、国际发展议题进行了大量研究，比较分析了中日在东南亚的援助异同，对新时代中国国际发展合作和中国—东南亚发展合作前景提出了独到的见解。如今，这部著作付梓出版，将为社会和学界了解对外援助和国际发展合作提供宝贵的资料，也将展示出国际发展研究者对当前国际格局和地区合作的深入思考。

祝贺姚帅同志著作出版，很荣幸向读者推荐这部著作。

中国人民大学国际关系学院教授

黄大慧

2023 年 6 月

前　言

　　发展是人类社会的永恒追求。在百年变局叠加世纪疫情的背景下，地缘政治博弈加剧，全球经济复苏举步维艰，发展赤字持续扩大，粮食、能源、气候、难移民等非传统安全问题与传统安全问题交织共振，多重危机导致全球可持续发展成果遭遇逆转，全球发展治理面临重重挑战。尽管人类已进入动荡变革的时代，发展依然是时代主题。习近平总书记多次强调："发展是人类社会的永恒主题。"党的二十大报告指出：和平、发展、合作、共赢的历史潮流不可阻挡，人心所向、大势所趋决定了人类前途终归光明。

　　对外援助作为国际政治经济关系中的一个重要现象，是全球治理体系的重要组成部分，也是主权国家、国际组织、非政府组织等行为体参与全球发展治理的主要方式。第二次世界大战结束后，1947 年美国"马歇尔计划"的实施开启了现代社会大规模对外援助的序幕，以 1949 年美国总统杜鲁门提出针对亚非拉不发达地区实行经济技术援助的"第四点计划"为标志，真正意义上的以发达国家为主导、针对发展中国家的对外援助格局开始形成。冷战期间，美苏从各自的国家战略、地缘利益出发，在军备竞赛、政治经济制度竞赛中，通过对外援助扩大各自的阵营。冷战结束后，世界政治经济局势发生了巨大变化。随着全球化的深入发展，以及以 2000 年联合国千年发展目标（MDGs）和 2005 年《援助有效性巴黎宣言》为标志的南北关系的变化，对外援助的重点从政治军事逐渐转向了经济发展。2015 年通过的 2030 年可持续发展目标（SDGs）标志着发展问题超越南北界限，成为全球面临的共同问题，国际社会就实现更为广泛的发展目标并从经济、社会、环境、文化、权利、能力等多方面推进全球发展达成共识。在此背景下，超越传统"对外援助"的"发展合作"概念得到越来越广泛的接受，南南合作提供方、非政府组织、私营部门等多元主体在全球发展治理中的积极作用越来越凸显。随着全球挑战的加剧，尤其在新冠肺炎疫情席卷全球、俄乌冲突久拖不决、地缘政治环境复杂化的新形势下，发展问题逐渐成为国际关注焦点和大国博弈前沿，使得援助在国际关系中的角色越来越重要。

2022 年，"亚洲时刻"成为全球发展治理的关键词，东盟国家成功主办二十国集团峰会、亚太经合组织领导人非正式会议、东亚合作领导人系列会议三场重要多边会议，在充满挑战的地缘政治环境之下，以"东盟方式"聚焦亚太、聚焦发展、聚焦合作，为地区和全球治理作出亚洲贡献。事实上，近些年全球发展治理已经呈现出重心东移的变化趋势，尤其是以东盟为中心的亚洲地区正在成为发展关键和合作重点。一方面，东南亚地区展现出强劲的发展动力，尽管受新冠肺炎疫情冲击，但东盟宏观经济前景良好，是全球疫后复苏的增长引擎。2022 年 1 月 1 日，《区域全面经济伙伴关系协定》（RCEP）正式生效，地区经济吸引力和增长动力进一步提升。另一方面，随着美国推出"印太战略"，东南亚地区成为国际力量博弈的竞技场，也成为域外国家开展发展合作的"热土"，与此同时，东盟更加强调"中心地位"，在地区发展中表现出强烈的自主性和主导性。这也是本书之所以命名为"亚洲时刻"的原因所在。本书试图从宏观层面分析全球发展合作的特点与趋势，并聚焦东南亚，观察地区发展合作。

当前，中国正在向实现第二个百年奋斗目标迈进，进入贯彻新发展理念、构建新发展格局、推动高质量发展的新发展阶段。随着 2021 年全球发展倡议的提出，发展合作在国家总体战略中的地位之高、作用之大前所未有，对传统对外援助向国际发展合作转型升级提出了更高要求。经过 70 余年的探索与创新，中国—东南亚发展合作已成为当今全球发展治理与地区合作的典范。2021 年迎来中国—东盟建立对话关系 30 周年，双方关系提升为全面战略伙伴，聚焦并优先发展成为双方共识，随着东南亚成为推动落实全球发展倡议的优先地区，中国与东盟发展合作迈上新的台阶。2023 年恰逢中国—东盟命运共同体提出十周年，在此背景下，本书也将基于 70 余年的中国—东南亚发展合作历史经验，着重总结新时代十年所取得的成就及中国特色发展合作优势，思考新时代发展合作的未来走向。

本书结合新的国际形势，重点研究全球发展治理与地区合作的实践，主要分为三个部分，共八章。第一部分为宏观阐释，第一章分析全球发展合作的形势变化，第二章以发达国家、新兴经济体为例，从国别和机构层面研究国际发展政策与实践经验，第三章从发展议题视角出发，分析在基础设施、气候治理、人道主义等领域的发展合作趋势与实践。第二部分聚焦东南亚地区，第四章从地区层面研究发展需求与国际发展合作特点，第五章以东南亚地区最重要的援助提供方日本为例，系统梳理日本对东南亚的官方发展援助历史演进，并重点分析日本在软援助和安全领域的援助特点。第三部分关注中国—东南亚发展合作，第六章回顾 70 余年的中国—东南亚发展合作历程、总结各阶段特点，第七章比较研究中国与日本在东南亚的援助，并展望两国在东南亚的发展合作未来，第八章在总结新时代中国国际发展合作优势与挑战的基础上，提出聚焦发展以构建更紧密的中国—东盟命运共同体的具体思路。

本书试图在回答这样的问题：在百年变局之下全球发展治理发生了什么变化，发展合作能够在大变局中继续发挥什么作用，中国又能在其中扮演什么角色？为此，笔者在本书开始就提出，长期以西方为主导的发展治理旧秩序正在被突破，一个全新的全球共谋发展、共促发展的"全球发展时代"正在来临。与此同时，中国特色社会主义进入新时代，作为中国式现代化的重要组成部分，国际发展合作在新时代的定位和作用更加凸出。以上也是本书想表达的对于"新时代"内涵的理解。

希望通过本书，进一步充实国际发展的研究视角和思路，兼顾发展议题与地区合作，为读者呈现更多维度以观察发展、理解发展。同时，希望通过本书，展现中国特色的国际发展合作优势，能够有更多人关注中国国际发展合作并热爱这一事业，开展更多的研究，引发更多的讨论。

囿于笔者学术能力有限，本书对相关问题的研究还很初步，在理论和创新层面依然欠缺，书中观点有不妥之处敬请读者批评指正。

作　者
2023 年 6 月

目　录

第一部分　百年变局下的全球发展治理

第二部分　全球发展治理进入"亚洲时刻"

第三部分　全球发展治理与地区合作典范：中国—东南亚发展合作

图目录

表目录

第一部分
百年变局下的全球发展治理

第一章 旧秩序的突破与新时代的来临

"二战"后，美国提出的欧洲经济复兴方案"马歇尔计划"的启动，标志着现代国际发展援助开始形成。冷战期间，全球发展治理体系经历了从美苏为首的东西方援助竞争到以经济合作与发展组织（简称经合组织，OECD）发展援助委员会（DAC）为中心的官方发展援助（ODA）体系的转移，以西方为主导的国际发展援助格局一直延续至今。随着新兴经济体由受援国向援助国的身份转变，以平等、互利、共赢理念为出发点的新兴援助国群体性崛起，成为国际发展援助中的一支崭新力量，其影响力不断提升，使西方长期主导的发展治理秩序发生了结构性变化。新的"全球发展时代"正在来临，而时代变局中的全球发展治理更为任重道远。

第一节 从对外援助到发展合作：理论与概念

现代意义的对外援助始于1947年美国"马歇尔计划"的实施，1949年美国总统杜鲁门提出针对亚非拉不发达地区实行经济技术援助的"第四点计划"，真正意义上的以发达国家为主导、针对发展中国家开展的国际援助格局开始确立。随着战后重建、难民救助等需求的日益强烈，冷战期间美苏为首的两大阵营对新独立国家争夺的日趋加剧，以及联合国、世界银行等多边发展机构的涌现，全球发展治理体系日渐形成。冷战结束后，国际援助格局从美苏为首的两大阵营相竞争的援助体系向以经合组织发展援助委员会（DAC）

为中心的官方发展援助（ODA）体系转移。DAC 是协调发达国家对发展中国家援助的最重要平台，在全球发展治理体系建立和发展中发挥着关键作用，现有成员 30 个，包括 29 个主权国家和欧盟委员会①。目前，由西方主导的国际援助格局的核心就是 DAC 所定义的官方发展援助体系。

一、西方对外援助的两种理论视角

对外援助是各行为体参与全球发展治理的主要方式。作为冷战期间兴起的重要国际现象，对外援助逐渐发展成为一个独立的研究领域，尤其是美国等西方学者对主权国家主导的援助行为给予了不同维度的理论阐释，在理论上形成了对现实的强大支撑。目前，国际上有关对外援助的研究主要来自国际关系和发展经济学两个学科领域。

国际关系学者主要从对外援助的动因出发进行研究，形成了现实主义和理想主义的两种解释对外援助的国际关系理论范式。现实主义学者将对外援助作为外交政策的一部分，强调援助在政府主导下首先服从国家利益，主要目的是实现国家利益的最大化。因此，现实主义的观点是，对外援助的实质是实现援助国国家利益的工具，由此形成了解释援外最常见的政治理论依据——国家利益论。

汉斯·摩根索在《对外援助的政治理论》一文中指出，对外援助包括人道主义援助、生存援助、军事援助、声望援助、贿赂、经济发展援助六种方式，六者唯一的共同点是"钱、物和服务由一国向另一国的转移"，这其中只有人道主义援助具有非政治性本质，但同样可发挥政治功能。汉斯·摩根索提出："对外援助与外交、军事政策和宣传一样，都是国家的政治武器。"为此，他建议决策者应将对外援助作为政治政策中不可或缺的一部分，结合不同情境选择适合的援助方式，在相同具体情境下，要使不同方式的援助服务

---

① DAC 成员包括澳大利亚、奥地利、比利时、加拿大、捷克、丹麦、芬兰、法国、德国、希腊、匈牙利、冰岛、爱尔兰、意大利、日本、韩国、卢森堡、荷兰、新西兰、挪威、波兰、葡萄牙、斯洛伐克、斯洛文尼亚、西班牙、瑞典、瑞士、英国、美国和欧盟，联合国开发计划署、世界银行、国际货币基金组织、亚洲开发银行、非洲开发银行、美洲开发银行为观察员。详见 OECD Development Co-operation Directorate 网站，http://www.oecd.org/dac/。

于外交政策总体目标。① 美国学者戴维·鲍德温认为，对外援助与从 A 国向 B 国转移"钱"有关，但需要对"钱"给予功能性定义。② 他在 1966 年发表的《对外援助与美国对外政策》中明确指出，对外援助是国家权力的工具，对外援助政策就是外交政策，援助国通过援助促使他国遵照其意愿行事。③ 在其 1969 年发表的《对外援助、干预与影响》一文中进一步指出：无偿援助、贷款、经济援助、军事援助、多边援助、双边援助、私营资本和公共资本八种援助都能够并已经对受援国起到干预作用，战略地使用"不援助"也是影响发展中国家的重要手段。④ 英国学者约翰·怀特的《对外援助的政治学》从政治学角度讨论了援助国和受援国之间的关系，提出援助与国家利益相联系。⑤ 更确切地说，现实主义所强调的国家利益是援助国的利益，并不看重受援国的需求，认为"援助国的利益决定着受援国的需求"。⑥

结构现实主义者肯尼思·华尔兹在传统现实主义的基础上，将对外援助置于美苏两极体系中进行分析，强调世界体系和国家间结构对一国外交政策的影响。美苏提供的经济和军事援助是从国家利益出发，而非意识形态，是两强竞争谋求霸权、维持两极体系的工具；同样地，结构变化促使欧洲各国由冲突转向合作，"一国可能会给予他国经济援助，以此换取期望的政治收益"。⑦

不同于现实主义的国家利益论，理想主义者反对把国家利益作为对外援助的唯一出发点，认为对外援助本质上出于对国际道义、正义和保障人权的

① Hans Morgenthau, A Political Theory of Foreign Aid, the American Political Science Review, Vol. 56, No. 2, June, 1962, pp. 301-309.

② David A. Baldwin, Analytical Notes on Foreign Aid and Politics, Background, Vol. 10, No. 1, May, 1966, pp. 66-90.

③ David A. Baldwin, Foreign Aid and American Foreign Policy: A Documentary Analysis. New York-Washington-London: Frederick A. Praeger, 1966.

④ David A. Baldwin, Foreign Aid, Intervention, and Influence, World Politics, Vol. 21, No. 3, 1969, pp. 434-445.

⑤ John White, The Politics of Foreign Aid, London: Bodley Head, 1974.

⑥ Robert McKinley and Richard Little, A Foreign Policy Model of US Bilateral Aid Allocations, World Politics, Vol. 30, No. 1, 1977, pp. 58-86.

⑦ [美]肯尼思·华尔兹著，信强译.《国际政治理论》，上海人民出版社，2008 年，第 74-75 页。

需要，是发达国家帮助穷国的责任和义务，强调对外援助应遵循利他主义，注重受援国的基本需求。① 大卫·拉姆斯坦对此一针见血地指出："对外援助既反映了对人类团结一致、国际共同体和世界范围的道义责任的认可，也促进了这种认可……对外援助构成了富国和穷国关系中的关键而系统的变迁，它以对弱者的道义义务的认可为基础，是国际体系的重大修正。"② 美国学者克诺尔称对外援助是"优惠的资源转移"，但不包括商业贷款和作为交换物而给予或获取的援助，他认为援助国为了获得好处而提供的援助是"伪礼物"（pseudo gift）。③ 盖·阿诺德强调："穷国只有靠国际援助才能摆脱贫困，通过发展进入世界经济体系，变为更强的贸易伙伴，这将为发达国家出口提供新的市场，从而使得双方获利。"④ 因此，理想主义与现实主义的区别在于，突破了以援助国利益为中心的单一范式，肯定了对外援助是援助国与受援国的共同利益，在研究中融入了受援国的需求，弥补了现实主义的理论不足。

20 世纪 70 年代兴起的新自由制度主义强调国际机制的作用。罗伯特·基欧汉认为，对外援助体现了"移情性相互依赖"（empathetic interdependent），这种情况下，自我利益并不会归于消弭，而将取决于其他国家福祉的实现，从而导致国家对自我利益的重新定义，这将促进合作产生，国家将更倾向于获取更大的双赢结局。普遍性互惠反映了利益的相互依赖，他指出美国"马歇尔计划"就是从长远着想，牺牲短期利益，通过经济援助，建立一个稳定和繁荣的国际经济秩序的长远目标，以确保欧洲支持美国在世界政治经济领域所推行的原则和制度。⑤

---

① 丁韶彬：《大国对外援助——社会交换论的视角》，社会科学文献出版社，2010 年，第 47-54 页；娄亚萍：《战后美国对外经济援助研究》，上海人民出版社，2013 年。

② David H. Lumsdaine, Moral Vision in International Politics: the Foreign Aid Regime, 1949—1989, Princeton, N. J.: Princeton University Press, 1993, p. 290.

③ Klaus Knorr, The Power of Nations: the Political Economy of International Relations, New York: Basic Books, 1975, pp. 168-171.

④ Guy Arnold, Aid and The Third World: North/South Divide, London: Robert Ryce Limited, 1985, pp. 157-160.

⑤ ［美］罗伯特·基欧汉著，苏长和、信强、何曜译：《霸权之后：世界政治经济中的合作与纷争》，上海人民出版社，2006 年。

　　同样是新自由制度主义代表人物，约瑟夫·耐提出"软实力"概念，一种通过吸引而影响他人喜好的能力。他认为："某些在经济和军事实力上较弱的国家，之所以能拥有较大的政治影响力，是由于这些国家在维护和实现国家利益时使用一些诸如援助和维和等富有吸引力的方式。"① "软实力"的提出为对外援助研究提供了新的理论视角，一些学者将对外援助作为增强"软实力"的重要渠道，软实力与对外援助关系的研究应运而生。

　　从发展经济学的视角，学者们主要关注经济援助和受援国经济发展的关系，以量化分析和模型建构的方法研究援助对发展中国家资本累计和经济增长的影响。著名经济学家保罗·罗森斯坦·罗丹在 20 世纪 40 年代提出要通过"大推进"将第三世界国家发展为第一世界，政治和社会学领域以及其他领域的学者开始研究贫穷国家的发展，这也标志着发展经济学的诞生。

　　20 世纪 60 年代，经济增长理论、现代化理论占据主流，发展中国家面临的发展问题是如何实现工业化、提高国民收入，援助被视为发展中国家经济增长的助推器。"大推进"理论认为，实现工业化是发展中国家摆脱贫困、失业和收入不均等问题的必经之路，而实现工业化就必须增加资本投资，这也是对外援助的主要意义。② 1966 年 H. B. Chenery 和 A. M. Strout 发表的《对外援助与经济发展》一文创立了"两缺口"模型，即通过国际援助弥补受援国国内经济持续增长所急需的储蓄缺口和外汇缺口。③ 到 20 世纪 80 年代末，"华盛顿共识"标志着新自由主义的大获全胜，发展目标转为稳定发展中国家国内经济局势，尤其是结构调整，援助重点转向对受援国政治经济体系的改造。20 世纪 90 年代受新制度经济学影响，良治政府成为发展的前提，援助开始关注对良治、制度建设的投入。

　　此外，均衡发展理论、经济起飞理论、临界最小努力理论、依附理论等

---

　　① ［美］约瑟夫·耐著，吴晓辉、钱程译：《软力量——世界政坛成功之道》，东方出版社，2005 年，第 75 页。

　　② 李小云、唐丽霞、武晋：《国际发展援助概论》，社会科学文献出版社，2009 年，第 64—66 页。

　　③ H. B. Chenery and A. M. Strout, Foreign Assistance and Economic Development, American Economic Review, Vol. 56, Issue 4, Sep. 1966, pp. 679-733.

都是发展经济学中对发展援助与受援国经济发展的理论解释。[①] 可以看出，与国际关系中以援助主体为中心的视角不同的是，发展经济学主要以受援国为中心，从经济和社会发展的角度对受援国存在的贫困根源与解决方法进行分析，国际发展援助的重要目标是帮助发展中国家实现现代化、摆脱贫困，而发展经济学则是对实现路径的探讨。

二、什么是官方发展援助（ODA）

1959 年末，美、英、法、西德四国首脑举行会议，一致同意成立专门的发展援助机构以提高援助效率。1960 年 1 月，在美国副国务卿道格拉斯·狄龙的推动之下，发展援助小组（DAG）在欧洲经济合作组织（即经济合作与发展组织 OECD 前身，OEEC）中成立。1961 年，西方国家成立 OECD，并把发展援助小组改组为发展援助委员会（DAC）。[②] 作为 OECD 的下属机构，DAC 负责制定有关官方发展援助的规范、标准和方针，协调和督促各成员国制定相关政策。

DAC 于 1969 年提出"官方发展援助"（ODA）的概念，并在 1972 年严格定义后一直沿用至今。ODA 作为西方主流概念，被 DAC 成员国广泛使用并严格遵守，ODA 也成为直接界定一国政府提供的资源是否属于援助的国际通行衡量标准。按照 DAC 的定义，ODA 指援助国官方机构（包括中央和地方政府或其执行机构）向发展中国家、地区和多边发展机构提供的资金，以促进发展中国家的经济发展和福利为主要目的，且必须具有优惠性特点，即采用 10% 的贴现率计算赠与成分（grant element）[③]，官方贷款的赠与成分达到 25% 以上即可被统计为 ODA。

---

① 李小云、齐顾波、徐秀丽：《普通发展学（第二版）》，社会科学文献出版社，2012 年；李小云、唐丽霞、武晋：《国际发展援助概论》，社会科学文献出版社，2009 年。

② OECD, DAC in Dates: the History of OECD's Development Assistance Committee, 2006.

③ 在 ODA 定义中的"赠与成分"是对援助国提供的贷款进行的数学评估，指贷款面值与借款方超出贷款期限的还本付息的现值之间的差异，以面值的百分比来表示。赠与成分由三个因素决定：年利率（百分比）；宽限期，即协议日至第一次分期还款日；偿还期，即协议日至最后一次分期还款日。通过赠与成分可以评定贷款的优惠度，从而根据 DAC 标准来决定贷款是否属于 ODA 范畴。

因以上 ODA 统计标准已不能适应变化的国际援助形势，DAC 在 2012 年启动了援助统计标准的改革进程。目前，大多数 DAC 成员国援助以无偿为主，不对外提供贷款，仅日本、法国、德国、韩国等少数国家依然提供优惠贷款，而此前以现金流（cash-flow）为基础统计的援助净交付额（Net Disbursements）将无偿援助与优惠贷款总额同步计入 ODA，不能体现援助国的实际贡献。同时，贷款因时间期限较长，一些国家在进入还款期时，因统计上需要扣除还款额，导致其当年援助净支付额下降、甚至可能因偿还额高于其新支付援款额而出现负数情况，因此，还款的扣除对该国当年的援助支出金额造成了干扰，不能客观反映其援款规模。

2014 年 12 月，DAC 成员在巴黎召开部长级会议，就 ODA 改革达成一致意见，推出"赠与等值法"（grant equivalent）的 ODA 统计规则，并宣布对 DAC 成员国的 2018 年 ODA 数据启用新的统计标准，但为了历史可比性，依然保持此前现金流基础的净支付额数据。统计方法改革的重点就是对主权贷款的贴现率和赠与成分的调整。DAC 决定以国际货币基金组织和世界银行确定的 5% 贴现率作为基数，针对不同收入的发展中国家采用不同的贴现率：对中高收入国家采用 6% 的贴现率，中低收入国家采用 7% 的贴现率，最不发达国家和其他低收入国家为 9% 的贴现率。基于此，DAC 不再将 25% 作为官方贷款的赠与成分的最低限制，规定向最不发达国家和低收入国家这两类国家提供贷款的赠与成分需要达到 45% 以上才能被纳入 ODA 范畴，向中低收入国家的贷款赠与成分需要达到 15% 以上，向中高收入国家的贷款要求达到 10% 以上的赠与成分，以此鼓励援助国向最不发达国家和低收入国家提供条件优惠的贷款。[1] DAC 认为，向最不发达国家和低收入国家提供贷款的风险要高于其他收入水平的国家，因此援助国所做出的贡献更大。

2016 年，DAC 成员就向主权实体和多边机构的贷款的赠与等值计算方法达成一致，2020 年就债务减免的赠款等值计算方法达成了共识，但对发展金融机构和私营部门工具（private sector instruments）的捐款如何计算赠与等值

---

[1]　DAC, DAC High Level Meeting Final communiqué, OECD Conference Centre, Paris, 16 December, 2014.

尚未达成一致，目前的统计数据按面值或现金流计算。

总体而言，"赠与等值法"只将贷款的赠与成分计入 ODA，还款部分不再从 ODA 总量中扣除，是将无偿援助和贷款的"援助性质"进行更贴近实际的比较，有利于鼓励 DAC 成员提供无偿援助和优惠度高的贷款，特别增加对低收入国家的援助。新的统计规则之下，贷款优惠度高的国家受影响最小，收到还款较多的国家 ODA 规模明显增加，如日本 2017 年 ODA 数据若以新标准计算，其援助总额提高了 1/3，美国虽然从 2007 年起不再提供优惠贷款，但其每年会收到约 6000 万美元的贷款还款，因此 ODA 总额也有所提高。[①] 因此，新的方式导致 DAC 成员重新调整援助资金分配，以使其 ODA 占 GNI 比例达到既定目标。

根据《DAC 统计报告指南》[②] 和 DAC 统计系统 CRS（Creditor Reporting System），官方发展援助包括双边和多边两种渠道，双边援助即援助国向受援国提供的援助，多边援助指援助国向多边机构提供的资金，但若资金针对指定国家则依然算作双边援助。DAC 统计的援助方式主要包括对受援方的财政预算支持、核心捐款（NGO、私营部门、研究机构等）、方案援助、篮子基金或混合资金、项目援助、技术援助、奖学金、债务减免、人道主义援助、境内难民安置、多边援助、主权优惠贷款等。

三、发展合作是否成为主流

随着 DAC 援助体系的建立，对外援助的概念与标准等一系列制度体系也日趋完善，西方援助国将"发展合作"（development cooperation）概念引入对外援助范畴。2011 年 11 月，OECD 在韩国釜山举行了第四届援助有效性高层论坛，通过了《有关有效发展合作伙伴关系的釜山宣言》[③]，将"援助"扩展至"发展合作"，将国际援助政策的范式从"援助有效性"转变成"发展有

---

① Aid Spending by DAC Donors in 2017, Development Initiatives, April, 2018.

② DAC, DAC Statistical Reporting Directives, Paris, 12 November, 2010.

③ Busan Partnership for Effective Development Cooperation, Fourth High-Level Forum on Aid Effectiveness, 1 December, 2011. http://www.oecd.org/development/effectiveness/busanpartnership.htm.

效性"，提出在南北合作的基础上引入南南合作这一新的发展合作模式。

这一概念的推广主要源于南南合作的兴起，而 ODA 作为南北合作的主渠道代表着援助国与受援国的不平等关系，为了弱化给予与接受的单向援助色彩，西方援助国希望通过"发展合作"打造与受援国和新兴援助国的平等合作伙伴关系，受援国（recipient）也相应地被"包装"为伙伴国（partner）。但是在实际中，发展合作主要作为 ODA 的"委婉代名词"或"同义词"来使用。目前国际社会没有对"发展合作"的统一界定，但这一概念的提出标志着西方主流观念由强调援助方的援助向基于受援国发展道路的"发展契约"（development compact）① 的转变。换言之，西方普遍认识到，援助国应尊重受援国自身条件和传统，而不是把自己不适宜当地的援助理念强加给受援方。② 马德里大学应用经济学教授 José Antonio Alonso 和救助儿童英国办公室政策研究主任 Jonathan Glennie 从四个要素定义"发展合作"：一是以支持国家和国际发展重点为目的；二是不受盈利驱使；三是倾向于发展中国家；四是基于增强发展中国家自主性的合作关系。③

随着 2030 年可持续发展目标于 2015 年 9 月在联合国大会上的通过，发展合作的概念在国际发展领域得到越来越广泛的接受。联合国经济和社会事务部（UNDESA）定义发展合作是"明确旨在支持国家或国际发展优先事项的活动，不以利润为主要驱动力，对发展中国家有利，以寻求加强发展中国家自主性的合作关系为基础"。④ 这一定义是基于马德里大学应用经济学教授 José Antonio Alonso 和救助儿童英国办公室政策研究主任 Jonathan Glennie 提出的发展合作四要素⑤，所有满足上述定义的活动都应当是发展合作。因此这是一个非常广义的概念，不仅仅是资源转移，而是包括任何专门为发展中国家发

① Chaturvedi, S., A. Chenoy, D, Chopra, A. Joshi, A. and K-L Lagdhyan, Indian Development Cooperation: State of the Debate, Sussex: IDS, Sussex University, 2014.

② Marijke Breuning, Foreign Aid, Development Assistance, or Development Cooperation: What's in a Name? International Politics, Vol. 39, Sept. 2002, p. 369.

③ José Antonio Alonso and Jonathan Glennie, What is development cooperation? Development Cooperation Forum, ECOSOC, February 2015, No. 1.

④ UNDESA, What is Development Cooperation?, 2016 DCF Policy Brief, New York, 2015.

⑤ 同③。

展所设计的措施。联合国经济及社会理事会在 2015 年发布的政策文件中指出，在后 2015 时期，"发展合作"包括三种方式：一是资金支持，即无偿援助（官方和民间）、优惠贷款、混合金融工具、创新融资、公私伙伴关系（PPP）；二是能力支持，包括针对机构和人力资源的能力建设、经验分享、技术合作；三是政策改革，包括改革全球规则、促进政策一致性。① UNDESA 还从受援国角度提出了五个检验发展合作有效性的关键推动因素，即明确优先事项和目标的国家发展合作政策（NDCP）、用于评估影响的国家成果框架（CRF）、体现及时准确数据的发展合作信息系统（DCIS）、便于利益相关方对话的国家发展合作论坛（NDCF）以及能力支持，五个因素构成发展中国家灵活使用发展合作的工具箱，促进其政府与国际发展合作伙伴、其他国际和国内利益相关者间的互动。UNDESA 在其 2022 年发布的调查研究报告中强调，发展合作及其推动因素在发展中国家应对新冠大流行方面发挥了关键作用。②

时至今日，国际发展领域仍存在多种相关概念，包括对外援助（foreign aid）、官方发展援助（ODA）、发展合作、发展援助（development assistance）等。这些概念经常被交叉混用，内涵上也存在一定的共性和差异。目前，主权国家在概念使用上依然各有倾向。美国官方使用"对外援助"，日本则使用"官方发展援助"（或译为"政府开发援助"），而欧洲国家习惯使用"发展合作"。土耳其使用"发展援助"，包括 ODA、其他官方资金这两种公共资金以及土耳其非政府组织和私营部门的援助资金。2018 年，中国国家国际发展合作署的成立则标志着对"国际发展合作"概念的接受，开启了对外援助向国际发展合作的转型之路，但两者区分并不明确。

不论是对外援助还是发展合作，本质都是国际关系的一种表现形式，并不存在一种普适性或标准的概念或定义。不同概念的涌现，也是时代的产物，

---

① ECOSOC, Assessing the suitability of different development cooperation modalities for greater effectiveness and impact post-2015, 2016 Development Cooperation Forum Policy Briefs, March, 2015. http://www.un. org/en/ecosoc/newfunct/pdf15/dcfrok_ brief_impact.pdf.

② UNDESA, 2022 Development Cooperation Forum（DCF）Survey Study：Navigating COVID-19 recovery and long-term risks, 6 July, 2022.

体现了不同参与者在不同时期对发展的理解，以及各方之间为对话和交流所作尝试的努力。虽然并不能简单地断言"发展合作"成为主流，也不能轻言谁取代了谁，但"发展合作"的出现充分回应了发展这一议题的包容性和全球性。尽管理解仍存在差异，但在国际发展界已形成了一定共识，也构成了各方对话的基本底色。

总体来看，"国际发展合作"与"对外援助"的概念区别体现在以下几点：一是从单纯的政府主导转向非政府组织、多边和区域组织、企业等多方参与，工作方式从双边向多边、三方合作和政企合作等多渠道拓展，因此，前者的资金范畴更为广泛，不仅包括 ODA 等传统援助类型，也包括向发展中国家提供的商业性贷款等在内的其他资金，如新开发银行、亚洲基础设施投资银行等属于发展融资范畴的资金；二是前者体现了主体间的平等合作关系，实现了从划分南北的单向输出到双向互动的突破；三是前者聚焦发展问题本身，不局限于发展中国家范畴，而是关注全球普遍的发展议题，应对共同挑战，内容从传统输血式的经济援助转向援助与投资、贸易、和平安全、气候变化、人道主义等造血式的深度融合。

因此，笔者认为，发展合作应该是超越对外援助的广义、包容的概念，强调主体的多元化和内容的多样化。就主体而言，从性质上包括政府、非政府主体和国际多边机构，虽然政府依然是主要参与方。具体来说，非政府主体包括民间组织、非政府组织、企业等私营部门、慈善机构、个人等。就内容而言，包括资金、物资、人员、技术、信息、服务等有形与无形的多种资源，在不同主体之间形成转移和互动，其中资金类别包括无偿援助及用于发展议题的其他官方或非官方的资金，发展中国家为最主要的接受对象。站在主权国家的角度，发展合作渠道包括国家间的双边援助、一国与国际机构的多边援助[①]、政府—民间（非政府组织、私营部门等）的官民协同或公私合作等。

---

① OECD 认为若一国政府对国际组织的捐款针对指定国家则仍算作双边援助。

第二节　多重危机影响下的全球发展新图景①

2020 年以来，新冠肺炎疫情与地缘政治冲突、气候变化、能源安全、粮食安全等方面的多重危机叠加共振，推动全球发展治理格局加速演变。暗流涌动的逆全球化、反多边主义、民粹主义思潮给发展合作带来更多挑战，发展议题泛化的趋势加剧，全球发展面临的不确定性、不稳定性持续发酵。面对大变局、大调整，传统的官方发展援助（ODA）已难以应对日渐严峻的发展形势，援助国面临本国发展困境与受援国需求增长的双重压力，不论是南北合作还是南南合作都在探索新的模式与方向。在此背景下，全球发展合作铺展开新的图景。

一、全球发展援助创历史新高

由于新冠肺炎疫情这一突发性全球危机，以及疫情由公共卫生危机到深层次的社会经济危机所带来的直接刺激，2020—2021 年全球发展援助水平大幅增加，连续两年创历史新高。据 OECD 的不完全统计，2020—2021 年全球发展援助规模分别达到 2543 亿美元、2709 亿美元的历史高位。

目前，全球发展合作的参与主体和资金来源已呈现多元化特点，主要为 DAC 成员（包括欧盟机构在内的传统援助方）、新兴经济体（非 DAC 成员）等官方主体以及多边机构（国际组织、多边和区域发展金融机构）、非政府组织和私营部门等。虽然传统援助国仍主导国际发展合作格局，但新兴经济体、私营部门、非政府组织等主体在全球发展治理中正在发挥越来越重要的作用。据统计，2021 年 DAC 成员的 ODA 占全球发展援助总额的 68%，多边机构占比 21%，新兴经济体②占比 7%，非政府组织和私营部门占比 4%。③

---

① 姚帅、杨冬婉：多重危机背景下的全球发展合作：形势与趋势，《国际经济合作》，2023 年第 2 期。

② 仅统计了向 OECD 汇报 ODA 数据的国家和地区，主要包括爱沙尼亚、以色列、拉脱维亚、立陶宛、阿塞拜疆、保加利亚、克罗地亚、塞浦路斯、哈萨克斯坦、科威特、列支敦士登、马耳他、卡塔尔、摩纳哥、罗马尼亚、土耳其、沙特阿拉伯、阿联酋、泰国、中国台湾地区。

③ OECD 数据库，根据 ODA 净支付额计算。

　　新冠肺炎疫情发生以来，各援助参与主体普遍实现了规模增长，最为明显的是多边机构，2020 年增长了 47%，达到 662 亿美元。① 究其原因在于多边机构的贷款增长迅速，从 2019 年的 261 亿美元增至 423 亿美元，占多边援助总额的比例从 43% 提升至 50%。其中一半的增加值来自国际货币基金组织（IMF）为发展中国家应对疫情带来的经济影响而大量增加的预算支持贷款。2019—2020 年，IMF 的 ODA 贷款增加了 6 倍多，从 15 亿美元提高到 95 亿美元。最大的多边金融机构世界银行的 ODA 贷款增幅相对较小，从 148 亿美元增加到 158 亿美元。来自区域开发银行的贷款则增长了近 58%，从 47 亿美元增至 74 亿美元。2021 年多边机构的贷款规模收缩至 313 亿美元，但比例依然较高，达到援助总额的 45%。② 贷款比例的提升反映了发展中国家在疫后经济复苏方面对大量融资的迫切需求，但 2021 年贷款规模的收缩则反映了多边金融机构对发展中国家债务问题的担忧。

　　2020 年以来，私营部门、非政府组织的援助实现了 20% 的增长，虽然资金规模仅为 99 亿美元，但表现出了应对全球危机的积极作用和发展潜力。非DAC 成员的援助规模在疫情前就已出现下降，在疫情第一年经济受到重创的情况下，对外援助规模进一步下降至 156 亿美元，在 2021 年则实现了 24% 的大幅增长，达到 193 亿美元。但观察发现，向 OECD 汇报数据的非 DAC 成员仅有 20 个国家和地区，其中 14 个在疫情后援助有所增加，但由于资金规模普遍较小，大都在 1 亿美元以下，因此对总体规模影响并不大。关键的国家是土耳其、阿联酋、沙特阿拉伯，但前两者在 2020—2021 年连续减少援助支出。2021 年，土耳其提供援助额 77 亿美元，较疫情前减少了 12%，阿联酋援助额 13 亿美元，仅为疫情前的一半。2021 年非 DAC 援助的增长主要源于沙特阿拉伯将 ODA 从 20 亿美元提高至 74 亿美元。③ 由此可见，疫情以来，当前面临的全球发展挑战对新兴经济体的援助水平带来了直接冲击，

---

　　① OECD 数据库，根据 ODA 净支付额计算。

　　② OECD 数据库 ODA 贷款毛支付额；Development Initiatives, ODA 2020—2021：key trends before and during emerging crises, July, 2022. https://devinit.org/documents/1192/ODA_2020-2021_Key_trends _E9aaAMH.pdf.

　　③ OECD 数据库，根据 ODA 净支付额计算。

经济前景暗淡且不确定的情况下，自身发展与对外援助之间的张力更为凸显。

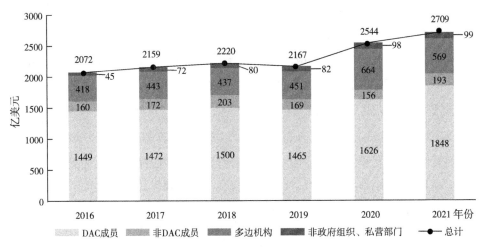

图 1-1　全球发展援助的资金规模与主要构成

注：数据为官方发展援助（ODA）净支付额。非 DAC 成员仅限于向 OECD 汇报 ODA 数据的国家和地区，主要包括爱沙尼亚、以色列、拉脱维亚、立陶宛、阿塞拜疆、保加利亚、克罗地亚、塞浦路斯、哈萨克斯坦、科威特、列支敦士登、马耳他、卡塔尔、摩纳哥、罗马尼亚、土耳其、沙特阿拉伯、阿联酋、泰国、中国台湾地区。

资料来源：OECD，2022 年 12 月。

二、西方援助规模增长但前景堪忧

西方援助国依然维持国际发展合作主体地位，但近年来已出现增势乏力迹象，内部不稳定因素加剧，国际影响力相较此前绝对主导地位有所下降。自 2015 年以来，西方维持援助增长主要依靠境内难民安置的大幅提升。根据 ODA 的界定，用于本国境内难民安置的第一年资金属于官方援助资金。2015—2016 年，DAC 成员国用于境内难民安置的资金上升了 27.5%[①]，大量挤压了用于海外援助的资源。事实上，随着 2016 年后西方各国境内难民安置

---

① 姚帅：国际发展合作趋势与中国援外变化，《国际经济合作》，2018 年第 1 期。

资金的下降，2016 年到 2019 年援助流量的增长非常有限。

这一趋势随着新冠肺炎疫情的暴发有所扭转。OECD 数据显示，官方发展援助总额在 2019 年和 2020 年之间增加了 54 亿美元，或按实际价值计算增加 3.5%。2021 年 DAC 成员国的官方发展援助总量达到 1859 亿美元，占国民总收入（GNI）总和的 0.33%（见图 1-2）。与 2020 年相比，ODA 实际增长 8.5%，达到有史以来的最高水平，主要源于新冠疫苗援助的增加。2021 年 DAC 成员国有 12% 的 ODA 用于抗疫，共提供了 219 亿美元，其中 110 亿美元用于预防、治疗、护理等疫情防控相关的支持及疫苗捐赠，其余用于提供人道主义援助和宏观经济支持。[①] 据不完全统计，2021 年 DAC 成员国为发展中国家提供了近 8.57 亿剂疫苗，疫苗援助总额 63 亿美元，占 ODA 总额的 3.5%。[②] 总体来说，2020—2021 年两年间，DAC 成员国共提供了约 307 亿美元的抗疫援助。

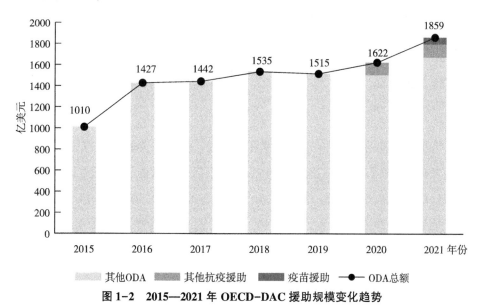

图 1-2　2015—2021 年 OECD-DAC 援助规模变化趋势

注：ODA 数据按赠款等值计算。

资料来源：OECD，2022 年 12 月。

---

① OECD 网站．https：//www.oecd.org/dac/financing-sustainable-development/development-finance-standards/official-development-assistance.htm.

② OECD, ODA Levels in 2021-Preliminary data：Detailed Summary Note, 12 April, 2022.

　　美国、德国、日本、英国和法国长期维持全球前五大援助国地位。2021年，美国（478亿美元）、德国（333亿美元）、日本（176亿美元）、法国（155亿美元）四国因增加抗疫援助和多边捐赠，ODA均有较大提升。英国因调整发展政策，将ODA占GNI目标0.7%下调到0.5%，使其ODA总量大幅收缩21%，以157亿美元将长期稳居的第三大援助国让位于日本（见图1-3）。

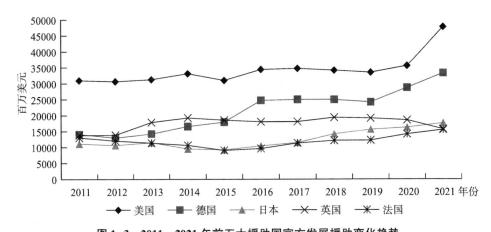

图1-3　2011—2021年前五大援助国官方发展援助变化趋势

注：2011—2017年数据为ODA净支付额，2018—2021年数据按赠与等值法计算。

资料来源：OECD，2022年12月。

　　为加速推动落实2030年可持续发展议程，国际社会敦促西方国家尽快履行0.7%的国民总收入（GNI）用于援助的承诺，但目前仅有丹麦（0.71%）、德国（0.76%）、卢森堡（0.99%）、挪威（0.93%）和瑞典（0.91%）兑现了承诺。2020—2021年，西方国家的援助贡献率平均值由0.41%降至0.39%。①

　　从资金流向看，西方ODA主要流向最不发达国家和中低收入国家。2021年，DAC成员国双边援助中流向最不发达国家的ODA毛支付额为340亿美元，占比24%；流向中低收入国家333亿美元，占比23%；流向中高收入国家162亿美元，占比11%。当前形势使最不发达国家面临的处境更为艰难，

---

　　① OECD, Detailed Note：COVID-19 spending helped to lift foreign aid to an all-time high in 2020, 13 April 2021. OECD, Detailed Summary Note：ODA Levels in 2021- Preliminary data, 12 April, 2022.

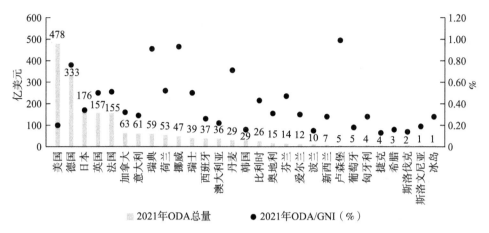

图1-4 2021年OECD-DAC成员国援助情况

注：2021年ODA总量按赠与等值法计算。

资料来源：OECD，2022年12月。

但数据表明发达国家的援助并没有优先考虑这些国家。2011年针对最不发达国家通过的《伊斯坦布尔行动纲领》要求，发达国家应将国民总收入的0.15%~0.20%作为对最不发达国家的官方发展援助。2021年，仅有10个DAC成员国达到这一目标，平均占比仅为0.11%。新冠肺炎疫情以来对最不发达国家的援助上升只是将份额恢复到了十年前的水平，且增长点来自贷款的增加，这将进一步加剧最贫穷国家的偿债问题。

从地理分布来看，非洲和亚洲是ODA的主要投入地区。2020—2021年，DAC对非洲和亚洲的援助均有较大提升，双边ODA的29%投向非洲，尤其是撒哈拉以南非洲国家，25%流向亚洲地区。2021年DAC的前十大受援国依次为印度（52.4亿美元）、孟加拉国（35.9亿美元）、阿富汗（33.96亿美元）、埃塞俄比亚（25.2亿美元）、约旦（24亿美元）、印度尼西亚（23.9亿美元）、叙利亚（22.7亿美元）、菲律宾（20.4亿美元）、哥伦比亚（20.4亿美元）、也门（18.2亿美元）。事实上，在2013年至2019年间，西方国家分配给特定发展中国家的援助比例呈下降趋势，即ODA中未明确受援国的援助占比越来越高。2013年有超过3/4的ODA被分配给特定国家，但在2015年至2019年，这一比例下降到2/3。新冠肺炎疫情促使对特定发展中国家的援助有所上升，在 2020 年有 72% 的 ODA 指定了受援国别。但根据国际援助透明化倡议（IATI）的数据，指定受援国的援助比例在 2021 年仍在下降，如美国国际发展署减少了 8% 的指定国家援助（见表 1-1）。① 说明长远看这种趋势并未扭转，意味着更多援助资金不针对具体的国别和地区，而是用于难民安置、行政费用、发展金融机构的资金重组、全球方案以及研究等。这也反映了受多重危机交汇影响，西方国家更趋于通过针对不同发展议题提供综合性的全球援助策略。

表 1-1 2012—2021 年 OECD-DAC 双边援助的地理分布情况

单位：亿美元

地区	2012	2013	2014	2015	2016	2017	2018	2019	2020	2021	占比（2021）
非洲	299	295	282	286	292	314	308	304	338	359	29.4%
亚洲	221	264	242	246	261	288	262	270	297	300	24.5%
拉丁美洲及加勒比	65	60	62	63	89	57	69	60	77	80	6.5%
欧洲	20	20	30	31	32	38	30	25	28	31	2.5%
大洋洲	16	15	14	16	14	16	17	17	19	27	2.2%
未明确地区	242	251	284	360	416	397	376	385	389	427	34.9%
双边援助总额	863	904	915	1002	1104	1110	1061	1062	1148	1223	100.0%

注：数据为 ODA 净支付额。

资料来源：OECD，2022 年 12 月。

从援助方式看，西方存在以下共性：以无偿援助为主要资金方式，仅少数国家提供优惠贷款；将援助与受援国人权、民主、良治（good governance）挂钩，认为三者是发展的基石，援助通常附加民主改革、开放市场、环境保护等捆绑条件；主要投向政府治理、机制建设以及教育、医疗等社会发展领域，输出西方价值观和政治经济发展模式；项目大都通过非政府组织、国际多边组织执行，注重多边合作协调与规则制定。在新形势下，以上部分援助

---

① Development Initiatives, ODA 2020-2021: key trends before and during emerging crises, July, 2022. https://devinit.org/documents/1192/ODA_2020—2021_Key_trends_E9aaAMH.pdf.

方式也正在出现转变。例如，官方优惠贷款的增速远超无偿援助，在 2018 年至 2020 年期间优惠贷款实际增长了 37%，其中日本、法国和德国提供的贷款规模最为突出且增速显著，日本（55%）、韩国（36%）和法国（23%）的主权贷款在双边 ODA 占比最高。加拿大、意大利、瑞士等国家也将曾经的小额贷款金额增加数倍之多。总地来说，DAC 成员的优惠贷款从疫情前的 190 亿美元增加到了 260 亿美元（2020 年）、242 亿美元（2021 年）。增加贷款成为发达国家应对疫情所带来的经济影响的重要举措，另一举措则是提高多边捐款。2020—2021 年，DAC 成员的多边援助额先后实现了 36 亿美元和 81 亿美元的增长，2021 年达到 544 亿美元，表明多边援助的地位进一步提升，西方援助国更加注重通过多边发展机制而不是双边渠道开展援助。此外，西方也开始将目光投向基础设施领域。

根据 OECD 报告，2020 年流入发展中国家的可统计的外部资源普遍收缩，外部私人融资总额（含对外直接投资和侨汇）下降了 13%，贸易下降了 8.5%，与之形成对比的是，ODA 是唯一上升的支持资源。[①] 2021 年的数据再次体现了 ODA 在应对新冠大流行危机时的弹性。然而，在全球经济复苏的重任之下，DAC 援助规模维持增长态势的前景并不乐观。尤其受俄乌冲突影响，欧洲难民问题恶化。2020 年西方用于难民安置的费用已回落至 87 亿美元，接近 2016 年 160 亿美元峰值的一半，但 2021 年又升至 128 亿美元，尚未公布的 2022 年 ODA 数据中的难民安置费用预计将再度高企。西方已经针对乌克兰危机提供了大量经济和军事援助，在各方公共资金有限的前提下，无疑将进一步挤占对发展中国家的资源投入，而减贫、粮食、教育、医疗卫生、经济复苏等全球发展最迫切最核心的问题才是援助方最需要关注和支持的。

三、全球发展面临巨大融资鸿沟，私营部门作用提升

新冠肺炎疫情重创全球经济，发展中国家的资金缺口正在进一步扩大。据 OECD 统计，疫情导致流向发展中国家（不包括中国）的可持续发展融资

---

① OECD, Detailed Note：COVID-19 spending helped to lift foreign aid to an all-time high in 2020, 13 April, 2021.

总量下降了17%，从2019年的4.64万亿美元减少到2020年的3.87万亿美元，致使发展中国家每年的可持续发展融资缺口增加了56%，2020年达到3.9万亿美元。① 一方面，发展中国家因经济结构单一，对外部市场依赖性强，在疫情形势下全球经济活动停顿，导致财政收入大幅减少，经济脆弱性凸显，债务风险进一步显现，加之抗疫占用大量公共资源，致使发展中国家对外部融资支持的需求更为迫切。另一方面，发展中国家普遍存在公共卫生系统不健全、政府能力欠缺等劣势，疫情应对能力严重不足，多数低收入国家面临抗击疫情、经济复苏和民生发展的多重压力，对援助依赖加剧。联合国《2022年可持续发展融资报告》② 指出当前发展面临"巨大的融资鸿沟"，较贫穷的国家没有能力筹集足够资金，使他们无法应对危机和投资于可持续发展。报告预估至2023年底，1/5的发展中国家的人均GDP将无法恢复到2019年的水平，俄乌冲突将使情况进一步恶化。目前约60%的最不发达国家和低收入国家被评估为面临高风险或处于债务困境，绝大多数发展中国家需要积极和紧急的援助。③

此外，在当前气候危机、恐怖主义、跨国犯罪、流行病等非传统安全问题频发的背景下，疫情导致全球人道主义形势进一步恶化，极易引发粮食危机、难移民危机、局部冲突等次生危机，发展中国家现状雪上加霜。根据联合国《2021年可持续发展目标报告》，2020年全球贫困人口增加了1.2亿，疫情导致消除饥饿、教育、就业等领域指标均出现倒退，极端贫困率自1998年以来首次上升，2030年可持续发展目标的实现遭受严重逆转。联合国估计，最贫穷国家还需要增加20%资金用于关键领域的支出。④

早在疫情前，受经济增长疲软、国内民粹主义抬头等因素影响，发达国家对发展中国家的融资已出现下滑趋势。2013—2017年对发展中国家的总体

---

① OECD, Global Outlook on Financing for Sustainable Development 2023: No Sustainability Without Equity, November 2022. p. 23.

② UN, Financing for Sustainable Development Report 2022, April, 2022.

③ UNCTAD, Financing for Development: Mobilizing Sustainable Development Finance Beyond COVID-19, 2022. http://unctad.org/system/files/official-document/tdb_efd5d2_en.pdf.

④ UN, Financing for Sustainable Development Report 2022, April, 2022.

融资下降了 12%，其中仅 2016 年至 2017 年期间对发展中国家的外国直接投资就下降了约 1/3。[①] 疫情促使这一趋势进一步加剧。为了推动 SDG 的落实，现阶段，发展筹资已成为重要议题，国际社会越来越重视混合融资（blended finance）的作用，希望动员私营资本以弥补发展中国家的资金缺口。援助资金已难以满足日渐增长的发展需求，发达国家转向撬动私营部门投融资以填补援助下降的资金空缺，通过刺激私营部门投资发展中国家，一方面扭转本国经济颓势；另一方面维持本国在发展中国家的介入和影响力。2020 年 DAC 国家双边官方发展援助总额的 22% 以非赠款（贷款和股权投资）的形式提供，比前几年的 17% 左右的水平有所提高。2021 年 DAC 国家援助总额中有 12 亿美元通过面向发展的私营部门工具（PSI）渠道提供，33 亿美元以净贷款或股权形式向在符合 ODA 资格的国家运营的私营企业提供，而后者在 2018 年为 10 亿美元。[②]

近年来，发达国家普遍对发展政策和机制进行改革，以适应发展融资多元化的大趋势。美国在 2018 年 10 月 3 日通过 BUILD 法案[③]，注资 600 亿美元成立国际发展金融公司（DFC），法案中明确提出："针对主权政府和美国战略竞争者提供政府主导投资的国家，美国将为这些国家提供强有力的替代方案，美国的方案在透明度、环境和社会保障上采用高标准，并重视伙伴国的债务可持续性。"[④] 美国国际发展署（USAID）前任署长马克·格林（Mark Green）曾明确表示："新公司会谨慎使用融资工具促进经济发展，为此国际发展署会给予配合。"[⑤] 2018 年 12 月 12 日，USAID 公布了《私营部门参与政策》[⑥]，宣称将大力推动企业驱动的援助模式。此举意在彻底扭转企业在对外援助中的

---

①　OECD, Global Outlook on Financing for Sustainable Development 2019. https://www.oecd.org/dac/financing-sustainable-development/development-finance-topics/Global-Outlook-on-Financing-for-SD-2019.pdf.

②　数据来源：OECD。

③　Better Utilization of Investments Leading to Development Act of 2018 or the BUILD Act of 2018, S. 2463-115th Congress (2017—2018). https://www.congress.gov/bill/115th-congress/senate-bill/2463.

④　S. 2463-BUILD Act of 2018, 115th Congress (2017—2018). https://www.congress.gov/bill/115th-congress/senate-bill/2463/text.

⑤　Adva Saldinger: USAID administrator shares view on development finance legislation, 25 Junem, 2018. https://www.devex.com/news/usaid-administrator-shares-view-on-development-finance-legislation-92960.

⑥　USAID, Private-Sector Engagement Policy, December, 2018. https://www.usaid.gov/sites/default/files/documents/1865/usaid_psepolicy_final.pdf.

角色，从过去仅充当"援助项目的合同承包商"，转型为真正参与援助项目的设计、执行等各个阶段的"美国援助的合作伙伴"，利用援助资金带动商业资金在发展中国家的投入，并充分发挥企业的技术优势和创新工具。该政策与美国 BUILD 法案有着异曲同工之妙，意味着美国对外援助与对外投资的配合更为密切。

英国于 2022 年 5 月发布的《国际发展战略》① 设定了至 2025 年英国国际投资公司发展融资规模达到 80 亿英镑的目标，将援助资源与"英国投资伙伴关系"统筹协调，强调私营部门的作用。德国经济合作发展部在 2020 年发布的《2030 年改革战略》② 中也将促进私营部门在发展中国家的投资作为其实现"全新高质量合作"（a new quality of cooperation）目标的四大支柱之一。日本作为长期将企业视作援助重要参与方的传统援助大国，正在进一步为企业在海外投融资提供支持，通过援助为日本企业在外投资营造市场环境，以援助尤其是日元贷款拉动日本中小企业的海外扩张。早在 2012 年，日本国际协力机构（JICA）就启动了"私营领域投融资计划"（PSIF），通过股权投资和贷款，支持企业在发展中国家实施发展项目。目前，该机制已成为日本传统发展援助的替代融资工具。澳大利亚于 2014 年首次在援外政策中提出创新与私营部门的合作关系，外交贸易部紧接着在 2015 年发布《私营部门参与海外援助与发展：通过伙伴关系共创价值》③，指出强化与企业的合作。

毋庸置疑，弥合巨大资金鸿沟是当前和今后一段时期发展界的重要任务，超越 ODA 的更广义的"援助+"模式已是大势所趋，但有效吸引更多资金投向发展中国家并不容易，后疫情时代发展中国家投资风险攀升，融资难依然是主要挑战。同时，私营部门并不能替代援助等官方政府资金，其风险性和局限性决定了其不能成为填补资金空白的"万灵药"。从长远看，发达国家需

---

① The UK Government's Strategy for International Development, May, 2022. https://assets.publishing.service.gov.uk/government/uploads/system/uploads/attachment_data/file/1075328/uk-governments-strategy-international-development.pdf.

② BMZ 2030 reform strategy, June, 2020.

③ Commonwealth of Australia, DFAT, Creating shared value through partnership: Ministerial statement on engaging the private sector in aid and development, August, 2015, https://dfat.gov.au/about-us/publications/aid/Documents/creating-shared-value-through-partnership.pdf.

要充分履行 0.7% 的国民收入用于对外援助的国际责任，来自发达国家、国际金融机构、新兴经济体的官方资金依然是全球发展融资的指向标和压舱石，充分发挥官方发展资金的引导和撬动作用，探索和创新发展融资模式将是今后全球发展治理的重点方向。

四、发展政策的利己主义倾向与地缘政治博弈加剧

近年来，新冠肺炎疫情带来全球经济低迷，保守主义、民粹主义思潮抬头，西方援助的利己主义色彩渐浓，在地理分布和规模投入上表现出更明显的针对性和集中性。与此同时，随着经济下行压力的加剧，援助国面临的国内公众舆论压力也在增加。国内民众对援助动机和援助效果的关注增多，在一定程度上使各国援助更趋于服务本国利益，一方面增加了援助管理成本，另一方面也进一步加剧了南北分歧。在新冠肺炎疫情、俄乌冲突、粮食危机、能源危机等多重挑战之下，发展援助正在前所未有地成为大国博弈主战场，背后美国是主要推手。

特朗普时期，美国对外援助的利己主义倾向就已明朗。在"美国优先"原则影响下，美国退出巴黎气候协议和世界卫生组织，减少甚至停止对一些多边机构的捐款，在发展合作领域传递收缩信号。特朗普在任期间不断强化其"反援助"立场，连年试图削减援外预算，强调美国以外的其他国家承担更多责任。一系列援助调整造成国际社会的普遍担忧，发展界对美国的战略收缩纷纷提出抗议。[1] 美国国内也呼吁特朗普政府要重视发展合作重要性。美国国家安全顾问委员会在 2018 年就有 150 多名成员联名向国会要求保持援助支出预算，以保障美国的全球领导地位。[2] 针对 2020 财年预算，美国多名退役作战指挥官发表联合声明，表示仅靠军事力量无法保证美国安全，在应对尚未威胁到美

---

[1]　Leading Humanitarian, Development, and Global Health Organizations Urge Congress to Reject Cuts to Foreign Assistance, InterAction, 11 March, 2019. https://www.interaction.org/blog/leading-humanitarian-development-and-global-health-organizations-urge-congress-to-reject-cuts-to-foreign-assistance/. Adva Saldinger: US budget slashes global development funding, stresses burden sharing, Devex, 12 March, 2019. https://www.devex.com/news/us-budget-slashes-global-development-funding-stresses-burden-sharing-94464.

[2]　National Security Advisory Council. https://www.usglc.org/about-us/advisory-councils/national-security-advisory-council/.

国本土的国际问题时，外交和发展援助的作用至关重要。[①] 援助收缩伴随着海外投资的增加，美国强推 2019 年新成立的国际发展金融公司（DFC）在服务国家安全、支持印太战略等方面发挥更大作用，填补援助资金的不足。

拜登上台后，第一时间扭转发展政策，援助强势回归战略支柱地位，但其利己主义本质没有改变，反而进一步强化。透过拜登政府紧急发布的《临时国家安全战略指南》[②]，援助在美战略布局中的角色已实现了全面升级：第一，作为与外交、经济治国并行的对外政策主导工具；第二，作为表达和体现美价值观、追求美国家安全利益的最佳手段之一；第三，视为美开展全面对华战略竞争的关键手段。2022 年 10 月发布的正式版《国家安全战略》[③] 将援助（发展合作）与外交、产业战略、经济方略、情报和国防组成国家的力量要素，支持国家战略目标的实现。

在全新定位之下，拜登政府大幅增加援外预算，明确提出国防预算向对外援助倾斜。2021 年向国会提交的 2022 财年总统预算申请中，国务院和美国国际发展署（USAID）的预算达 585 亿美元，较上一财年增幅 10%。[④] 2022 年 3 月，拜登提出的 2023 财年援助预算申请进一步提高至 604 亿美元，其中 294 亿美元由 USAID 掌管，高出上一财年 17 亿美元，涨幅 6%。[⑤] USAID 署长萨曼莎·鲍尔（Samantha Power）在声明中称，总统预算申请反映了发展和人道主义援助在推进美国全球利益方面的重要性，其投资将为美国国家安全和经济发展带来丰厚回报。[⑥] 2022 年 3 月 28 日，美国国务院和 USAID 发布

---

① Statement by Former U. S. Combatant Commanders, 10 March, 2019. https://www.usglc.org/media/2019/03/Statement-by-Former-US-Combatant-Commanders.pdf.

② The White House：RENEWING AMERICA's ADVANTAGES：Interim National Security Strategic Guidance, March, 2021.

③ The White House, National Security Strategy, October, 2022. https://www.whitehouse.gov/wp-content/uploads/2022/11/8-November-Combined-PDF-for-Upload.pdf.

④ USAID, Statement by Administrator Samantha Power, 28 May, 2021. https://www.usaid.gov/news-information/press-releases/may-28-2021-fiscal-year-fy-2022-presidents-budget-request/.

⑤ USAID：Fact Sheet-FY 2023 President's Budget Request, 28 March, 2022. https://www.usaid.gov/sites/default/files/documents/USAID_ FY_2023_BudgetRequest_FactSheet.pdf.

⑥ USAID, Statement by Administrator Samantha Power, 28 May, 2021. https://www.usaid.gov/news-information/press-releases/may-28-2021-fiscal-year-fy-2022-presidents-budget-request/.

《2022—2026 财年联合战略规划》① 提出的五大战略目标均反映了发展合作以维护美国利益为首要目标，包括恢复美国领导力、保护国家安全和经济安全、强化民主体制和人权价值观等。此外，拜登将 USAID 署长提升为国家安全委员会常任委员。虽然往届政府 USAID 也参与国安委高级别会议，但拜登此举首次将长期处于外交政策边缘的 USAID 置于前所未有的核心位置，这使得援助决策与美国安全战略深度绑定，从而确保援助在美国应对经济、人道主义和地缘政治等一系列问题时发挥关键作用，也使美国进行对外战略决策时增加了发展援助的视角和考量。以上调整印证了援助在直接支持美国塑造全球领导地位、推进其全球战略利益中的重要价值。

在如此顶层设计框架下，美国做出一系列援助举措。加大抗疫援助力度，联合 G7 国家先后发起 "重建更美好世界"（B3W）基建计划、"全球基础设施和投资伙伴关系" 倡议（PGII），发布国际气候融资计划，对乌克兰提供大规模经济和军事援助，通过援助巩固盟友关系，拉拢 "志同道合者"，并宣称建立强大的发展援助专业队伍，扩大国内和海外人员规模，投资队伍能力建设和技术水平，与外交官、情报人员、公务员一道铸就美国家安全的坚实人力资本。以上动向反映出拜登政府已在对外事务的各个方面动用了援助工具，迫切希望借援助重塑在发展中国家的形象，弥合盟友关系，维护其主导的所谓 "民主" 的世界秩序，进而巩固其全球霸权地位。

不仅是美国，其他西方传统援助国在机制和政策上也普遍表现出明显的本国利益优先的战略转向。英国在 2020 年改革发展合作机制，将国际发展部（DFID）与外交联邦事务部合并成立外交、联邦事务与发展部（FCDO），而此前很长时间 DFID 在英国发展事务中的预算和影响力已经在不断削弱。2022 年 5 月发布的《英国政府的发展战略》② 明确提出，英国发展合作战略目标转向协同外交政策，并将本国经济利益置于发展政策的核心。澳大利亚早在 2013 年就将独立的国际发展署（AusAID）并入外交贸易部，强调发展合作与外交、贸

---

① The U. S. Department of State and USAID: Joint Strategic Plan FY2022—2026, March, 2022.

② The UK Government's Strategy for International Development, May, 2022. https://assets.publishing. service.gov.uk/government/uploads/system/uploads/attachment_ data/file/1075328/uk - governments - strategy - international-development.pdf.

易的融合，并长期以太平洋地区为援助重点，以此维护澳大利亚的国家利益。日本在 2015 年《发展合作大纲》①中对援助做出重新定位，首次明确对外援助目的是"维护本国利益"。近些年，日本援助的政治意图不断强化，将 ODA 作为外交筹码，以换取受援国就入常、修改和平宪法等问题的支持。

总地来说，发展合作在资金紧张、缺口加大的情况下，发展属性正在被弱化，是否有利于维护援助国的外交、安全和经济利益越来越成为提供援助的首要考虑因素，发展政策也越来越多地与外交、安全和经济政策挂钩，成为地缘政治博弈的重要工具。

五、新兴援助国群体性崛起

虽然西方国家仍主导国际发展合作格局，但在全球发展资源多元化的趋势之下，新兴经济体开展以平等、互利、共赢为特点的南南合作越来越受到国际社会的广泛关注，被称为新兴援助国（emerging donors）或南南合作提供方。虽然统称为新兴援助国，但这些国家并非近几年才成为援助国，如中国、印度、巴西、俄罗斯、沙特阿拉伯等国的援助历史可追溯到 20 世纪五六十年代。但近年来，在国际发展合作格局深刻演变的大背景下，"南升北降"的发展形势日渐明朗，这些非西方的新兴援助国群体性崛起，南南合作日益壮大，成为国际发展合作格局中不容忽视的力量，构成对西方主导的发展治理体系的冲击。

据 OECD 的不完全统计，自 2013 年起，新兴援助国作为整体实现了百亿美元的跨越，援助资金占全球的比重大约为 10%～15%。②根据不完整的公开数据，中国、土耳其、阿联酋、印度、俄罗斯、沙特阿拉伯等国已是国际发展合作中的重要力量，体量甚至已具备与传统援助国比肩的实力，尤其是土耳其援助投入长期维持在 GNI 的 1%左右，贡献率远超大部分发达国家。此外，越来越多的中等收入国家已经加入援助国行列，如巴西、南非、墨西哥、蒙古、印度尼西亚、泰国、马来西亚、尼日利亚、塔吉克斯坦、埃及等。一些新兴援助国相继成立专门的机构管理发展合作，如 2011 年南非在国际关系

---

① Japan Cabinet Decision, Development Cooperation Charter: For peace, prosperity and a better future for everyone, 10 February, 2015.

② 数据来源：OECD 数据库。

与合作部下增设南非发展伙伴署（SADPA）、墨西哥成立国际发展合作署（AMEXCID），印度于 2012 年成立了发展伙伴关系管理局，埃及于 2014 年设立伙伴关系和发展署（EAPD），沙特阿拉伯于 2015 年成立了专门协调人道主义援助的萨勒曼国王人道主义援助与救济中心（KSrelif），中国于 2018 年成立国际发展合作署（CIDCA），印度尼西亚于 2019 年成立国际发展合作署（Indo-AID）。

新兴援助国对外提供援助属于南南合作范畴，普遍倡导不干涉受援国内政、不附加政治条件、互利共赢等理念，与受援国形成平等合作的伙伴关系，与西方援助国附加政治条件、高高在上的"教师爷式援助"形成了鲜明对比。新兴援助国的援助对发展中国家具有吸引力，提供了现有对外援助规则以外的替代方案，为构建新的发展合作模式提供了可能，这种模式更注重伙伴国的战略需要，而非推广援助国的意识形态，也增加了对现有援助系统改革的紧迫性。① 同时，新兴援助国与受援国同属于发展中国家，并具有长期接受外来援助的历史，一般兼具受援国与援助国的双重身份，与受援国存在"同理心"，比西方援助国更了解受援国的发展需求，也对如何将外援服务本国发展更有实践经验，因此其援助受到了发展中国家的普遍欢迎。

新兴援助群体因各国在政治经济体制、宗教文化、发展水平和外交政策等方面存在较大差异，各自发展优势和经验不同，援助方式各有特色。如中国、印度分别使用较大规模的优惠贷款和信贷额度作为援助主要资金，基础设施援助突出；土耳其、沙特阿拉伯、阿联酋等海湾国家以"慷慨"著称，因所处地区的人道问题集中，人道主义援助为主要方式；巴西、南非、印度尼西亚、泰国等国的援助资金量较小，主要方式是与受援国开展技术合作、与传统援助国开展三方合作②。尽管如此，各国在平等、互利、共赢的援助理

---

① Quadir, F. (2013). Rising Donors and the New Narrative of "South-South" Cooperation: what prospects for changing the landscape of development assistance programmes?. Third World Quarterly, 34 (2), pp. 321-338. Woods, N. (2008). Whose aid? Whose influence? China, emerging donors and the silent revolution in development assistance. International affairs, 84 (6), pp. 1205—1221.

② OECD 将"三方合作"定义为：发达国家或国际组织与南南合作国联合在受援国执行援助项目的一种合作关系，三方合作可以将北方国家和南方国家的比较优势结合起来，融合各自的知识、经验、资金以共同促进受援国的发展。

念上殊途同归，推动了南南合作不断壮大。

新冠肺炎疫情暴发以来，新兴援助国的经济社会受到了直接冲击，自身发展与对外援助之间的张力更为凸显。尽管如此，中国、印度、沙特阿拉伯、土耳其、南非等新兴援助大国在疫情以来展现出了更加积极的姿态应对全球挑战，在全球卫生治理中发挥了重要作用。中国开展了中华人民共和国成立以来援助时间最集中、涉及范围最广的紧急人道主义行动，向 153 个国家和 15 个国际组织提供大量抗疫物资，向 34 个国家派出医疗专家组，向 120 多个国家和国际组织提供超过 22 亿剂新冠疫苗。① 印度发挥"世界药房"和疫苗生产国的角色开展药品援助、疫苗外交，于 2021 年 1 月启动"疫苗慈善"（Vaccine Maitri），截至 2023 年 1 月 2 日，印度以无偿援助、商业出口和参与新冠疫苗全球获取机制（COVAX）等形式向 101 个国家提供了 29 亿剂新冠疫苗，其中向 51 个国家无偿援助了近 1.5 亿剂，通过 COVAX 机制提供了 5.2 亿剂。② 南非作为非盟主席国，牵头设立非盟新冠肺炎疫情应对基金。除了通过双边和多边等渠道开展抗疫援助以外，新兴援助国还积极响应二十国集团提出的"暂缓最贫困国家债务偿付倡议"（DSSI）和债务处理共同框架，积极采取措施减缓贫困国家的债务负担。

总体来说，"随着越来越多如中国这种有着接受和提供援助经验的国家加入国际发展合作……新兴国家与发展中国家在全球治理平台上的话语权得到了提升，发展中国家的发展需求受到更多的国际关注。"③ 南南合作以平等互利为原则，以发展经验分享为内容，以援助、贸易、投资等广义的发展合作为形式，为解决全球发展问题丰富了融资渠道、注入了新的力量。随着全球发展形势的日益严峻，新兴援助大国也更加强调突出发展中国家的声音，为全球发展治理提供有别于发达国家的方案和视角。中国国家主席习近平在 2021 年 9 月提出全球发展倡议，迄今已有 100 多个国家和联合国等国际组织

---

① "为推动世界共同繁荣发展进步作出中国贡献——专访国家国际发展合作署副署长赵峰涛"，新华网，2022 年 12 月 31 日. http://www.news.cn/world/2022-12/31/c_1129247315.htm.

② 印度外交部网站. https://www.mea.gov.in/vaccine-supply.htm.

③ "转型时期的全球发展合作：国际与中方专业人士的圆桌对话观点纪要"，联合国开发计划署—商务部国际贸易经济合作研究院全球发展合作系列闭门讨论会，2022 年 3 月。

支持该倡议，近 70 个国家加入"全球发展倡议之友小组"。印度作为 2023 年 G20 主席国，在 2023 年 1 月 12 日主办了全球南方之声峰会，表示将在 G20 会议上讨论当前形势下全球南方的发展问题，希望打造南南合作的领导者角色，并借助主席国身份弥合发达国家和发展中国家之间的鸿沟。

在南北竞合与信任赤字加剧的背景下，南方国家内部的合作与竞争关系也趋于复杂化。有的新兴援助国遵循西方的援助理念和范式，有的热衷于在南北关系中发挥协调与桥梁角色，有的坚持自身的发展合作模式。因此也要清醒地看到，虽然南南合作潜力是巨大的，但因新兴援助国普遍面临国内发展难题，各国战略立场和援助模式存在差异性，导致在国际发展合作的话语难以统一，因此影响力虽然上升但整体作用依然有限。

目前，南南合作在实现 2030 年可持续发展议程中的关键作用已经得到了充分肯定和关注，南南合作作为南北合作的补充而不是替代的地位已经在国际层面得到了明确和普遍共识。"发展中国家应当在共同的发展愿景的基础上建立相互协调的平台，以更有意义地变革当前的发展援助框架。"[1] 因此，在新的全球发展形势下，如何在后疫情时代更好地挖掘并发挥南南合作优势、规避南方国家内部的竞争与消耗、促使发达国家履行增强援助的国际责任，如何通过发展合作有效带动发展中国家疫后经济韧性发展、实现更广泛的合作共赢，如何维护南方国家在全球发展治理体系中的权益、提升自主权和集体话语权，这些都是新兴援助国需要思考的重要课题。

第三节　"全球发展时代"的新旧力量

如果说，杜鲁门开启了"发展时代"，那么这种以西方主权国家主导的时代正在走向终结。尤其是在全球挑战复杂交织、地缘政治博弈加剧的当下，全球发展治理体系的深度变革进一步加速。2030 年近在咫尺，不论是以发展

---

[1] Quadir, F. (2013). Rising Donors and the New Narrative of "South-South" Cooperation: what prospects for changing the landscape of development assistance programmes?. Third World Quarterly, 34 (2), 321–338.

援助委员会（DAC）为主的西方还是新兴经济体，抑或是广大的发展中国家，都在思考发展的未来。一个新的时代已经来临，这是一个全新的有关"全球发展"的时代，一个突破南北二元结构、全球共谋发展、共促发展的新时代。这个时代，基于既往对发展的共识，也基于对发展历史的反思。

一、西方发展思想变迁与时代局限性

现代西方发展思想产生于"二战"后，以杜鲁门"第四点计划"为起点。作为现代发展思想的起源，"第四点计划"的根本意义在于导入了"发展"与"欠发达"之间的关系，将南北关系从殖民与被殖民的对立关系，转向了国家体系全球化的关系。[①]"二战"结束至今，西方主流发展思想经过了不同阶段，内涵也随之变化并不断丰富。[②]

"二战"结束至20世纪60年代：经济增长与现代化。这一时期，发展的核心内涵就是经济增长，发展中国家面临的发展问题是如何实现工业化、提高国民收入，援助被视为发展中国家经济增长的助推器。20世纪60年代OECD发展援助委员会成立，"官方发展援助"（ODA）概念出现，以西方为主导的国际发展援助体系逐渐形成。

20世纪70年代：经济增长与减贫。这一时期贫困问题开始与经济增长问题并驾齐驱，促进就业、提高社会群体生活水平、满足人的基本需求成为关乎发展中国家发展问题的主要内容。"减贫"成为援助目标，"参与式发展"模式出现，呼吁提升社区，尤其是穷人和妇女在援助中的发言权。

20世纪80年代：经济结构调整。受拉美债务危机影响，发展的经济增长和减贫目标搁置。受以新自由主义为理论依据的"华盛顿共识"影响，发展目标转为稳定发展中国家国内经济局势、尤其是结构调整。援助重点转向对受援国政治经济体系的改造。同时，主权国家主导的官方发展援助开始出现疲软，国际机制的作用凸显，联合国将发展与环境关联，提出"可持续发展"概念。

---

① ［瑞士］吉尔贝·李斯特著，陆象淦译：《发展史：从西方的起源到全球的信仰》（第四次修订增补版），社会科学文献出版社，2017年。

② 李小云、齐顾波、徐秀丽：《普通发展学》（第二版），社会科学文献出版社，2012年。

20 世纪 90 年代：良治与减贫。受新制度经济学影响，良治政府成为发展的前提，援助投向良治、制度建设领域。随着联合国"人类发展指数"的提出，减贫重回发展中心。20 世纪末，西方开始承认南南合作是援助体系的重要组成部分，为纳入新兴援助国等更多的行动者和 ODA 以外的不同类型的合作，"（国际）发展合作"概念兴起，但 ODA 的概念仍然是关键支柱。

21 世纪以来：千年发展目标到可持续发展目标。以千年发展目标为标志，发展目标涵盖经济、社会、环境，强调人和社会的力量，人权赋权、善治为援助重点，呼吁以人为本、保护环境的可持续发展。2015 年可持续发展目标的提出，设置了超越南北界限的全球发展议程。新冠肺炎疫情影响下，西方正在探索发展合作的未来，DAC 意在推动两个方向，即扩大官方发展资金范畴、重新确定援助重点。

透过西方发展内涵的不断变化可以看出，西方发展思想对全球发展治理体系的形成和演进做出了贡献，在丰富发展内涵、形成可持续性发展目标等方面发挥了积极推动作用，也塑造了西方的发展援助模式。然而，西方发展思想指导下的援助模式并没有很好地解决发展中国家的贫困等长期发展问题。如今的世界贫富差距进一步拉大，全球发展治理存在严重赤字，援助有效性、发展有效性的问题依然没有解决。而曾经的发展标杆——发达国家也面临严峻的发展困境，希腊、葡萄牙、西班牙、意大利等自身经济状况堪忧，难移民危机、能源安全等问题正在困扰欧洲国家，社会撕裂、党派纷争、应对新冠肺炎疫情不力、枪击事件频发等问题在个别发达国家内部上演。西方发展思想和模式的局限性和缺陷在如今的时代更为凸显。

从历史来看，援助产生了一定的积极效果，但也同样引起消极影响，西方援助的有效性已饱受质疑。针对西方发展援助的目的与效果批判最多的是援助附加条件。附加条件将援助变为援助国的选择工具，援助国可以借此密切参与受援国的政策设定，辅以贸易协定以及其他形式的外交压力作为强化，这对于多数依赖援助的国家尤其如此。这种情况下，援助并非仅是支持受援国措施的财政与技术工具，而是已取代了该国在发展上的国家政治性考虑，时间久了，受援国政府已习惯扮演指定角色，这就导致了短期援助变成了长期援助依赖。因此，批判者认为，受援国的自助尤为重要，贫困的终结源于本土的发展而非援助。他们提议，穷人不应被动等待救助，亚洲新兴国家就是通过自助减缓贫困的成功案例。① 此外，西方援助也带来了受援国的腐败。② 丹比萨·莫约甚至悲观地宣告："国际援助正在助长非洲国家的腐败行为，援助实际上已经死亡了。"③ 林毅夫和王燕从经济学视角论证"传统援助是无效的"，存在忽视发展中国家自身结构转型和基础设施瓶颈、盲目推行资本账户自由化、过分制约低收入国家融资条件等问题，"不如南南发展合作有效"。④

如果我们追本溯源，西方发展思想和发展援助作为历史的产物，其本质上就存在着缺陷。李斯特在其著作《发展史：从西方的起源到全球的信仰》中指出，虽然"第四点计划"对发展时代具有开创性意义，但却是对美国霸权的合法化，实则"反殖民的新帝国主义"，因为他们将"欠发达"视为天然的不足状态，而不是历史环境的产物，不去追究贫困的原因，仅仅将增长和援助视为唯一可能的出路。⑤ 因此，谋求西方化成为发展的唯一路径，发展中国家为了利用"援助"来达到"发展"的意图，也走上了"他人的发展道路"，逐渐丧失自身的认同和经济独立。

事实上，从日趋多元的发展援助诉求来看，发展中国家越来越强调在发展治理中占据主导地位，呼吁与援助国之间建立地位平等的合作伙伴关系。对外援助已不再是单纯的一方给予一方接受的单向行为，而是强调受援国的自主性和双方的双向互动合作。因此，如今的发展中国家对援助期望值更高、诉求更多元，单靠量的增长已不能满足其发展需求，而是要符合其发展战略

---

① ［英］乔纳森·格伦尼著，周玉峰译：《良药还是砒霜？援助并非多多益善——非洲援助之惑》，民主与建设出版社，2015 年；［美］伊斯特利著，崔新钰译：《白人的负担》，中信出版社，2008 年。

② Peter Boone, Politics and the Effectiveness of Foreign Aid, European Economic Review, Vol. 40, No. 2, 1996, pp. 289-329.

③ ［赞比亚］丹比萨·莫约著，王涛、杨惠等译：《援助的死亡》，世界知识出版社，2010 年。

④ 林毅夫、王燕著，宋琛译：《超越发展援助——在一个多极世界中重构发展合作新理念》，北京大学出版社，2016 年，第 59-77 页。

⑤ ［瑞士］吉尔贝·李斯特著，陆象淦译：《发展史：从西方的起源到全球的信仰》（第四次修订增补版），社会科学文献出版社，2017 年。

目标、实际国情与真正需求，不断丰富援助方式和内容，需要资金、技术、服务、能力等多种资源的全面支持，需要发展中国家在援助国制定战略和设计实施项目的全周期广泛参与和监督。

李斯特称我们进入"后发展时代"①，实则是改变以西方为主导的发展时代。笔者认为我们已经进入了"全球发展时代"，这是一个突破南北二元结构，全球共谋发展、共促发展的新时代。

二、南北方的发展共识与差异

"二战"结束至今，人类对发展的认识经过不同历史时期的演进，已经形成了一定的共识。比如，认同发展之于每一个国家的重要意义，尤其对发展中国家具有必要性，是摆脱贫困、走向富裕和繁荣的不二法门。比如，国际社会普遍认识到，发展已不仅指经济增长，必须涵盖人、安全、经济、社会、政治、文化、科技、资源、环境、生态等全方位的进步。再如，随着对发展理解的不断深化，发展目标也随着国际形势、科技水平等因素而变化，直接导致全球发展治理目标的变化。在可持续发展议程的指引下，高质量、可持续、包容性等成为发展目标的关键词。在新冠肺炎疫情影响之下，推动公共卫生发展就成为了发展治理的核心目标。受俄乌冲突持续影响，粮食安全、能源安全在全球发展治理体系中的地位得到了前所未有的提高。

随着全球挑战日渐增多，发展议题已超越南北界限，内涵不断泛化，人们更清醒地认识到，在变局乱局中，多边机制和国际合作是多么可贵。当前和今后一段时间，全球发展面临的挑战错综复杂，全球治理举步维艰，减少贫困、经济复苏、气候变化、债务风险、和平安全等均成为发展治理需要解决的议题，地缘政治冲突、自然灾害、恐怖主义、传染病、难移民危机等传统与非传统安全威胁相互交织，发展赤字和治理赤字不断加剧全球发展治理体系的不稳定性，也使维护多边主义、强化集体行动、提升援助精准投入面临前所未有的紧迫性。

---

① ［瑞士］吉尔贝·李斯特著，陆象淦译：《发展史：从西方的起源到全球的信仰》（第四次修订增补版），社会科学文献出版社，2017年。

然而，尽管各方对全球发展形势与发展的重要性和紧迫性取得了一定共识，但发达国家与广大发展中国家间的发展鸿沟依然难以逾越，信任赤字难以弥合，南北方在发展认知上依然存在差异或分歧。这并不是说我们可以将世界简单地一分为二，而是为了反映发达国家与发展中国家之间普遍存在的发展认知的不同。第一，发展的定位。发达国家将发展视为普世价值、范式；发展中国家认为的发展是公平、平等的发展权。第二，发展的路径。美欧等西方国家认为解决发展根源的问题就是走上资本主义现代化之路，要求相应的治理体系、民主制度等予以配套；发展中国家认为发展路径是多元化的，应该是"百花齐放"，而不是"一枝独秀"，各国必须探索适合自己的发展之路，国际社会需要建立新的发展秩序和公正合理的治理体系以尊重并维护各国的发展权益。第三，发展合作或发展治理的出发点。西方的发展合作是为了在发展中国家"复制""输出"其发展模式；新兴经济体的发展合作初衷是分享发展经验、实现共同发展，反对模仿式发展。

当然，随着近些年国际发展合作主体的多元化和不同主体与模式之间的碰撞、交流与合作，传统援助国与新兴援助国之间也在相互影响与学习借鉴。比如，新兴援助国的互利共赢理念、受援国需求导向、援助与投资贸易相结合的合作模式、对基础设施建设的关注等，越来越得到发达国家的认可和效仿；发达国家对能力建设的关注、管理的精细化和规范化、对多边机制的重视、民间机构等多元合作伙伴的参与等，也成为新兴援助国学习借鉴的良好实践经验。同时，双方还不断探索创新，发挥各自比较优势开展三方合作。

三、全球发展的新旧力量

长期由西方传统援助国所主导的国际发展合作格局正处于深刻的结构性调整时期，新兴经济体影响力正在扩大，以民间机构、私营部门等为代表的非政府性机构活跃在发展中国家的草根阶层，发展中国家的发展自主性进一步强化。事实上，有关发展治理旧秩序的调整伴随着 2015 年 9 月联合国大会通过 2030 年可持续发展目标（SDG）就已经拉开序幕。作为未来 15 年的新发展议程，SDG 共 17 个目标、169 个子目标，相较千年发展目标（MDG）实现了两大超越：一是超越了单一的发展议题，把政治（和平与公正、解决不平等）、经济（增长、就业、基础设施）、社会（性别）、环境（气候变化、水资源、生物多样性）等议题与发展紧密相连；二是超越了发达国家和发展中国家的南北界限，形成各国共同发展的总体目标。

可以说，SDG 进一步改变了全球发展治理旧秩序，议题的多元化、目标的普适性使传统援助国在其中的主导地位有所淡化。在新冠肺炎疫情全球大流行的直接冲击下，发展治理体系的变革与重构步伐进一步加速，导致发展援助前所未有地成为大国博弈的焦点，谁掌握了发展的主动权，谁就掌握了与发展中国家关系的主动权，进而就掌握了国际竞争的主动权。一场有关发展秩序和模式之争正在开启。

在此背景下，针对新兴援助国的崛起，传统援助国"捧杀"与"棒杀"并施，一方面呼吁新兴援助国承担更多国际责任，分担西方国家的援助负担；另一方面发起一系列改革举措，试图将新兴援助国纳入其主导的治理体系，并唱衰新兴经济体的发展援助模式。

第一，推出突破 ODA 局限的"官方可持续发展总支持"（Total Official Support for Sustainable Development，TOSSD）概念，将新兴援助国的援助资金、其他流入发展中国家的官方资金均纳入 OECD 统计范畴，并施压新兴援助国提高透明度，以西方标准对其规制。

第二，提出"全球有效发展合作伙伴关系"（GPEDC）。① 对所有发展合作伙伴"一视同仁""双向问责"，试图通过评估与监测机制对南南合作施加影响，对新兴援助国和受援国利益造成约束。GPEDC 提出了受援国自主权等原则，但由发达国家主导的本质并未改变。"全球有效发展合作伙伴议程在本质上还是以美国为主导的西方发展援助体系中新的条件下通过'拉入'策略

---

① 全球有效发展合作伙伴关系（Global Partnership for Effective Development Cooperation，GPEDC）于 2011 年 11 月在韩国釜山举行的第四届援助有效性高层论坛上由 OECD 发起。2014 年 GPEDC 在墨西哥举行了首次高级别会议，明确各合作伙伴工作目标与责任。2016 年 GPEDC 在肯尼亚内罗毕召开第二届高级别会议，通过了《内罗毕成果文件》。

使其继续发挥作用的一种隐蔽手段。"①

第三，不断吸纳新成员加入 DAC。2013 年到 2016 年间就有波兰、捷克、斯洛伐克、斯洛文尼亚、匈牙利五国加入。现有包括土耳其、沙特阿拉伯、泰国、科威特、阿联酋等在内的 20 个新兴援助体每年向 DAC 汇报其援助数据。

第四，热衷开展三方合作，即发达国家与新兴援助国联合在受援国执行援助项目，以技术合作为主要方式，包括分享技术经验、联合研究、联合培训、派遣专家、支持访问、开展奖学金项目、实施实习及志愿者项目等具体援助形式，对新兴援助国起到潜移默化的影响。

第五，主导多边发展议题和规则制定。多边发展体系本就是发达国家打造并发展起来的，在新冠肺炎疫情背景下，多边机制进一步成为传统援助国加强集体行动、塑造发展规则、引领发展议题的关键。例如，全球新冠肺炎疫苗实施计划（COVAX）是国际社会统筹加速新冠疫苗研发、生产和公平交付的核心机制，发达国家深度参与其中并提供大量资金支持，为其占据道义制高点、获取国际谈判筹码奠定基础。在 G20 框架下正在推动建立全球卫生治理新机制，世界银行在 2022 年 9 月设立疫情大流行防范、准备和应对基金（PPR）旨在应对大流行病的多边融资问题，美国和欧洲多国均在基金设立之初注资，以抢占发展前沿和先机。在气候变化领域也同样如此，西方国家正在采取更强势的姿态主导多边，展示全球领导力，并施压新兴经济体做出更大贡献，转移对其尚未兑现每年 1000 亿美元气候融资承诺的关注。

总之，传统援助国试图通过调整统计标准、翻新援助概念、拓展援助主体、主导多边议程、建立规则与机制等手段，一方面拉拢新兴援助国；另一方面分化南方国家的集体力量，意图牢牢掌控发展治理的主导权。

但是，DAC 作为协调治理机制和知识生产中枢的霸权地位已经受到挑战，南南合作也从边缘走向了发展治理的舞台中心。新旧力量在发展体系中正在碰撞。一边是旧力量维护主导地位，另一边是新力量呼吁一个反霸权的发展

---

① 李小云、马洁文、王伊欢：论"全球有效发展合作伙伴议程"的演化与前景，《学习与探索》，2017 年第 6 期。

新秩序。但不同于传统援助国的普遍一致性，新兴援助国"并没有表现出向共同模式方向发展的意愿"①，南南合作反对标准化的模式，各国在实施援助中都坚持各自的特色和自主权，倡导多元的合作范式。对于加入发达国家主导的如 GPEDC 这样的多边发展机制，新兴援助国也持不同态度，尤其是像印度尼西亚、墨西哥这样的援助体量并不大的国家，热衷于在这样的多边机制下发声，并发挥南北桥梁的角色。新力量之间存在的巨大差异性和多样性也导致新兴援助国无法凝聚成决定性改变发展秩序的巨大力量。有学者认为南北方之间形成了"拉锯战"②，也有学者认为"（发展）领域类似一个'旋涡'，其特点是流动性、不确定性和竞争性的潮流，而不是两方之间的战斗"。③ 但不论是两方"拉锯"还是多方相互影响的"旋涡"，发展治理体系的变革与发展秩序的重构已势不可挡，全球发展的新时代正在来临。

美国著名国际政治学者查尔斯·库普乾（Charles Kupchan）在十几年前就世界秩序的和平转型曾提出"当务之急并不是搞好权力平衡……相反，我们的目标是开始一个长期的和解进程，最终成功地促进对良性特征的相互承认"。④ 在当前发展界依然需要这样的努力。尽管存在着观念与利益上的冲突，但在共识的基础上进一步扩大共识，在竞争的大态势下寻找合作的可能性，通过对话、互动来突破意识形态分歧和政治博弈的束缚，包容各方先进有效的发展思想与实践经验，共同探索全球挑战的应对之策，才是全球发展治理的正确之路，才无悖于"发展合作"的合作本质，才有利于人类的共同进步。

---

① Corr^ea, M. (2017). Quantification of south-south cooperation and its implications to the foreign policy of developing countries. South Centre. Bracho, G. (2015). Search of a narrative for southern providers. DIE.

② Chin, G., & Quadir, F. (2012). Introduction：Rising states, rising donors and the global aid regime. Cambridge Review of International Affairs, 25 (4), 493-506.

③ Jack R. Taggart （2020）：Global development governance in the "interregnum", Review of International Political Economy.

④ C. Kupchan (2001). Explaining peaceful transitions. In C. A. Kupchan, E. Adler, Jean-Marc Coicaud, & Y. F. Khong (Eds.), Power in transition：The peaceful change of international order (pp.1-17). United Nations University Press.

第二章　国际发展政策与实践经验

主权国家是全球发展治理中的首要行为体，承担着最关键的角色。本章将兼顾发达国家、新兴经济体的不同模式，并涵盖区域性组织作为主权国家集体发展合作行动的案例，选取德国、日本、土耳其、欧盟为例，阐述各自的发展政策、管理模式与实践经验，展现各自通过对外援助参与全球发展治理的特点与方式。

第一节　德国：传统发展合作大国①

德国是老牌发展合作大国，其官方发展援助（ODA）规模在发达国家中位列第二，仅次于美国。德国发展援助始于1952年正式加入联合国"扩展援助计划"（即现在的联合国开发计划署）。德国将发展合作视为与国际社会紧密合作应对全球挑战、塑造发展领导角色的重要工具。始终遵循政策引导，紧密围绕可持续发展议程制定发展战略，在地理布局和领域分配上均制定了明确的政策文件，重点突出且具有延续性，尤其注重全球发展议题的引领，结合本国利益诉求，在气候变化、难移民等领域"做大做强"，兼顾跨领域、跨学科议题在发展政策中的协同效应，在欧盟和国际多边机制中积极担当倡导者和领导者的角色。在援助理念和方式上，德国也始终保持与时俱进，推

---

① 本节主要参考 OECD、BMZ 及 donor tracker 网站信息。

动数字化、可持续价值链、绿色投融资等前沿领域在发展合作中的应用，充分发挥本国领先技术，助力本国中小企业对外投资，不断创新援助方式和合作模式，实施了诸如气候风险保险、"非洲全健康研究教育推广中心"、支持企业开拓发展中国家市场的 develoPPP 项目等特色援助项目，形成了良好的品牌效应。

一、援助规模持续保持高位

近年来，由于大幅增加的难民援助支出，德国对外援助规模不断扩大，自 2016 年以来稳居世界第二大援助国地位。根据经合组织（OECD）数据，2020 年由于德国政府调动了额外的官方援助资源以对抗新冠肺炎疫情，德国官方发展援助达到 293.20 亿美元，同比增长 22%。2021 年由于德国政府进一步通过多双边渠道提高抗疫援助和疫苗援助，德国 ODA 规模创历史新高，达到 322.32 亿美元，同比增长 5.1%（见表 2-1）。OECD 发展援助委员会（DAC）估计，2021 年德国提供的与新冠肺炎疫情有关的 ODA 总额为 30 亿美元，疫苗援助占 ODA 规模的 2.2%。纵向观察，德国近几年的援助贡献始终保持高位，ODA 占 GNI 比重长期维持在 DAC 成员国前列，2016 年就首次达到了 0.7% 的标准。

表 2-1　2015—2021 年德国官方发展援助规模

单位：亿美元

年份	2015	2016	2017	2018	2019	2020	2021	2021[1]
ODA	179.40	247.36	250.05	256.70	241.22	293.20	314.91	322.32
ODA 占 GNI 比重（%）	0.52	0.70	0.67	0.61	0.61	0.73	—	0.74

注：DAC 从 2018 年开始采用新的统计口径——赠与等值法（grant equivalent）统计其成员国的援助数据。表中 2021[1] 为赠与等值法数据，其他为传统的净支付额数据，2021 年均为初步数据。

资料来源：OECD-DAC 数据统计系统。

2021 年 12 月 8 日，奥拉夫·朔尔茨（Olaf Scholz）正式就任德国总理，长达 16 年的默克尔时代成为历史。总体来说，由社民党、自民党和绿党组建的新一届联合政府延续了德国此前的发展合作政策，即在实现可持续发展目标的全球议题中发挥积极作用并引领欧洲发展合作。根据《联合执政协议

2021—2025》，新政府承诺德国官方发展援助（ODA）将保持在 GNI 占比 0.7% 的水平，其中，GNI 占比 0.2% 将用于最不发达国家。

经济合作与发展部（BMZ）作为德国援外主管部门，其预算约占官方发展援助总额的 40%。2014 年至 2021 年期间，BMZ 预算增长了 93%，2021 年达到 124 亿欧元（139 亿美元），包括与应对新冠肺炎疫情有关的 16 亿欧元（17 亿美元）的追加资金。受抗疫额外支出的直接影响，BMZ 的 2020 年和 2021 年预算都远高于新冠肺炎疫情之前的预算水平（2019 年仅为 103 亿欧元）。2022 年 6 月 3 日，德国议会批准将 BMZ 的 2022 年预算增加到 134 亿欧元（144 亿美元），而政府在 3 月提出的预算为 109 亿欧元。预算增加的主要原因是受俄乌冲突影响的有关支出。德国政府于 2022 年 4 月批准的补充预算中，又为 BMZ 设定了 10 亿欧元用于"乌克兰危机背景下的人道主义援助、危机管理和粮食安全"。

总体而言，德国援助规模的持续走高，显示了政府通过积极的援外政策应对新冠肺炎疫情、人道主义危机和气候危机等全球性挑战的决心。然而，根据德国政府 2023 年预算草案，预计 2023 年的 ODA 总支出 224 亿欧元，BMZ 获得 111 亿欧元拨款，与 2022 年相比下降 10%。BMZ 部长舒尔茨批评此举与当前全球面临的饥饿、贫困、大流行病和气候变化挑战所需的努力不一致。BMZ 及德国发展机构也普遍呼吁，未来德国官方发展援助应保持高水平。考虑到德国新政府对发展政策的定位，面对疫情引发的经济、卫生和粮食不安全等多重危机，尤其是受俄乌冲突持续化的影响，预计未来德国援助有望保持当前的高投入态势。

二、国际发展政策聚焦全球可持续发展议题

德国将发展合作视为"二战"后重塑国际形象的重要手段，形成了党派与民众一致认同并重视国际发展合作的国内传统。在发展理念上，德国将提供全球公共产品、推动可持续发展视为其自身利益的组成部分，紧密围绕可持续发展议程制定国际发展政策，在全球发展治理中积极打造领导者角色，尤其将气候变化、粮食安全、难移民作为优先领域，发挥着重要引领作用。

朔尔茨新政府将抗击新冠肺炎疫情、气候变化、全球健康与研发、推行女权主义发展政策、可持续农林业、参与多边机制作为发展合作重点。其中视抗击新冠肺炎疫情为核心任务，将气候变化视为优先事项。文尼亚·舒尔茨（Svenja Schulze）在 2021 年 12 月出任新一届政府 BMZ 部长，她曾在上届政府中担任环境、自然保护和核安全部长，这也为德国强化发展与气候变化的协同提供了便利。舒尔茨认为，德国在全球发展合作领域负有桥梁建设者和支持者的特殊责任，承诺将扩大德国在应对气候危机和新冠肺炎疫情的参与力度，并扩大德国对全球发展的政治参与。

根据 BMZ 政策文件，德国通过对标 2030 年议程，将其发展合作设置了六大核心领域及 18 项细分领域：一是和平包容的社会领域，包括善治、构建和平与预防冲突、移民问题；二是农业粮食体系转型领域，包括粮食与营养安全、农村发展与农业问题；三是可持续经济发展、培训与就业领域，包括职业技能培训、私营与金融部门的发展、社会、环境合理的供应链、贸易与可持续基础设施；四是气候与能源公平转型领域，包括气候变化缓解与适应、可再生能源与能源效率以及可持续城市发展（交通、循环经济与废品管理）；五是自然资源与生物保护领域，包括生物多样性、森林与水资源；六是健康、社会保护与人口政策领域，包括健康、大流行病与"同一健康"、社会保障以及人口政策。对于跨领域、多领域的发展议题，BMZ 设有六大倡议领域与2030 年议程挂钩，包括女权主义发展政策、扭转贫穷与不平等、数字技术与数据、生态系统与基于自然的解决方案、气候风险管理、移民。①

事实上，德国发展合作政策的重点在近些年一直保持着连贯性。自 2014年以来，BMZ 不断增加的预算一直通过"特别倡议"来引导，确保援助始终投向重点领域。在 2017 年至 2021 年的立法期间，"解决流离失所根源，让难民重新融入社会""中东和北非地区的稳定和发展"以及"一个世界——没有饥饿"三项特别倡议被列为优先事项。德国在 2020 年下半年担任欧盟理事会主席国期间，除了关注应对新冠肺炎疫情，将气候保护、数字化以及全球责

---

① 参考 BMZ 官员在 2022 年 5 月 31 日 "中国—欧盟发展合作系列工作研讨会"第一期会议上的发言。

任作为优先内容，BMZ 还特别强调在公平和可持续的供应链上发挥积极作用。针对当前国际形势，BMZ 计划在今后一段时期对全球卫生、流行病预防、计划生育和数字化等方面给予特别关注。为应对新冠肺炎疫情，德国政府注重全球卫生和大流行病防范，为此，BMZ 建立了"全球健康、大流行病预防、同一健康"部门，并发布了"同一健康战略"（One Health），首次将"气候—健康—环境结合"（climate-health-environment nexus）正式纳入德国发展合作政策。

由于新冠肺炎疫情进一步加剧了全球发展治理的难度，为此，德国将发展政策与气候、经济、难移民、农业、健康等相关政策挂钩，形成应对多重挑战的援助举措。例如，在气候变化领域，德国支持受援国的氢气产业发展，在提升能源安全和创造就业机会的同时，加强当地的价值链和经济多样化。针对非洲国家开展气候变化适应方面的援助，支持气候风险保险和清洁能源，特别关注粮食安全和水供应问题。帮助叙利亚、北非、也门和埃塞俄比亚等受冲突影响的地区应对疫情，防止难移民问题在疫情之下进一步危及社会凝聚力，形成局部地区冲突。推动"同一健康"理念在发展政策中的主流化，在改善人类—动物—生态系统的监测和研究、投资粮食和营养安全、应对气候变化、保护野生动物和维护生物多样性方面开展项目。在发展合作中引入数字工具，为加纳和尼日利亚资助 SORMAS 疫情监测和分析系统。

三、以非洲、脆弱地区尤其是"改革国家"为重点

德国发展合作具有明显的地缘特点，2019—2020 年，德国约 34% 的官方发展援助投向撒哈拉以南非洲地区，中东和北非占 24%。将一半以上的援助资源集中投向非洲和中东地区，背后则是以德国自身利益为根本出发点的发展政策指引。因非洲与欧洲大陆相邻，德国认为非洲的发展直接关乎欧洲的未来；同时，由于 2016 年以来欧洲深陷难民危机，也使德国尤其重视对中东和非洲难民来源地的援助支持。由此，德国政府形成了"从根源上解决难移民问题"的发展合作逻辑，将推动中东和非洲可持续发展作为发展政策的目标之一。

正是立足于自身利益，德国制定了层次清晰的发展合作区域布局，采取

差异化的援助举措。2020 年 5 月，BMZ 发布《2030 改革战略》[1] 以提升官方发展援助的战略性、有效性和效率。战略提出开展"新的高质量合作"，其中包括调整伙伴关系，将直接合作伙伴国从 85 个减少到 60 个，其中双边伙伴国 42 个、全球伙伴国 8 个、和平伙伴国 10 个。42 个双边伙伴国中还专门设定了推动改革国家和推动政治经济转型国家。

表 2-2　德国重点受援国分类与国别名单

双边合作伙伴		
进行长期合作以取得共同发展目标		
阿富汗*	约旦	尼日利亚
阿尔及利亚	肯尼亚	巴基斯坦
孟加拉国*	黎巴嫩	巴勒斯坦
贝宁*	马达加斯加*	卢旺达*
布基纳法索*	马拉维*	坦桑尼亚*
柬埔寨*	马里*	多哥*
喀麦隆	毛里塔尼亚*	乌干达*
哥伦比亚	莫桑比克*	乌兹别克斯坦
厄瓜多尔	纳米比亚	赞比亚*
埃及	尼日尔*	
改革伙伴		
支持有改革意向的国家		
科特迪瓦	加纳	塞内加尔*
埃塞俄比亚	摩洛哥	突尼斯
转型伙伴		
为欧盟邻邦的政治经济转型提供支持		
阿尔巴尼亚	科索沃	乌克兰
波黑	摩尔多瓦	格鲁吉亚
塞尔维亚		

注：以上为 42 个双边受援国，标 * 为最不发达国家。

---

[1]　BMZ 2030 reform strategy, June, 2020.

续表

全球伙伴		
围绕全球议题和公共产品展开合作		
巴西	印度尼西亚	南非
中国	墨西哥	越南
印度	秘鲁	
发展、人道与和平（Nexus and Peace）伙伴		
解决造成冲突、流离失所、暴力的结构性因素，支援和平建设		
中非*	利比亚	叙利亚
乍得*	索马里*	也门*
刚果（金）*	南苏丹*	伊拉克
苏丹*		

注：标*的国家为最不发达国家。

从表2-2可见，非洲是德国双边援助的重点，42个双边伙伴国中24个为非洲国家。《2030改革战略》进一步提出，改革伙伴国将是德国双边援助的重中之重，这是德国政府于2017年先后出台的"对非马歇尔计划"及"与非洲有约"（Compact with Africa）G20倡议的具体落实举措。根据两项对非政策文件，德国通过发展合作促进整个非洲大陆的私人投资和善治，并在欧盟层面倡导协调一致的对非政策，其中的关键就是对有改革意愿的非洲国家提供援助支持，将民主、法治、打击腐败和尊重人权作为衡量改革伙伴的基本条件。2017年6月以来，德国已与科特迪瓦、加纳、塞内加尔、埃塞俄比亚、摩洛哥和突尼斯六个国家建立了"改革伙伴关系"，2021年3月18日德国发展部和多哥外交部签署了建立改革伙伴关系的意向声明。通过"改革伙伴关系"，德国重点在金融和经济领域支持受援国的发展，改善私营部门的营商环境，从而刺激对非私营投资、创造更多就业机会。2022年6月，BMZ又对伙伴国名单进行了调整，增加了亚美尼亚、玻利维亚、老挝、尼泊尔和蒙古四国，将中非从名单上删除。

针对俄乌冲突，BMZ迅速启动了对乌克兰的紧急支持计划，迄今已提供了约1.85亿欧元的援助。该紧急计划主要由德国国际合作机构（GIZ）和德国复兴信贷银行代表 BMZ 实施，国际移民组织（IOM）和联合国儿童基金会（UNICEF）以及乌克兰民防部门、伙伴城市等为合作伙伴。为了进一步支持乌克兰恢复经济，德国承诺从其补充预算中提供 4.26 亿美元。此外，德国政府正在为乌克兰提供大量人道主义援助，并已提供超过 10 亿欧元的预算支持。

四、积极参与并引导多边发展机制

受两大援外执行机构——德国国际合作机构（GIZ）和德国复兴信贷银行（KfW）所驱动，德国大部分援助由两大机构执行，导致德国的双边援助资金比重长期保持在 80% 左右。尽管如此，德国在多边发展平台上具有很强存在感，始终扮演着积极的倡导者角色。尤其是新冠肺炎疫情以来，德国多边援助规模大幅提升。2021 年，德国多边援助规模达 85.4 亿美元，同比增长 30%，占援助总额的 26.5%，其中一半以上投向欧盟，其余分配给联合国机构、世行和区域开发银行。目前，德国每年约有 13% 的 ODA 是对多边机构的指定用途捐款，20% 是对多边机构的核心捐款。[①]

2020 年 4 月，BMZ 制定了《加强欧洲和多边发展合作战略》，明确将气候保护和适应、饥饿贫困和就业、全球贸易、新冠肺炎疫情和医疗卫生、教育和培训、难移民作为多边渠道的合作重点，合作对象以欧盟、联合国、G7、G20 和多边开发银行为主。2020 年，德国多边援助规模达 64.39 亿美元，占援助总额的 23%，其中一半投向欧盟，其余分配给联合国机构、世行和区域开发银行。

朔尔茨新政府将加强多边机制参与作为发展合作优先事项之一，以期利用多边机制平台发挥德国在全球发展议题的更大引领作用。为此，德国借助任 2022 年七国集团主席国的时机，将气候保护、大流行病防范、可持续基础设施和性别平等列为重点领域，促使一系列德国优先发展合作政策在七国集团层面获得通过。德国还积极推动应对粮食危机的国际合作举措。2022 年 5

---

① 数据来源：OECD 数据库。

月 18 日，在 BMZ 部长舒尔茨与世界银行行长马尔帕斯共同提议下，七国集团发展部长会议决定建立"全球粮食安全联盟"，以协调各方提高援助有效性与公平性。除世界银行、七国集团和欧盟委员会外，还得到联合国全球危机应对小组、挪威、丹麦、非洲联盟、联合国世界粮食计划署和国际农业发展基金的支持，并向私营部门和民间社会组织开放。此外，德国促成七国集团发展部长会议公报创下两个"首次"，均为其援助政策重点：首次承诺在气候相关损害与损失的背景下增加抵御气候风险的活动，首次纳入女性主义发展政策概念。

在全球应对新冠肺炎疫情大流行中，德国高度重视对多边机制的支持，主要通过多边机制提供援助。德国内阁在 2020 年 10 月通过《2020—2030 年跨部委全球卫生战略》，该战略确定了德国未来 10 年在全球卫生领域的战略重点，包括加强卫生系统、预防大流行病和推动全球卫生研究，明确提出加强多边全球卫生架构。继 2021 年承诺向"获取 COVID-19 工具加速计划"（ACT-A）追加 15 亿欧元（18 亿美元）的额外资金后，德国对 ACT-A 的捐款总额达 25 亿美元（截至 2022 年 2 月），成为该计划的第二大援助国。2022 年 3 月，德国宣布向 ACT-A 2021—2022 年预算提供其承诺的 12 亿美元"公平份额"。

五、注重发展多元伙伴关系

（一）三方合作

德国是开展三方合作较早、较多的发达国家。德国将三方合作作为其与新兴经济体和地区大国合作战略的重要内容之一，尤其在全球责任方面与新兴经济体保持积极接触，围绕发展议题、提供公共产品开展三方合作和对话交流。在 2013 年 BMZ 制定的《德国发展合作中的三方合作》立场文件中指出，三方合作为全球发展合作创造了更多机会，有利于 DAC 成员国和非成员国之间的合作。德国三方合作以技术合作为主，如提供建议、方法指导、资金支持、人员培训以及派遣专家等，也开展融资三方合作，如与新兴经济体在发展中国家开展联合投资项目。拉丁美洲是德国三方合作项目最集中的地区，非洲和亚洲次之。巴西、智利、南非是德国最主要的三方合作伙伴，合作项目一般以各方联合融资资助的方式开展。BMZ 在《加强欧洲和多边发展合作战略》中也提出，希望与中国在维护多边主义、保护全球公共产品方面开展三方合作。

（二）政企合作

目前，德国发展合作各个领域都有政府与私营部门的合作，主要以保护环境、促进自然资源可持续管理、创造农村就业等为目的，针对基础设施、可再生能源、供水等较大型的援外项目。BMZ 为私营部门提供资金支持，私营部门主要通过 GIZ 申请资金。BMZ 已经在柏林和波恩设立了商务与经济发展机构，为私营部门提供所需的咨询服务，在企业、商会和发展合作机构之间架起合作平台。同时，BMZ 设立多个 PPP 方案，有效推动私营部门与政府在援助领域的合作。比如，BMZ 于 1999 年开始实施 DeveloPPP 计划，为投资发展中国家的企业提供资金和专业技术支持。申请该计划的企业必须提供至少一半的项目资金，BMZ 可以提供上限为 20 万欧元的资金支持，此类合作项目最多为期三年，涵盖多个领域和主题。企业通过 BMZ 指定的德国投资与发展公司（DEG）[①]、GIZ 和经济发展和职业培训基金会（SEQUA）这三家机构参与项目。德国明确提出，该计划的目的是支持在 DAC 国家注册的企业扩展在发展中国家的业务。计划启动以来的 20 余年间，BMZ 已资助德国企业和欧洲企业实施了 2000 多个项目，仅 2020 年就有近 8 万人在该计划支持下接受培训。2021 年 5 月 26 日，BMZ 进一步扩大 DeveloPPP 计划，推出风险投资项目，以支持在低收入和中等收入国家的初创企业，促进发展中国家和新兴国家创新商业模式，为年轻人创造就业机会。申请成功的企业可获得高达 10 万欧元的赠款。德国援助的创业支持项目在一定程度上是对未来的投资，通过发展合作手段，有利于德国中小企业扩展海外市场，并进一步巩固德国在全球技术创新中的引领作用。

---

① DEG 是 KfW 旗下的公司，其职责是为在发展中国家运营的私营部门提供长期融资和投资促进项目。

（三）官民合作

目前，德国 6% 的双边 ODA 通过民间组织实施。非政府组织通过请愿、会议等多种方式与德国政府和议会就发展合作事务进行互动。目前德国有约120 家发展相关的民间组织，在德国发展 NGO 协会（VENRO）的协调下开展活动。另一个重要的机构是德国环境与发展论坛，在可持续发展和人道主义援助方面负责协调倡导工作。民间组织主要获得 BMZ 和外交部等德国政府部门的资助开展援助项目。BMZ 设有专门与民间组织合作的处室，2015 年出台《政府与民间组织合作的后 2015 年发展战略》，列出与民间组织开展援助合作的三大目标：一是进一步理解发展事务、调动德国民众参与；二是通过与德国民间组织的合作加强发展中国家的民间社会力量；三是在全球事务上发展与民间社会伙伴关系，从而更好地塑造德国的未来。

六、管理体制与政策框架完善

（一）管理体制

在联邦议会的监督下，德国联邦政府对德国发展援助进行直接领导。经济合作与发展部（BMZ）是德国对外援助的主管机构，受托执行援外业务的机构主要包括德国国际合作机构（GIZ）、复兴信贷银行（KfW）、发展评估研究所（DEval）等。其中 GIZ 和 KfW 是两大发展合作执行机构，受 BMZ 的政策监管，在德国发展政策、优先设定与项目执行中发挥关键作用。

BMZ 成立于 1961 年，是欧洲第一个专门从事发展合作的政府部门，主要职责包括：制定德国对外援助战略、政策、规章制度；协调政府各部门的发展政策；与各相关方，包括公民社会、私营部门、受援国、多边组织等进行合作；发布发展信息，提高公民发展意识。BMZ 在内阁拥有席位，这有利于其从发展的角度来审视各项政策，促进德国各项政策一致性。BMZ 在波恩和柏林均设有办公室，现共有 1230 余名员工，其中 51% 在波恩，其余在柏林。BMZ 向亚、非、拉美和加勒比地区的 40 个国家派驻人员，还在一些德国常驻国际组织的代表团中派驻代表，包括联合国（纽约、日内瓦和罗马）、OECD和欧盟。此外，BMZ还在世界银行，亚洲、非洲、美洲及加勒比的开发银行董事会中占有职位。在过去5年，BMZ为进一步加强其政策制定能力，总部人员增加了27%（165人），派驻人员增加了46人。目前，BMZ共向海外派驻人员130名，作为德国使馆外交人员的一部分。驻外人员负责协调发展事务，与驻在国政府及其他发展伙伴进行政策对话、确定政策定位，并监督德国各执行机构的活动。

德国外交部在发展合作中也起着十分重要的作用，目前掌管德国14%的援助额，主要负责人道主义援助、危机预防和向UN维和捐款。外交部还参与制定援助的政治标准、受援国和地区的援助金额和比例，使援助符合德国的外交政策和利益。外交部负责的人道主义援助主要为短期、紧急项目，BMZ则负责长期的发展项目，两个部门在人道主义事务中有所协调，但以外交部为主。

此外，财政部、卫生部、教育和研究部、内政建筑和社区部（BMI）、环保部等也参与发展合作事务。德国议会的作用是主要通过其经济合作与发展委员会（AWZ）对发展政策制定、资源分配和实施进行审查。该委员会也可以对政府预算草案中的资金分配提出修改建议。议会的人权和人道主义援助委员会是讨论人道主义援助相关问题的核心机制，联邦政府人权政策和人道主义援助专员负责在外交部与人道主义组织间的联络。

德国国际合作机构（GIZ）是德国对外援助的主要执行机构之一，负责实施德国援助的技术合作项目，包括派遣专业技术人员，人力资源开发、培训和人员进修，同时提供直接资金支持、咨询等。GIZ的性质是联邦所属的公益性机构，主要受BMZ委托实施技术合作项目，也执行其他联邦政府部门、欧盟机构、联合国机构等委托的项目，同时也与私营部门合作促进发展与对外贸易的互动。2021年，GIZ业务量约为37亿欧元。目前在120个国家实施援助项目，在受援国设有独立办公室或与德国驻当地其他发展合作机构共享办公室，员工多达24977人，其中70%是在受援国工作的当地员工。

德国复兴信贷银行（KfW）成立于1948年，是德国优惠贷款的执行机构，德国联邦政府拥有80%股权，各州政府共同拥有其余20%。自20世纪60

年代以来，联邦政府通过 KfW 向世界 100 多个发展中国家提供贷款。其中，一部分是利用政府预算拨付的款项直接为发展中国家提供优惠贷款，还有一些与商业贷款等市场资金混合使用。KfW 在全球共设有 80 个地区办公室和代表处，员工 7300 人。目前，德国援助资金的 25% 由 KfW 从市场筹措，在发展融资方面发挥着重要作用。2021 年 KfW 提供了总额 1070 亿欧元的资金，其中 33% 用于气候和环境保护。针对新冠肺炎疫情，截至 2021 年 5 月 20 日，KfW 实施了 191 个抗疫援助项目，总额达 50 亿欧元。

（二）政策框架

德国具备一套相对完整的政策框架体系，总体战略、国别规划与领域规划相辅相成。德国发展政策框架以《发展政策 2030》《2030 改革战略》为顶层指导，通过具体的立场文件，国家、区域及欧盟联合项目战略等政策文件来推动落实。

BMZ 在整个政策落实中发挥统筹协调作用。BMZ 建立了数据管理机制，对项目整体情况进行监督。同时，通过机构间协调，BMZ 可以在具体问题上发挥更大统筹作用，指导其他部门落实战略规划。此外，德国还通过评估指标和数据系统，指导并监测发展战略规划的落实。德国在政策文件中设定了六项质量标准用于评估发展合作是否基于价值、可持续并具前瞻性，可适用于所有举措，具体包括：一是人权、性别平等与残疾人包容；二是消除贫困与缩小不平等；三是环境与气候影响评估；四是数字科技（"默认数字化"方式）；五是反腐与诚信；六是冲突敏感。

德国政府通过出台政策指南、建立协调机制来实现发展政策的部门间协调。包括部际战略指南，如外交部 2014 年发布的《联邦政府对非政策指南》、2012 年发布的《联邦政府塑造全球化指南》，以及 BMZ 与外交部、国防部 2014 年联合发布的《关于脆弱国家的部际指南》等；部门间合作协议，如 BMZ 和粮食安全与农业部签署合作协议，与国际组织和受援国协商粮食安全问题时协调立场；部门协调机制，如 BMZ 和粮食安全与农业部联合领衔粮食安全工作组。在和平与安全及气候变化议题上，相关部门间的协调更加紧密，如总理府的国务秘书、国防部、外交部和 BMZ 每三个月召开一次会议，以协调他们在对待伊拉克、马里和中非问题上的立场。在人道主义援助方面，德国设有专门的协调委员会，由外交部、德国人道主义组织以及其他部委组成，定期讨论相关问题。总体来说，各部门间的协调既有政策层面的，也有技术层面的，既有分主题的协调，也有具体国别事务上的协调。

第二节　日本：在西方与亚洲之间的援助大国

日本早在 1954 年就已加入 DAC 成员国行列，曾在 20 世纪 90 年代以世界第一大援助国地位"独领风骚"，直至今日其援助大国的身份始终没有动摇。但在西方援助的话语体系内，日本作为亚洲唯一的援助大国，是有别于西方主流援助国的"另类"。原则上，日本援助核心原则是非干预，强调受援国的"自助"，因此援助主要是基于受援国需求，需要对方政府参与；方式上，更多使用贷款的资金渠道，援助主要是项目型，在技术合作和采购方面附加采购日本产品和服务的捆绑条件，确保日本 ODA 的可见性；领域上，长期关注基础设施、产业生产等领域；受援国上，对中等收入国家援助力度大，主要集中在亚洲，发挥着地区领袖的影响力；管理上，注重微观层面的管理与实施，擅长与受援国政府合作。[1] 以上构成日本援助的突出特点，与西方主流援助有明显不同。在国际多边机制中，因亚洲国家的身份，日本也长期处于身为"局内人"的"局外人"尴尬，在欧美援助国主导的国际场合表现得相对沉默和被动。[2] 近年来，日本援助随着对外战略主动性的增加而有所变化，在

---

[1]　Alina Rocha Menocal and Leni Wild: Where can Japanese Official Development Assistance add value? The Overseas Development Institute Policy Briefing No 71, February, 2012. Bruce M. Koppel and Robert M. Orr, Jr: Japan's Foreign Aid: Power and Policy in a New Era, Westview Press, 1993.

[2]　GRIPS Development Forum, An Overview: Diversity and Complementarity in Development Efforts, Diversity and Complementarity in Development Aid: East Asian Lessons for African Growth. Wild, L. and L. Denney with A. Rocha Menocal: Informing the Future of Japan's ODA-Phase Three: Positioning Japan's ODA as a leader in its field, ODI: London, 2011. Rocha Menocal, A., L. Denney and M. Geddes: Informing the Future of Japan's ODA-Phase One: Locating Japan's ODA within a crowded and shifting marketplace, ODI: London, 2011. Alina Rocha Menocal and Leni Wild: Where can Japanese Official Development Assistance add value? The Overseas Development Institute Policy Briefing No 71, February, 2012.

国际上的重要性进一步提升。

一、ODA 为重要外交战略工具

因受宪法约束不具有军事权，日本在外交中高度重视对外援助（ODA）① 作用，曾在 1991 年至 2000 年间为世界第一大援助国。作为曾经的国际援助领袖，日本具有独特的援助模式，源于其历史和从战后严重依赖援助的国家向世界最先进经济体的转型。日本援助受多种利益因素所驱动。历史上，商业经济利益一度是日本 ODA 最主要的驱动力，主要源于当时的日本援助理念是通过援助投资获得经济利益。同时，日本将 ODA 视为其重要外交工具，用于拓展其在国际社会的实力和影响力，因为受战后和平宪法制约，日本军事能力受限，ODA 便用来发挥主要作用。② 受到近些年日本自身经济困境和地缘政治影响，日本政界越来越将援助看成是外交和战略资本。尤其是 2012 年 12 月安倍再度执政之后，日本政府将国家安全和经济复苏作为首要任务，采取了一系列对外政策改革，对外奉行"积极的和平主义"并将其提升至国家战略层面。③ 2013 年 12 月，安倍内阁通过了指导今后十年外交和安全工作的《国家安全保障战略》，其中提出灵活调整援助项目，强调战略、高效运用援助的重要性。④

2014 年作为日本援外甲子之年，日本再次站在对外援助的十字路口，开展新一轮的《ODA 大纲》修订。最终，大纲⑤于 2015 年 2 月 10 日在内阁会议上通过，更名为《发展合作大纲》，明确了日本对外援助的三大基本原则：第一，重申日本是爱好和平的国家，援助是通过非军事目的的国家合作，促进和平与繁荣；第二，以"人的安全"为援助基石，重点瞄准个人，尤其是

---

① 日本在其官方文件中使用"官方发展援助"（ODA）的概念，本书将遵循其官方表述，后文不再赘述。

② Alina Rocha Menocal and Leni Wild: Where can Japanese Official Development Assistance add value? The Overseas Development Institute Policy Briefing No 71, February, 2012.

③ 王珊：安倍政权"积极和平主义"辨析，《现代国际关系》，2014 年第 6 期。

④ 姚帅：透视日本对外援助新政策，《国际经济合作》，2015 年第 5 期。

⑤ Japan Cabinet Decision, "Development Cooperation Charter: For peace, prosperity and a better future for everyone", 10 February, 2015.

弱势群体，以援助实现人权保护，推动"人的安全"成为国际社会主流价值观；第三，延续日本援助强调受援国"自助"的传统，坚持通过援助传播日本经验和技术，帮助受援国实现自力更生发展，建立双方互利互惠关系。在大纲基础上，日本制订了第四个援助中期计划（2017—2021 年）①，提出通过发展合作响应发展和全球议题，为日本国家利益服务，为此将重点关注以下四个方面：一是坚持"人的安全"援助理念，以援助加强人的能力，使其成为国家发展的关键参与者；二是加强在日本国内各援助主体间的伙伴关系，促进发展合作和区域活力；三是为国际承诺作出贡献，并在国际社会中发挥领导作用；四是加强安保措施。

2015 年大纲的调整标志着日本对外援助政策的新一轮转型，也使近几年日本的对外援助呈现了以下新的特点。

第一，首次提出日本对外援助服务于本国利益。大纲开宗明义地提出日本援外目的是"为国际社会的和平、稳定和繁荣作出更积极的贡献，也将有助于确保日本的国家利益"。尽管日本对外援助在实践中一直以实现本国利益为背后主要驱动因素，但这是日本首次在对外援助政策文件中公开使用"国家利益"，并明确提出其对外援助行为将服务于以下国家利益：保障本国和平与安全、促进经济繁荣、营造稳定透明可预见的国际环境、维护基于普世价值观的国际秩序。大纲着重强调将自由民主等共享普世价值观作为日本援外的重点议题，将 ODA 积极用于推动民主进程、完善法律制度和保护人权领域，并帮助与日本享有共同价值观的发展中国家实现经济社会的"高质量增长"，建成一个和平、稳定和安宁的社会。由此可见，日本将继续加大对包括东南亚国家在内的重要外交伙伴的援助力度，通过战略性地分配 ODA 资金以实现外交上的突破，这也是日本"价值观外交"在援助政策上的充分体现。

第二，官方发展援助纳入发展合作范畴。2015 年大纲由《ODA 大纲》更名为《发展合作大纲》，表明日本将历史上沿用至今的"官方发展援助"概念与国际上普遍认同的"发展合作"概念接轨，并赋予了对外援助新的内涵。

---

① JICA, Medium-term Plan of Japan International Cooperation Agency（Business year 2017—2022），https://www.jica.go.jp/english/about/organization/c8h0vm000000ks38-att/medium_term_plan.pdf.

日本强调，"发展合作"是指"日本政府及所属机构出于促进发展中地区发展的主要目的而开展的国际合作活动"，包括维护和平、政府治理、促进基本人权、人道主义援助等。大纲指出，"发展合作"需要通过增强发展的协同效应来实现，要加强 ODA 与其他官方资金（OOF）以及发展领域的私营资金的合作。在此影响下，近年来日本对外援助以 ODA 为核心，在发挥 ODA 桥梁作用、整合多种资源参与发展合作方面不断探索。一方面，ODA 与包括私营部门、地方政府和非政府组织等各类主体资金在内的民间资本合作，进一步推广公私合营伙伴关系，通过援助改善伙伴国的投资环境，为日本中小企业海外投资提供协助。另一方面，日本扩大在国际多边平台的存在感，在国际发展合作规则制定方面发挥引领作用，加强 ODA 与联合国维和行动（PKO）合作。由此可见，日本已经实现了将援助概念从单纯的 ODA 向更广义、多元的国际发展合作转变，将援助目的从减少贫困向维护和平、促进安保和经济增长转变，并有意将援助作为落实"安倍经济学"和安保战略的重要工具，借助援助在安保和海外投资领域填补资金缺口。

第三，非军事目的援助合法化。2015 年大纲继续坚持"禁止提供援助用于军事目的"这一原则，但写明"对受援国军队或军人参与如公共福利或救灾减灾等非军事目的援助，将根据实际情况再做研究"。在 2013 年菲律宾台风海燕救灾后，日本以受法律限制无法派军队开展海外救灾为由，大力谋求赋予军队在海外开展非军事援助的合法化权利。2015 年大纲修订首次突破了日本长期坚持的非军援的援外本质，相当于对"日本不得向他国军队提供支援"的变相松绑，为日本向他国军队提供非军事目的的援助行为提供了法律背书。虽然解禁的援助他国军队事项只限于民事目的，但存在 ODA 转用于军事领域的风险，这也导致日本援助近些年不断加剧向安保领域的外溢，为日后日本进一步解禁集体自卫权、冲破《和平宪法》提供军援埋下隐患。

第四，受援范围更为灵活。一直以来，日本作为 DAC 成员国，遵循 DAC 的受援国名单提供援助，对于从名单中毕业的达到中高收入水平的发展中国家，日本逐步停止对其援助。例如，日本在 20 世纪 90 年代停止对泰国的日元贷款、在 2008 年取消对中国的日元贷款等。而 2015 年大纲则对日本的受援国范围进行了"松绑"，特别强调日本援助不局限于 ODA 毕业国限制，可采取一事一议的原则，针对 ODA 毕业国的实际发展需要和负担能力继续提供援助。其中，特别明确加强对处于"中等收入陷阱"的新兴市场国家的援助。与此同时，将日本的优先援助范围进一步扩大，在此前以亚洲、非洲、中东、拉美和太平洋岛国为优先的基础上，新增了中东欧地区，提出对这一地区的民主国家提供人权和法治领域的援助。因此，这一改变为日本灵活运用援外资金提供了法律依据。在大纲指引下，近些年日本的援助越来越聚焦于有助于其经济增长的新兴市场国家，援助用于拓展外交战略空间的意图更加凸显。

针对新冠肺炎疫情、俄乌冲突等因素影响下的新的国际形势，日本政府决定在 2023 年上半年修订《发展合作大纲》，这将是自 2015 年修订以来时隔 8 年再次修订。此轮修订的意义重大，是日本针对当前国际国内形势对其官方发展援助政策进行的重要调整。日本外务省为大纲修订设立了专家咨询小组讨论具体问题，为大纲草案提供支持。在 2022 年 9 月召开的修订《发展合作大纲》专家圆桌会议上，日本外务大臣林芳正强调："日本周围的安全环境正变得越来越严峻，官方发展援助这一重要的外交工具需要得到更加战略性的利用。"[1] 在日本财政状况严峻的情况下，预计日本 ODA 预算无法大幅增加，这也是本次大纲修订中意在将 ODA 集中投放、强化合作的原因所在。可以预见，日本援助的战略地位将进一步强化，未来将突出与所谓"志同道合"国家和国际组织，尤其是七国集团和四国集团的合作，传播和实施国际发展规则，试图加强日本在全球问题上的领导力。此外，日本政府强调必须将私营部门和非政府组织等不同行为者的活动与 ODA 联合，除了发挥 ODA 吸引私营投资的催化作用之外，强调 ODA 需要直接支持私营部门主导的举措，打造强韧供应链的措施，这将使援助与投资贸易的融合进一步加强，援助的服务本国经济利益的目标将得到凸显。

---

① 日本外务省网站：https://www.mofa.go.jp/mofaj/press/release/press1_001052.html，https://www.mofa.go.jp/mofaj/press/release/press1_001071.html.

二、援助保持增长态势

近年来，日本在国内预算整体收紧的情况下，坚持 ODA 保持增长态势。尤其是新冠肺炎疫情暴发以来，其援助规模增幅较大。2021 年日本超过英国，成为全球第三大援助国，仅次于美国、德国。根据 OECD 发展援助委员会（DAC）公布的最新统计数据，2021 年日本由于进一步增加抗疫相关援助资金，ODA 总规模达到 176.19 亿美元，同比增长了 12.1%，占国民总收入（GNI）比重增至 0.34%（见表 2-3）。

表 2-3　2012—2021 年日本官方发展援助规模

单位：亿美元

年份	2012	2013	2014	2015	2016	2017	2018	2019	2020	2021	2021[1]
ODA	80.74	114.69	94.83	92.03	104.17	114.63	100.64	117.20	136.60	157.50	176.19
占 GNI 比重（%）	0.17	0.22	0.20	0.20	0.20	0.23	0.20	0.29	0.31	—	0.34

注：DAC 从 2018 年开始采用新的统计口径——赠与等值法（grant equivalent）统计其成员的援助数据。表中 2021[1] 为赠与等值法数据，其他为传统的净支付额数据，2021 年均为初步数据。

资料来源：OECD-DAC 数据统计系统。

日本 2022 财年官方发展援助预算从 2021 年的 2.69 万亿日元（236 亿美元）下降到 2022 年的 2.45 万亿日元（215 亿美元），下降了 8.9%。然而，日本政府计划 2023 年修订发展合作大纲以适应当前国际地缘政治变化，其中的一个目就是通过强化 ODA 战略作用以增加 ODA 预算。因此，大纲修订将是日本进一步扩大其援助预算的重要机会，并促使日本援助规模在今后一段时期维持增长趋势。

2018 年 DAC 在继续沿用传统的统计规则以外，同步采用新的援助统计规则即赠与等值法（grant equivalent），只将优惠贷款的赠与成分计入 ODA，但还款部分不再从 ODA 总量中扣除。日本是新统计口径获利较大的国家。根据最新规则的统计，日本 2018 年的官方援助总量达到 141.67 亿美元，比同年的 ODA 净支付额提高了 41%，为 DAC 成员国最高，也导致其援助在 GNI 的比重从 0.2% 升至 0.28%，[①] 因此，新的计算方法反映了日本在对外援助上的投入和贡献较此前明显增加。DAC 在此后延续这种统计规则，使日本在西方援助国中的资金规模优势更加突出。

日本对外援助主要包括无偿援助（赠款）、技术合作、日元贷款三种项目方式，以日元贷款为主、无偿援助和技术合作为辅是日本区别于其他传统西方援助国的主要特点。

（一）无偿援助项目

为低收入水平的发展中国家提供无须偿还的资金，资金来源为财政预算。用于改善基础设施，如修建医院、桥梁、学校、道路、供水设施等，同时用于提供卫生和医疗服务、设备等，帮助改善当地民生，促进经济发展。无偿援助包括一般项目（援建医院、学校、公路，提供公共交通物资或设备等）、草根项目、冲突预防和维和项目、奖学金项目、减灾救灾项目、渔业项目、文化项目、农业粮食项目、反恐项目、环境和气候变化项目、NGO 赠款项目等，主要面向非洲和亚洲。

（二）技术合作项目

资金来源为财政预算，具体包括派遣专家、青年海外协力队（JOCV）[②]、高级志愿者和调查团、救援队、传染病反应小组[③]等；接收赴日进修人员；提供培训和设备；制定发展规划（以支持发展中国家决策和公共事务规划为主要目的）等。日本尤其擅长通过三方合作的方式开展技术合作。从地区分布看，主要投向亚洲、非洲和拉丁美洲；从领域分布看，主要用于公共事务、计划和行政管理、农林渔业。截至目前，赴日接受援助培训人员已达

---

① 数据来源：OECD 于 2019 年 4 月 10 日公布的 2018 年初步援助数据。

② 青年海外协力队招募年龄为 20~39 岁的具有一技之长、志愿到海外艰苦穷困地区从事技术援助工作的青年；高级志愿者的招募人群年龄为 30~69 岁。

③ 传染病反应小组自 2015 年 10 月成立，由传染病专家组成，于 2016 年 7 月第一次对外派遣执行援助任务，应对刚果（金）黄热疫情。反应小组的三大任务：向刚卫生部高级别官员提供咨询建议、为实验室提供技术援助、为疫苗接种的筹备工作提供援助。

654304 人（1954—2020 财年），日本向海外共派遣专家 197342 人（1955—2020 财年）、调查团 303950 人（1957—2020 财年）、青年海外协力队志愿者 46181 人（1965—2020 财年）、其他志愿者① 7955 人（1999—2020 财年）。②

（三） 日元贷款项目

贷款资金来源为政府投融资和日本国际协力机构（JICA）发行的债券，主要对发展中国家大型基础设施建设进行资助。根据受援国人均 GNI 水平，日元贷款采取不同的贷款条件和采购条件，贷款利率为 0.01%~1.35%，贷款偿还期 15~40 年，宽限期 5~10 年。③ 日本每年对贷款条件进行调整，确定援助附带采购条件。日元贷款设有一般条件、优惠条件和高规格优惠条件，优惠条件用于全球环境和气候变化问题、卫生和医疗、防灾减灾、人力资源开发这四个特定领域，高规格优惠条件用于支持高质量基础设施项目，具体条件根据个案决定。此外，日元贷款设有 STEP（Special Terms for Economic Partnership）经济伙伴关系特别条款，用于支持日本技术在受援国转让的援助项目。

日元贷款是日本对外援助的主要方式。一直以来，日元贷款因资金量大，在承诺额上始终高于无偿援助和技术合作。但因日元贷款时间跨度较大，一些年份恰逢受援国的还款高峰期，因此从实际支出上看，日元贷款的支出始终低于另外两种援助方式。根据赠与等值法计算，2018—2021 年日本双边援助总额的一半以上为贷款，2021 年日本通过双边和多边渠道提供的贷款金额达到 79.3 亿美元，占 ODA 总额的 45%。日本也是 DAC 成员中贷款金额最多的援助国，主要用于在亚洲中等收入国家开展基础设施项目。日本首选日元贷款的原因：一是受政府财政压力的影响，无力提供大量无偿援助资金；二是其援助政策提倡发展中国家的"自助"理念，要求偿还贷款可以增强受援

---

① 包括高级志愿者、向日本海外社区以及联合国派遣的志愿者。
② Japan International Cooperation Agency, "JICA Annual Report 2020", November, 2020.
③ 参考 JICA 网站，此 ODA 贷款条件自 2021 年 4 月生效。https://www.jica.go.jp/english/our_work/types_of_assistance/oda_loans/standard/index.html.

国的责任意识；三是日元贷款可支持日本在受援国开展大型基础设施项目，输出日本产品、技术、标准和管理模式。

三、聚焦亚洲并关注非洲

亚洲一直以来都是日本援助的重点地区。2020 年亚洲占其双边援助总额的 58.6%，金额达到 60 亿美元，其中南亚和东南亚地区是接受日本援助最多的地区。[①] 2020 年，日本前十大受援国分别是孟加拉国、缅甸、伊朗、印度、菲律宾、乌兹别克斯坦、蒙古、柬埔寨、约旦和肯尼亚，大部分为贷款类资金。观察日本近十年的援助地理分布，投向前十大受援国的资金占比始终保持在 50%~60%，援助资金分配上表现出明显的集中性。同时，从十大受援国可以看出日本尤其关注在中等收入国家的援助。

近年来，日本加大了对非洲的援助力度。2020 年日本对非援助规模为 12.5 亿美元，占双边援助总额的 12%。自 1993 年首届会议以来，非洲发展东京国际会议（TICAD）逐渐成为日本对非外交重要渠道。2016 年 8 月举办的第六届 TICAD 内罗毕会议上，日本宣布三年内向非洲投资 300 亿美元，主要领域集中在基础设施建设、医疗卫生体系和人才培训。2019 年 8 月举行的第七届 TICAD 会议上，日本宣布 200 亿美元对非投资，支持对非洲的私营投资，并发起了"非洲健康福祉倡议"，旨在与非洲国家分享日本的全球健康知识和技术。第七届会议后，JICA 开始出售价值 1.09 亿美元（120 亿日元）的 TICAD 债券，所得款项将用于 JICA 在非洲的投融资。

第八届 TICAD 会议于 2022 年 8 月 27—28 日在突尼斯举行，重点讨论日本对非洲后疫情时代的发展合作，会上首相岸田文雄宣布在未来三年为非洲提供 300 亿美元的资金组合[②]，发起"日本—非洲绿色增长倡议"，承诺培训 30 万个专业人员，并与非洲开发银行合作为私营部门提供资金支持。虽然本届宣布的对非资金规模与第六届相同，但其中并非实打实的 300 亿美元，而

---

① 日本对亚洲尤其是东南亚的援助将在第五章详细阐述。

② 《岸田总理在第八届非洲开发会议（TICAD8）开幕式上的演讲》，日本国首相官邸网站，2022 年 8 月 27 日，https://www.kantei.go.jp/cn/101_kishida/statement/202208/_00007.html。

是包括了私营部门和非洲开发银行的资金，也体现出日本在经济不景气的大环境下，通过融资合作来试图提高对非存在感和影响力的目的。

四、以基础设施、公共卫生为重点领域

从领域分布看，基础设施领域一直以来都是日本对外援助的重点，尤其是 2015 年安倍提出构建"高质量基础设施伙伴关系"以来，ODA 作为其中一项重要支柱，日本接连在发展中国家抛出基础设施援助订单，尤以亚洲地区为主要投入对象。2019—2020 年，日本在经济基础设施和社会公共设施领域的援助资金占其双边援助总额的 65.6%。2020 年，日本在经济基础设施领域的援助承诺额高达 93.5 亿美元，其中 94% 投向交通和通信领域（88 亿美元），其次是能源（5 亿美元）。社会公共设施的援助承诺额为 51.7 亿美元，较上年有所提高，缘于应对新冠肺炎疫情而增加了对医疗卫生领域的援助，主要为医疗卫生（19 亿美元）、供水（22 亿美元）和农林渔等生产类项目（10 亿美元）。①

随着 2013 年 5 月日本政府提出"日本全球健康外交战略"，将公共卫生作为日本外交政策优先内容之一。近年来，日本加强了公共卫生领域的援助，以实现"全民健康覆盖"（UHC）为目标，致力于推动全球公共安全，树立日本式援助标杆。作为 2019 年 G20 主席国，日本将卫生纳入讨论议题，首次召开了"G20 财政部长及卫生部长联合会议"，针对财政部门、卫生部门应如何合作，世界卫生组织（WHO）和世界银行在发展中国家如何推进"全民健康覆盖"（UHC）进行了深入讨论，推动 G20 就"在发展中国家加强 UHC 金融能力的重要性"达成了共识。日本在这一领域援助的加强，一方面落实其"人的安全"援助理念，有助于将日本的医疗技术和公共医疗保险制度实现国际化推广，向海外实现医疗领域的产业转移。另一方面，"全民健康覆盖"是世界卫生组织积极呼吁的卫生领域的全球发展议题之一，已纳入联合国 2030 年可持续发展目标，是卫生相关目标的核心内容，日本对此领域的积极投入，意在展示对 SDG 全球发展议题的积极贡献，有利于打造其国际形象。

①　数据来源：OECD 数据库。

　　岸田文雄上任后，强调日本将致力于应对全球挑战，如气候变化、实现全民健康覆盖（UHC）和减少贫困。尤其在卫生领域，日本力图推动全球在"后疫情时代"发展一个更具韧性和公平的社会，重点关注可持续的"人的安全"和全民健康覆盖（UHC）。日本政府于 2022 年 5 月发布了一项全球卫生战略，旨在促进全球卫生架构的发展，促进卫生安全，加强对公共卫生危机的预防、准备和应对。该政策包括国际合作、加强卫生系统、复原力、平等、可持续性以及跨学科方法六个核心主题，将指导若干领域的援助举措，如扩大双边官方发展援助，发展全球金融机制，建立私营和民间社会伙伴关系，发展人力资本，关注传染病、孕产妇和儿童健康，抗微生物抗性和气候变化等。

　　值得关注的是，自拜登上任以来，日美两国在全球卫生领域的合作进一步加强。拜登于 2022 年 5 月访日期间，宣布在日本设立疾病控制和预防中心（CDC）区域办事处以帮助世界为下一次大流行病做好准备，这为美日进一步强化全球卫生合作奠定了基调。一方面，日本在"全民健康覆盖"（UHC）方面一直发挥着较强领导力，正在力推将其作为美日深入合作的新领域，同时将利用 2023 年 G7 主席国身份加强 UHC 与卫生安全的协同作用。另一方面，预计美日就多边卫生融资方面的合作将加大，尤其是针对 2022 年 9月世界银行成立的大流行病防范与应对（PPR）金融中介基金（FIF），在机制构建、规则制定方面，美日希望发挥更强领导力，在多边卫生治理方面加强协调与配合，这将直接影响两国援助的战略走向和布局。

　　针对新冠肺炎疫情，日本正在积极开展相关援助举措，目前，日本在以下两个方面开展抗疫相关的国际援助：一是通过多边卫生倡议加强卫生系统，促进健康和"人的安全"，重点面向非洲和亚洲国家；二是通过向伙伴国提供财政援助和支持可持续和长期经济增长倡议，缓解疫情引发的经济危机。日本 2021 年用于应对新冠肺炎疫情的援助支出达到 38.5 亿美元，在 DAC 成员中位列第二，仅次于美国，其中疫苗援助资金 2 亿美元。

　　此外，岸田文雄上台以来推行"现实主义外交"和"新资本主义"，将气候变化和能源作为重点领域，提出"亚洲零排放共同体"愿景。因此，未来在气候变化和能源领域的援助将是重点，以推动实现亚洲的去碳化。同时，日本还在拜登访日期间与美国达成气候领域的合作承诺，将在制定清洁能源和去碳化倡议方面密切合作，以应对气候危机。

五、管理体系完善精细

（一）主要管理机构

日本对外援助管理体系较为完善，政府层面参与对外援助的部门有十省两厅①和内阁府。其中，外务省、财务省和经济产业省这三大政府部门构成日本对外援助的决策中枢，覆盖日本 90% 以上的官方发展援助。日本对外援助采取三部省决策机制。外务省是日本对外援助主要决策部门。职责包括制定援助政策、监督管理日本国际协力机构（JICA）、审核绝大多数无偿援款和日元贷款项目立项（JICA 执行）、直接支配少量无偿援助项目（约 10%）、资助非政府组织实施的项目、协调联合国发展合作事务。财务省负责援外资金预算总体协调，参与日元贷款审核，对 JICA 发放日元贷款；对世界银行、IMF 和地区开发银行的多边援助业务；直接支配部分援助项目资金。经济产业省主要负责公私伙伴关系（PPP）、直接支配部分援助项目资金、参与日元贷款审核等。《发展合作大纲》《国别援助政策》《领域发展政策》和《财年发展合作优先政策》的编制均由外务省牵头，财务省和经济产业省参与。参议院的官方发展援助和相关事务特别委员会负责对援助预算在提交内阁之前进行审批，对援助政策的战略走向有着绝对影响力。

日本政府在援外执行层面以 JICA 为主，受外务省和财务省监管，管理超过 60% 的日本双边 ODA 资金。JICA 的主要职责包括：实施技术合作项目；执行大部分无偿援助项目；管理日元贷款。其负责的无偿援助和日元贷款项目均需经外务省审核、内阁审批通过，方可实施。日本称 JICA 是全球最大的双边援助机构之一，每年管理的援外资金近百亿美元，拥有全职雇员 1942 人（截至 2021 年 1 月）。JICA 在国内建有 15 个培训中心，是其邀请受援国人员

① 具体包括外务省、财务省、经济产业省、警察厅、金融厅、总务省、法务省、文部科学省、厚生劳动省、农业水产省、国土交通省、环境省。

赴日参加援助项目的基地。JICA 的部门设置细化到援助的方方面面，并设有专门的研究所开展援助研究工作。

日本在海外设有庞大的援外驻地网络，主要以日本驻当地使馆和 JICA 海外事务所为依托。目前，JICA 在 150 个国家和地区开展工作，在亚、非、欧、北美、拉美地区设有 96 个海外事务所，当地员工比重为 56%，是其海外机构重要支柱。同时，日本在海外专门设有 80 个 ODA 工作组，由日本驻当地使馆和 JICA 海外事务所人员组成，为外务省提供决策支持，协调外务省和 JICA 在援外决策落实上的合作，负责起草国别援助政策、制定五年滚动援助项目计划、监管援助项目执行、与受援国和其他援助国开展交流合作等。可以看出，日本为援助执行提供了全方位的配套机制。

（二）政策管理架构

日本已形成较为严密的对外援助法律与政策框架，由《发展合作大纲》《领域发展政策》《国别援助政策》和《财年发展合作优先政策》自上而下构成，援助规划路线清晰，优先发展议题及地区明确，并不断根据国内外形势调整更新。

《发展合作大纲》（此前为《ODA 大纲》）是日本对外援助最重要、最基本的法律文件，经内阁决议通过，于 1992 年出台，2003 年首次修订，2015 年再次修订，对日本对外援助的哲学理念、政策方针、优先议题、地区政策、执行原则与总体安排进行了阐释。外务省每年向内阁提交《发展合作白皮书》，汇报《发展合作大纲》执行情况。日本政府计划在 2023 年对大纲进行重新修订。

《中期官方发展援助政策》由外务省制定，先后于 1992 年和 2005 年出台，详细阐释《发展合作大纲》内容，明确对外援助的具体措施和保障。2015 年《发展合作大纲》提出，日本将制定议题政策、地区政策和国别政策。此后，外务省不再制定《中期援助政策》，由《领域发展政策》替代。目前，日本在"高质量增长"议题下就全球卫生和人口、安全用水和卫生设施、高质量教育、高质量基础设施、农业发展、信息和通信技术、文化和体育等领域制定了相关政策；在"分享普世价值并实现社会和平与安全"议题下制定了法律系统和治理的发展援助、和平建设援助和人道主义援助相关政策；在"建设可持续、有韧性的国际社会以应对全球挑战"议题下制定了环境与气候变化、降低灾害风险、自然资源与能源相关政策；此外还制定了人类安全、性别平等和妇女赋权相关的跨领域援助政策。

《国别援助政策》明确具体国别的援助理由、基本援助政策、主要领域和注意事项等，每五年一更新。2010 年起，日本开始为所有受援国制定《国别援助政策》，以 JICA 国别研究报告为基础，由日本驻受援国 ODA 工作组负责编制，经 JICA 总部和外务省批准印发。《滚动项目计划》作为附件，可与受援国和相关机构分享，每年调整一次，内容包括：受援国发展背景、现状和战略规划；日本援助方案；项目清单、规模和具体安排等。

六、注重与多方的发展合作

（一）多边援助

日本多边援助占比保持在 30% 左右，其中 20% 为对多边机构的核心捐款，10% 是指定用途捐款。2021 年日本多边援助共计 41 亿美元，同比增长了 20%。日本将大部分多边援助提供给以世界银行、亚洲开发银行和非洲开发基金为主的区域开发银行和联合国机构（以 UNDP、WFP 为主）。日本提高多边捐款的部分原因是其在 G7、G20 等若干重大活动中发挥了领导作用，并作出了相关的多年认捐承诺，如日本宣布在 2017—2019 年向全球抗击艾滋病、结核病和疟疾基金（全球基金）提供 8 亿美元，随后又追加 8.4 亿美元用于 2020—2022 年。

除资金支持外，日本还积极参与联合国、国际金融机构、经合组织，尤其是 DAC 等国际合作框架下的议题讨论、规则制定和多边合作等。在紧急人道主义援助方面，日本的国际合作非常突出，擅长与国际组织和非政府组织的协调配合，尤其在防灾减灾领域发挥全球引领作用。2015 年大纲内还提出强化在和平安全领域的国际合作，如联合国维和行动等。

（二）三方合作

日本是被发展中国家提及参与南南合作与三方合作最多的 DAC 成员国之一，合作形式多种多样。例如，与受援国开展双边技术合作后，将技术传授给第三方受援国；与南南合作国共同援助受援国；借助南南合作国技术和知识，与第三方受援国展开双边技术合作等。第三国家培训项目和第三国专家派遣是目前日本三方合作的主要方式，前者是日本援助某一发展中国家为第三方受援国开展培训，后者是日本将接受过其援助的受援国专家派遣到第三方受援国提供技术支持。

（三）政企合作

日本政府在政策文件中多次明确表示，私营资金可有效填补资金缺口，加强 ODA 与私营资金的协同，有助于实现互利共赢。通过援助为日本企业在外投资营造良好的市场环境，以援助尤其是日元贷款拉动日本中小企业的海外扩张，促进日本产品、技术、管理模式和基础设施系统的整体出口，刺激日本本国的经济复苏。具体来看，日本促进公私合作伙伴关系（PPP）主要有三个目标：一是改善受援国的营商环境；二是支持受援国的基础设施开发；三是提高企业社会责任、完善公共服务。

JICA 采取多种方式密切与私营企业的合作。比如，向日本企业征集援助方案，发挥企业的技术和人力资源优势，与方案获胜企业合作开展项目。2008 年 JICA 内部成立私营伙伴关系办公室，2013 年升级为私营伙伴关系与融资部，负责咨询私营部门意见、了解他们的需求、引导他们按照日本援外政策重点进行投资。2012 年，JICA 启动了"私营领域投融资计划"（Private-Sector Investment Finance，PSIF），通过股权投资和贷款，支持日本和他国企业在发展中国家实施具有社会和经济影响的发展项目，如 PPP 基础设施项目、BOP（金字塔底层）商业和中小企业的海外扩张。目前，该机制已成为日本传统发展援助的替代融资工具，重点在基础设施建设、经济增长以及可持续发展目标（包括减少贫困、应对气候变化）相关领域为私营部门提供资金支持。

近年来，国际社会越来越认识到，为了进一步提高基础设施项目的效益和效率，施工后的运营和维护同样重要，这就需要政府和企业从项目制定的最初阶段就要开始相互沟通合作，以便合理划分公共和私营部门的角色。为此，JICA 开展 "私营部门投资融资预备调查（PSIF F/S）"，广泛征集拟参与基础设施项目的私营企业的提案，为企业进一步申请政府的 PSIF 或 ODA 贷款提供依据。

（四）民间参与

日本非常注重对外援助的国内宣传，定期通过调查问卷跟踪援外的民意情况。为了鼓励社会各界民众参与发展合作，日本政府采取了多种宣传激励措施。例如，招募 JICA 志愿者；在学校和其他各类场所推广普及有关发展合作的教育培训，让公众对全球问题感同身受；2006 年，JICA 成立了全球大厦作为民众参与国际合作事务的中心，帮助有意向参与援外的日本人熟悉发展中国家、参与援外活动，民众还可以在这里了解到不同国家的文化以及贫困、饥饿、气候变化等全球问题。日本援助的透明度较高，政府定期向公众提供援助信息，如定期对外发布白皮书、JICA 年度报告、国别援助信息、年度评估报告等。外务省与 JICA 还合作发起 "看得见的 ODA"（ODA mieru-ka）倡议，将援助的项目信息公开在网上发布，以此增进民众理解、加强民众支持、促进民众参与。

自 2000 年起，日本外务省开始加强政府与日本民间组织的伙伴关系。2015 年外务省与民间组织联合发布发展合作的五年规划。目前，日本 1.5% 的双边 ODA 由民间组织实施，远低于 DAC 成员国 18% 的平均值，主要缘于日本援助项目多为企业实施的基础设施项目。为了加强与民间组织的合作，外务省每年与民间机构开展多次政策对话，除资金支持外还为 NGO 开展能力培训，帮助其加强 "国际化"，JICA 还设立了伙伴关系项目（JPP），专门与日本 NGO、地方政府和大学联合开展对外援助。① 日本开展对外援助较突出的

---

① Ministry of Foreign Affairs Japan. International Cooperation and NGOs: Partnership between the Ministry of Foreign Affairs Japan and Japanese NGOs. http://www.mofa.go.jp/files/000024755.pdf. JICA Partnership Program. JICA. https://www.jica.go.jp/english/our_work/types_of_assistance/citizen/partner.html.

民间组织包括日本 NGO 国际合作中心（JANIC）和日本平台（JPF，人道主义援助机构）以及三个 NGO 网络，即 Ugoku、日本可持续发展目标民间组织网络、日本全球契约网络（Global Compact Network Japan）。

第三节　土耳其：从新兴经济体到人道主义援助大国[①]

土耳其自建国以来一直奉行"对内安定、对外和平"政策[②]，目标是通过在邻近地区创造一个更加和平稳定的环境，以实现土耳其自身发展。自 20 世纪 50 年代正式提供对外援助以来，土耳其在国际发展合作方面的角色已经发生了根本转变。在当前全球治理机制不足、全球特别是土耳其所处地区脆弱性日益加剧的背景下，土耳其施行进取和人道主义外交政策，促进全球和平和可持续发展的责任感不断增强，在国际发展合作架构中的角色进一步凸显。尤其在人道主义价值观指引下，近年来，土耳其的发展援助规模大幅增加，已跻身全球十大发展合作国行列，更是全球人道主义援助大国。发展合作已成为土耳其进取外交政策的重要组成部分。

一、发展援助历史演进与政策[③]

1985 年土耳其正式启动了第一个国际援助计划。20 世纪 80 年代，冈比亚、几内亚、几内亚比绍、毛里塔尼亚、塞内加尔、索马里和苏丹遭遇严重干旱，1985 年土耳其为这些国家提供了大约价值 1000 万美元的粮食、紧急救助和制度能力建设的援助。在此之后，土耳其逐渐认识到自身作为援助国的

---

① 本节主要参考 Ministry of Foreign Affairs of the Republic of Turkey：www. mfa. gov. tr/turkey_s-development-cooperation. en. mfa. OECD：Development Co-operation Profiles, 1 Jul, 2022. https://www. oecd-ilibrary. org/sites/714276e8-en/index. html? itemId =/content/component/e4b3142a-en&_csp_=03acf40a953b38ea180c7666e44817d4&itemIGO = oecd&itemContentType = chapter. TIKA：https://www. tika. gov. tr.

② 郭长刚、刘义：《土耳其发展报告（2014）》，社会科学文献出版社，2014 年。

③ 参考 Ministry of Foreign Affairs of the Republic of Turkey：www. mfa. gov. tr/turkey_s-development-cooperation. en. mfa. OECD：Development Co-operation Profiles, 1 Jul, 2022. https://www.oecd-ilibrary. org/sites/714276e8-en/index. html? itemId =/content/component/e4b3142a-en&_csp_=03acf40a953b38ea180c7666e44817d4&itemIGO = oecd&itemContentType = chapter.

潜力，在国家规划组织社会计划部专门设立了一个机构协调发展援助，1987—1991 年发展援助规模从 13 万美元增至 69 万美元。

1991 年 12 月苏联解体后，中亚和高加索地区的前苏联国家纷纷独立，格鲁吉亚、亚美尼亚、阿塞拜疆成为土耳其的东部邻国。土耳其意识到中亚和高加索地区（土耳其语国家）的重要性，尤其是在历史、文化和语言上与土耳其有着紧密联系。土耳其率先承认了这些国家的独立，同时以"老大哥"自居，认为有责任扶助这些国家的发展。因此中亚和高加索地区的新独立国家成为土耳其援助的焦点。

近年来，土耳其凭借日益增强的综合国力和地缘战略优势，推行积极务实的外交政策，开始注重实现外交多元化，发展伙伴关系的地理覆盖面更广，开始关注中东、非洲和亚洲国家。经过几十年的演进，土耳其将"真诚、透明、平等、基于伙伴关系"视为"土耳其式发展援助模式"，致力于通过援助手段，在非洲到拉美、巴尔干到南亚的广大地区建立心灵之桥。[1]

作为一个发展中国家以及新兴援助国，土耳其认为发展援助有利于提高本国的战略重要性。首先，维护地区和平与稳定是土耳其发展援助政策的首要目的。土耳其所处地区的地理位置十分重要，该地区日益繁荣、修复冲突、成为一个和平的区域符合土耳其利益，援助有助于土耳其密切与周边国家关系，巩固历史和文化联结，同时促进区域合作的开展。其次，发展援助可以提高土耳其的国际地位，是加强其在联合国、世行、国际货币基金组织等国际组织中地位的工具，能够帮助其塑造积极的全球和区域事务参与者形象，同时提高在国际发展援助决策制定过程中的影响力。最后，发展援助有利于土耳其在其他国家创造和改善商业机遇，增加对这些国家的出口，引导其私有部门投资于有增长潜力的市场。

根据土耳其《第十一个经济发展计划（2019—2023 年）》，这段时期土耳其对外援助的基本政策和优先事项包括：编制国家战略文件以提高援助效率；制定国别战略，以确保援助有助于受援国能力提升、符合发展与经

---

[1] TIKA：Turkish Development Assistance Report 2020, 2021.

济商业的关系；更新有关公共机构、地方行政部门和非政府组织提供援助数据的立法；加强援助的信息技术基础设施；确定适用于在发展合作领域开展活动的土耳其非政府组织的认证标准；实施系统和定期培训计划；重点向关系密切的国家尤其是周边国家实施援助；将土耳其的发展经验传递给其他国家；开展如内容创作和活动组织等增强意识的活动；基于受援国的发展需求招收本科生和研究生；提高对处于危机或转型过程中的国家的应急能力。

二、规模跃升至全球第六大援助国

近年来，土耳其发展援助规模（ODA）增长迅猛。据经合组织发展援助委员会（DAC）公布的数据显示，土耳其 ODA 在 2003 年仅为 6663 万美元，到 2005 年就增长到 6.01 亿美元，2011 年又增长了一倍达到 12.73 亿美元，2015—2016 年实现跨越式增长，从 39.19 亿美元扩大至 64.88 亿美元，2017 年后土耳其 ODA 规模突破 80 亿美元。新冠肺炎疫情暴发以来，土耳其 ODA 有所收缩。2021 年初步数据显示，土耳其 ODA 降至 76.43 亿美元，同比减少 23.7%（见表 2-4）。尽管如此，土耳其一直属于高贡献率的援助国，ODA 占 GNI 的比例从 2016 年突破 0.7%，2021 年达到 0.95%。在向 DAC 汇报的非 DAC 国家中，土耳其 ODA 规模连续多年位居第一，在全球排名中仅次于五大传统援助国（美、德、英、日、法），位列第六。由此可见，土耳其已成为援助国中的重要一员。

表 2-4　2015—2021 年土耳其官方发展援助规模

单位：亿美元

年份	2015	2016	2017	2018	2019	2020	2021
ODA	39.19	64.88	81.21	86.12	86.67	81.24	76.43
ODA 占 GNI 比重（%）	0.50	0.76	0.95	1.10	1.15	1.14	0.95

资料来源：OECD-DAC，2021 年为初步数据。

虽然土耳其已经向 DAC 汇报援助数据，但是其将 ODA 仅视为其发展援助的一部分。土耳其对发展援助的界定包括官方发展援助（ODA）、其他官方资金（OOF）这两种公共资金，同时也包括直接投资和土耳其的非政府组织援助这两种私营资金，土耳其认为这些资金都是用于发展中国家经济发展，因此都需要包含在内。根据《土耳其发展援助报告（2020）》，2020 年援助总额为 87.98 亿美元，其中官方资金共计 81.15 亿美元；私营资金共计 6.83 亿美元，其中非政府组织援助额 4.02 亿美元，剩余为私营部门资金（见表 2-5）。[①] 土耳其非政府组织援助使用的大部分资金都是自筹的，仅有少量为政府资助。

表 2-5 土耳其发展援助框架（2020）

单位：百万美元

资金类型	金额
土耳其发展援助总额	8797.55
一、官方资金	8115.00
（一）官方发展援助（ODA）	8123.51
1. 双边 ODA	8032.57
（1）官方紧急和人道主义援助	7270.51
（2）官方发展类援助	762.06
2. 多边 ODA	90.94
（二）其他官方资金（OOF）	−8.51
二、私营资金	682.55
（一）NGO 资金	401.87
1. 紧急和人道主义援助	134.47
2. 发展类援助	267.40
（二）私营部门资金	280.68

资料来源：《土耳其发展援助报告（2020）》，土耳其国际合作与协调署（TIKA）。

从援助渠道来看，土耳其大部分援助为双边援助。根据 OECD 的 2021 年初步数据显示，土耳其双边援助总额 75.79 亿美元，占 ODA 总量的 99%，主要投向中东和东欧，多边援助仅为 6347 万美元，主要是向联合国机构、区域开发银行的捐款。

① TIKA：Turkish Development Assistance Report 2020，2021.

从资金方式来看，土耳其 ODA 资金主要有无偿援助和优惠贷款两种。土耳其 2012 年开始对外提供优惠贷款，2012—2013 年首先向突尼斯和吉尔吉斯斯坦提供。2012 年土耳其与吉尔吉斯斯坦签署协议，承诺向其提供总额 1 亿美元的优惠贷款，实施公共领域项目；与突尼斯签署了总额 2 亿美元的优惠贷款协议，提供基础设施援助。根据 2014 年数据，扣除利息，2014 年土耳其向吉尔吉斯斯坦和突尼斯实际发放的贷款金额分别为 1945 万美元和 1.98 亿美元。2015 年土耳其提供的优惠贷款总额为 2.43 亿美元。但近年来，土耳其没有新增贷款，仅提供无偿援助。

在援助资金支持下，土耳其开展多种多样的援助方式，包括紧急和人道主义援助、项目或方案援助（提供设备物资、建设基础设施、修复古迹等）、资助留学生、开展技术合作（派遣专家、培训、举办研讨会等）、避难人员援助和预算支持等。其中，紧急和人道主义援助是土耳其最主要的援助方式，援助规模逐年增加。土耳其也是全球人道主义援助规模最高的国家。

值得一提的是，土耳其提供的教育类项目大部分针对土耳其语学生，在许多受援国也开展宗教教育以及对前社会主义国家重返穆斯林的教育。土耳其近年来还开展了许多古迹修复项目，强调修复奥斯曼帝国时代遗留下来的清真寺、桥梁、陵墓等名胜古迹，尤其在巴尔干半岛和中亚地区实施了大量修复工程。这些修复工程与土耳其人的渊源有关，修复工作一方面可以拯救奥斯曼帝国遗产；另一方面也有利于土耳其维系与这些国家的友好关系。

三、援助高度集中于中东地区

在地区分布上，土耳其已在近 170 个国家开展了援助项目，中东是重点地区，占双边援助的 90% 以上，其次是南亚和中亚、东欧。土耳其援助的地理分布反映了其潜在的地区优先顺序，对具有文化亲缘性的国家尤为重视，因此其重点为土耳其语或伊斯兰国家。同时，因人道主义援助为土耳其的主要内容，这也极大地影响其对外援助的地区分配。

2020 年，土耳其的前十大受援国分别是叙利亚、阿尔巴尼亚、伊拉克、阿富汗、巴勒斯坦、索马里、哈萨克斯坦、吉尔吉斯斯坦、波黑、突尼斯。

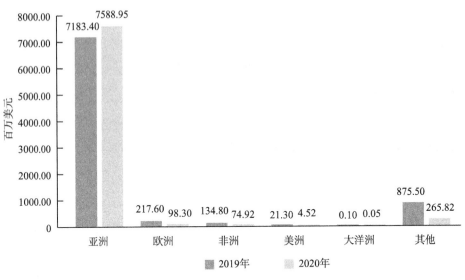

图 2-1　土耳其援助地理分布（2019—2020 年）

资料来源：《土耳其发展援助报告（2020）》，土耳其国际合作与协调署（TIKA）。

土耳其援助规模的显著增长大部分源自对叙利亚难民的人道主义援助。据统计，2020 年土耳其将 88% 的双边援助投向了叙利亚，共计 70.78 亿美元。

近年来，土耳其援助也开始关注非洲。2002 年，土耳其获准以观察员身份进入非盟。2008 年土耳其举办了第一届"土耳其—非洲合作峰会"，标志着非洲开始成为土耳其的重要合作伙伴。2010 年 3 月，土耳其总理宣布了"非洲战略"以及"伙伴关系共同实施计划"，而发展援助是土耳其非洲战略的重要组成部分。2016 年 11 月 2 日，"土耳其—非洲经贸论坛"在伊斯坦布尔开幕，会上土耳其总统埃尔多安表示，土方将采取措施加强与非洲国家合作，并呼吁土企业追加对非投资，帮助推动非洲经济、文化、旅游和农业发展。2005 年，土耳其国际合作与协调署（TIKA）在埃塞俄比亚开设了在非第一个办事处。此后 17 年间，其业务已经扩展到非洲 54 个国家，在非洲共设有 22 个办事处。2017—2022 年，土耳其在非洲共实施了 1884 个项目，涉及卫生、农业和畜牧业等领域。其中，实施了 228 个母婴健康项目、210 个农林畜渔业项目以及 144 个粮食援助项目，并在新冠肺炎疫情大流行期间支持非洲卫生部门完成了 65 个项目。2022 年，TIKA 与非盟签署了一项合作协议，将进一步支持非洲发展，着重援助医疗卫生领域。①

四、人道主义援助大国

土耳其被定位为慈善大国，其援助涵盖了大多数领域，人道主义援助是第一大领域。2016 年土耳其在该领域的投入骤增，主要因其大规模增加对叙利亚难民的援助，此后土耳其的人道主义援助始终维持在高位。目前，土耳其是全球主要人道主义援助提供国，规模仅次于美国，也是按人均人道主义支出计算最慷慨的国家。土耳其将人道主义援助视为其"以人为本"的国家传统的反映，也是其对外援助的优势和特色。土耳其的政府部门、非政府组织和私人捐助者广泛参与了人道主义援助，主要包括为难民提供家园、在自然灾害期间提供援助以及为脆弱国家提供救济。2020 年土耳其人道主义援助总额高达 72.7 亿美元，占 ODA 总额的 89.5%（见图 2-2）。在新冠肺炎疫情期间，土耳其向 156 个国家和 11 个国际组织伸出援手，再次体现了其外交政策的人道主义性质。

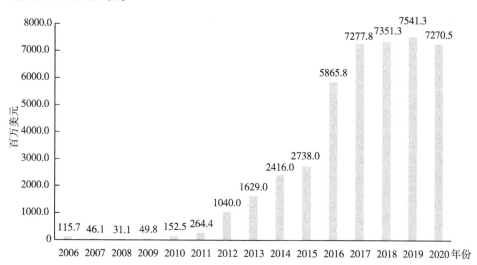

图 2-2　土耳其人道主义援助规模变化（2006—2020 年）

资料来源：《土耳其发展援助报告（2020）》，土耳其国际合作与协调署（TIKA）。

---

① 参考 TIKA 网站。

目前，土耳其是世界上最大的难民收容国，接纳了约 400 万外来流离失所者，其中约 370 万是叙利亚难民，其余来自阿富汗、伊拉克、伊朗、索马里等中东和非洲国家。土耳其政府除了给他们提供住房外，还通过立法保护外国人和寻求庇护者，并与联合国难民署等国际组织密切合作，在难民和当地社区融合、难民自力更生、重新安置等方面提供援助。此外，土耳其支持叙利亚人以自愿且有尊严的方式返回叙利亚，帮助数十万叙利亚人得以重返家园。迄今为止，土耳其已花费了超过 400 亿美元为叙利亚难民提供各种服务和援助。

在为脆弱国家提供援助方面，土耳其 2019 年的人道主义援助中有近 50 亿美元流向也门。土耳其在也门设有两个办事处，分别在萨那和亚丁，主要在粮食和供水、霍乱等疾病预防和垃圾收集方面提供援助。同时，土耳其在 2019 年期间向叙利亚境内提供了 23 亿美元援助，不仅涉及帮助难民，还用于其他多样化的人道主义行动。此外，土耳其一直是联合国近东巴勒斯坦难民救济和工程处（UNRWA）的主要捐助国，通过社区和发展项目为巴勒斯坦难民提供救济。在援助项目中，土耳其注重将短期人道主义援助和长期的发展类援助相结合。例如，对肯尼亚难民营的援助项目中不仅包括粮食援助，还包括建设技术学校，从而使援助不停留在应急中，还要发挥可持续作用。

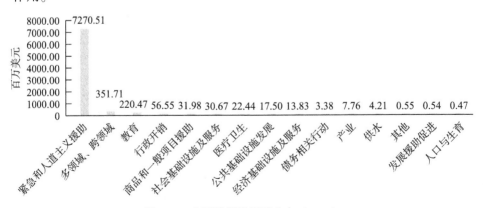

图 2–3　土耳其援助领域分布（2020）

资料来源：《土耳其发展援助报告（2020）》，土耳其国际合作与协调署（TIKA）。

五、支持最不发达国家事务的倡导者

近年来，土耳其在发展事务上积极参与国际合作。例如，加入联合国人道主义事务协调办公室的捐助支持集团，2016 年成为 DAC 观察员，积极参与 DAC 高级别会议、发展融资统计工作组、发展评估网络、人道主义援助筹资等多边协商机制。土耳其还积极承办发展援助国际会议，如 2015 年主办第八届移民和发展峰会全球论坛、2016 年主办世界人道主义峰会和《伊斯坦布尔行动纲领》综合中期评估。目前，许多联合国机构将土耳其视为区域枢纽，土耳其建立了 UNDP 伊斯坦布尔国际中心，专门用于促进私营部门参与发展合作。此外，土耳其积极参与区域合作，是伊斯兰开发银行反向链接机制的积极参与国，与各成员国分享发展经验、知识和有益实践。

尤为突出的是，土耳其在支持最不发达国家事务上发挥全球倡导者作用。2011 年，土耳其在伊斯坦布尔主办了第四届联合国最不发达国家会议，最终达成了《伊斯坦布尔行动纲领》（Istanbul Programme of Action），承诺 2020 年前对最不发达国家每年提供 2 亿美元援助，实施综合性的“经济和技术合作一揽子计划”，由此确定了其作为支持最不发达国家的全球倡导者地位。2011—2015 年土耳其均实现了这一承诺，其中 2015 年提供了 4.56 亿美元。但此后投入有所下降，2016—2019 年对最不发达国家的援助规模仅维持在 1.5 亿美元上下。2017 年 9 月，联合国授权土耳其在盖布泽成立最不发达国家技术银行，用于加强最不发达国家的科技和创新能力，土耳其为此提供资金和场所。

六、管理机制相对全面

作为新兴援助国，土耳其设有相对全面的援助管理机制，政府相关部门广泛参与。土耳其国际合作与协调署（TIKA）是协调土耳其官方发展援助的主要机构，成立于 1992 年，最初归属于外交部，成立初衷是为了支持中亚、高加索山脉及巴尔干地区国家的经济过渡。1999 年，为改善发展援助的协调并集中更多资源，TIKA 开始归属总理府，由副总理直接领导，但在外交政策和策略方面仍然接受外交部的指导。2018 年 TIKA 被界定为具有公共法律实体和私营预算的部门，被调整到在文化和旅游部管理下开展活动，其作为软实力政策工具的属性有所强化。

TIKA 主要活动是通过技术合作提高受援国的制度性和人力资源发展能力。除了直接执行项目外，TIKA 还承担着协调政府机构、非政府组织、高校和私营领域各方参与对外援助的角色。此外，TIKA 负责向 DAC 报告土耳其的 ODA 统计数据。目前，TIKA 的项目已覆盖近 170 个国家，约有雇员1000 人，每年实施约 2000 个项目。TIKA 在 60 个国家设有 62 个办公室和 9个联络处，大部分设在中东、中亚和非洲地区，其中在阿富汗设有 3 个办公室。

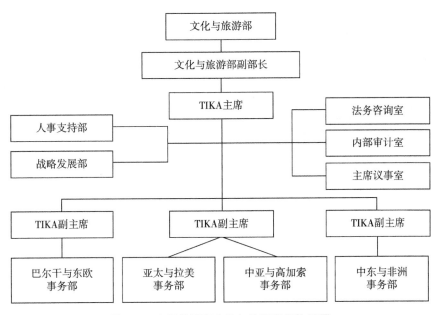

图 2-4　土耳其国际合作与协调署机构设置

由于土耳其援助项目是其人道主义外交政策的具体体现，外交部在管理机制中的作用也较为突出，负责监管各个发展援助相关机构并制定政策；对联合国机构、OECD、加勒比共同体（CARICOM）、加勒比国家联盟（CSU）、非盟、美洲国家组织（OAS）和平基金、政府间发展管理局（IGAD）等机构提供多边援助；参与执行部分技术合作援助项目。财政部负责提供优惠贷款额度和融资支持；对亚洲开发银行、黑海商业开发银行、非洲开发银行、非洲发展基金、全球环境基金、国际开发协会（IDA）提供多边援助。此外，总理府海外土耳其人及其相关社区署（YTB）和土耳其科学技术研究理事会（TUBITAK）负责海外留学生的奖学金、学历学位培养等教育项目。灾难应急管理局（AFAD）则负责执行紧急和人道主义援助。卫生部、内政部（难民事务）、教育部等政府相关机构也都参与对外援助，尤其是在培训等技术合作方面。

土耳其非政府组织也是参与海外援助的重要力量，2004 年政府修正案提出为非政府组织提供海外援助提供政策支持，以此为转折点，非政府组织发挥的作用越来越大，主要包括土耳其红新月会、土耳其 Maarif 基金会等。2020 年土耳其非政府组织共提供了 4 亿美元援助资金，其中 1.3 亿美元用于人道主义援助，2.7 亿美元用于教育等发展类援助项目，在叙利亚、尼日尔、阿尔巴尼亚和伊拉克等 115 个国家开展了 3000 多个项目。

第四节　"全球欧洲"：欧盟参与全球发展治理的集体策略

新冠肺炎疫情暴发以来，全球经济下滑进一步加剧了发展融资需求。欧盟及其成员国作为全球主要发展援助提供方，着力于调整国际发展融资政策和工具，以期通过改善融资架构，最大限度地扩大欧洲发展筹资规模，提高全球影响力。2021 年 6 月，欧洲议会通过了 2021—2027 年总计 795 亿欧元预算规模的"邻国、发展和国际合作工具—全球欧洲"（NDICI-Global Europe，简称"全球欧洲"），标志着欧盟参与全球发展治理的政策融资框架最终确立，并构成欧盟随后发布的 3000 亿欧元"全球门户"战略的重要支柱。2022 年 3 月 24 日，欧盟委员会通过了推进欧洲发展融资框架的路线图，进一步将"全球欧洲"置于具体措施的核心，以强化政策引导、加强协调、提升包容性和突出存在感四大目标改革欧盟发展融资政策。

一、统一的多边解决方案："全球欧洲"的特点分析

"全球欧洲"作为欧盟最核心的发展合作政策框架，将指导欧盟未来七年与第三世界国家的发展合作，在可持续发展、气候变化、民主、治理、人权、和平安全等方面与发展中国家强化伙伴关系。虽然"全球欧洲"是欧盟对外行动预算多年融资框架（MFF）的延续，但本轮预算制定过程中，国际形势受新冠肺炎疫情、气候危机、数字化等多重因素影响，已发生了深刻改变，尤其是疫情给欧盟成员国和发展中国家的社会经济带来巨大冲击，使得本轮预算变得尤为特殊。"全球欧盟"呈现出以下特点。

第一，实现了欧盟发展合作工具的首次统一。欧盟将"全球欧洲"视为促进全球可持续、包容性复苏，同时在全球范围内强化欧盟价值观和利益的主要解决方案。为了更好地实现以上目标、服务欧盟及其成员国的政治优先事项，"全球欧洲"将欧洲发展基金（EDF）、欧洲睦邻友好工具（ENI）、发展合作工具（DCI）、欧洲民主与人权工具（EIDHR）、促进稳定与和平工具（IcSP）、与第三国合作的伙伴关系工具（PI）以及对外行动保证基金等多项融资工具整合到一个预算项下，这是欧盟 50 年发展政策首次实现对外融资工具的统一。同时，欧盟将通过入盟前援助工具（IPA）、人道主义援助与共同外交安全政策（CFSP）、海外国家和领土（OCTs）、欧洲核安全工具（EINS）等其他工具对"全球欧洲"予以配合和补充，从而达到资金统筹与简化管理程序的目的。欧盟委员会首席谈判代表尤塔·乌尔皮莱宁称："这一关键变化将前所未有地培育国际伙伴关系，并帮助最需要的国家，包括那些受冲突和不稳定影响的国家。"①

融资工具的统一也带来了无偿援助、混合融资和担保等资金类型的整合，将为欧盟在全球范围内灵活动用并激励公共和私人部门的投资提供便利。欧盟承诺"全球欧洲"至少 93% 的资金为官方发展援助（ODA）。此外，建立"欧洲可持续发展基金+"（EFSD+）作为主要融资渠道，由欧盟"对外行动担

---

① 欧盟委员会网站，https://ec. europa. eu/international – partnerships/news/eu – external – action – budget-2021—2027-final-adoption_en.

保"（EAG）提供总额 534 亿欧元的担保，其中 400 亿欧元与欧洲投资银行和其他欧洲金融机构、欧盟成员国金融机构和私营部门资本合作，以降低投资风险。欧盟希望通过融资工具的简化，培育更广泛的合作伙伴关系，调动更多资金的融合。

第二，未来七年预算规模实现增长。从总体规模看，"全球欧洲"较上一周期实现了 12% 的预算增长。从年度分配看（见图 2-5），每年均保持了 100 亿欧元以上的预算额度，前期预算较高可能与抗击疫情和应对疫后经济复苏有关。从资金结构看，主要包括三个方面：一是 76% 的预算用于支持地域性项目（其中以撒哈拉以南非洲为重点）；二是 8% 围绕人权和民主、民间组织、和平稳定与冲突预防、全球挑战等议题开展专题项目；三是 4% 用于危机应对、冲突预防、复原能力、人道主义和发展协同、外交政策需求和优先事项等快速响应行动。另有 12% 为机动资金，用于应对突发事件或补充上述三种项目，这也保证了"全球欧洲"的灵活度，能够使欧盟对新出现的优先事项和挑战做出快速反应。

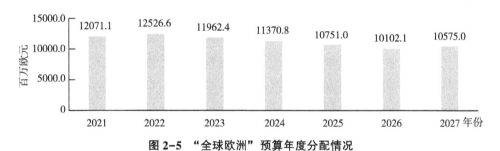

图 2-5 "全球欧洲"预算年度分配情况

资料来源：欧盟委员会网站。

此外，"欧洲可持续发展基金"（EFSD+）与"对外行动担保"（EAG）构成了"全球欧洲"的主要投资框架，计划重点支持微型和中小型企业、促进创造体面就业、加强基础设施、促进可再生能源和可持续农业、支持数字经济、解决新冠肺炎疫情造成的健康和社会经济问题等。欧盟称，预计这一投资框架带来的杠杆效应，有望在 2021 年至 2027 年间调动超过 5 万亿欧元的投资（见图 2-6）。

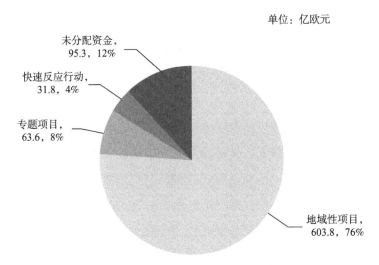

单位：亿欧元

未分配资金，95.3，12%

快速反应行动，31.8，4%

专题项目，63.6，8%

地域性项目，603.8，76%

图 2-6 "全球欧洲"的资金分配情况

资料来源：Factsheet on NDICI-Global Europe, 9 June, 2021. https://ec.europa.eu/inter-national-partnerships/system/files/factsheet-global-europe-ndici-june-2021_en.pdf.

第三，致力于提供应对全球挑战的多领域、跨领域的多边解决方案。在全球范围内采取无国界和跨领域的行动，从而帮助欧盟应对不断变化的国际形势，维护并促进欧盟价值观和利益是"全球欧洲"设计的主要目标。因此，欧盟尤其期待通过"全球欧洲"为应对全球性挑战提供欧盟的多边方案，这将有助于其实现已做出的国际承诺，特别是可持续发展目标、2030年议程和巴黎协定。

总体而言，欧盟未来七年的发展合作优先事项为气候变化、科技创新与数字化、可持续增长与就业、移民与流离失所、人类发展、治理与和平安全、多边主义，[①] 在预算中也得到了充分体现。例如，在专题项目中安排了27.3亿欧元的指定用途预算用于健康、教育、妇女和儿童赋权、移民和被迫流离失所、包容性增长、体面工作、社会保护、粮食安全和地方治理等全球议题。为了强调对跨领域议题的支持力度，欧盟对一些议题的支出目标做出了明确的设定，如将有35%用于气候变化、20%的资金用于社会融合与人类发展、

—————————

① 参考欧盟方提供的介绍材料。

10%用于解决移民和流离失所问题、其余用于可持续发展和数字行动。① 同时，欧盟也设定了有关生物多样性的雄心勃勃的目标，即在 2024 年提供 7.5%的年度支出，在 2026 年和 2027 年提供 10%的年度支出。② 欧盟还预计至少 85%的行动将性别平等作为主要或重要目标。③ 此外，尽管"全球欧洲"大部分用于地域性项目，但都将以回应全球性挑战为重点方向，所有地区的方案均突出了应对气候变化问题，90%的方案中包括治理、和平与安全、社会包容和人类发展的内容，80%以上的方案强调了数字和教育领域。

二、"全球欧洲"的落实基础："欧洲团队"

"全球欧洲"落实的第一步就是欧盟委员会各部门与欧洲对外行动署（EEAS）一起，为每个国家、地区和专题制定中长期规划，即《多年度指示性方案》（MIP）。编制工作于 2020 年 11 月启动，在与伙伴国家、区域组织、欧盟成员国和利益相关方协商后，欧盟委员会于 2021 年 12 月通过了全部的 MIP，即 88 个国别和区域方案、4 个专题方案以及"伊拉斯谟+"④ 方案。⑤ 这些文件确定了优先合作领域、具体目标、预期结果、指示性拨款和评价指标，有的方案还对该国或地区的主要援助国和发展机构未来七年的投资规模进行了整理。这些多年度指示性方案构成了实施"全球欧洲"完整的中长期规划框架。每年，欧盟委员会将通过《年度行动计划》阐述方案的实施情况，2024 年将对所有方案进行中期评估。

在具体实施上，"全球欧洲"是通过"欧洲团队倡议"（Team Europe Initia-

---

① 数据来自欧盟方提供的介绍材料。

② 欧盟委员会网站：https://ec.europa.eu/info/strategy/eu-budget/performance-and-reporting/programmes-performance/global-europe-neighbourhood-development-and-international-cooperation-instrument-performance_en#where-are-we-in-the-implementation.

③ Factsheet on NDICI-Global Europe, 9 June, 2021. https://ec.europa.eu/international-partnerships/system/files/factsheet-global-europe-ndici-june-2021_en.pdf.

④ "伊拉斯谟+"（Erasmus+）是欧盟为支持教育、培训、青年和运动等领域的项目、合作伙伴关系、活动等实施的计划，从 2014 年实施至今。

⑤ 详见欧盟委员会网站：https://ec.europa.eu/international-partnerships/global-europe-programming_en.

tive）方式推进，即欧盟委员会直接管理，由欧盟机构来确认项目，由欧盟成员国机构、国际组织、伙伴国家来共同推进落实。金融工具与欧洲投资银行、成员国的金融机构以及其他欧洲或国际发展金融机构合作设计。

事实上，"欧洲团队"方式已经实施了近两年，是在新冠肺炎疫情全球蔓延的背景之下，欧盟形成的更紧密的合作框架，意在由欧盟及其成员国和欧洲金融机构在特定国别、地区和领域采取联合行动。2020年，各方财政资源通过"欧洲团队"的整合，调动了超过400亿欧元在发展中国家开展项目。未来，欧盟将继续沿用这一方式，在"全球欧洲"框架下开展项目。目前已形成了具体的项目支持意向，如在亚太地区包括孟加拉国绿色能源转型和体面工作、巴基斯坦创造绿色就业来重建美好家园、柬埔寨可持续环境与农业、东帝汶绿色经济复苏等。在撒哈拉以南非洲地区，典型的项目包括非盟—欧盟 D4D 中心，扩大对非洲国家数字转型的投资；投资非洲年轻企业项目，在初始阶段提供咨询、资金和技术支持；NaturAfrica 项目，通过将生物多样性保护和绿色经济活动联系起来，促进生物多样性保护和改善保护区管理。① 以上项目也是欧盟"全球门户"非洲投资计划的重点。

欧盟及其成员国作为一个整体，构成全球最大的发展援助方。根据经合组织发展援助委员会（OECD-DAC）数据，欧盟及其27个成员国在2020年提供的官方发展援助总额达到668亿欧元，相当于集体国民总收入的0.5%，占全球援助总规模的46%。受俄乌冲突影响，在当前全球地缘政治挑战更趋激烈的形势下，欧盟迫切呼吁进一步强化"欧洲团队"模式，发出更一致的声音，使欧洲发展合作的影响力和效益在发展中国家实现最大化，更有效地捍卫欧盟的战略利益。

三、前景与影响

总体来说，"全球欧洲"反映出了欧盟发展合作举措的变化和突破，将直接影响欧盟发展合作的未来走向。一方面，统一的欧盟对外融资手段不仅在

---

① 参考欧盟方提供的介绍材料。

管理上得到了简化，也使欧盟能够更为灵活快速地使用资金，资金之间也便于形成配合，尤其是公共和私营资本的合作渠道更为畅通，对私营资本的担保就体现了欧盟对私营资本的激励。另一方面，"全球欧洲"在政策和资金层面均做出了明确的指引，从预算分配、方案编制两个方面突出了未来七年的优先事项，高度的一致性和清晰的导向性有助于下一步具体项目的探讨和落地。欧洲团队方式也在管理主体和实施参与主体上对落实提供了保障。

欧盟作为全球主要的援助方、投资方和贸易体，"全球欧洲"是其对当前国际形势做出的有力回应，向外界传递出了欧盟将通过加强内部政策协调、输送大规模的资金来参与全球发展的坚定信号，尤其是希望未来在基础设施、数字、能源和气候等领域更加突出欧洲的存在感。然而，"全球欧洲"到底能在多大程度上得到落实，仍需持续观察。

第一，全球经济复苏前景仍不明朗，不论是欧盟还是发展中国家都面临着融资难的困境，尤其是对私营部门的激励和引导是否能够如愿以偿，仍要打个问号。特别是受到俄乌冲突的直接影响，欧洲正面临"二战"以来最严重的难民危机，能源紧张、通货膨胀压力巨大，欧盟及其成员国势必将转移大量资金用于此。在重压与困境之下，欧盟对亚非更广泛的发展中国家的投入将面临缩水。这些因素都将直接影响到欧盟未来七年的预算执行。

第二，欧盟已将"全球欧洲"作为其更宏大的"全球门户"战略的关键一环，没有摆脱意识形态划线的本质。这种将合作与价值观捆绑、与良治等改革条件捆绑的"西方家长式做派"早已为发展中国家所不齿，"将投资与严苛的环境以及西方'人权标准'挂钩的做法也会令多数发展中国家望而却步"。[①] 此外，"全球欧洲"的集中投入也都是当前各国立场分歧较大的领域，项目真正落地必然受到背后政治利益角力的直接影响。

第三，欧盟已将"全球门户"纳入 G7 集团在 2022 年 6 月宣布启动的6000 亿美元"全球基础设施和投资伙伴关系"倡议（PGII），"全球欧洲"则成为欧盟参与落实 PGII 倡议的重要工具。从总体上看，西方构筑的发展治理

---

① 孙彦红：欧盟通过"全球门户"计划加入全球基建潮，《世界知识》，2022 年第 3 期。

"小圈子"将进一步加剧大国在发展中国家的博弈。不论是在基础设施、农业、减贫等传统发展领域，还是在气候变化、数字等新兴热点领域，同质性竞争将加大，也使中国"一带一路"倡议的落地面临更多复杂因素。但不管怎样，提升发展中国家的可持续发展能力和水平、积极应对全球性挑战，是中国与欧盟发展政策的共同目标和利益交汇点，也可以成为双方交流互鉴、开展务实合作的发展方向。

第三章 议题视角下的全球发展治理

2015 年 9 月联合国大会通过可持续发展目标（SDG），标志着发展内涵已超越了千年发展目标（MDG）单一的发展议题，实现了发展议题的多元化，政治（和平与公正、解决不平等）、经济（增长、就业、基础设施）、社会（性别）、环境（气候变化、水资源、生物多样性）等均成为全球发展治理的重要议题。随着全球挑战日渐增多，发展领域不断外延，合作内容进一步拓展，发展与安全、气候变化、人道主义、公共卫生等问题相互交织、相互影响。本章将从议题视角，分析在基础设施、气候治理、人道主义等领域的发展合作趋势与实践经验。

第一节 重返基础设施：西方基础设施合作的变与不变

基础设施并不是西方主权国家在发展中国家的主要关注领域。20 世纪 80 年代后，受到拉美债务危机的直接影响，在"华盛顿共识"指导之下，西方国家普遍"将发展援助的重点从传统的经济技术援助转向通过援助行动内化影响和重新塑造发展中国家的国内政策和体制机制"①，因此逐渐退出了在发展中国家的大规模基础设施建设，世界银行、亚洲开发银行等多边开发银行成为支持基础设施发展的主力。然而，自 2018 年以来，西方多国以"你方唱

---

① 俞子荣：《中国特色对外援助模式及其创新发展的比较研究》，中国商务出版社，2019 年，第291 页。

罢我登场"之势不断提出基础设施相关倡议，高调重返基础设施，表现出西方发展合作战略的新趋势。

一、基础设施的"回归"之路

西方对发展中国家的资金投入长期集中在民主、赋权、良治、能力建设等"软领域"。但近年来，以特朗普时期为分水岭，西方普遍表现出对基础设施领域的关注。2018 年，多国不断抛出有针对性的基础设施投资计划，并形成联动和配合。特朗普在 2017 年 11 月宣布"自由开放的印太愿景"，标志着美国"印太战略"的开始，聚焦基础设施、能源和数字经济。2018 年 7 月 30 日，美国国务卿蓬佩奥宣布美国将在"印太战略"框架下启动一项投资计划，向该地区的技术、能源及基础设施项目投资 1.13 亿美元。① 此后，澳大利亚外交事务与贸易部、美国海外私人投资公司和日本国际协力银行表示，三国将联手在印太地区开展基础设施投资。② 9 月 19 日，欧盟委员会通过一项连接欧洲和亚洲的《互联互通战略》，称将在交通、能源、数字和人文四个方面加大对欧亚地区的互联互通发展投资，将利用欧盟的中亚和亚洲投资计划、欧洲可持续发展基金提供融资支持，促进私营资金与政府公共资金的融合，在此战略下为东盟共同体建设提供 8500 万欧元支持。③ 10 月 3 日，美国国会通过"更好利用投资引导发展"（BUILD）法案④，注资 600 亿美元成立美国国际发展金融公司（DFC），整合海外私人投资公司（OPIC）和美国国际发展署（USAID）旗下的发展信贷机构，通过公私合作模式推动印太基础设施开发。11 月，澳大利亚政府宣布斥资 20 亿澳元（14.5 亿美元）建立"澳大

---

① U. S. plans \$113 million "down payment on a new era" in Indo-Pacific: Pompeo, 30 July, 2018. https://www.reuters.com/article/us-usa-trade-pompeo-idUSKBN1KK1NP.

② 美宣布 1.13 亿美元亚洲投资计划，《经济参考报》，2018 年 8 月 1 日. http://jjckb.xinhuanet.com/2018-08/01/c_137360741.htm.

③ Connecting Europe & Asia: The EU Strategy, European Union, Bruxelles, 19 Septemper, 2018. https://eeas.europa.eu/headquarters/headquarters-homepage/50699/connecting-europe-asia-eu-strategy_en.

④ Better Utilization of Investments Leading to Development Act of 2018 or the BUILD Act of 2018, S. 2463—115th Congress (2017—2018), 02/27/2018. https://www.congress.gov/bill/115th-congress/senate-bill/2463.

利亚太平洋地区基础设施融资机制"（AIFFP）①，其中包括 5 亿澳元无偿援助和 1.5 亿澳元长期贷款用于支持太平洋岛国和东帝汶的电信、能源、交通等领域的基础设施发展，并增强澳中小企业在该地区的活跃度。

此后，美欧国家开启了基础设施的"回归"之路。2019 年 11 月，美国联合日本、澳大利亚发起"蓝点网络计划"（Blue Dot Network），试图打造全球基础设施评估认证标准。2021 年拜登上台后，对外做出"美国回来了"一系列大动作，其中就包括在 G7 峰会上提出"重建更美好世界"（B3W）基建计划。欧盟和英国迅速做出"追随"举措，英国在 11 月宣布改组成立英国国际投资公司（BII），以绿色基础设施和数字基础设施为重点领域。欧盟委员会在 12 月宣布规模 3000 亿欧元"全球门户"计划，聚焦数字、气候能源、交通、卫生及教育与研究五个领域，称"支持优质基础设施的明智投资"。2022 年 5 月英国发布全新《国际发展战略》②，承诺到 2025 年每年筹集 80 亿英镑落实"英国投资伙伴关系"，重点支持低收入国家的可再生能源与数字基础设施。

而作为西方的"另类"——日本来说，基础设施一直是其对外援助和海外投资的优势和重点领域。日本早在 2015 年就已提出了"高质量基础设施伙伴关系"③，至今依然将其作为指导日本对外援助的关键战略，已有大批项目在发展中国家落地。而对于美欧来说，基础设施则是他们对发展中国家投入的新转向。

二、七国集团"全球基础设施和投资伙伴关系"（PGII）

2022 年 6 月 26 日，美国总统拜登在七国集团峰会上宣布，G7 正式启动

---

① Pacific Regional—Australian Infrastructure Financing Facility for the Pacific，Department of Foreign Affairs and Trade，https://dfat.gov.au/geo/pacific/development-assistance/Pages/australian-infrastructure-financing-facility-for-the-pacific.aspx.

② The UK Government's Strategy for International Development，May，2022，https://assets.publishing.service.gov.uk/government/uploads/system/uploads/attachment_data/file/1075328/uk-governments-strategy-international-development.pdf.

③ 本章第二节将做详细阐述。

"全球基础设施和投资伙伴关系"（the Partnership for Global Infrastructure and Investment，PGII），计划在未来五年筹集 6000 亿美元，在全球开展基础设施投资建设。

PGII 是美国主导提出，在 G7 峰会上以集体形式正式启动的全球基础设施投资计划，其目标是在 2027 年前为发展中国家基础设施建设提供 6000 亿美元的资金。美国称在未来五年通过赠款、联邦融资和利用私营部门投资筹集 2000 亿美元，欧盟承诺为此筹集 3000 亿欧元，日本称筹集 650 亿美元。但此倡议的大部分资金不是由政府财政支持，而是以动员私营部门投资为主。拜登强调，这不是"援助""慈善"，而是给"所有人带来回报"的"投资"。因此，G7 在政府财政支出小部分资金的基础上，将动员大量私营部门投资，并寻求从其他"志同道合"（like-minded）的伙伴、多边开发银行、发展融资机构、主权财富基金等调动更多资本。

PGII 以气候与能源安全、数字联通、性别平等、卫生系统四个优先领域为支柱，以此指导公私部门的基础设施投资决策。美国认为，这四大领域能够"定义 21 世纪下半叶"。① 具体来看，一是气候与能源安全，重点是具有气候复原力的基础设施开发、清洁能源供应链、能源开采、技术拓展等；二是数字联通，侧重于发展、扩大和部署信息和通信技术（ICT）网络和基础设施，促进开放的数字社会和良好的网络安全；三是性别平等，改善妇女参与经济、获得健康的机会，推进性别公平；四是卫生系统，发展和升级基础设施，包括在疫苗制造、实验室、疾病监测、卫生服务和工作者能力等方面投资。

目前，美国已公布了 PGII 部分项目信息，在全球范围内已经启动几十个项目。其中，投资规模较大的项目主要是美国企业开展的，如在安哥拉投资 20 亿美元的太阳能开发项目，参与部门主要为美商务部和进出口银

---

① FACT SHEET: President Biden and G7 Leaders Formally Launch the Partnership for Global Infrastructure and Investment, 26 June, 2022. https://www. whitehouse. gov/briefing – room/statements – releases/2022/06/26/fact-sheet-president-biden-and-g7-leaders-formally-launch-the-partnership-for-global-infrastructure-and-investment/.

行。从援助的角度看 PGII，美国主要援助部门均有所参与，包括国际发展署（USAID）、千年挑战公司（MCC）、国际发展金融公司（DFC）。例如，DFC 向达喀尔巴斯德研究所提供 330 万美元技术援助，在塞内加尔建立疫苗生产设施；USAID 向世界银行全球儿童保育激励基金投入 5000 万美元，参与总额 2 亿美元的儿童保育基础设施公私合作项目；MCC 和尼日尔政府实施 4.43 亿美元的农业和运输协议，旨在改善自然资源可持续利用和农产品的贸易与市场准入。

三、西方基础设施合作战略的本质：延续老模式、力推新规则

G7 启动的 PGII 计划是其在新冠肺炎疫情大流行和俄乌冲突这一全新国际形势下，做出的集体应对方案，展现出发达国家尤其是美国重返多边机制领导核心、强化基础设施竞争力的强烈决心。PGII 可以视为 B3W 的"延续"或"替代"。B3W 提出后并未有实质性进展，而 PGII 则设定了明确的筹资目标，G7 成员国"认领"了各自任务，美国白宫也发布了《PGII 备忘录》①，对政府部门和 MCC、DFC、进出口银行等独立法人机构做出了明确的分工和指导。G7 此次行动看样子是"来真的"。

但是，结合 2018 年美欧提出一系列基础设施援助与投资举措之后的实际表现，G7 此次看似"认真"的举措到底能在多大程度上变为现实，依然要打个问号。根据 OECD 统计数据，G7 国家在基础设施领域的官方发展援助（ODA）承诺额确实在 2020 年实现了 20.7% 的显著增长，达到 652 亿美元，主要缘于 G7 国家为应对新冠肺炎疫情大幅提高了医疗卫生领域援助，这被统计为"社会基础设施与服务"类别，并非硬件基础设施项目。观察近五年甚至十年的基础设施援助规模可以发现，助力这次增长的主要是德国、美国、法国，其他国家的基础设施援助规模较此前可谓"毫无波澜"。美国每年基础设施援助维

---

① The White House：Memorandum on the Partnership for Global Infrastructure and Investmentm, 26 June, 2022. https://www.whitehouse.gov/briefing-room/presidential-actions/2022/06/26/memorandum-on-the-partnership-for-global-infrastructure-and-investment/.

持在 160 亿美元左右，即使在 2020 年提升到 173 亿美元，但仍未超过十年前的水平（见图 3-1）。

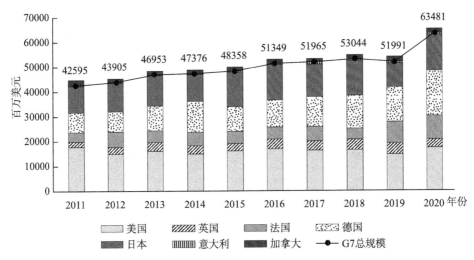

图 3-1　2011—2020 年 G7 国家基础设施援助情况（承诺额）

资料来源：OECD。

本质上，PGII 是 G7 成员将各自已有基础设施计划的"大整合"和"再包装"。日本承诺的五年对 PGII 贡献 650 亿美元，恰好是按其现有基础设施援助水平计算出来的。欧盟承诺的 3000 亿欧元也是其正在推行的"全球门户"目标金额。透过目前美国披露的项目清单可以发现，美国将所有对发展中国家的已有项目，包括私营企业在政府框架下签署实施的项目全部塞进了 PGII 计划。因此，PGII 无非是"新瓶装旧酒"。

事实上，近几年西方在基础设施领域已形成了合作模式，在 PGII 倡议下，预计未来 G7 乃至西方基础设施合作将延续老模式，但真正重点则是重新界定"游戏规则"。

第一，依托多方融资合作。美欧绝大部分的基础设施援助项目并非通过双边渠道开展，在融资上通常包括其他国家援助部门、国际组织、金融机构的参与。毕竟基础设施项目有别于西方传统援助项目，资金量大、成本高，相应的风险也较高，因此尤为依赖多方联合融资、分摊成本和风险。

第二，极力引导私营资本的介入。西方国家近年来受经济形势和疫情影响援助疲软，维持在发展中国家影响力的关键举措就是以 ODA 撬动私营投资，各国援助部门纷纷出台刺激私营部门投融资政策。预计未来五年 G7 在基础设施领域投入的 ODA 资金不会有明显变化。因此，G7 将进一步加大对私营资本的吸引力度，只有成功通过其他渠道尤其是私营部门获得大部分融资，6000 亿美元的承诺才不会沦为"空头支票"。

第三，推广所谓"民主国家"的基础设施标准和规则。PGII 在宣传上主打几大关键词，即价值观驱动、高质量、高标准、可持续、清洁、有韧性、包容。可见，此轮西方基础设施"回归"的真正目标并非"增加筹码参与游戏"，而是要"制定新的游戏规则"。G7 的如意算盘正是建立一套"民主国家"的基础设施方案，如通过蓝点网络的认证指标评估基础设施项目，继续对发展中国家的体制和政策框架、监管环境和人员能力进行干预，试图左右他国的工程、环境、社会、治理和劳工标准制定等。而这些举措都将作为西方国家向低收入和中等收入国家提供所谓高质量基础设施的必要条件。

第四，基础设施是对华博弈、对冲"一带一路"的主战场。西方涉足基础设施的关键因素是中国通过近十年的"一带一路"扩大了政治经济影响力。尤其是特朗普时期开启对华战略竞争至今，西方出台的所有基础设施倡议均充满了反华色彩。PGII 所谓"价值观导向""高质量"的论调与此前宣称的计划如出一辙，对"一带一路"基础设施的诋毁也是陈词滥调，在劳工、环境、债务、质量、透明度方面发起不实攻击。无疑，美国发出的倡议是要赢得一场对中国的竞争，所谓"最佳做法"即"借抹黑中国抬高自己"的做法，背后的战略意图是要取代"一带一路"，重获基础设施主导权。

四、趋势与前景

总体来说，近年西方重返基础设施的真正意图是重新界定全球基础设施"游戏规则"，即推广所谓"民主国家"高质量的基础设施标准和规则，其政治意图大于经济目的，并非出于对发展中国家基础设施发展需求的关注。就如拜登在宣布 PGII 时所强调的，要让国际社会看到"跟民主国家合作的好处"，"我毫不怀疑将赢得竞争"，背后反映的则是基础设施在大国博弈中的作用正在越来越突出。

从长远看，不论是 G7 发起的 PGII 还是欧盟"全球门户"等其他计划，西方基础设施计划普遍存在先天不足，在落实中面临四大阻碍。一是财政在多大程度上撬动更多私营投资并非政府部门一厢情愿，而是取决于逐利的私营资本对风险与机遇并存的发展中国家的投资兴趣和信心，面对当前国际形势，私营投资则更趋谨慎。正如美国战略与国际问题研究中心（CSIS）资深专家 Conor M. Savoy 所说，"PGII 的方法是一场赌博：它的前提是官方资金可以减轻足够的风险，使私营资本对投资于确定的项目感到更舒服。迄今为止，这一概念仍然是承诺多于现实。"① 二是附加政治条件、输出西方价值观的"居高临下"的基础设施模式，根本上无法赢得发展中国家认同。三是逆全球化、新冠肺炎疫情与俄乌冲突给国际粮食与能源安全、产业链结构带来巨大冲击，美欧国内基础设施改造与产业复兴任务艰巨，对外投资动力和国内支持均不足。四是西方并非铁板一块，有着各自的发展战略，各方都希望借基础设施扩大本国在发展中国家的市场份额，提升本国企业的国际竞争力，西方内部竞争与分歧或将加剧。

基础设施是全球发展治理中的关键议题，对各国经济社会发展至关重要。目前，"基础设施供给不足是全球发展中国家普遍面临的问题"②，也成为制约发展中国家的主要瓶颈。根据全球基础设施中心联合牛津经济研究院发布的《全球基础设施展望》报告，2016 年至 2040 年间全球基础设施总需求高达 94 万亿美元，到 2040 年将会面临 15 万亿美元的资金缺口。③ 新冠肺炎疫情、通货膨胀等带来的不确定性因素进一步加剧了基础设施的融资难度。虽然西方正在通过强化意识形态和对抗色彩使基础设施趋于"政治化"，但讲究外交平衡策略的发展中国家并不乐于选边站队。为弥合巨大的基础设施发展需求，

---

① Conor M. Savoy, Future Considerations for the Partnership on Global Infrastructure and Investment, 29 June, 2022. https://www.csis.org/analysis/future-considerations-partnership-global-infrastructure-and-investment.

② 陈小宁：国际基础设施建设新趋势及建议，《国际经济合作》，2018 年第 9 期。

③ Global infrastructure Hub, Oxford Economics: Global Infrastructure Outlook, July, 2017.

国际社会都在探索破解之道，而西方推广所谓"标准"的、实则"排他"的道路注定难以顺利。

五、对中国的影响与启示

目前，中国在基础设施领域依然保有相对优势，尤其在理念、成本、效率、技术和管理模式上已经形成了基础设施建设的"中国方案"。近十年来"一带一路"在沿线国家开展了实实在在的项目，为今后与发展中国家的基础设施合作夯实了基础。

面对西方重返基础设施的一系列举措，中国也面临着基础设施同质竞争的压力。虽然西方语境下的基础设施包括硬件和软件，硬件并非其长处，软件则是发力点。但是，作为重塑基础设施规则的关键，西方将着重加强对发展中国家相关法律法规、项目流程与标准上的软性投入，在数字、可再生能源、医疗卫生等相关涉及前沿领域的基础设施技术和研发方面的支持，将会对中国海外基础设施建设构成直接影响。此外，西方对国际社会展现出的高调的基础设施集体宣示，也将增加未来中国在发展中国家的基础设施投资与建设的谈判难度与管理成本，将考验我们前方管理和执行人员的能力。

今后中国需要进一步完善基础设施援助。一是进一步提升基础设施质量和受援国参与度；二是灵活使用并组合不同类型的资金，突破援助资金与商业资本的界限，通过援助为企业投融资提供前期可行性研究支持，配合数字、可再生能源等相关高精尖领域基础设施出口；三是在硬件基础设施援助的同时要配套相关软件的支持，保证项目可持续运营，研究对已有项目做升级改造；四是加强基础设施人才培养和能力建设，从理念和治理模式上加强与发展中国家的共享；五是探讨与国际发展金融机构的合作，积极参与多边融资，加强国际参与度；六是充分做好项目探讨、设计，在立项阶段严格防范政治和债务风险，确保项目带来政治、经济、社会、生态等综合效益。

第二节 "高质量基础设施"：日本海外基建新模式

近年来，日本利用 APEC、G20、G7、日本—东盟峰会、东京非洲发展国际会议等国际场合宣扬、推广其"高质量基础设施"理念，相继在发展中国家推出一系列主打"高质量"的基础设施"订单"，在国际社会引发了广泛反响。早在 2015 年，日本就已提出"高质量基础设施伙伴关系"配合其基础设施出口战略，并将此作为其"自由开放的印太战略"关键举措，大批基建项目在东南亚、南亚、非洲等地区落地。

一、何谓"高质量基础设施"

2015 年 5 月 21 日，时任日本首相安倍晋三在第 21 届国际交流会议"亚洲的未来"晚餐会上发表了题为"投资亚洲未来"的演讲，首次提出构建"高质量基础设施伙伴关系"（PQI），承诺在未来五年将与亚洲开发银行（ADB）合作，向亚洲基础设施建设提供 1100 亿美元的投资，资金规模较前五年增加 30%。[1] 在 2015 年 11 月举行的日本—东盟峰会上，安倍内阁进一步公布了 PQI 的"具体措施"。[2]

2016 年 5 月，日本在其主办的 G7 伊势志摩峰会上，进一步提出"扩大高质量基础设施伙伴关系"计划（EPQI）[3]，将 PQI 进行了四个方面的扩大：一是适用范围从亚洲扩展至全球；二是投资总额增加至 2000 亿美元；三是从狭义的基础设施延展至包括自然资源、能源、医院等在内的广义基础设施范畴；四是动用国内资源"全力参与"，参与主体在日本国际协力机构（JICA）、日本国际协力银行（JBIC）、日本海外基础设施投资公司（JOIN）基础上增加了

---

① 日本首相安倍晋三在第 21 次国际交流会议"亚洲的未来"晚餐会上的演讲，日本国首相官邸网站，2015 年 5 月 21 日. http://www.kantei.go.jp/cn/97_abe/statement/201505/0521speech.html.

② Follow-up Measures of "the Partnership for Quality Infrastructure", Ministry of Foreign Affairs of Japan, November, 2015. https://www.mofa.go.jp/policy/oda/.

③ G7 Ise-Shima Summit "Expanded Partnership for Quality Infrastructure". Ministry of Foreign Affairs of Japan, November, 2015. https://www.mofa.go.jp/policy/oda/.

日本出口与投资保险公司（NEXI）、日本信息通信技术基金（JICT）及日本石油天然气和金属矿物资源机构（JOGMEC）等相关机构（见图3-2）。此外，日本成功将"推动高质量基础设施投资原则"纳入G7伊势志摩原则，具体包括"确保有效治理、可靠运营和长期经济效益""确保为当地社区创造就业、开展能力建设并转移专业技术""考虑对社会和环境的影响""确保与国别和区域层面的经济和发展战略（包括气候变化与环境领域）保持一致""通过公私合营伙伴关系（PPP）和其他创新融资方式促进资源有效流动"五项原则。至此，日本"高质量基础设施伙伴关系"计划在全球层面全面启动，经过不断丰富和拓展，形成了一套完整的政策框架和实施方案。

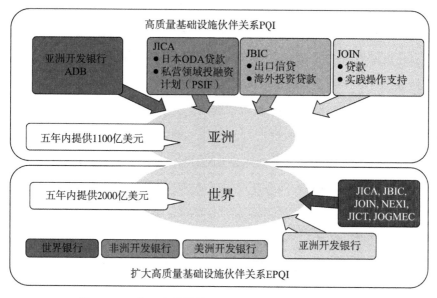

图3-2 日本"高质量基础设施伙伴关系"计划示意图

资料来源：笔者根据日本外务省相关文件绘制。

日本"高质量基础设施"的内涵包括经济效益（低成本）、安全性、抗自然灾害能力、环境和社会影响力、对当地社会和经济的贡献力（转移技术和人力资源开发）。[1] 与此同时，日本强调其基础设施的"高质量"并非"重

---

① Ministry of Foreign Affairs of Japan：Follow-up Measures of "the Partnership for Quality Infrastructure"，November，2015. https://www.mofa.go.jp/policy/oda/.

质不重量"，而是追求"质、量兼得"。为此，PQI 和 EPQI 旨在为私营资金参与海外基础设施建设搭建机制平台，弥补政府资金的局限性，从而达到"质、量兼得"的目标。

"高质量基础设施伙伴关系"计划由日本外务省、经济产业省、财务省和国土交通省共同制定，具体包括四大支柱：一是通过 JICA 加速扩大援助规模；二是与 ADB 协同合作；三是通过 JBIC 等机构增加对高风险项目的投资；四是在全球范围内推动"高质量基础设施投资"纳入到国际标准中。

二、"高质量基础设施"的五大援助举措

官方发展援助（ODA）是日本落实 PQI 和 EPQI 计划的重要工具。在 1100 亿美元的 PQI 计划中，JICA 负责落实 335 亿美元的援助资金，为亚洲基础设施建设增加 25% 的 ODA 贷款。通过梳理 PQI 和 EPQI 的相关政策文件①，可以提炼出日本推动"高质量基础设施"的五大援助举措。

第一，推动基础设施 ODA 贷款"提速"。为了达到援助"提速"的目标，JICA 采取了一系列措施改革援助贷款条件。例如，日本通过对重大项目开展前期筹备调查、对项目的各部分实施快速细节设计、对参与项目的日本顾问开展能力建设、引入一次性合同等方式缩短贷款审批时间。此前，ODA 贷款项目从前期可行性研究到开工大约需要五年的时间，通过简化贷款审批程序，目前最快可使审批时间缩短至一年半。同时，加快 JICA"私营领域投融资"（PSIF）机制下的贷款项目审批流程，对符合 JICA 标准的项目，将在私营部门提交申请材料后 1 个月内开展审批工作。

第二，提高贷款吸引力，设立高配置的优惠贷款条件。此前，ODA 贷款类援助仅限于日元，为提高贷款吸引力，日本调整贷款条件，规定向中高收入国家可提供货币互换的 ODA 贷款，使受援国可以灵活选择偿还货币，并计划在 JICA 的 PSIF 机制下提供以美元、欧元计价的 ODA 贷款。此外，对向发展中国家地方政府提供的贷款，日本政府可视具体情况免除当地的政府担保。

---

① Follow-up Measures of "the Partnership for Quality Infrastructure", Ministry of Foreign Affairs of Japan, November, 2015. https://www.mofa.go.jp/policy/oda/.

第三，通过援助促进私营企业的海外基础设施投资。对于日本私营金融机构的商业贷款不能支持的项目，JICA 可以通过 PSIF 提供贷款支持，并允许 PSIF 贷款与私营金融机构开展联合融资，对日本私营金融机构的贷款和股权构成补充，也可灵活使用 PSIF 贷款对受援国当地企业开展直接投资。针对水电站、油气厂、桥梁、道路等大型基础设施项目，日本以援助资金支持开展可行性研究，推动项目采用"设计—施工"总承包模式。此外，JICA 还为承包商提供技术援助，确保高精度建设（如高铁）类政府贷款项目的质量。

第四，以软援助配合硬件基础设施建设。日本增加人力资源开发合作的援助力度，一方面帮助在印度等基础设施市场快速扩张国家的日本企业提高生产能力；另一方面满足受援国在基础设施开发、运营和维护方面日益增长的人力资源开发需求，与日本擅长的硬援助形成"软硬互补"。此外，人力资源开发合作等软援助也使日本广泛参与到受援国诸如城市和区域开发、交通拥堵和交通安全、环境、能源节约等跨领域问题的应对中来，突破了硬援助的局限性，在受援国发展的各个领域介入得更为深入。

第五，与亚洲开发银行协同合作，扩大发展融资规模。2016 年 3 月，JICA 与 ADB 联合设立了亚太地区民间基础设施信托基金（LEAP），JICA 注资 15 亿美元，ADB 负责基金的管理运作并补充自有资金和商业资金，通过 PPP 等模式支持私营资本参与基础设施项目，总融资规模至少达 60 亿美元。JICA 还承诺在 2016—2020 年，与 ADB 提供 100 亿美元的联合贷款，支持长期投资规划，为主权项目提供技术援助和贷款，推动公共基础设施发展。为此，日本政府、JICA 与 ADB 建立了定期政策对话机制，以推进上述举措的顺利实施。

三、"高质量基础设施"援助的实施情况

基础设施一直以来都是日本对外援助的重点。据经合组织发展援助委员会数据统计，2015 年实施"高质量基础设施伙伴关系"计划后，日本在交通、能源等经济基础设施领域的年度援助额连续四年（2015—2018 年）突破了 100 亿美元，尤其是 2015 年实现了年度 45% 的涨幅，从 2014 年的 82 亿美

元增长至 119 亿美元。2015—2020 年，日本开展经济基础设施和社会公共基础设施的年均援助资金高达 140 亿美元，占年度援助总额的 65%~73%。交通类基础设施是目前日本投入最多的领域，2014 年为 49 亿美元，2018 年已增至 101 亿美元，占基础设施援助总额的 87%。[1] 近年来，日本在能源类基础设施、供水与卫生、城市与农村开发等领域的援助投入也较为突出，主要为贷款项目。

伴随着日本高调宣扬"高质量基础设施建设"，自 2015 年以来日本推出了一系列重点援助项目，如菲律宾马尼拉地铁和新薄荷机场建设项目、缅甸仰光—曼德勒铁路改造项目、印度尼西亚雅加达地铁和穆阿拉卡朗燃气发电厂项目、泰国曼谷高速交通系统项目、越南日越友谊桥和河内国际机场项目、柬埔寨乃良大桥和金边交通管理系统开发项目、印度德里高速交通系统和普如里亚抽水蓄能电站项目、孟加拉国伯拉马拉联合循环电厂开发项目、乌兹别克斯坦燃气热电站扩建项目、肯尼亚蒙巴萨港开发和奥卡瑞地热发电项目、刚果（金）马塔迪大桥项目等。[2] 安倍在 2018 年 10 月 9 日召开的第十届湄公河—日本峰会上，宣布在 2019—2020 年向湄公河流域五国援助至少 150 个项目，重点推动如老挝机场设施扩建、缅甸公路建设等高质量基础设施项目的实施。

总体来看，日本"高质量基础设施"援助具有以下特点：一是以东南亚、南亚为重点投入地区，并已推广至非洲和中亚；二是以 ODA 贷款为主要资金方式，个别项目采取无偿援助或 ODA 贷款与 ADB 共同融资；三是项目覆盖铁路、道路、桥梁、机场、港口和能源等行业，日本 ODA 贷款主要支持交通类基础设施建设，能源行业的项目则以 JBIC、NEXI 等金融机构的资金支持为主。

四、"高质量基础设施"的动因与趋势

日本的"高质量基础设施"具有明显战略性。2015 年 2 月修订的日本

---

[1] 数据来源：OECD 数据库。

[2] Ministry of Foreign Affairs of Japan: "Quality Infrastructure Investment" Casebook. http://www.mofa.go.jp/files/000095681.pdf.

《发展合作大纲》将支持发展中国家实现"高质量的经济增长"作为优先援助政策，其中强调了 ODA 与私营资本协同、加大对基础设施领域的援助。日本一系列"高质量基础设施"援助举措的提出与新大纲的指导性内容一脉相承，实质上是对之前援助政策的具体化升级。

2017 年以来，随着日本对外积极推行"自由开放的印度洋和太平洋战略"，建设高质量基础设施随即成为日本"印太战略"的重要组成部分，为实现"印太战略"第二支柱——"促进经济繁荣"，日本将"高质量基础设施促进国家和区域层面的联通"[1] 作为具体实施手段，将"高质量基础设施"建设集中投放在印太地区，一大批港口、铁路、公路、能源和通信等基础设施援助项目落地，在硬件基础设施援助的同时，通过人力资源开发合作等软援助方式，加强对人员联通和机制联通（促进海关便利化）方面的援助投入。

此外，2013 年 5 月，日本政府发起"基础设施出口战略"，强调充分发挥以政府为主导的发展援助手段和官民协调的机制化优势。日本 2018 年外交蓝皮书也明确提出："推动日本企业海外发展是日本援助目标之一。"[2] "基础设施出口战略"的背后体现了日本两大目标：一是为日本经济复兴制造新的增长引擎；二是强化与亚洲国家的战略联系以"平衡中国的地区影响力"。[3] 因此，"高质量基础设施"援助为"基础设施出口战略"的落实和日企海外投资的扩张起到配合作用，意在为日本经济复兴制造新的增长引擎。同时，日本发起"高质量基础设施"的背后则是抹黑中国基础设施"重量不重质"，其"争夺基础设施建设主导权的战略初衷不利于地区合作氛围，引发不必要的恶性竞争"[4]，对"一带一路"倡议的基础设施互联互通项目带来一定挑战。

此外，日本大力推动"高质量基础设施"国际化、标准化，在多边场合高调宣讲。2015 年，日本已成功将"推动高质量基础设施投资原则"纳入 G7

---

[1] Ministry of Foreign Affairs of Japan: White Paper on Development Cooperation 2017, March, 2018.

[2] Diplomatic Bluebook 2018, Ministry of Foreign Affairs of Japan.

[3] Hidetaka Yoshimatsu: Japan's Export of Infrastructure Systems: Pursuing Twin Goals through Developmental Means, The Pacific Review, 2017, 30: 4.

[4] 孟晓旭：日本高质量基础设施合作伙伴关系的构建与前景，《国际问题研究》，2017 年第 3 期。

伊势志摩原则。① 日本还与 OECD、世行就此议题开展了多场研讨会，并在 2017—2018 年两届联合国大会期间与欧盟委员会、联合国共同举办了以促进高质量基础设施为主题的高级别边会。2019 年日本作为 G20 主席国，成功促成 G20 大阪峰会通过《G20 高质量基础设施投资原则》。

尽管受到新冠肺炎疫情带来的巨大冲击，2020 年日本在基础设施领域的援助规模不降反增，达到 145 亿美元，其中在交通、能源等经济类基础设施的援助额 94 亿美元，在社会类基础设施的援助达到 52 亿美元，其中主要增长点来自对卫生领域基础设施及相关服务的支持增加了 148%。② 菅义伟任首相期间以及岸田文雄 2021 年 10 月任首相以来，均继承了安倍的政治遗产，继续将 ODA 作为推行"自由开放的印太战略"的关键手段。岸田文雄上任后多次强调对印太地区加强基础设施硬件与软件投入。2022 年 5 月，美国总统拜登访日期间正式宣布启动"印太经济框架"，意味着日本将进一步通过援助手段推动这一框架落地。同时日本作为 G7"全球基础设施和投资伙伴关系"（PGII）的创始成员，其势必将进一步强化在基础设施领域的传统优势地位，尤其是与美欧形成联动，成为配合日本"印太战略"、推广日本海外投资和技术输出、增强日本国际影响力的重要抓手。但是，日本"高质量基础设施"在实施过程中也经历了诸如资金不足、优惠贷款条件过低、日企表现被动、受援国临时"变卦"等波折，尤其是在当前全球经济低迷的大环境之下，其在稳定援助预算、撬动私营投资、风险防控、管理协调等方面的挑战依然艰巨。

第三节　联结气候与发展：德国气候发展合作优势

德国在全球发展治理中最具特色的"标签"就是全球第一大气候援助国身份及其在应对气候变化领域的国际引领角色。德国认为，气候与发展密不

---

① "推动高质量基础设施投资原则"包括五项原则：确保有效治理、可靠运营和长期经济效益；确保为当地社区创造就业、开展能力建设并转移专业技术；考虑对社会和环境的影响；确保与国别和区域层面的经济和发展战略（包括气候变化与环境领域）保持一致；通过公私合营伙伴关系（PPP）和其他创新融资方式促进资源有效流动。G7 Ise-Shima Summit "Expanded Partnership for Quality Infra-structure", Ministry of Foreign Affairs of Japan, November, 2015. https://www.mofa.go.jp/policy/oda/.

② 数据来源：OECD 数据库。

可分，因此将气候变化视为发展中国家实现可持续发展转型的主要挑战，将应对气候变化作为其发展合作政策的核心。

一、德国气候发展合作相关战略

以低碳为目标的气候发展合作一直在德国总体发展合作战略中占有一席之地。根据《联合执政协议（2017—2021）》，气候变化减缓和适应是默克尔政府对外援助七大重点任务之一。① 朔尔茨政府提交的《联合执政协议（2021—2025）》中，继续将气候变化作为发展合作重点之一，并进一步突出了气候变化的重要性，计划在现有 ODA 基础上加大国际气候融资，德国复兴信贷银行（KfW）将作为创新和投资机构采取更强有力的行动。受到曾任环境部长的经历影响，舒尔茨任经济合作与发展部（BMZ）部长后，几次公开强调积极参与解决气候危机是整个德国政府的优先事项。在 2022 年 G7 外交和发展部长会议上，她提出："在全球气候保护方面，我的指导原则是作为全球结构性政策一部分的'公正过渡'，其目的是将向气候中和的转变与社会公正相结合。在从煤炭、石油和天然气向可再生能源和良好就业的过渡中，我们希望以联合力量支持发展中国家和新兴国家。"

BMZ 作为德国发展合作主管部门，在 2020 年 5 月发布的《2030 改革战略》中继续将气候变化作为今后一段时期德国发展政策的五大核心领域之一。② 一方面，这显示了德国在气候领域发展政策的延续性，也反映出其将发展资源持续聚焦气候领域的决心；另一方面，德国将其发展政策与落实 2030 年议程、实现可持续发展目标相挂钩。因此，气候发展合作是推动 SDG、参与全球治理的"德国方案"中的重要一环。

除了在总体对外战略中将气候变化置于核心地位外，德国政府还专门制定了气候发展合作战略。2016 年 10 月，BMZ 出台了气候政策文件《气候变

---

① 另外六大内容为公平贸易、对非洲的"马歇尔计划"、性别平等和教育、社会和医疗系统、消除贫困、根源上解决大规模人员迁徙（移民难民）问题。

② 五大核心领域包括建设和平、粮食安全、培训和可持续增长、气候和能源、环境和自然资源。

化——即刻行动：2030 议程下的气候政策》。① 文件强调，德国作为工业化强国对全球气候变化问题负有特殊责任，"我们比以往任何时候都将发展政策视为气候政策！"承诺德国将利用专业知识和技术，扩大气候融资，帮助发展中国家尤其是新兴工业化国家采取有助于减少温室气体排放并促进适应气变的措施，同时注重气候风险管理。具体而言，在能源方面，提供气候友好型能源供应，帮助受援国实现从化石燃料到可再生能源的过渡；在城市发展方面，致力于可持续和气候智能的城市基础设施建设，为发展中国家寻求新的出行方式和城市发展方案；在水资源方面，致力于水资源可持续管理和开发利用，并提出"水—能源—粮食安全结合"的理念，注重三者的相互作用与密切合作；在农业方面，培育"气候智能型农业"，既着眼于提高生产率，又注重促进农业适应气候变化，减少农业温室气体排放；在自然资源保护方面，开展森林保护、海洋保护和生物多样性保护，并与可持续利用相结合。

2017 年 10 月，BMZ 出台《气候变化适应：解决气候风险的前景之路》②，阐明在气变适应方面的主要援助政策，与气变减缓政策形成配合。具体而言，一是强调合作和协调的重要作用，要求德国公共部门、地方政府、非政府部门和国际各方团结一致，重点解决气候变化和城市增长等贯穿于各领域的问题，为此德国致力于搭建多领域、跨领域的多方气候合作协调机制；二是为私营部门参与气候融资（赠款、贷款、基金资金等）提供机会，创造投资环境，尤其发挥德国地方企业和中小企业在受援国社区中的独特优势；三是创新气候风险融资工具，支持新业务模式和保险市场发展，开发多种形式的气候风险保险方案，扩大对贫困和脆弱群体的覆盖面。

二、德国气候发展合作的总体情况

自 2005 年以来，德国用于气候发展融资的预算逐年稳步提升，到 2014

---

① BMZ："Climate change-Time to act：Climate policy in the context of the 2030 Agenda"，October，2016.
② BMZ："Adaptation to Climate Change：Promising Ways to Tackle Climate Risks"，October，2017.

年已经增长了四倍。在 2015 年 5 月举行的第六届彼得堡气候对话会议上，时任德国总理默克尔宣布：德国气候融资要在 2020 年实现翻番，将年度预算提升至 40 亿欧元。事实上，德国在 2019 年就以 43.4 亿欧元的官方气候预算提前完成了这一目标，其中每年 80%～90% 的预算由 BMZ 执行。此外，德国政府还为气候发展合作搭配优惠和非优惠性质的气候贷款资金，德国复兴信贷银行（KfW）和德国投资与发展公司（DEG）也为此筹集部分资金予以补充。

图 3-3　德国的政府气候预算规模（2005—2020 年）

资料来源：Adaptation to Climate Change：Promising Ways to Tackle Climate Risks，BMZ，October，2017.

近年来，德国用于气候领域的官方发展援助规模呈增长态势。其中，专门用于解决气候问题的援助资金增长较为明显。2019 年，德国气候援助承诺额达到近 82 亿美元的顶峰，其中 43 亿美元专门针对气候变化，38 亿美元为包含应对气变目标的援助资金。长期以来，德国比较重视气候减缓，但近几年在气候适应上的投入也有所增加，兼顾减缓和适应的资金比例也在提高。这反映出德国气候援助的理念正在转变，不再单纯强调减缓措施，而是希望通过发展融资的气候主流化，提高受援国应对气候变化的综合能力。在 2021

年 1 月召开的首届气候适应峰会上，德国总理默克尔作出向最不发达国家基金①追加 1 亿欧元的承诺，以帮助最不发达国家和脆弱国家落实《国家适应计划》（NAP），此外，BMZ 增加了 1.2 亿欧元的双边气候融资支持。② 如图 3-4 所示，近年来，德国气候援助的目标分布相较此前更为均衡。

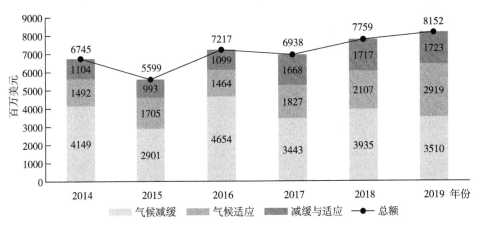

图 3-4　2014—2019 年德国气候援助的总体规模（承诺额）

资料来源：OECD。

从地理分布上看，德国发展政策长期聚焦非洲，在气候领域，非洲依然是重中之重。德国"对非马歇尔计划"提出的粮食和农业发展、自然资源保护、能源和基础设施、卫生教育和社会保障等援助重点均涉及气候变化应对问题。针对与其建立"改革伙伴关系"（reform partnership）的七个重点受援国③，德国也将支持重点放在发展可再生能源、提高能效方面。自 2016 年以来，德国对亚洲的气候援助投入不断提升，印度、印度尼西亚、越南、约旦等国家已成为其主要的气候援助目标国。

针对气候发展合作最为突出的能源领域，目前德国在 50 多个国家开展能

---

① 最不发达国家基金（LDCF）的设立是为了支持最不发达国家通过《国家适应计划》确定最迫切的适应需求项目。

② BMZ, Adaptation to climate change: Successful management of the risks and impacts of climate change, January, 2021.

③ 具体包括科特迪瓦、加纳、塞内加尔、埃塞俄比亚、摩洛哥、突尼斯和多哥。

源项目和区域计划。其中，德国政府将能源作为其与以下 15 个国家和地区开展发展合作的优先领域，即阿富汗、阿尔巴尼亚、孟加拉国、波黑、巴西、印度、墨西哥、黑山、尼泊尔、巴基斯坦、塞内加尔、塞尔维亚、乌干达、乌克兰和科索沃。在除此之外的国家，如蒙古、南非和突尼斯，德国则在其他领域推广清洁能源项目。

三、德国气候发展合作的四大优势

第一，注重部门间的协调合作，形成跨部门、多领域的协同配合。气候是跨领域、跨部门的发展议题，BMZ 作为德国发展主管部门发挥牵头职能，但其他政府部门也发挥了重要作用，尤以环境、自然保护、建设与核安全部（BMUB）的专业优势最为突出①，2008 年 BMUB 曾发起"国际气候倡议"，每年提供 1.6 亿美元预算开展气候减缓项目以及碳捕获和封存技术合作。

同时，BMZ 和 BMUB 两部门也开展了广泛合作。2013 年，两部门发起伙伴关系倡议，在可再生能源利用、可持续城市发展和可抵御气候的农业等问题上提供快速解决方案；2016 年，两部门又联合世界资源研究所（WRI）发起"气候变化新伙伴关系倡议"，为发展中国家量身定制落实"国家自主贡献文件"的建议，并将现有的气候目标和发展目标结合，促进各援助方的项目相互协同，两部门还出资在华盛顿和波恩设立该倡议的秘书处。2022 年，包括两部门在内的四个部门就新政府的气候政策进行统筹协商。

第二，推动气变应对在发展合作中的主流化，覆盖领域广泛、重点突出。以支持低碳和气候韧性发展为主要目标，以气变减缓和适应为重点，生物多样性含于前两者中。具体来说，德国气候发展合作聚焦可持续能源、森林保护、气候智慧型粮食生产、气变适应、气候风险保险、可持续与气候适应型城市、国际气候融资七大领域，其中能源、环境保护、供水和卫生是最主要的投入领域。就资金规模而言，能源是德国 ODA 预算中最大的领域之一，且份额正在持续增长。当前，新冠肺炎疫情进一步加剧了全球治理的难度，德

---

① 此外，经济事务与能源部（预算占比 1%）、教育与研究部（1.5%）、外交部（0.34%）也承担少量气候发展项目。

国将气候援助与产业发展、绿色复苏相挂钩。例如，作为氢气行业的领军者，德国加紧在发展中国家推广氢气产业发展，在提升能源安全、创造就业机会的同时，加强当地的价值链和经济多样化。再如，BMZ 为世界银行的绿色复苏倡议提供了 2000 万欧元的创始资金，为国际货币基金组织和联合国开发计划署的绿色复苏项目捐资。

第三，刺激私营企业支持发展中国家低碳发展，推广气候融资工具。德国在气候领域尤为注重私营部门的作用，支持气候金融工具的创新，通过创造有利的投资环境，动员私营部门参与气候投融资，同时尤为突出发展中国家本土企业和中小型企业的独特能力。为此，BMZ 联合德国复兴信贷银行、GIZ 为德企与发展中国家企业的合作搭建平台，激励企业投资太阳能、风能等绿色发展项目。例如，德国政府在老挝、加纳、马里、塞内加尔、南非和坦桑尼亚开展公私伙伴关系项目，在农村地区安装太阳能发电系统。德国投资与发展公司（DEG）作为德国复兴信贷银行旗下管理私营部门业务的机构，在印度支持小型水力发电厂的建设和运营，在巴西、中国和土耳其参与了风力发电厂的融资，在菲律宾推动地热能项目。此外，德国在发展中国家推广气候风险保险这一特色的气候金融产品，并为此开展培训和市场机制搭建。例如，自 2018 年以来，GIZ 与安联气候解决方案有限公司合作，在加纳开展适应和防范气候风险项目，旨在改善与气候相关的数据质量和可用性、开发气候风险分析和气候风险管理方案及保险产品。再如，德国复兴信贷银行建立了"韧性保险（InsuResilience）解决方案基金"（ISF），支持在发展中国家建立财务上可持续的气候风险产品。

第四，积极构建多元伙伴关系，主动搭建并引导多边气候合作机制。德国非常重视气候发展合作伙伴关系，在全球气候治理中表现尤为活跃，致力于在气候相关的多边机制中发挥主导作用。自《巴黎协定》通过以来，德国已经发起并支持了多个多方合作倡议，涵盖了粮食安全和农业、自然资源的保护和管理（如森林、水资源、海洋和海岸线）、城市发展、可持续能源等多个领域，尤其在应对跨领域挑战方面，德国发起的多方协同机制正在发挥越来越重要的作用。例如，2014 年德国发起建立"国家适应计划（NAP）全球网络",支持发展中国家制订和实施国家适应计划,目前该网络已在五个区域论坛支持 18 个发展中国家就 NAP 规划和实施开展了互动交流。2017 年,德国在波恩召开的联合国气候大会上宣布正式建立"韧性保险全球伙伴关系",包括 49 个严重脆弱国家,德国通过该机制在气候与灾害数据和风险分析、技术援助和能力建设方面提供支持,帮助制定具体的风险融资方案和保险方案。同时,德国还注重与新兴经济体的合作,如 2016 年 BMZ 推出能源培训计划,与印度政府联合建立太阳能合作伙伴关系,为其他发展中国家的体力劳动者和工程师提供培训,量身定制符合当地情况的能源方案,帮助其引入新的质量标准。此外,德国还是"非洲可再生能源计划(AREI)"① 和 EnDev 能源开发伙伴关系②的主要出资方。

四、对中国的启示

中国一直是生态文明的践行者,全球气候治理的行动派。随着 2020 年中国对外宣布碳达峰、碳中和的新目标,低碳必然成为"十四五"期间高质量发展的重点任务之一。中国正在向工业化、制造业强国转型,德国作为老牌制造业大国,其借助援助拓展海外市场的绿色发展模式对中国具有启示意义。在后疫情时代,全球绿色复苏的需求更为强烈,中国加强气候发展合作正当其时,面临巨大机遇。

一是要充分认识到气候变化议题的重要性,在发展合作战略谋划和政策制定中突出这一领域的特殊性和优先性,并将中国在低碳方面的优势技术经验嵌入到基础设施、农业、防灾减灾、环境保护等各领域援助项目的设计和实施中,推动实现国内国际双循环。同时,我们尤其需要巩固基础设施建设的传统优势,积极塑造低碳型、气候友好型的基础设施品牌。

---

① "非洲可再生能源计划(AREI)"的目标是确保到 2020 年在非洲加速安装多达 10 吉瓦的可再生能源,到 2030 年将达到 300 吉瓦。

② EnDev 能源开发伙伴关系成立于 2004 年,旨在帮助穷人、中小型企业以及社会机构获得能源支持。目标是到 2019 年为至少 2000 万人提供现代、气候友好和负担得起的能源。EnDev 目前活跃于 26 个国家,重点是非洲的最不发达国家和农村地区。EnDev 得到了德国、荷兰、挪威、英国、瑞典和瑞士的资金支持。

二是要加强全方位的气候援助管理模式，强化多部门间的横向联动，充分调动地方政府、企业、民间组织、科研院所等各方积极性，研究制定跨部门、跨领域的气候援助方案，开发"软硬兼施"的低碳发展合作模式，创新气候发展融资工具。

三是要积极参与多边机制，打造参与全球气候治理的"中国方案"。不仅要加大气候领域的多边投入，还要探讨与多边开发银行、国际组织和其他国家的合作，并主动借助主场外交契机，引领议题设置，适时发起多边合作倡议，在国际上塑造良好的国际形象。

第四节　疫情背景下全球人道主义六大趋势及中国角色

在自然灾害、气候危机、恐怖主义、跨国犯罪、流行性传染病等非传统安全问题频发的背景下，新冠肺炎疫情蔓延反复导致全球人道主义形势正在面临"二战"结束以来最严峻挑战，粮食危机、难移民危机、局部冲突等次生危机风险剧增，2022年年初爆发的俄乌冲突使人道主义形势进一步恶化。目前，全球人道主义形势表现出前所未有的复杂性和严峻性：传统与非传统安全问题相互交织，不稳定不确定因素层出不穷，人为冲突和自然灾害并存叠加，灾难类型更多、发生频率更高、持续时间更长、危害程度和影响范围更大，致使人道问题已突破发展中国家范畴，成为各国共同面临的安全与发展难题。

一、百年变局叠加世纪疫情，全球人道主义形势呈现六大趋势

一是历史性经济衰退正在逆转减贫成果。新冠肺炎疫情引发了自20世纪30年代大萧条以来最严重的全球经济衰退。联合国开发计划署指出，疫情以来人类发展指数首次出现连续两年下降，倒退至2016年水平，撒哈拉以南非洲、拉美和加勒比地区以及南亚受到的影响尤其严重。[1] 据联合国《2021年

---

① UNDP, Human Development Report 2021-22: Uncertain Times, Unsettled Lives: Shaping our Future in a Transforming World, 11 September, 2022. https://report.hdr.undp.org/intro.

可持续发展目标报告》，受疫情影响，2020 年全球贫困人口增加了 1.2 亿，这是 22 年来首次上升。世界银行预测，2020 年和 2021 年全球极端贫困人口数量分别为 7.32 亿人和 7.11 亿人，较没有疫情情况分别高出 9700 万人和 9800 万人。① 俄乌冲突和通货膨胀进一步加剧了贫困问题，受综合因素影响，2022 年全球极端贫困人口预计达到 6.57 亿~6.76 亿人，比疫情前预计的增加 7500 万~9500 万人。② 同样，疫情导致全球失业率急剧上升，发展中国家的债务危机迫在眉睫，可持续发展成果正遭受重创。若不采取积极行动，到 2030 年全球贫困率预计将达到 7%，约 6 亿人处于极端贫困线之下。③

二是流离失所人数创历史新高。目前地缘政治冲突更加激烈，叙利亚、也门、埃塞俄比亚、布基纳法索、缅甸、尼日利亚、阿富汗等国局部暴力冲突长期化、反复化，致使越来越多的人被锁定在长期流离失所状态。联合国难民署报告称 2020 年年底全球有 8240 万人因躲避冲突、暴力和自然灾害而流离失所，比 2019 年高出 290 万人。联合国难民署称，2022 年初爆发的俄乌冲突已导致乌克兰 1400 万人流离失所，全球流离失所人口总数首次超过 1 亿人，达到有记录以来的最高水平。流离失所者和难民大量涌向周边邻国，据统计发展中国家收容了 83%的难民④，随着危机变得越来越复杂和持久，能够返回家园的难民越来越少，使收容国雪上加霜，国家治理成本和难度、社会不稳定性等风险均大幅增加。

三是粮食安全问题正在恶化。新冠肺炎疫情、地区冲突和气候变化是造成粮食短缺的主要原因。受疫情和全球抗疫措施影响，全球粮食供应链被打乱，以目前的增速，到 2030 年将无法实现"世界零饥饿"的目标。根据联合国粮农组织等多家机构发布的《2022 年世界粮食安全和营养状况》报告，

---

① 中国国际发展知识中心：《全球发展报告》，2022 年 6 月。

② 联合国：《可持续发展目标报告 2022》，2022 年 7 月。https://unstats.un.org/sdgs/report/2022/The-Sustainable-Development-Goals-Report-2022_Chinese.pdf.

③ 联合国：《可持续发展目标报告 2021》，2021 年 7 月。https://unstats.un.org/sdgs/report/2021/The-Sustainable-Development-Goals-Report-2021_Chinese.pdf.

④ 参考中国常驻联合国副代表耿爽于 2022 年 11 月 2 日在安理会听取联合国难民事务高级专员通报时的发言。

2021 年全球受饥饿影响的人数已达 8.28 亿，较 2020 年增加约 4600 万，自新冠肺炎疫情暴发以来累计增加 1.5 亿。① 俄乌冲突进一步加剧了全球粮食短缺情况，国际粮食价格持续上涨，全球粮食安全"雪上加霜"。世界粮食计划署发出警告："2022 年将是灾难性的饥饿之年，38 个国家约 4400 万人在饥荒边缘徘徊。"

四是气候变化导致脆弱性进一步加剧。过去的十年是有记录以来最热的十年，气候变化带来的极端天气和自然灾害日益严重、频繁，进一步挑战人道主义应对工作。全球 80% 以上的粮食不安全人口生活在易发生灾害的国家，而陷入人道主义危机的群体也属于最易受气候变化影响的群体。2020 年，在 10 个最易受气候影响的国家中，有 8 个国家②发出了人道主义呼吁。加之疫情影响，未来，气候脆弱性将进一步加剧。

五是新冠肺炎疫情导致疾病暴发增加。根据联合国发布的《2021 全球人道主义概述》③，疾病暴发在过去十年以年均 6.9% 的速度增长，新冠肺炎疫情使 90% 国家的基本医疗服务遭到冲击，其中低收入和中等收入国家受到的影响最大，69% 的非传染性疾病的诊断和治疗中断，68% 的计划生育和避孕中断，56% 的产前护理中断，55% 的癌症诊断和治疗中断，61% 的心理健康治疗中断。目前除感染预防和控制措施外，有效且公平分配新冠疫苗是扭转疾病流行的关键。

六是脆弱群体的处境更加艰难。新冠肺炎疫情使女性、残障人、老年人等脆弱群体遭受更严重影响。冲突地区的女性失学可能性比其他地区高 90%，人道主义环境中 70% 的妇女更有可能遭遇性别暴力。80% 的残障人生活在发展中国家，疫情导致残障人面临的环境、制度和态度上的障碍进一步增加。④

---

① 《世界粮食安全和营养状况》由粮农组织、农发基金、联合国儿童基金会、世界粮食计划署和世卫组织联合编写，2022 年 6 月 7 日发布。

② 具体包括阿富汗、中非、乍得、刚果（金）、海地、尼日尔、索马里、苏丹。

③ UNOCHA, Global Humanitarian Overview 2021, December, 2020.

④ 同③。

二、全球人道主义援助进入深度调整期

(一) 人道主义援助资金缺口进一步扩大

疫情前，联合国发出的人道援助呼吁已连年攀升，疫情加剧了这一态势，其中粮食安全的资金需求就已从 2015 年的 50 亿美元上升到 2020 年的 90 亿美元。联合国估计，2021 年近 2.35 亿人需要人道主义援助，比疫情前增加了 40%，意味着全球每 33 人中就有 1 人需要人道援助，与 2020 年的每 45 人中有 1 人相比明显增加，达到几十年来最高水平。[①] 联合国 2021 年呼吁人道主义援助资金需求高达 384 亿美元，是 2012 年的四倍，这一增速远高于援助资金的增长率。[②]

受疫情冲击，人道援助的前景依然堪忧。随着疫情对发展中国家社会经济的持续影响，还会产生新的人道主义需求。根据 OECD 统计，2021 年的人道主义援助资金总规模达到 313 亿美元，按实际价值计算，于十年内翻了一番，但资金缺口依然在扩大，仅满足了 54% 的资金需求。[③] 与此同时，受各援助国国内形势影响，国际整体援助规模存在收缩风险，人道主义援助能否继续保持增长或稳定态势尚不明朗，未来走向不容乐观。

(二) 人道主义援助模式面临转型

人道问题的长期化，导致其已成为关乎发展、和平、气候变化、公共卫生、农业等多种议题、多个领域的复杂问题，过去以紧急、短期为特点、相对独立的人道主义援助已不再适应当前形势，尤其在新冠肺炎疫情背景下，人道与其他领域之间相互影响加深。因此，人道主义援助需要充分考虑长期发展问题，采用更加综合的援助方案才能帮助有需要的国家实现可持续发展。这种形势下，一是考验着各国援助部门的管理和协调能力；二是国际合作重

---

① UNOCHA, Global Humanitarian Overview 2021, December, 2020.

② ALNAP (2022) The State of the Humanitarian System. ALNAP Study. London: ALNAP/ODI.

③ ALNAP (2022) The State of the Humanitarian System. ALNAP Study. London: ALNAP/ODI.

要性更加凸显，对多边平台的协调作用提出了更高要求；三是人道援助机构的角色亟须转型，长期应对能力需要提升。

与此同时，科技革命与创新为改善人道主义援助提供了巨大潜力和机遇。例如，遥感卫星为防灾救灾提供技术支持、人工智能被用来绘制疫情地图、无人机在偏远地区运送医疗用品、3D打印机用于生产口罩和呼吸器、大数据能够跟踪流离失所人口动向等。数字时代下，时空界限的突破，让人道援助的速度、广度和深度得以升级，每个人都可以成为人道援助的参与者和受益者。这其中，青年正在发挥越来越重要的作用，借助社交媒体、自媒体等渠道，在引领创新实践、引导社区救援、倡导人道理念等方面可以为人道主义援助注入新的活力。

（三）人道议题加剧全球治理复杂性

严峻的人道主义局势加剧了全球治理的复杂性。2016年，首届世界人道主义峰会通过《人道议程》，以"全新工作方式"① 倡议和"大交易"融资倡议作为人道主义援助的改革方案，在人道主义援助与发展援助二者协同的基础上，进一步呼吁将人道主义援助与发展援助、和平建设三者结合（humanitarian-development-peace nexus），并促使以上改革措施和理念纳入联合国大会议题。目前，国际上对人道主义援助改革、人道主义融资、人道—发展—和平协同等议题的讨论非常活跃，传统援助方在人道主义援助的规则制定和理念引领方面的话语权进一步加强。

当前，人道议题已成为国家间博弈新焦点。自2016年以来，传统援助国因国内经济困境和难民危机，纷纷削减对外援助支出，大量的援助资金用于本国境内的难民援助，直接造成发达国家对国际发展援助的贡献下降。此举也将难民移民等问题转移扩展至全球，要求其他国家与其承担共同责任，有规避风险转移国际责任之嫌。某些国家甚至"借人道主义援助之名行人道主义干涉之实"，使国际发展合作步入"泛安全化""军事化"的危险边缘，进

---

① New Way of Working, OCHA Policy Development and Studies Branch（PDSB），2017.

一步干扰发展治理秩序。因此，新兴经济体和发展中国家要求发达国家切实履行援助承诺，强调"增加人道主义资源不应以牺牲发展领域资源为代价"①，并坚决反对通过援助手段对受援国内政进行干涉，呼吁国际社会"人道主义精神必须弘扬，道义底线不能突破"。②

三、发展与安全"双轮驱动"：中国在国际人道主义行动中的角色

人道主义援助是中国传统援助方式之一，自20世纪50年代中国对外提供援助伊始，人道主义援助便是其中的组成部分。近年来，人道主义援助的作用得到了显著提升，尤其在史上最大规模人道主义行动应对新冠肺炎疫情中，中国优势与中国力量得到了国际社会的关注和肯定，人道主义援助正在成为中国参与全球治理的崭新名片。

（一）中国人道主义援助经验

2013年至今，中国人道主义援助进入快速增长与完善阶段。世界范围内的人道主义形势加剧，为应对新的人道主义援助需求，中国的人道主义援助机制进一步完善。2016年4月5日，中国政府成立了对外人道主义紧急援助部际工作机制，与2004年建立的紧急物资援助协调机制共同指导中国官方人道主义援助管理和实施，形成了官、军、民共同协调配合的人道主义援助工作模式。2018年政府机构改革后，国家国际发展合作署牵头组建25家单位构成的援外部际协调机制在抗击新冠肺炎疫情的人道行动中发挥了积极作用，尤其在国产新冠疫苗附条件上市后，国际发展合作署通过对外紧急人道主义援助部际协调机制，会同外交部、商务部、工信部、卫生健康委、交通运输部、财政部、海关总署、药监局、民航局等部门和实施企业，争分夺秒开展

---

① "中国代表说实现发展是减少人道主义需求的根本出路"，新华社，2016年12月9日. http://www.xinhuanet.com/world/2016-12/09/c_1120086678.htm.

② 2016年9月19日，李克强总理在纽约联合国总部出席第71届联大解决难民和移民大规模流动问题高级别会议上的讲话，外交部网站. http://www.fmprc.gov.cn/web/ziliao_674904/zt_674979/dnzt_674981/lzlzt/lkqcxd71lhghy_687690/zxxx_687692/t1398776.shtml.

抗疫援助相关工作。

中国参与人道主义援助的主体逐步专业化，形成了以官方机构为主导、民间力量为补充的多元化主体参与模式。其中，中国政府部门和军队（军合办）是参与紧急人道主义援助的主要力量，已建立了专业化的海外救援队伍，主要包括中国国际救援队[1]、中国国际应急医疗队（EMT）、"和平方舟"号医院船[2]和"和平列车"医疗队[3]等。目前，中国的救援力量已纳入国际人道主义援助体系，在专业和能力上处于世界领先水平。中国在全球范围内现有两支国际救援队，是亚洲首个拥有两支获得联合国认证的国际重型救援队的国家，其中较早成立的救援队已是联合国协调机制下的倚重力量，获认证的十余年已在莫桑比克、巴基斯坦、伊朗、尼泊尔、海地等众多国家开展了人道救援行动。中国还拥有五支世界卫生组织认证的国际应急医疗队，分别来自上海、广东、天津、四川和澳门，也是新冠肺炎疫情发生后中国政府派赴海外的抗疫医疗专家组主力。此外，中国在受灾国的企业在大使馆统筹下，为中国政府海外救灾提供后勤保障支持。社会组织自2015年尼泊尔地震后参与海外救灾的积极性不断高涨，在前方主要以各自渠道赴灾区开展救援，与政府救援构成有力补充。

中国开展人道主义援助的方式从之前以提供紧急物资或现汇为主的单一援助方式转向提供物资和现汇、派遣救援队、与国际组织合作等多元模式，完成了从"以物为主"向"人、财、物相结合"的人道主义援助方式的转型。自2013年以来，中国在快速响应自然灾害救援、抗击传染病疫情、紧急

---

[1] 中国国际救援队于2001年成立，2009年成为世界第十二支、亚洲第二支通过联合国测评的重型救援队。中国救援队于2018年成立，2019年通过联合国国际重型救援队测评。

[2] "和平方舟"号医院船是中国以军方为主体参与海外人道主义援助的创新。2013年菲律宾遭受台风"海燕"重创，中国应受灾国援助呼吁，派出万吨级"和平方舟"号医院船执行海外紧急救灾援助任务。"和平方舟"上共有医护人员106名、卫生物资1277种，相当于一个移动的三甲医院。医院船在菲律宾共执行救援任务16天，诊疗病伤员2208人、实施手术44例、走村入户450余户、送医送药2600余人，极大缓解了受灾地区医疗场所紧缺的困境。此后，这艘大海上的"和平使者"还远赴汤加、斐济、瓦努阿图、巴布亚新几内亚、加蓬等国开展人道主义医疗服务。

[3] 由中国人民解放军组建的"和平列车"医疗队是近几年中国海外人道主义援助的又一创新，在2018年7月24日老挝水电站大坝坍塌事件发生后迅速驰援，32人组成的医疗防疫分队赴阿速坡溃坝事件现场开展医疗救助和义诊工作，共持续4天，接诊老挝军民3000人次。

粮食援助、应对难民危机、灾后重建等方面，为发展中国家提供了多种形式的人道主义援助支持。2015 年，习近平主席在联合国可持续发展峰会上宣布成立的南南合作援助基金①，成为中国政府与国际组织深化合作应对人道主义挑战的关键工具。基金成立以来，中国与联合国开发计划署、世界粮食计划署、世界卫生组织、联合国儿童基金会、联合国人口基金、联合国难民署、国际移民组织、国际红十字会等 14 个国际组织密切合作，在 50 多个国家实施了 100 多个民生项目，受益人数超过 2000 万人，其中人道主义援助项目是基金重点支持方向，使中国可以借助不同国际组织的专业优势，更精准地针对全球挑战提供解决方案。

中国始终将人道主义援助与发展援助紧密结合，不同于国际上普遍存在的两者割裂问题，构成发展与安全"双轮驱动"的中国优势。一直以来，中国人道主义援助都是在对外援助整体框架之下，在提供人道主义援助时不仅仅局限于紧急救援，同时注重灾后重建，并坚持防灾减灾并重、治标治本兼顾，通过援建灾害管理设施、提供物资、开展培训、制定规划等方式帮助灾害高危国家开展防灾减灾能力建设，全面提高对灾害的综合防范和抵御能力。2015 年针对缅甸暴雨洪水，中国政府赠送了气象演播系统，帮助其提升早期预警发布能力；2017 年援助老挝国家地震监测台网项目与地震数据中心；2018 年中国为老挝援助跨境动物疫病防控项目，帮助老挝大幅提高动物疫病监测水平。与此同时，中国积极参与减灾领域的国际多边和区域性合作与交流，分享中国经验，加强同各国间的共识与互信。例如，中国以中国—东盟、澜湄合作机制等区域、次区域平台为依托，积极响应区域机制框架下的防灾减灾合作倡议，务实推进防灾减灾合作。2013 年中国政府宣布以东盟为平台向东南亚国家提供 5000 万元人民币的援助资金用于防灾救灾合作②，并倡议制订"中国—东盟救灾合作行动计划"，加强与东盟灾害管理人道主义救援协

---

① 2022 年 6 月 24 日，习近平主席在主持全球发展高层对话会时宣布把南南合作援助基金升级为"全球发展和南南合作基金"。

② 《减灾的国际合作》，《中国减灾》，2016 年 12 月。

调中心的联系。①

（二）人道主义援助的时代意义更加凸显

首先，做好人道主义援助是推动构建人类命运共同体、落实全球发展倡议和全球安全倡议的有力实践。国际社会和发展中国家对中国期待不断提升，尤其在抗击新冠肺炎疫情的全球战疫中，各方对中国人道主义援助能力、优势以及在国际体系中的重要作用有目共睹。习近平主席在 2021 年 9 月 21 日出席第 76 届联大一般性辩论时提出全球发展倡议，将减贫、粮食安全、抗疫和疫苗、发展筹资、气候变化和绿色发展、工业化、数字经济、互联互通作为重点领域，此后又在 2022 年 4 月 21 日提出全球安全倡议，提出坚持统筹维护传统领域和非传统领域安全，共同应对地区争端和恐怖主义、气候变化、网络安全、生物安全等全球性问题。人道主义援助是落实两个倡议的重要抓手，是体现负责任大国担当的最有效方式，可作为手段和载体，助力中国在以上领域积极作为，引领构建全球发展命运共同体。

其次，人道主义援助直接关乎周边安全和海外利益保护。周边非传统安全问题频发，对边境安全和稳定发展造成潜在影响，加强对周边国家的人道主义援助，帮助周边各国实现长久和平与稳定，是中国履行大国责任、推动区域可持续发展与共同繁荣的迫切任务。同时，随着中国大量公民、中资企业"走出去"，国家安全和利益的影响因素已延伸至海外，开展人道主义援助全面回应各类危机和灾难，也有利于国家安全维护和海外利益保护。

最后，人道主义援助是充分彰显中国发展和安全观，并推动引导全球人道体系向着正确方向发展的重要途径。安全是发展的前提，发展是安全的保障。中国积极倡导共同、综合、合作、可持续的安全观，其中"可持续"就是指将发展和安全并重以实现持久安全。继全球发展倡议之后，中国提出全球安全倡议，将统筹发展和安全从国家治理层面拓展到全球治理层面，为应对全球性挑战贡献了中国智慧和中国方案。因此，中国要积极提供人道主义援助，

---

① 2013 年 10 月 9 日李克强总理在第 16 次中国—东盟（"10+1"）领导人会议上的讲话。

在全球人道秩序重构中扛起正义的旗帜，引导人道体系向着正确的方向发展。

（三）新形势下充分发挥人道主义援助独特作用

第一，统筹协调人道主义援助多元参与方。中国参与人道主义援助的主体既有包括政府部门、地方省份、军队、驻外使领馆在内的官方主体，也有红十字会、社会组织、企业、华侨华人等民间力量。目前，各参与方已积攒了丰富的海外实践经验，政府统筹各方资源在人道主义领域协调配合、形成合力是当前要务。要引导规范民间力量有序参与，为民间组织参与海外救援和人道应对提供保障，如对民间机构开展能力建设，与能力突出的民间机构建立长期合作关系，开放救援资金申请渠道、提供国别指导手册、共享灾情信息、提供快速运输与便利通关等支持。要鼓励企业将履行企业社会责任和政府人道主义援助相配合，以项目地为依托提供辐射周边社区的救灾行动，充分发挥中资企业的资金优势弥补人道主义援助资金不足，将企业的创新技术和研发能力妥善应用于人道主义援助中。要合理借用华侨华人和海外志愿者力量，为中方救援人员提供翻译、需求评估等方面的后勤支援。

第二，创新升级人道主义援助模式，推动人道意识的主流化。中国人道主义援助历来注重与发展的结合，要迎合国际趋势，将人道主义援助嵌入国际发展合作的各个领域，推动人道意识的主流化，尤其在公共卫生、农业、减贫、应对气候变化、和平安全等领域做好对接和协同。在抗疫援助方面，从短期的紧急援助转向长期应对和经济复苏，转向对卫生体系和能力建设的支持、对发展中国家经济复苏和可持续发展的支持。在应对自然灾害方面，人道主义援助不仅要关注救灾和灾后重建，更要将重点前置，关注灾害预防与管理，尤其是在擅长的基础设施领域，加强具有灾害风险韧性的基础设施建设。积极传播国内丰富的灾害应对经验，加大能力建设、技术合作、制度规划等软援助投入。发挥在卫星、空间地理、人工智能、5G 等高新技术方面的优势，将高新技术应用于人道援助领域。

第三，发挥制造大国优势，助力全球人道援助物资供应。目前，各国的救援物资采购和储备仍存在短板，急需加强各方协作，建立标准体系。中国已在这方面具备了向国际社会提供公共产品的能力和基础，在此次全球抗疫物资生产供应中发挥了至关重要的作用，是为红十字国际委员会提供采购资源的第二大非行动性国家，联合国开发计划署从中国市场组织货源支持在全球和 25 个国别办公室的抗疫用品采购。2021 年 7 月 9 日，中国南亚国家应急物资储备库在成都正式启用；7 月 14 日，全球人道主义应急仓库和枢纽（过渡期）在广州揭牌，成为联合国目前最接近采购端的仓库。未来，应充分发挥强大的物资生产和储备优势，将国内供应链与人道行动相结合，为国际组织和其他国家开展人道主义救援和物资转运搭建平台，助力全球抗疫物资生产和经济复苏。

第四，开展多层次的国际合作，捍卫应对全球挑战的多边主义。一是要继续发挥国际组织的专业优势和全球资源，通过全球发展和南南合作基金、中国—联合国和平与发展基金等资金渠道支持其开展灵活多样的人道主义援助项目，扭转以政府双边渠道为主的固有形象。二是积极参与人道主义援助国际协调，深入参与议题讨论和设置，参与规则、秩序和体系重构，扛起维护发展中国家权益的大旗，增强话语权和主导权。三是要警惕人道援助领域的恶性竞争和泛安全化、军事化风险。面对巨大的人道援助需求，应对非传统安全挑战、开展人道主义援助可以成为各国突破竞争、探索合作的领域，中国应以此作为缓解国家间矛盾竞争、促进各方合作共赢的抓手，发挥更大的战略主动和智慧。

第五节　发源地与协调者：瑞士的多边人道主义援助经验[①]

瑞士作为现代国际人道法和红十字运动的发源地，其人道主义援助的传统和优势尤为突出，其中一个鲜明特点就是充分利用多边平台开展人道主义援助，发挥瑞士独特的国际人道协调作用。一般来说，瑞士人道主义援助资金 2/3 是通过多边渠道进行分配。

---

① 本节主要内容基于 2017 年笔者在瑞士开发署调研期间的访谈资料。

一、瑞士人道主义援助的总体框架

瑞士开展人道主义援助以拯救生命、减轻痛苦为总体目标,在冲突、危机或自然灾害发生之前、其间和之后,保护弱势群体的利益。其包括以下三个具体内容:一是灾害预防和准备(包括降低灾害风险),目标是使危害生命和生活的自然与技术风险最小化;二是紧急援助,目标是拯救生命,覆盖受灾人口的基本需求;三是早期恢复和灾后重建,目标是在受灾地区开展重建工作,提高其灾后恢复能力。

根据瑞士《2021—2024 年国际合作战略》[①],瑞士将人道主义援助作为国际合作的三大工具之一[②],四年预算占比维持在 19%,共计 21.45 亿瑞郎,较上一个四年周期的 19.36 亿瑞郎有所提高,紧急援助的比重从 66% 提高至 80%,其余用于预防与重建。瑞士开发署(SDC)作为外交部下属的官方对外援助机构,2021—2024 年将管理瑞士约 84% 的国际合作资金,主管人道主义援助。

SDC 设有专门负责人道主义援助事务的部门,管理人道主义援助的多双边事务,同时管理瑞士人道主义援助队(Swiss Humanitarian Aid Unit,SHA)。在机构设置上,人道主义援助部门与负责双边发展援助事务和多边援助事务的部门平行,在日常工作中各部门会根据各自业务进行协调配合。

二、瑞士多边人道主义援助管理机制

多边渠道是瑞士人道主义援助的主要方式,每年约有 2/3 的人道主义援助资金分配给多边机构。2013—2016 年,瑞士共有超过 10 亿瑞郎用于多边人道主义援助。《2021—2024 年国际合作战略》明确,人道主义援助预算的 2/3 将通过红十字国际委员会(ICRC)及其他多边机构执行。瑞士开发署官员表示,通过多边渠道开展人道主义援助是瑞士联邦政府的政治决策。一是历史层面,瑞士有着深远的人道主义传统,与 ICRC 关系紧密;二是政治层面,瑞

---

① Swiss Federal Department of Foreign Affairs, Switzerland's International Cooperation Strategy 2021—2024, 19 Febarary, 2020.

② 另外两大工具为发展合作以及促进和平与人类安全相关举措。

士日内瓦发挥着独特的多边协调对话平台作用；三是操作层面，瑞士没有能力凭一己之力执行全部人道主义援款。

瑞士开发署配有较为成熟的管理机制对多边人道主义援助进行监管和执行。SDC 的人道主义援助部门共设有 4 个业务处室、2 个职能处室（设备与后勤、当地资源）。业务处室中除了 3 个地区处（亚洲和美洲、非洲、欧洲和地中海地区）以外，专门设有人道主义多边事务处，负责制定瑞士多边人道主义援助的政策和优先领域，决定分配给各多边机构的捐款规模，向多边机构的人道主义援助战略提供建议、派遣瑞士人道主义援助队的专家，保持瑞士在多边人道主义援助体系中的存在感和影响力。

瑞士开发署设定了以下三个多边人道主义援助目标：一是增强多边人道主义援助机构的响应能力和职能；二是参与国际人道主义援助体系的建设，强化受援国的角色和责任；三是推动国际人道法和人道主义原则，参与国际人道主义法律和执行政策的制定和实施。针对不同目标，瑞士采取不同的具体措施，如直接捐款、捐助物资、向机构派遣瑞士人道主义援助队专家提供技术支持、向机构长期派驻 SDC 职员、开展交流对话等。

三、瑞士多边人道主义援助的主要特点

瑞士开发署在人道主义行动的各个阶段，采取多种方式与多边机构协调合作。主要呈现以下六个特点。

第一，设定多边人道主义援助的重点合作伙伴。SDC 定期对多边人道主义机构进行评估，内容包括机构的政策目标、是否遵循人道主义原则、机构角色、在领域和区域上的关系网络、提供援助的能力以及受援国当地的认可度。根据以上评估的结果，结合机构与 SDC 人道主义援助的相关性，同时考虑机构的潜力和附加值，SDC 确定多边合作伙伴以及对其的主要合作方式和援助资金分配。目前，SDC 的主要多边人道主义伙伴共六个，以红十字国际委员会（ICRC）和联合国机构为主。瑞士绝大多数多边人道主义援助资金投放给了这六个伙伴机构，以 2016 年数据为例，瑞士提供的 4.8 亿瑞郎人道主义援助总额中，对 ICRC 和联合国机构的援助资金就达 3.1 亿瑞郎。SDC 每年

更新多边伙伴机构的手册，方便开展合作工作。除此之外，SDC 也会根据需要与其他多边机构灵活开展合作，如世卫组织、粮农组织、世行、联合国开发计划署、全球减灾和恢复基金、国际民防组织以及其他国际 NGO 或区域组织等。《2017—2020 年国际合作战略》显示，瑞士提高人道主义援助对多边的投入力度，预算中有 10 亿瑞郎投向 ICRC 和联合国机构，占多边投入的 2/3，其中 ICRC 占 51%、世界粮食计划署（WFP）占 20%、联合国难民署（UNHCR）占 15%、联合国人道主义事务协调办公室（OCHA）占 5%。2021—2024 年瑞士将进一步提高多边人道主义援助规模，预计共 14.15 亿瑞郎（见表 3-1）。①

表 3-1　瑞士多边人道主义援助伙伴

机构名称		瑞士援助的内容	资金分配占比（2017—2020 年）
全球机构	红十字国际委员会（ICRC）	（1）推动国际人道法； （2）开展行动对话、筹资对话； （3）专业技术交流、向 ICRC 派驻人员； （4）参加捐助方支持组的多边政策讨论活动	51%
	世界粮食计划署（WFP）	（1）帮助 WFP 提高人道响应能力，在战略、机制和执行方面公开对话； （2）根据 WFP 紧急粮食需求，提供现金、物资和人员的支持； （3）支持人道主义标准和规范的推广和执行； （4）向 WFP 派驻人员	20%
	联合国难民署（UNHCR）	（1）提供现金、物资和物流后勤的捐助； （2）帮助 UNHCR 提高人道响应能力，促进其与发展伙伴的关系，在战略、机制和执行方面公开对话； （3）派瑞士专家为项目提供技术支持； （4）向 UNHCR 派驻人员	15%
	联合国儿童基金会（UNICEF）	（1）加强 UNICEF 在保护、水和卫生、防御、降低灾害风险和宣传方面的能力； （2）帮助 UNICEF 提高响应能力，在战略、机制和执行方面公开对话； （3）向 UNICEF 总部和驻地派驻人员	2%

---

① Swiss Federal Department of Foreign Affairs, Switzerland's International Cooperation Strategy 2021—2024, 19 Febarary, 2020.

续表

机构名称		瑞士援助的内容	资金分配占比（2017—2020 年）
全球机构	联合国人道主义事务协调办公室（OCHA）	（1）向 OCHA 提供支持，加强其在协调、宣传、信息管理和规范方面的核心职责； （2）鼓励 OCHA 在机构间常设委员会（IASC）发挥领导作用； （3）帮助 OCHA 提高人道协调能力，在战略、机制和执行方面公开对话； （4）向中央应急基金（CERF）和其他 OCHA 管理的捐助机制提供资金支持； （5）提供专业技术保障	5%
区域机构	联合国近东巴勒斯坦难民救济和工程处（UNRWA）	（1）为 UNRWA 职责的履行提供特定捐助； （2）鼓励其改革，提高效率和有效性； （3）与其加强对话以提高人道响应能力； （4）通过连续派驻人员，为其开展行动提供支持； （5）适当支持其宣传活动	6%
专业机构	联合国国际减灾战略（UN ISDR）①	（1）支持 ISDR 在《兵库行动框架》②发挥领导作用，提供议题和资金支持； （2）鼓励将人道响应与可持续发展、环境和气候变化相结合，将降低灾害风险纳入可持续政策和规划； （3）支持其秘书处的职能和改革，支持后兵库进程； （4）帮助其加强领导能力，在战略、机制方面公开对话	1%

第二，视情使用多边渠道开展人道主义行动。在实际执行中，瑞士开发署会根据具体情况，权衡使用双边或多边渠道开展人道主义援助，主要考虑的因素包括确保迅速做出救援反应、瑞士在受灾国当地的存在情况（大使馆、SDC 海外办公室等）、是否在当地有合适的合作伙伴、多边机构在前方的行为是否可预测和监测等。在操作中瑞士认为，紧急人道主义援助的关键就是快速，双边和多边渠道哪个行动最快速就使用哪种渠道。同时瑞士也认识到，

---

① 《2021—2024 年国际合作战略》将多边人道主义援助伙伴确定为六个，不含联合国国际减灾战略。

② 2005 年 1 月 18 日至 22 日，减少灾害问题世界会议在日本兵库县神户市举行，通过了《2005—2015 年行动框架：加强国家和社区的抗灾能力》，简称《兵库行动框架》。这是第一项致力于减少灾害风险的综合性全球协定。2015 年 3 月 14 日至 18 日在日本宫城县仙台市举行的第三次联合国世界减少灾害风险大会通过《2015—2030 年仙台减灾风险框架》，以接续《兵库行动框架》。

向多边组织提供多年期捐款和非指定用途的捐款有助于多边机构的援助落实，尤其是充足的储备金有利于在紧急情况下第一时间开展救灾。因此，瑞士积极支持联合国两大人道主义筹资储备工具——中央应急基金（CERF）和国别联合基金（CBPFs），其于 2022 年 7 月接任为期一年的国别联合基金工作组（PFWG）联合主席。

第三，依托国际平台开展救援物资采购。瑞士开发署的人道主义部门专门设有物资处，具体负责设备物资采购、打包、通关等文件处理、设备维护、培训 SHA 成员使用设备物资、组织模拟演练、人员和物资调配与运输。瑞士开发署的物资设备采用国际市场采购方式，其在全球约有 200 个供应商，中国、巴基斯坦、印度等是其重要的物资生产地，ICRC 因对救援物资质量具有严格控制，也是瑞士的物资合作伙伴。瑞士也会借助"联合国人道主义应急仓库"（UNHRD）分布在全球的仓库采购和运输物资，以确保物资设备从标准、质量、种类上符合国际通行规则。此外，瑞士开发署也会从瑞士红会在巴拿马、加纳阿克拉、马来西亚苏邦等地的海外仓库采购调运救援物资。瑞士开发署采购的备灾物资会储存在其伯尔尼总部与瑞士红会共享的物资仓库中，根据供水和卫生、医疗、避难所这三个方面制作专门的物资包，每类物资包由专家决定具体物资品种，并附有详细的使用说明和物资质量、通关等保障文件，救援人员可以在第一时间带着备好的物资包前往受灾国。

第四，注重部门内部和部际间的协调合作。在瑞士开发署内部开展"三方工作"机制，即援助项目的现场执行团队、SDC 驻海外的办公室和人道主义多边事务处三方在工作中要保持沟通协调，从而确保瑞士与合作伙伴对话时口径一致，更好地进行知识转移，实现援助目标的统一。与此同时，瑞士将人道主义援助的多边项目作为瑞士联邦"全政府"管理框架中的一部分，多边人道主义援助一方面要与开发署内部的多双边发展援助部门进行合作，同时要与联邦政府的其他部门在具体事务上密切配合，注重多边人道主义事务与发展事务衔接，从而增强人道主义援助效果的有效性和可持续性。例如，外交部（多双边发展援助）、司法与警察部（难民问题）、国防部（军民关系与和平安全）、经济事务秘书处（发展融资和经济合作）、农业部（粮食安全）等。通过部际之间的协调，确保瑞士多边合作在机制和执行层面与联邦政府各部门的政策相一致，同时尊重各部门的比较优势，充分发挥互补性。

第五，采取多种方式监管多边人道主义援助。瑞士开发署从执行和战略两个层面对人道主义援助项目进行监督，在年度报告和项目评估中会对项目的执行、成效、教训等进行总结和分析，从而更好地指导今后的人道主义援助规划。针对瑞士主要的多边人道主义援助伙伴，SDC 采取"核心捐助管理"方式，评估其是否实现了双方的合作目标。具体来说，多边机构的报告是SDC 评估的主要内容，如有需要 SDC 也会开展实地调研或案例研究，考察多边机构的表现和援助的实际效果。OECD 发展援助委员会（DAC）每四年对瑞士开展的同行评估中，人道主义援助也是主要内容之一。此外，SDC 的多边人道主义援助年度方案会采用"项目周期管理"方式，对立项、执行和评估三大环节进行严格监管。

第六，重视对人道主义援助的宣传。SDC 采取多种渠道开展宣传和舆论引导工作。瑞士的人道主义原则、援助重点、项目方案、工作方式和其在国际人道主义体系中的作用等信息都是公开透明的。开发署实施的每次海外救援都会通过开发署网站、媒体采访、救灾简报等方式对外公布详细的救援情况，包括派遣的专家、采取的方式、捐赠的物资、任务地点、详细预算和支出、与多边机构的合作等，宣传覆盖瑞士参与的整个救灾和灾后重建过程。开发署认为，宣传可以使瑞士和受灾国的政府和公众了解瑞士在人道主义援助中的贡献，使瑞士援助获得更广泛的国内和国际舆论支持，还能捍卫并推进瑞士在特定人道主义事务上的关切。

第六节　现金援助：人道主义援助新工具的探索

人道主义援助通常以物资援助为主，近年来，现金援助发展成为这一领域的全新工具。"现金援助"又称为"现金转移支付项目"（Cash Transfer Programming，CTP），指将现金（包括代金券、借记卡和电子代金券等现金载体）直接提供给受援国百姓个人、家庭或社区的援助项目，而非提供给受援国政府。现金援助更多应用于人道主义援助，与传统物资援助形成互补，受到越来越多援助机构的青睐。

一、现金援助的国际发展概况

目前，西方国家和国际组织已广泛开展了多种多样的现金援助项目，主要应用于粮食安全、避难所、水和卫生、营养、教育、医疗等领域，形式包括发放现金、代金券、借记卡等。此外，手机移动支付正在成为新型现金援助形式，一些援助机构在移动支付成熟的受援国已经与当地的金融服务商合作，现金援助采用移动信用卡或电子代金券的形式发放。在具体操作中，现金援助项目包括多种类型，如无条件的现金援助，受援民众可自行支配现金的使用；指定用途或特定领域的现金援助，受援民众则需要使用特定的现金卡或代金券到指定商店兑换食品等生活物资；多用途（跨领域）的现金援助，受援民众可用于支付食品、子女上学、修缮住所等相关费用。

近年来，现金援助在人道主义援助中的使用规模已大幅提高。据初步统计，2016 年全球约有 28 亿美元的人道主义援助通过现金或代金券等方式支付，比 2015 年提高了 40%。2016 年全球人道主义援助总额为 273 亿美元，现金援助占比 10.3%，比 2015 年的 7.8% 有所提高。① 全球公共政策研究所2016 年的研究显示，现金援助有很大发展前景，根据人道主义援助需求，现金援助的合理规模应为 86 亿~98 亿美元，应占全球人道主义援助的 37%~42%，远高于当前水平。②

现金援助的使用并不平衡，全球约 2/3 的现金援助来自世界粮食计划署和联合国难民署。世界粮食计划署是现金援助的最大使用方，2016 年开始大力推行现金援助，共投入 8.8 亿美元，规模较上一年增长了 30%，占总援助额的 1/4，在 60 个国家为 1400 万人发放了现金或粮食代金券，让受援人自主

① Development Initiatives（2017）Global Humanitarian Assistance Report, p. 83. http://devinit.org/wp-content/uploads/2017/06/GHA-Report-2017-Full-report.pdf.

② GPPI（2016）Drivers and Inhibitors of Change in the Humanitarian System. http://www.gppi.net/publications/humanitarian-action/article/drivers-and-inhibitors-of-change-in-the-humanitarian-system.

购买粮食。联合国难民署目前在全球 60 多个国家和地区开展以现金为基础的援助行动，尤其是为约旦和黎巴嫩的叙利亚难民提供了有效支持。2016 年，难民署提供了 6.88 亿美元的现金援助，较上一年翻了一番，2017 年又新增 15 个国家开展现金援助项目。① 此外，实践证明，受灾国的国家红会是现金援助的重要执行方，在应对紧急灾害中积累了实践经验。红十字会与红新月会国际联合会（IFRC）已经将现金援助嵌入备灾和响应计划，从 2012 年起开始通过技术和资金支持各国红会开展现金援助筹备试点项目。培训后，2013 年越南红会有 70% 的受援人群接受了现金援助；2013 年菲律宾台风海燕救灾中，菲律宾红会提供的现金援助覆盖了其一半的救助人口；在应对尼泊尔地震、西非埃博拉疫情等紧急灾害中，受灾国红会执行的现金援助项目为受灾群众和当地经济恢复发展带来了切实有效的支持。

提高现金援助已成为国际发展合作领域的普遍呼吁，发展前景较好。2016 年 5 月，在土耳其召开的首届世界人道主义峰会上，作为会议成果，与会各方达成一项名为"大交易"（Grand Bargain）的人道主义筹资改革方案，增加使用现金援助是 51 项具体措施之一，包括援助国政府部门、联合国机构、红十字与红新月运动和非政府组织在内的共 53 个援助方都参与了这项方案，承诺增加现金援助的投入和使用。一些西方援助国和国际机构已将提高现金援助纳入其国家援外政策，有些机构则制定了提高现金援助的阶段性目标。例如，瑞典和澳大利亚的人道主义战略中均提出鼓励合作伙伴在适当时候使用现金援助方式②，联合国难民署计划将现金援助在 2020 年翻一番。一些国际非政府组织也同样做出了提高现金援助的承诺，如世界宣明会承诺在 2020 年达到 50% 的项目通过其多领域、多目标的"现金优先方式"实施，国际救助委员会（IRC）承诺在 2020 年提供现金或代金券的援助资金达到 25%。③

---

① 包括尼日尔、刚果（金）、肯尼亚、刚果（布）、卢旺达、索马里、苏丹、埃塞俄比亚、乌干达、阿富汗和伊朗等 15 个国家。

② WFP (2017) Analytical Paper on WHS Self-Reporting on the Agenda for Humanity. http://reliefweb.int/sites/reliefweb.int/ les/resources/CASH.pdf; DFAT (2016) Humanitarian Strategy. http://dfat.gov.au/about-us/publications/Documents/dfat-humanitarian-strategy.pdf.

③ CaLP (2018) The State of the World's Cash Report. https://www.cashlearning.org.

二、现金援助的优势与挑战

现金援助作为近年来人道主义援助的新工具，具有以下明显优势。

第一，现金援助能够发挥独特优势，弥补物资援助的短板。在人道主义响应中物资援助为主要形式。以粮食援助为例，传统的粮食援助靠分发粮食给受灾人群，这在冲突地区或当地市场被破坏情况下是可行的，但若受援国市场仍发挥作用，外来的粮食援助则会扭曲当地的粮食供求关系，给当地经济带来毁灭性打击。同理，其他救灾物资援助也会对受灾地区市场造成冲击，有些援助物资还存在与当地气候条件、百姓使用习惯、民族宗教习俗等不相符的问题，造成援助资源的浪费。相比物资援助，现金援助则节省了援助机构采购物资的时间和精力，能够及时有效地提供紧急响应，赋予了受灾人群解决生活基本需求的自主权，使受灾人群获得尊严，同时有助于维护当地市场运行、提高社区的恢复力和备灾能力。但需要注意的是，在具体领域中，物资援助与现金援助也各有所长，如在粮食安全领域，有研究显示物资援助比现金援助在人均热量摄入方面更有利，而现金和代金券的使用则使受灾人群的饮食多样性和食物质量得到了很大改善。因此，物资援助与现金援助相互配合使用是人道主义援助的普遍情况。

第二，对于市场形势较好、民众对现金援助认知度较高的受灾国家，受灾群众更倾向于获得现金援助。现金援助之所以得到推广的最根本原因就是"受援人最清楚自己最需要什么，而他们只是没钱购买"。因此，现金援助项目启动前期须充分做好可行性分析、市场分析、人道主义响应分析，同时要制定妥善的宣传策略以提高受灾国民众对现金援助的认识。例如，2016年英国发展部DFID资助联合国相关机构（人道主义事务协调办公室、难民署、儿基会和粮食计划署）共同研究现金援助的可行性分析工具，并在尼日尔、缅甸、布隆迪和阿富汗四国进行了试点。此外，西方援助国政府和国际组织对现金援助的研究与交流投入了较大热情，2005年成立了"现金学习伙伴"（CaLP）

现金援助平台①，目标就是提高各援助方开展现金援助项目的能力、确保项目质量、加强机构间协调、开展实践研究和创新投资。

第三，现金援助与受援国的社会保障体系相结合，有助于提高受援国自主性。对于具备自然灾害和人道主义危机响应能力的国家，国际援助通常配合受援国政府开展行动，由受援国政府发挥主导作用。在这种情况下，通过将指定用途的现金援助纳入受援国已有的社会保障体系，由受援国自主支配，可使紧急援款在受援国灾后重建和可持续发展中发挥长期作用，对提升受援国自主发展能力和政府治理能力有长远影响。例如，在 2015 年尼泊尔地震后，尼泊尔地方发展事务部负责对弱势人群提供抚恤金，联合国儿童基金会则与其合作，借助尼泊尔现有的社会保障机制开展现金援助项目支持尼泊尔灾后恢复重建。此项目覆盖了 19 个县超过 43 万受灾人口，对尼泊尔政府的灾后抚恤金形成了补充。欧盟于 2016 年宣布向土耳其提供 30 亿欧元开展"紧急社会安全网"的创新援助项目，通过土耳其社会福利体系推行，世界粮食计划署与土耳其红会为项目执行方，土耳其的多个政府部门参与其中。2017 年先行投入 3.48 亿欧元启动第一期，为在土耳其的叙利亚难民提供每人每月 120 新土耳其里拉（约合 28 欧元）的生活补贴，补贴存在银行借记卡中发给难民，用于支付日常生活开支及子女教育等。

然而在实践中，现金援助也面临着挑战。西方援助国政府部门和执行机构普遍反映，现金援助的最大障碍主要有以下因素：现金援助的风险认知（资金滥用、挪用等）、实施机构和当地合作伙伴的能力有限、援助机构和执行部门的制度约束、捐赠资金程序的限制、多部门和跨领域的协调和评估难度较大等。为了解决这些问题，一些援助国和国际组织同具有成熟先进援助经验的机构开展合作，更好地发挥各自的机构职能和专业优势。例如，联合国儿童基金会依靠联合国难民署和世界粮食计划署成熟的现金援助执行体系，

①　"现金学习伙伴"（CaLP）的董事会成员来自瑞士开发署、挪威难民理事会、英国红十字会、世界粮食计划署、救助儿童、乐施会、国际救援委员会、世界宣明会、反饥饿行动组织和 Adeso 非洲发展方案等机构。欧盟委员会人道援助办公室、美国国际发展署、加拿大全球事务部、德国外交部、瑞士开发署、瑞典国际发展合作署和挪威外交部都对 CaLP 提供了资助。

在埃及、黎巴嫩、约旦和土耳其开展应对难民危机项目，联合国儿童基金会则节省了建构现金援助体系的时间和成本。

此外，国际社会没有形成统计现金援助的分类标准，在是否将现金和代金券区别统计、哪些成本应统计在内、如何将项目成本分配到不同援助方式等问题存在争议。目前，世界粮食计划署、美慈、救助儿童等都已经开始提高组织的资金跟踪能力，政府援助机构也致力于完善跨部门的现金援助统计。联合国人道主义事务协调办公室的资金跟踪服务（FTS）已经对现金援助进行统计，要求援助方在汇报系统中标明是否为现金援助方式。经合组织发展援助委员会（DAC）也在考虑将现金援助纳入统计系统，提议成员国在汇报时可在项目描述中增加关键词，说明项目含有使用现金的内容。

三、德国"工作换现金"项目案例

2015 年难移民潮席卷欧洲，为了从根源上应对难移民大量流入德国，德国政府将应对难移民危机作为其援助的首要任务之一，用于本国难民安置的资金与对外人道主义援助投入大规模提升。2016 年 2 月 4 日，在伦敦召开的"支持叙利亚及周边地区"捐助国会议上，国际社会承诺向叙利亚及周边地区提供 100 亿欧元应对难民危机，德国是做出承诺最高的援助国，计划援助 23 亿欧元，其中 8.5 亿欧元由德国经济合作与发展部（简称 BMZ 或发展部）落实。为此，德国发展部在会上发起了"面向繁荣的伙伴关系"（Partnership for Prospects）倡议，旨在应对难民危机的同时，拉动中东地区就业。"面向繁荣的伙伴关系"倡议以"工作换现金"项目为核心内容，即为难民和接收难民社区的民众提供快速可行的工作岗位，支付其现金作为薪酬，从而帮助难民和当地百姓维持生计。

德国设定了"工作换现金"项目的五个受援国：叙利亚、土耳其、黎巴嫩、约旦和伊拉克。据联合国难民署统计，叙利亚是拥有流离失所人数最多的国家，内战迫使 670 万人逃往他国，境内仍有 610 万人流离失所。大部分难民逃往周边国家，土耳其接收了 360 万人、黎巴嫩 94 万人、约旦 68 万人、伊拉克 24 万人。一方面这些接收国本身就面临着严峻发展问题，尤其是就业和教育机会匮乏，没有能力接收大量难民。另一方面，大部分难民生活在难民营以外的社区，对当地民众基本生计构成直接威胁，引发社会矛盾冲突，这些因素又进一步导致大量难民逃往欧洲。德国根据形势研判，将"工作换现金"项目的受援国锁定在以上五个国家，有助于使多个国别援助项目形成区域整体效应，并利于难民援助与区域总体援助方案的协同。

"工作换现金"项目主要有以下四种活动类型：（1）劳动密集型项目。垃圾收集、道路修缮、民用住房和学校的建设与修缮等基础工作。例如，在约旦，难民接收地的垃圾管理是一大挑战，德国通过该项目使9000余名叙利亚难民和约旦当地百姓从事垃圾收集和再循环工作。同时，德国为当地建造垃圾回收处理中心，创造了长期的就业机会。2020年德国通过"工作换现金"项目创造了8万个岗位，超过47万难民及其家人受益。（2）工资补助。为教师和学校行政人员提供额外资助，使学校可以扩大师资力量、增加教学设备。由于更多教职人员获得资助，确保了难民儿童也可以走进学校接受教育，受益儿童超过47万人。同时，德国还资助叙利亚医务人员的工资，帮助他们能够在接收国提供医疗服务。（3）职业培训。德国为青年和成人提供职业培训、经商创业培训、生活技能和危机管理培训等，超过3万人接受了职业培训，从长远的角度为难民获得稳定的就业机会、重建自己的家园提供帮助。（4）恢复重建项目。在重获和平地区开展如市政基础设施修复重建等工程项目。例如，德国在伊拉克北部已获解放地区开展项目，帮助2.4万人获得参与市政基础设施重建的工作。

"工作换现金"项目的亮点就是不仅针对难民，也向当地百姓开放。对难民来说，通过项目成为劳动者，可以获得当地最低标准的工资，使家庭有了稳定的收入来源，有助于在接收国社会立足，在心理上获得尊严。对当地社区和民众来说，难民参与的道路修护、下水道修建、居民楼改建等基础设施项目直接改善当地生活条件、刺激经济发展，减轻了当地接收难民的压力；同时，当地居民因难民的到来而获得了额外的工作和培训机会，有助于缓解矛盾冲突，促进当地社会融合与稳定。

难民援助通常以提供基本生活必需品为主要方式，如为难民援助粮食、避难所、饮用水等。而德国"工作换现金"项目则突破了援助的应急性和短期性，着重考虑难民的长远生存和发展，在解决燃眉之急的同时，通过培训、基础设施建设、资金补助等灵活多样的方式为难民提供就业机会，支持难民和接收社区的可持续发展。此外，"工作换现金"项目尽管始于德国难移民压力高峰的2016年，但此后项目连年有稳定的资金投入。长效投入和经营不仅能够使项目的效果最大化，也能够在长期积累中形成最优的项目模式，成为可以广泛推广的示范性项目。

此外，德国借助伙伴关系开展广泛项目合作，增强国际影响力和议题引领。2018年联合国大会通过《全球难民契约》，德国积极响应，致力于在全球范围内发挥榜样作用。"工作换现金"项目中，德国在欧盟内部开展合作，并与世卫组织、联合国开发计划署、联合国儿童基金会等联合国机构密切合作，同时借助德国援助执行机构GIZ的力量以及德国和受援国本土非政府组织的作用，使该项目的影响力得到了充分发挥，也使德国更大范围地发挥了在该领域的引领作用。例如BMZ与世界卫生组织合作，从2017年起陆续在土耳其开设了七家医疗和培训中心，为叙利亚难民和当地民众创造了1.91万个工作机会，仅2018年来自叙利亚的医生和护士在该中心提供了72万例医疗服务，具备一定医药基础知识的叙利亚难民还可在中心接受进一步培训以融入土耳其的医疗体系。

四、对中国的借鉴意义

近年来，局部冲突和暴力导致的流离失所危机居高不下。中国践行大国责任，推动难民问题标本兼治，提出了"发展是解决一切问题的总钥匙"的重要论断，指导了中国的人道主义援助。为此，中国积极通过多双边渠道，向叙利亚、黎巴嫩、阿富汗、伊拉克等国境内难民和流离失所者提供了医疗卫生、生活物资、慈善午餐、临时住所、水处理等形式多样的援助。自2021年以来，中国相继发起"全球发展倡议""全球安全倡议"，展现出中国将以更加积极的姿态参与应对全球挑战，为兼顾发展与安全问题的人道主义援助提出了更高要求。

现金援助的国际经验对中国具有借鉴意义，其特有优势使其越来越获得援助机构的关注，而当前的国际新形势也为现金援助的发展提供了空间。一是可持续发展目标对跨领域、多部门的国际发展合作提出了更高要求，现金援助正是支持跨领域发展的有力工具；二是中国在包容性发展融资、数字改革、移动支付等方面的技术创新优势以及企业海外投资的深入参与为现金援助提供了实施基础，中国在海外的金融机构或可成为合作对象，创新灾后援助方式，激活受灾国市场运行；三是有助于丰富已有的现汇援助，通过指定领域和用途的方式，将援助纳入受援国政府灾后社会保障体系；四是有助于在紧急救援时刻与物资援助形成互补，弥补物资援助在物资匹配度、适用性以及采购、运输和发放的时效性与落实度方面的短板。

事实上，中国在国内扶贫中实施的"以工代赈"政策就与德国"工作换现金"有异曲同工之妙。30多年的"以工代赈"扶贫实践使中国积累了丰富的基层项目经验，也可为对外援助提供思路。

未来，中国可学习国际有益经验，将紧急援助与长期援助相结合，将人道主义援助与工程建设项目、能力建设项目相结合，将传统的硬援助与技能培训等软援助相结合，创新使用现金、代金券、电子货币等灵活的资金形式，有效转化国内发展成果与经验，设计开展既充分体现中国优势特色，又有助于当地民众长远发展的精品项目。同时我们也需注意到，提供现金援助前，需要系统论证受援国当地的市场条件和现金使用的必要性与可行性，对现金援助开展深入研究。因此，需要充分调动并发挥多边机制和全球发展伙伴关系的资源、经验和优势，利用全球发展和南南合作基金的撬动作用，同国际机构、民间组织开展广泛合作，推动国际社会携手应对自然灾害、难移民危机等全球挑战，使中国的发展合作能够最大化地、更长远地为世界和平与发展做出贡献。

第二部分
全球发展治理进入"亚洲时刻"

第四章　地区视域下的发展合作

当前，全球发展治理正在呈现出重心东移的变化趋势，尤其是以东盟为中心的亚洲正在成为发展治理的关键和合作重点地区。东南亚地处太平洋与印度洋的核心地区，北有中国、日本，南有澳大利亚，东有美国，西有印度，各大国利益汇合于此，使这一地区的战略地位尤为重要。与此同时，东南亚地区发展前景巨大、经济活力强劲、劳动力市场庞大、资源禀赋丰富，是周边各大国重要的海外投资市场和贸易通道，也是大国发展合作的"热土"。自2017年以来，美、日、印、澳四国重启"四边对话"，以"印太"取代"亚太"的地理范围，使东南亚"从边缘地带向世界体系核心区迈进"。[①] 本章聚焦亚洲地区，尤其以东南亚为重点，从地区层面分析发展合作的特点与趋势，并从地区需求的角度反观国际发展合作在推动地区合作中的作用。

第一节　东南亚的发展问题和域内外策略

随着全球化和区域化进程的加速，东南亚的政治经济生态发生了一系列重大变化，各国政治与经济发展逐渐步入转型期，尤其是2015年东盟经济共同体的成立，东盟国家开始进入后2015阶段，启动更深层次的地区一体化进程。近年来，东盟在地区治理层面展现出了更强的自主性和主导性，2019年

---

① 王正毅：《边缘地带发展论：世界体系与东南亚的发展》（第二版），上海人民出版社，2018年。

发布《东盟印太展望》，2022 年通过三场主场外交引领全球治理进入"亚洲时刻"，发挥东盟"中心地位"，开展务实平衡的外交政策。然而，东南亚各国发展差距明显、发展需求不同，军事政变、社会动荡、气候变化、公共卫生、自然灾害、难民危机等传统与非传统安全问题也在困扰着东南亚地区，东盟作为区域组织的主导力、协调力以及与域外各大国的关系也在深度变化的国际格局中经受着考验。

一、地区发展前景与影响力提升

在国际发展日益多元、复杂的大势之下，东南亚也步入新的地区发展阶段。2015 年 12 月 31 日《东盟 2025：携手前行》通过，标志着以政治安全共同体、经济共同体和社会文化共同体为三大支柱的东盟共同体正式成立。过去几年，东盟经济共同体围绕着四大支柱得以发展形成，并已在一些领域取得了成功：一是发展单一市场和生产基地；二是提高竞争力；三是支持平等发展；四是推动东盟融入全球经济。[①] 然而，成员国领导人更迭，在民族、宗教、文化、经济发展和政治体制上的明显差异化，影响着东盟区域机制化进程，各国自身与地区利益的冲突也挑战着东盟作为整体的地区影响力。对于东盟国家来说，保持和平与繁荣的最重要途径就是加强内部国家间的稳定团结，经济共同体能够为东盟国家深化经济一体化、提高国际竞争力发挥关键的作用，确保东盟维持地区合作的主导地位。

近年来，随着 2015 年东盟经济共同体的成立，东南亚的政治经济生态发生了重大变化，东盟开始启动更深层次的地区一体化进程，各国政治与经济发展逐渐步入转型期。尽管 2020 年受新冠肺炎疫情冲击东盟 GDP 降至 3 万亿美元，但从 2000 年至 2020 年的 20 年中，东盟实现了年均 5% 的经济增长，2020 年 GDP 是 20 年前的 5 倍。[②] 总体来看，东盟宏观经济前景良好，经济复苏势头强劲。2021 年，东盟 GDP 高达 3.4 万亿美元，占世界生产总值的比重

---

① ASEAN Economic Community Blueprint 2025, ASEAN Secretariat, November, 2015.

② ASEAN Key Figures 2021, ASEAN Secretariat, December, 2021. https://www.aseanstats.org/wp-content/uploads/2021/12/ASEAN-KEY-FIGURES-2021-FINAL-1.pdf.

维持在 3.5%，GDP 增速由 2020 年的-3.2%迅速回升至 3%。① 同时，东盟是仅次于中国的发展中地区最大的外国直接投资（FDI）目的地，2021 年东盟 FDI 流入量增加 42%，达 1740 亿美元，已恢复至疫情前水平。② 这一反弹展现出东盟强劲的投资韧性，并继续成为全球疫后复苏的增长引擎。2022 年 1 月 1 日，由东盟发起并统领的《区域全面经济伙伴关系协定》（RCEP）正式生效，这一全球最大自贸区的落地将为区域经济一体化、全球经济复苏注入信心和活力，也将进一步提升东盟的经济吸引力和增长动力。

在地区机制层面，东盟也表现出更明显的自主性和主导性。2019 年第 34 次东盟峰会通过了《东盟印太展望》。尽管东盟使用了印太的概念，但并非美国等西方国家理解的印太，其印太政策是加强以东盟为中心的区域架构倡议，明确"东南亚处于动态（亚洲、太平洋和印度洋）区域的中心，是通往这些区域的重要通道和门户"③，强调在地区机制中发挥东盟主导作用。

澳大利亚智库洛伊研究所发布的《2023 年亚洲实力指数报告》分析指出，"东南亚比以往任何时候更具外交活力"。④ 该指数显示，越南、泰国、印度尼西亚、文莱在多边治理中的角色仅次于美、中、日等大国，并优于印度、澳大利亚。东南亚中小国家在地缘政治博弈的大环境之下表现出了更加明显的不结盟战略，"小国的行动、选择和利益仍将对正在形成的权力平衡和地区秩序的稳定产生影响"。⑤ 2022 年全球治理进入"亚洲时刻"，东南亚迎来三场重要的主场外交。2022 年 11 月 11 日至 13 日在柬埔寨首都金边举行第 40 届和第 41 届东盟峰会及东亚合作领导人系列会议，11 月 15 日至 16 日在印度尼西亚巴厘岛举办二十国集团（G20）峰会，11 月 18 日至 19 日在泰国曼谷举行亚太经济合作组织（APEC）领导人非正式会议。在充满挑战的地缘政治环境之下，三国成功召开了全球性和区域性会议，

---

① ASEAN Secretariat, ASEANstats database.

② ASEAN Investment Report 2022- Pandemic Recovery and Investment Facilitation, ASEAN Secretariat, August, 2022.

③ ASEAN Outlook on the Indo-Pacific, June, 2019.

④ Lowy Insititue: 2023 Asia Power Index Key Findings Report, Feburary, 2023, p. 18.

⑤ 同④。

正是印证了东盟在处理全球事务上的能力和外交智慧。印度尼西亚坚持外交自主性，顶住西方压力拒绝将俄罗斯排除在 G20 之外，在调解俄罗斯和乌克兰冲突中发挥作用，促成 G20 达成《二十国集团领导人巴厘岛峰会宣言》，推动各方就应对全球经济挑战达成开展合作的承诺。文莱和柬埔寨分别作为 2021 年东盟主席国和 2022 年东盟主席国，积极处理地区事务，推动东盟在缅甸问题上保持相对统一。

总体来说，东盟之所以能够在地区事务甚至全球治理中发挥"小马拉大车"的积极作用，一方面缘于大国在力量制衡的情况下充分认同东盟发挥"中心地位"；另一方面是东盟国家坚持独立外交政策的结果，东盟国家领导人以务实的外交风格，积极平衡大国力量，推动务实合作，以实现本国和本地区的长远发展。

二、发展挑战依然严峻

东南亚面临传统与非传统安全的挑战加剧。缅甸军事政变、民族武装冲突、菲律宾分裂势力、印度尼西亚恐怖主义抬头等造成东南亚面临局部冲突和安全威胁，与此同时，难民危机、气候变化、传染病疫情、自然灾害等非传统安全问题也在深刻困扰着东南亚地区。

东南亚被称为"灾害超市"。根据 2022 年公布的全球灾害风险指数（IN-FORM）排名[1]，全球受自然灾害影响最严重的前 10 名国家中有 4 个是东南亚国家（见表 4-1），依次为菲律宾、缅甸、印度尼西亚和越南。地震、洪水、飓风、龙卷风等自然灾害是东南亚面临的主要威胁。近年来，气候变化导致自然灾害发生频率更高、持续时间更长、危害程度和影响范围更大，也极大增加了恢复成本。大部分东南亚受灾国在灾害应对方面表现出脆弱性，受灾范围广、人口多、破坏重，但国家救灾能力和灾害复原力差，因此抗灾救灾和防灾减灾需求大，严重依靠国际援助的支持。

---

[1]　Index for Risk Management（INFORM）2023，31 August，2022.

表 4-1　东南亚的自然灾害高风险国家

自然灾害风险 （风险指数 7~10）	东南亚国家 （按风险等级由高到低排序）
地震	菲律宾、缅甸、印度尼西亚
洪水	越南、缅甸、柬埔寨、老挝、泰国、印度尼西亚、菲律宾
飓风	印度尼西亚、菲律宾、缅甸、泰国、马来西亚
龙卷风	菲律宾、越南

注：根据全球灾害风险指数（INFORM）整理，Index for Risk Management（INFORM）2023, 31 August, 2022.

　　东南亚地区的流离失所和难民问题同样严峻。根据《境内流离失所全球趋势报告 2022》① 显示，缅甸、菲律宾、印度尼西亚、泰国均面临人为冲突造成的流离失所问题，其中缅甸受 2021 年军事政变影响，新增境内流离失所人口达 44.8 万（见表 4-2）。东南亚是因自然灾害导致的流离失所集中地，2021 年菲律宾、越南、印度尼西亚、缅甸、马来西亚、柬埔寨和泰国因自然灾害造成的流离失所人口数量高达 752 万人，占全球的 32%。2012 年缅甸若开邦发生的民族宗教冲突引发难民危机，并逐步扩大为举世瞩目的人道主义事件。事实上，虽然东南亚地区的流离失所者和难民规模庞大，已经构成地区性的非传统安全问题，但东南亚普遍消极应对。"地区内绝大部分国家没有签署有关难民保护的国际法条约，各国又限于不干涉原则等地区性规范难以达成合作，有的国家也没有提供难民保护责任的能力"②，使这一问题的消极影响进一步外溢至对地区社会稳定、经济发展、民族宗教和谐共生等方面的威胁，构成长期困扰地区发展治理的难题。

① The Internal Displacement Monitoring Centre（IDMC）：Global Report on Internal Displacement 2022, April, 2022.
② 陈宇：东南亚地区的难民保护和非传统安全合作困境，《东南亚纵横》，2021 年第 5 期。

表 4-2　东南亚国家境内流离失所人口分布情况

国家	截至 2021 年底 流离失所人口 （冲突因素）	国家	2021 年新增 流离失所人口 （冲突因素）	国家	2021 年新增 流离失所人口 （自然因素）
缅甸	649000	缅甸	448000	菲律宾	5681000
菲律宾	108000	菲律宾	140000	越南	780000
印度尼西亚	73000	印度尼西亚	27000	印度尼西亚	749000
泰国	41000	泰国	520	缅甸	158000
				马来西亚	129000
				柬埔寨	15000
				泰国	9400
全球总计	53200000		14400000		23700000
东南亚总计	871000		615520		7521400
占全球比重	2%		4%		32%

注：根据《境内流离失所全球趋势报告 2022》数据整理。The Internal Displacement Monitoring Centre（IDMC）：Global Report on Internal Displacement 2022，April，2022.

当前，东南亚各国的发展仍不平衡，发展差距明显，各国发展需求不同。老挝、柬埔寨、缅甸作为最不发达国家，面临巨大的减贫及全方位的发展需求；越南、泰国、印度尼西亚和马来西亚面临中等收入陷阱带来的挑战，需要延续经济可持续增长和区域影响力的提升，尤其是泰国、印度尼西亚、马来西亚、新加坡等国已经成为援助国，且多数具有受援国与援助国的双重身份，既追求自身发展合作的探索，又依赖于西方的传统援助经验和模式。总体而言，尽管东南亚经历了持续的经济增长，但发展依然是东南亚的主要挑战。根据亚洲开发银行的报告，新冠肺炎疫情使东南亚地区的贫富分化问题加剧。2020 年东南亚极端贫困人口（每天生活费不足 1.9 美元的人）激增540 万，2021 年又增加了 470 万，致使极端贫困人口总数高达 2430 万人，占东南亚总人口的 3.7%。① 疫情给东南亚劳动力市场带来了巨大冲击，广泛的失业和不平等现象恶化，各国经济复苏任务艰巨。

三、域外力量聚焦东南亚

长期以来，东南亚的地缘重要性决定着其一直是大国角逐的必经之地。作为亚洲经济增长的新引擎，东南亚拥有庞大的市场和劳动力以及强烈的发展自主性和发展需求，吸引域外国家加剧了对这一地区的谋篇布局。

美国在奥巴马时期通过《跨太平洋伙伴关系协定》（TPP）全面介入东南亚经济整合，稀释其他国家在该地区的影响力，并在政治安全上通过"亚太再平衡"战略加速重返亚太步伐，以东南亚为重要战略依托重塑并主导亚太区域一体化进程。在经历特朗普时期在东南亚外交和援助上的收缩之后，拜登政府不断强调东盟在其印太战略中的核心地位，并拉拢加入其主导的"印太经济框架"。中国随着"一带一路"倡议的不断深化，在东南亚的经济影响力快速提升，自 2009 年起成为东盟第一大贸易伙伴，2019 年 10 月中国—东盟自贸区升级《议定书》全面生效，2020 年东盟跃升为中国第一大贸易伙伴，2022 年《区域全面经济伙伴关系协定》（RCEP）正式生效。在 30 余年合作中，"中国东盟关系一直引领东亚区域合作，成为亚太合作的典范"②，其中援助发挥了重要积极作用。对于日本来说，对外援助始终是其加深对东南亚政治、经贸和安保等问题介入的主要工具，近年来通过抛出援助牌巩固并强化在东南亚的传统影响力。

尤其是 2017 年以来，美、日、印、澳四国重启"四边对话"，以"印太"取代"亚太"的地理范围，对东南亚的援助纳入"印太战略"整体范畴，加剧了域外大国在东南亚地区的竞争态势，东南亚"从边缘地带向世界体系核心区迈进"。③ 在发展领域，国际格局也同样出现重心东移。为了强化与东南

---

① ADB, Southeast Asia: Rising from the Pandemic, March, 2022. https://www.adb.org/sites/default/files/publication/779416/southeast-asia-rising-pandemic.pdf.

② 中国外交部：《中国—东盟合作事实与数据：1991—2021》，2021 年 12 月 31 日. http://switzerlandemb.fmprc.gov.cn/wjbxw_673019/202201/t20220105_10479078.shtml.

③ 王正毅：《边缘地带发展论：世界体系与东南亚的发展》（第二版），上海人民出版社，2018 年.

亚的政治经济关系，域外力量纷纷通过援助强化在东南亚的利益存在，并以超越援助范畴的发展融资刺激本国私营资本加快抢占东南亚市场，拓展各自的海外经济利益与影响力，致使东南亚地区博弈日趋复杂化。

目前，在东南亚的主要援助势力依然是西方国家及其主导的世界银行、亚洲开发银行等传统多边金融机构。近年来，西方援助国国内经济发展普遍陷入低迷，对东南亚地区的整体 ODA 投入规模同样受到负面影响。2015—2018 年西方（DAC 成员国）对东南亚的援助净支付额维持在 40 亿美元，约占双边投入总额的 4%，2020 年对东南亚的援助因新冠肺炎疫情提升到 65 亿美元，占比提高至 5.7%。[①] 总体来说，西方援助在东南亚依然占据主导地位，尤以日本、美国最为突出。中等强国如澳大利亚、韩国也是这一地区的"活跃分子"。新兴经济体近年来虽然实现援助增长，但主要关注各自周边地区，对东南亚援助最突出的是中国和印度。

为弥补援助资金的短缺，各援助方加大与私营部门以及亚洲开发银行、世界银行等金融机构的合作。自 2015 年以来，中国等新兴经济体积极作为，填补全球发展资金缺口，建立亚洲基础设施投资银行、金砖国家新开发银行等发展融资机构，冲击了以世行、亚开行等发展金融机构为主的传统势力。随着更多参与主体和发展机制的涌现，各方在东南亚发展领域的角力更为激烈。美、日、澳三国在印太战略下加紧在东南亚国家的基础设施投资合作。欧盟委员会加强对欧亚地区的互联互通发展投资，为东盟共同体建设提供8500 万欧元支持。[②] 澳大利亚强化援助与企业的合作，特别是提升企业在印度尼西亚、菲律宾等东南亚国家的存在感。[③] 2018 年澳大利亚政府宣布斥资

---

① 数据来源：OECD 数据库。

② Connecting Europe & Asia: The EU Strategy, European Union, 19 Septemper, 2018. https://eeas.europa.eu/headquarters/headquarters-homepage/50699/connecting-europe-asia-eu-strategy_en.

③ Commonwealth of Australia, DFAT, Creating shared value through partnership: Ministerial statement on engaging the private sector in aid and development, August 2015. https://dfat.gov.au/about-us/publications/aid/Documents/creating-shared-value-through-partnership.pdf.

20 亿澳元（约合 14.5 亿美元）建立"澳大利亚太平洋地区基础设施融资机制"（AIFFP）①，其中包括 5 亿澳元无偿援助和 1.5 亿澳元长期贷款用于支持太平洋岛国和东帝汶的电信、能源、交通等领域的基础设施发展，并增强澳企业的活跃度。韩国通过韩国经济发展合作基金提供优惠贷款，结合韩国进出口银行的出口信贷，以混合资金形式在越南、菲律宾、印度尼西亚三国实施基础设施建设项目。印度政府在 2004 年就推出信贷额度（Lines of Credit）方式以扩大其海外发展合作规模，近年来信贷额度增长迅速，成为印度对外援助的主要方式，在缅甸通过信贷额度开展基础设施项目，出口印度商品、设备或服务。

在东南亚主要援助国中，美国是仅次于日本的第二大援助国。美国在东南亚的主要援助对象是印度尼西亚、菲律宾和越南，但近年来对老挝、缅甸的援助也大幅增长。政治安全领域是美国对东南亚的援助重点，在海上安全、网络安全、打击跨国犯罪、打击恐怖主义和人口贩卖等非传统安全领域与东盟加强合作。拜登上任后强化对东南亚的援助。2022 年 5 月在美国—东盟特别峰会上，拜登宣布投入 1.5 亿美元深化与东盟的经济、安全、卫生和人文关系。当年 11 月举办的美国—东盟领导人峰会上，双边关系升级为全面战略伙伴关系，美国宣布 2023 年为东南亚提供 8.25 亿美元援助。此外，灾害管理、妇女儿童权利保护、教育和青年领域也是美国对东盟援助的重点，通过美国—东盟富布莱特访问学者倡议、东南亚青年领袖倡议、以教育培训连接湄公等项目，美国为东盟提供援助以保持在东南亚的软实力。②

澳大利亚将战略利益核心聚焦在印太地区，希望借助发展合作伙伴关系，在竞争与不稳定加剧的地区格局中维持其在印太的权力平衡。为此，澳大利亚将东南亚和东盟视为其"稳定、繁荣的印太战略"的重要组成部分，是其外交优先地区。2021 年，澳大利亚正式与东盟建立了全面战略伙伴关系。澳

---

① Pacific Regional—Australian Infrastructure Financing Facility for the Pacific, Department of Foreign Affairs and Trade, https://dfat.gov.au/geo/pacific/development-assistance/Pages/australian-infrastructure-financing-facility-for-the-pacific.aspx.

② ASEAN Secretariat's Information Paper, Overview of ASEAN-United States Dialogue Relations, 26 June, 2018.

大利亚自 2014 财年起连续多年削减援助预算，明确自 2014 财年起将 90% 的援外资金投向东南亚和太平洋国家①，并将此与"维护澳大利亚自身利益"② 直接挂钩。为了保持澳大利亚在东南亚的领先伙伴地位（leading partner），印度尼西亚、东帝汶、缅甸、菲律宾、越南和柬埔寨是澳重点受援国，其中印度尼西亚长期是仅次于巴布亚新几内亚的澳第二大受援国。在政治安全上，澳大利亚提高在东南亚区域海上安保能力建设的援助投入，并通过援助强化与越南的战略伙伴关系，发挥东盟—澳大利亚特别峰会的对话机制作用。在经济方面，澳大利亚希望密切与东南亚的贸易投资，着重发挥援助资金的撬动作用，与美国和日本联手投资基础设施。此外，澳大利亚加大对东盟共同体建设的援助力度，以期提升对东盟一体化的引导作用，如为东盟秘书处提供能力援助，向东盟人道主义援助协调中心派遣灾害协调专员协助中心运作等。③ 同时，澳大利亚通过新科伦坡计划、新科伦坡东盟学者倡议等培训、奖学金类项目加强在东南亚的"软实力"。

由于在不结盟运动中发挥了关键领导作用，印度视自己为南南合作的领导者，近年来更加重视通过对外援助提升地区政治影响力。2014 年莫迪提出"邻国优先"的外交政策，将"东看政策"升级为"东进政策"以拓展战略空间。印度将东南亚视为"东进"的中心，将缅甸视为进入东南亚的门户，是其"东进政策"的首要伙伴国，也是其重点援助对象。印度对缅援助以开展跨境基础设施项目为主，如援建连接印度尼西亚东海岸港口和缅甸实兑港口的 Kaladan 多模式运输项目，在印度、泰国、缅甸 Tamu-Kyigone-Kalewa 三边高速项目中承担在缅境内的桥梁建设和道路升级等。④ 在政治安全层面，除了邻国缅甸以外，印度逐步推进与越南、泰国、新加坡、马来西亚和印度尼西亚等东盟国家的军事合作，2014 年为越南提

---

① Australian aid: promoting prosperity, reducing poverty, enhancing stability, Department of Foreign Affairs and Trade, June, 2014.

② Opportunity, Security, Strength: The 2017 Foreign Policy White Paper, Department of Foreign Affairs and Trade, 23 November, 2017.

③ ASEAN Secretariat Information Paper, Overview ASEAN-Australia Dialogue Relations, As of July 2018.

④ Ministry of External Affairs Annual Report 2017—2018, New Delhi. http://www.mea.gov.in.

供了信贷额度贷款用于国防采购。2018 年与印度尼西亚签署了《印度—印度尼西亚在印太地区海洋合作愿景》①，明确提出在贸易投资、海洋资源可持续开发、灾害管理、海上安保等领域提供相应资金、技术和能力支持。这是域外国家第一次与东南亚国家签署"印太合作"规划，也体现了印度"东进行动"与"印太战略"在东南亚的合力迸发。

在对东南亚的区域合作中，印度迫切需要加强与东盟及周边以外国家之间的经济合作，打破此前南亚邻国的经济掣肘。为此，印度与东盟于2015 年批准了第三期行动计划（2016—2020），确定在政治安全、经济、社会文化合作、互联互通、东盟一体化和缩小发展差距倡议方面加强合作，印度为此提供援助支持。根据 2018 年印度与东盟签署的《德里宣言》②，印度与东盟加强海洋安全、反恐、经济、科技和人文合作，支持《东盟互联互通总体规划 2025》，承诺为东盟加强基础设施与数字互联互通提供 10 亿美元的信贷额度援助，并促成印度—缅甸—泰国三方高速项目延伸至柬埔寨、老挝和越南。印度还与东盟设立发展基金，如 2010 年注资 500 亿美元成立东盟—印度绿色基金，2016 年将东盟—印度科技发展基金（AISTDF）从 100 万美元增资至 500 万美元。③ 在人文领域，印度向东盟学者提供综合博士生奖学金、建立大学网络，为东盟外交官提供专项培训，在老挝、柬埔寨、缅甸和越南设立企业家发展中心和英语培训中心，在柬埔寨、老挝、越南开展古迹保护项目等。④

---

① Shared Vision of India-Indonesia Maritime Cooperation in the Indo-Pacific, Ministry of External Affairs of India, 30 May, 2018. https://www.mea.gov.in/bilateral-documents.htm? dtl/29933/Shared_ Vision _ of_ IndiaIndonesia_ Maritime_ Cooperation_ in_ the_ IndoPacific.

② Delhi Declaration of The ASEAN-India Commemorative Summit to Mark The 25th Anniversary of ASEAN-India Dialogue Relations, 25 January, 2018. https://asean. org/wp - content/uploads/2018/01/ Delhi-Declaration_ Adopted-25-Jan-2018.pdf.

③ Overview ASEAN-India Dialouoge Relations, ASEAN, February, 2019.

④ Delhi Declaration of The ASEAN-India Commemorative Summit to Mark The 25th Anniversary of ASEAN-India Dialogue Relations, January 25, 2018. https://asean. org/wp - content/uploads/2018/01/ Delhi-Declaration_ Adopted-25-Jan-2018.pdf. Ministry of External Affairs Annual Report 2017—2018, New Delhi. http://www.mea.gov.in. Overview ASEAN-India Dialouoge Relations, ASEAN, February 2019.

四、在大国博弈中的"平衡术"——维护以东盟为中心的地区治理秩序

面对巨大的发展困境和需求，东南亚在外交上追求现实主义，既强调东盟在地区事务上的主导地位，又在大国竞争中奉行"平衡外交"，避免选边站队，谋求本国和区域利益的最大化。例如，杜特尔特上任后，菲律宾采取"对华友好"政策，为国内基础设施建设、反恐反毒运动吸引来大量中国资金支持，但为了安抚国内亲美势力和反对派的施压，对美关系回调，与美国开展防务合作和联合军演，维持与美同盟关系，并加大对日投资吸引，欢迎日本援助地铁等基础设施建设。东盟其他国家也和菲律宾一样，一方面通过与美国、日本等西方国家密切合作，在军事防务、经济发展上获得美日的保护与支持；另一方面与中国加强经贸合作，获得经济援助和投资，搭上中国发展的快车道。

东盟国家具有东亚地区主义的传统，与所有域外国家保持开放接触。保罗·鲍尔斯早在 1997 年就提出东盟奉行的新地区主义最大特点就是"开放性"，他将新地区主义称为"开放的地区主义"（Open Regionalism）。[①] 从 1967 年成立的东盟、1989 年成立的亚太经济合作组织、1997 年建立的东盟与中日韩合作机制到 2005 年开始的东亚峰会，在以东盟为中心的地区合作机制演进过程中，地区主义"开放性"特点贯穿始终，不断突破地域空间的限制，形成了东盟主导并向外推广的地区治理秩序，其中的底层逻辑就是通过建立开放包容的地区治理秩序，一方面以东盟方式维护东盟的中心地位，另一方面维护大国在该地区的动态平衡。

东盟坚持"开放的地区主义"的背后则是东盟作为一个整体的自主性的强化。华人历史学家、教育学家王赓武教授将 20 世纪 90 年代后展现出自主决定权的东盟定义为"第二代东盟"，也就是一个由 10 个国家组成的真正的东盟，"完全重构为一个独立自主的机构……这宣告了东南亚从此之后是一个可以决定其自身命运、在任何大国之间都能找到自己位置的地区；不论所面

---

① Paul Bowles, "ASEAN, AFTA and the 'New Regionalism'", Pacific Affairs, Vol. 70, No. 2 (Summer, 1997), pp. 219-233.

对的大国是谁，它都拥有回旋的余地"。① 对东南亚来说，更多域外国家在东南亚的介入利大于弊。② 大国的竞争有利于东南亚国家实现经济发展并维持战略自主，不必担心完全依赖于哪个大国，也不必被迫"选边站队"。大国博弈能够为东南亚国家带来实在的经济收益，这种竞争允许甚至鼓励东南亚国家选择多方。因此，东南亚乐见各方在区域内的介入，尤其是作为援助集中地，一方面可以搞平衡，促使各力量间相互制衡，维持东南亚自身的战略自主和地区主导；另一方面可以借此向各方"要价""谈条件"，使自身收益最大化。

对于域外各方来说，更多力量在东南亚的更多投入势必将加剧东南亚与各自的谈判筹码，增加自身在东南亚的战略投入成本，也易造成域外力量之间疑虑加深、甚至彼此误判。为此，无论是美国、日本、澳大利亚等西方国家，抑或是中国、印度等新兴经济体，彼此之间应保持接触对话，避免在东南亚地区陷入盲目、恶性竞争。应该看到，东南亚的发展需求足够之大，域外各方在这一地区的发展援助投入并不是零和博弈，而是各有发挥的空间和广阔的合作空间。

第二节　对外援助在美国印太战略中的定位与作用

近年来，横跨印度洋—太平洋的"印太"地区成为国际社会的关注焦点。美国、日本、澳大利亚等相继提出各自版本的印太战略，使这一地区随之成为各援助国大显身手的"竞技场"。美国的印太战略始于2017年特朗普宣布的"自由开放的印度洋—太平洋地区愿景"。对于如此庞大的战略，对外援助为美国实现"印太梦"发挥着什么作用？特朗普时期的印太援助呈现出哪些特点？拜登接任后，美国印太援助如何发展？对中国会带来什么影响？本节将围绕这些问题进行分析和阐述。

一、援助在美国印太战略中的定位

2017年11月，时任美国总统特朗普在越南岘港举行的亚太经合组织（APEC）

---

① 王赓武：新"海上丝绸之路"：中国与东盟，《南洋问题研究》，2022年第2期。
② Malcolm Cook. China and Japan's Power Struggle is Good News for Southeast Asia. 9 November, 2018.

工商领导人峰会上，首次宣布了美国"自由开放的印度洋—太平洋地区愿景"。美国政府将该地区界定为从美国西海岸到印度西海岸，包括东亚、太平洋和南亚的地理范围。为推进这一愿景，美国采取"全政府"参与的模式，制定了落实愿景的治理、经济和安全三大支柱。随着美国版印太战略由理念变为政策现实，其战略核心逐渐清晰，本质上体现了美国在印太地区的政治、经济和安全诉求，即政治上推行法治、民主和人权，经济上推进开放的贸易投资与互联互通，安全上推动海上安全以及应对恐怖主义、跨国犯罪等地区挑战。

2019 年 6 月 1 日，美国防部在第十九届香格里拉亚洲防务峰会期间发布了《印太战略报告》，重申特朗普在 2017 年宣布的"印太愿景"，强调印太地区是美外交的"地理聚焦"和"首要舞台"。此后不久，6 月 19 日，作为主要援助机构，美国国际发展署（USAID）发布了《推行美国"自由开放印太愿景"的战略方案》①，开宗明义指出：USAID 在推进印太愿景中发挥主导作用，与美国其他政府部门及合作伙伴一道，并与印度、澳大利亚、日本和韩国等与美"志同道合"（like-minded）的援助国协调配合，支持机构间新倡议，通过双边和区域渠道，重点在加强民主制度、促进经济增长、改善自然资源管理三个方面开展工作。2020 年 2 月，USAID 发布更新版本的战略方案②，进一步阐明了这三方面工作面临的挑战和应对措施。

除 USAID 以外，美国千年挑战公司（MCC）、和平队以及 2019 年新成立的美国国际发展金融公司（DFC）等援外相关部门也是印太愿景的主要参与方。2019 年 11 月 4 日，在泰国曼谷举办的第二届印太商业论坛上，美国国务院发布《自由开放的印太：推进共同愿景》③ 报告（简称《印太进展报告》）总结愿景实施的两年成就，全文共提到各类援助 25 次，提到美国国际发展署

---

① USAID's Strategic Approach to Advancing America's Vision for a Free and Open Indo-Pacific, June, 2019.

② USAID's Strategic Approach to Advancing America's Vision for a Free and Open Indo-Pacific, February, 2020. https://www.usaid.gov/sites/default/files/documents/1861/Strategic-Approach-Indo-Pacific-Vision_Feb2020.pdf.

③ A Free and Open Indo-Pacific: Advancing a Shared Vision, 4 November, 2019. https://www.state.gov/wp-content/uploads/2019/11/Free-and-Open-Indo-Pacific-4Nov2019.pdf.

31 次，千年挑战公司、国际发展金融公司、和平队等美援外主要机构也被多次提及。

总体而言，对外援助是美落实印太愿景的主要政策工具，围绕愿景确立的治理、经济和安全三大支柱，美国均有相应援外举措予以配合，且以经济支柱为主。据美国称，印太战略提出的三年间，美国务院和 USAID 共提供了 29 亿美元支持经济支柱，包括千年挑战公司和海外私人投资公司（OPIC）在内的其他机构也投入了数亿美元。①

《印太进展报告》称，自"二战"结束以来美国对印太地区的累计援助额已达两万亿美元，特朗普执政三年间，美国务院和 USAID 共提供援助资金超过 45 亿美元，较奥巴马执政最后三年增加了 25%。USAID 也宣称，2018 年第一届印太商业论坛至 2020 年第三届论坛的两年中，其先后向印太地区额外增加了 4.41 亿美元和 2.5 亿美元的援款。

尽管如此，就美国政府公布的援助数据②看，美国对印太地区的援助并未出现有别于奥巴马时期的大幅提升，可谓"雷声大雨点小"。从承诺额看（见图 4-1），援助资金确实在 2018 财年上涨至 22 亿美元，2019 财年的不完全统计约 21 亿美元，但与 2013 财年基本持平。从支付额看，2018 财年印太援助额为 21 亿美元，较 2017 财年有所提升，但尚未超过 2016 财年。从美援外总体布局中观察可见，其重心依然在中东和非洲，印太占双边援助的比例仅维持在 5%~6%。在美 2019 年全球受援国排名中，印太第一大受援国孟加拉国仅排在第 15 位。

目前，在印太的次区域布局上，美国主要投向东南亚和南亚地区（见表 4-3）。美国将东南亚作为区域核心，一半资金用于该地区，并集中于缅甸、印度尼西亚、菲律宾和越南，以基础设施、能源类项目为主。事实上，在美国提出印太战略以来，最大的变化就是对南亚的投入显著增加，针对安全、法治、民主的援助尤为突出，如为斯里兰卡、孟加拉国、马尔代夫的海军和

---

① A Free and Open Indo-Pacific: Advancing a Shared Vision, 4 November, 2019. https://www.state.gov/wp-content/uploads/2019/11/Free-and-Open-Indo-Pacific-4Nov2019.pdf.

② USAID 数据库：https://explorer.usaid.gov.

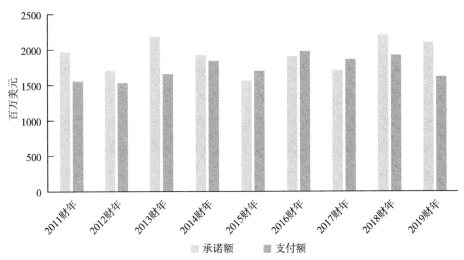

图 4-1　2011—2019 财年美国对印太地区的援助情况

资料来源：USAID 数据库，2019 财年为不完全统计。

海上警卫队提供装备和培训以提高执法和反恐能力，为马尔代夫提供 2300 万美元以推动该国反腐、法治和反恐议程，为尼泊尔提供资金支持民间社会对该国立法的影响力。南太国家的援助规模虽小，但美国已加强与日本、澳大利亚、新西兰、亚洲开发银行在该地区基础设施、能源领域的联合行动，2019 年 9 月美国还发起 1 亿美元的 "太平洋承诺"，USAID 表示将扩大在斐济、巴布亚新几内亚、密克罗尼西亚、马绍尔群岛和帕劳的人员规模。

表 4-3　美国印太援助的地理分布（双边毛支付额）

单位：百万美元

年份	2011	2012	2013	2014	2015	2016	2017	2018	2019	2020
东亚	109	165	133	46	44	55	52	48	55	54
东南亚	656	565	696	803	766	902	960	764	693	791
南亚	375	403	409	476	508	575	640	692	698	584
太平洋岛国	203	205	215	180	127	60	150	184	137	247
印太总额	1342	1337	1453	1506	1445	1592	1802	1687	1583	1675
占双边比重（%）	4.7	5.1	5.3	5.3	5.3	5.4	5.9	5.5	5.4	5.5

资料来源：OECD 数据库。

受"美国优先"的国内经济发展需要和中国"一带一路"倡议的外部刺激，美国印太战略突出经济手段的重要性，导致援外向以发展融资为主的新型发展合作模式加速转变，更加强调私营部门的参与，更加关注援助带来的自我收益。从目前趋势看，贷款、公私合作是投向印太地区的主要资金，而不是无偿援助资金。

2019年成立的美国国际发展金融公司（DFC）在吸引和调动私营资本方面发挥重要作用。特朗普在连年削减援外预算的同时，对DFC预算却在大幅增加，2021年预算案就从1.5亿美元增至7亿美元。首席执行官亚当·伯勒将日本、越南和印度尼西亚作为公司成立后的首访地，极力宣传其投资在透明度、灵活度上具备优势，力图在印太地区推动交通、能源和数字经济领域的高质量基础设施开发，这与印太战略的主打领域完全一致。据《印太进展报告》透露，DFC派出的顾问已遍布印太地区，目标是在五年内吸引多达120亿美元的新私营投资。

二、美国印太援助的四大着力点

（一）聚焦基础设施、能源和数字经济三大领域

美国援助围绕基础设施、能源和数字经济等优先领域，配合"基础设施交易和援助网络"（ITAN）、"亚洲能源促进发展和增长计划"（EDGE）、"数字联通和网络安全伙伴关系"（DCCP）三大旗舰项目落地。

在基础设施领域，作为ITAN项目的一部分，美国援助重心不是开展硬件基础设施，而是以技术援助和培训为主。2019年9月设立"交易咨询基金"（TAF），规定仅用于支持印太地区有受援资格国家的公共部门，提供基础设施项目相关的法律服务、合同评估、可行性研究（包括财务和环境影响等）、债务可持续性分析以及招投标评估。例如，为菲律宾国家基础设施开发战略提供技术援助；作为美国"太平洋承诺"的一部分，向亚洲开发银行的"太平洋地区基础设施贷款"（PRIF）提供初步赠款以支持太平洋岛屿地区的基础设施规划。美国还联合日澳两国发起"蓝点网络"（Blue Dot Network）计划，其目的

就是打造基础设施项目评估和认证的新标准。通过这种软援助，美国可以巧妙地介入印太国家重大基础设施建设规划、项目选择与合同谈判，标准的制定与输出也使美国更便于对其他国家投资或援建项目"指手画脚"。

在能源领域，美国援助以撬动公共和私人投资为主要目标。根据"亚洲能源促进发展和增长计划"倡议，USAID 与亚洲开发银行签署了一项 2 亿美元的协议，计划动员 70 亿美元的公私投资以实现印太地区的能源多样化和能源安全。在印度尼西亚，USAID 已帮助 11 个可再生能源项目落地，在 2018 财年动员了 8.06 亿美元的私人和公共投资。在美国与日本、澳大利亚、新西兰联合支持巴布亚新几内亚电气化项目中，USAID 已与通用电气公司建立伙伴关系，计划以 95 万美元援款带动 7500 万美元的公共和私人投资。美日还在 2019 年 8 月 2 日发布加强在湄公河地区电力伙伴关系的联合声明，承诺在"亚洲能源促进发展和增长计划"下提供 2950 万美元的初始资金，为该地区能源基础设施发展提供支持。①

在数字经济领域，美国援助以东南亚为重点，依托该地区数字经济和市场的巨大前景，为美国技术公司创造新的商业机会。例如，作为"数字联通和网络安全伙伴关系"倡议的一部分，USAID 启动了"数字亚洲加速器"项目，与美国科技公司和大学合作，旨在提高东南亚私营企业和民间组织的数字和网络安全技能。USAID 还支持东盟发展电子商务，特别是促进中小企业跨境数字贸易，援助内容集中在数字经济的监管改革、完善网络安全和数据隐私监管、扩大宽带接入、培训 ICT 劳动力等方面。

（二）调动私营部门，强化美在印太地区的经济利益

USAID 将构建私营企业蓬勃发展的监管环境、帮助各国加速实现自力更生作为工作任务之一。仅在 2019 年，USAID 就在孟加拉国、缅甸、老挝、蒙古和菲律宾等国开展了促贸援助和增强市场竞争力的援助项目。例如，USAID 支持菲律宾公主港市吸引了价值 5.4 亿美元的商业投资用于旅游、食品、农

---

① Joint Statement on the Japan-United States Mekong Power Partnership（JUMPP），2 August，2019. https://www.lowermekong.org/news/joint-statement-japan-united-states-mekong-power-partnership-jumpp.

业、渔业和教育领域。在东帝汶，USAID 帮助海关部门缩短通关时间，并支持其达到加入世界海关组织、世界贸易组织和东盟等所需的国际标准。在越南，USAID 通过贸易便利化计划增强越南海关部门遵守全球贸易规范的能力，从而减少交易时间和成本。在斯里兰卡，USAID 帮助制定《公私合营伙伴关系采购指南》并于 2018 年获得通过，以打击腐败并提高私营部门的竞争力。在老挝，USAID 促成了其政府的知识产权法改革。

在技术研发与输出方面，美国援助也广泛借助私营企业的力量。美国政府和私营部门通过"科学技术工程数学（STEM）计划"，将美国企业的创新输出到印太地区。2019 年 8 月，Facebook 与 USAID 合作在老挝万象开设了 STEM 实验室，对老挝青年开展 STEM 培训，并协助老挝发展数字经济。Google 正在实施一项计划以在印度尼西亚培训 10 万名 Android 开发人员。US-AID 正在委托亚利桑那州立大学在越南实施 BUILD-IT 联盟项目，即通过创新和技术帮助越南构建大学与产业的协同发展，利用政府、产业和学术伙伴，将越南高等教育与私营部门需求直接对接。

（三）通过援助在印太地区加紧输出民主制度

USAID 处于美政府应对民主治理挑战的最前沿，极力塑造其援助的正当性、规范性以及对地区和平繁荣民主的所谓"捍卫"。其重点援助目标涉及：提升受援国选举进程的完整性、媒体和信息的独立性；支持受援国形成强大的公民社会；推进受援国的法治建设，包括执行问责制、提升透明度、制定反腐措施；加强公民响应的治理模式以保护人权。

在这方面，美国在印太地区开展了一系列民主输出和治理类援助行动。例如，在 2018 年巴布亚新几内亚举行的亚太经合组织首脑会议上，美国发起"印太透明度倡议"（The Indo-Pacific Transparency Initiative），USAID 在其中发挥主导作用。在印度尼西亚，USAID 通过当地合作伙伴为边缘化社区人口提供法律援助，受援人数在 2017 年至 2018 年间增加了 10 倍以上。在斯里兰卡，USAID 帮助其政府启动了打击贿赂和腐败的国家计划，并帮助斯议会提升独立监督能力，支持其在 2018 年底成功阻止了斯总统通过议会外程序新增总理。在尼泊尔，USAID 与其政府、议会、民间组织等合作制定了 43 项政策，举办了 84 场公共论坛，在 2018 年帮助尼方通过了九项改善选举进程的法律。

（四）依托同盟和地区伙伴关系采取联合援助行动

美国称其印太战略与日本"印太构想"、印度"东进政策"、澳大利亚印太政策、韩国"新南方政策"密切相关，通过与盟友、伙伴在安全、政治、经贸、价值观等领域的合作，本质上试图维护一个有利于美国并符合美国意志与利益的印太秩序。目前，日本、澳大利亚是美印太战略的传统盟友，三方在基础设施、能源、数字经济、海上安全和反恐等方面的援助均有密切合作。

韩国和印度是美国加大经营的合作伙伴。2019 年 9 月 USAID 与韩国外交部签署针对加强印太地区发展合作的谅解备忘录，重点是湄公河地区的水安全合作。印度是美国极力拉拢的对象，特朗普于 2020 年 2 月访印期间发表的美印联合声明①透露了在印太地区的联合援助举措，包括 USAID 与印度发展伙伴关系管理局（DPA）建立第三方合作伙伴关系、美国国际发展金融公司在印建立永久分支机构等。

三、美国印太援助未来走向

2021 年 1 月拜登上台后，继承了特朗普的印太战略，并于 2022 年 2 月出台拜登版印太战略，进一步夯实援助的战略作用，将发展和对外援助资源作为印太战略的工具之一，并强化了援助在地区军事及治理议题中的重要性，称"将重新把安全援助的重点放在印太地区，包括建立海洋能力和海洋领域意识"，"将通过对外援助和发展政策帮助合作伙伴根除腐败、支持良治"。②

拜登的印太战略本质上延续了此前的援助举措，同时也出现一些变化。

第一，随着援助重要性得以回归，美国对印太的投入或实质性提升，但美维系印太势力的经济手段仍以超越援助的发展融资工具为主，援助资金则

---

① Joint Statement: Vision and Principles for the United States–India Comprehensive Global Strategic Partnership, 25 February, 2020. https://www.whitehouse.gov/briefings-statements/joint-statement-vision-principles-united-states-india-comprehensive-global-strategic-partnership/.

② Indo-Pacific Strategy of the United States, February, 2022.

发挥配合和撬动作用，其重点在安全、民主治理等领域，并进一步突出意识形态输出。

第二，特朗普执政下的美国不愿同盟国"搭便车"，与日澳欧的关系出现裂痕，但在援助上的合作依然得以维持。拜登则从战略层面努力修复并强化同盟关系，使联合"抱团"的援助行动更为顺畅。

第三，特朗普"退群"、削减援助预算等行为使发展中国家对美失信增加，其缺席 2018 年东盟峰会让东南亚国家感到失望，对美国发挥地区领导力的信心明显下降。① 拜登则力图扭转这一"烂摊子"，推动美国重返多边、重塑形象，并加大对发展中国家的拉拢。最为突出的变化就是改变了特朗普时期对东盟的冷落，强化前沿外交和援助。2021 年 10 月拜登与东盟领导人举行视频峰会时承诺向东盟提供 1 亿美元资金用于新冠肺炎疫情、气候变化及教育等领域，2022 年 5 月在美国—东盟特别峰会上宣布投入 1.5 亿美元深化与东盟的经济、安全、卫生和人文关系，11 月 12 日拜登在金边出席美国—东盟领导人峰会时提出将双边关系升级为全面战略伙伴关系，并宣布 2023 年为东南亚提供 8.25 亿美元援助。在拜登政府发布的《美国印太战略》报告中提出"要在印太地区开设新的使领馆，特别是在东南亚和太平洋岛国"。②

第四，拜登政府强调印太已经上升为美国全球战略的首要关注地区，"意欲拉拢印太地区乃至全球盟伴，在政治、经济、安全等方面与中国展开全方位竞争，维护美国的地区霸权地位"。③ 因此，美国利用援助展开对华全面竞争的态势较特朗普时期有过之而无不及。

四、对中国的影响

美国印太战略的矛头直指中国，将中国视为印太秩序的"挑战者"甚至"破坏者"，将中国援助、投资等措施视为扩张在印太地区战略利益的直

---

① State of Southeast Asia: 2019 Survey. ASEAN Studies Centre at ISEAS-Yusof Ishak Institute, 7 January, 2019.

② Indo-Pacific Strategy of the United States, February, 2022.

③ 韦宗友：拜登政府"印太战略"及其对亚太秩序的影响，《当代美国评论》，2022 年第 2 期。

接表现。从本质上看，美国印太战略下的对外援助遏制中国意图明显，对中国已经构成一定挑战。首先，援助与私营资本的绑定使美国在印太的经济利益扩张迅速，基础设施、能源和数字经济三大领域使美对冲"一带一路"有了实质性的落脚点；其次，美突出软援助的作用，推行标准、技术、治理和民主价值观等软实力的输出，尤其对中国基础设施项目发起针对性举措，在透明度、质量、用工等方面试图抹黑中国、左右舆论并力推标准国际化，离间中国与地区发展中国家之间的南南合作关系；最后，在印太地缘形势复杂化、域内和域外利益相关方角力强化的背景下，美援外战略规划明确提出在印太加强同盟和伙伴关系以"平衡中国影响力"①，并随着拜登的上任进一步通过"拉帮结派"对中国"群起攻之"，使中国面临的局面更为严峻。

所谓"印太"是"一带一路"倡议的重点沿线地区，东南亚、南亚和太平洋岛国发展需求强烈，许多国家是中国的重要发展合作伙伴。在当前形势下，我们一方面要理性借鉴美援助经验；另一方面宜思考应对之策。

一是坚持中国特色的发展合作理念和优势，进一步发挥援助在"一带一路"高质量发展和亚太地区合作中的积极作用，打造亚洲发展合作的样板。

二是坚守南南合作的总定位，在巩固基础设施类传统优势的同时，兼顾数字经济等高精尖产业应用以及扎根基层的"小而美"民生项目，在软援助上多下功夫。

三是强化发展合作的总体布局和区域、次区域规划，形成有差别、延续性强、重点任务突出的政策框架。

四是与传统援助国和新兴援助国，尤其是域内的新兴援助国积极开展经验交流，规避恶性竞争风险，在民生、减贫、公共卫生、救灾防灾、气候变化等领域探索合作的可能，主动营造并引领亚太地区的和平稳定与持续繁荣。

五是在传统双边发展合作基础上加大对多边的投入和经营，扩大发展伙伴关系网络。借助政府各部门的专业优势开展联合援助举措，发挥好民营企

---

① JOINT STRATEGIC PLAN FY 2018—2022, U. S. Department of State, U. S. Agency for International Development, February, 2018.

业、民间组织等社会力量在资本、技术、模式等方面的优势，用好联合国机构、亚投行等国际组织的多边平台，以开放包容的姿态推动中国不断提升国际发展合作水平，为亚太地区可持续发展与共同繁荣贡献中国智慧。

第三节　域外国家对湄公河地区的自然灾害合作经验

湄公河次区域由缅甸、越南、柬埔寨、老挝和泰国五个东南亚国家组成，面积 190 万平方公里，总人口约为 2.35 亿人。湄公河次区域是地震、海啸、旱涝等自然灾害风险高危地区，在中国倡导建立的澜沧江—湄公河合作机制下，自然灾害是六国确定的六大重点合作领域的主要内容之一，灾害应对与管理是域内六国的共同关切。本节以在湄公河次区域灾害国际合作中表现突出的美国、日本和欧盟为例，总结各方在该地区的主要经验和做法，为中国在澜湄合作机制下开展自然灾害国际合作提供借鉴。

一、美国经验：区域机制框架下的联动

湄公河地区对美国具有重要的战略意义，在过去十年中，美国政府已向湄公河国家提供了超过 35 亿美元的援助。自 2017 年美国宣布印太战略以来，将湄公河地区视为印太战略的重点，是美国与东盟关系中不可或缺的一部分。在此背景下，美国在其主导的"湄公河下游倡议"（LMI）机制框架下，对五国的自然灾害领域的投入进一步提升。

美国国际发展署（USAID）下设的海外灾害援助办公室（OFDA）是美国政府最主要的人道主义援助的协调管理机构，负责对外提供紧急救援、灾后重建和防灾减灾援助，并在行动中与美国其他政府部门、军方等进行配合。同时，针对湄公河地区的援助工作，USAID 设在泰国曼谷的亚洲区域发展局（RDMA）与分设五国的国别办公室负责具体的国别项目和区域项目。

美国长期以来致力于人道主义援助工作，是全球人道主义援助的第一大国。其援助通过多、双边渠道执行，类型包括救灾与早期恢复、紧急粮食援助、难民援助等，并对国际机构的援助提供后勤和行动保障。在湄公河地区，

美国也是最大的人道主义援助提供方，投入集中在缅甸和泰国。近年来，美国对这一地区约70%的人道主义援助资金用于缅甸，约25%的资金用于泰国，越南占比2%~3%，老挝和柬埔寨则不足1%（见表4-4）。^①美国援助体现出鲜明的聚焦特点，与其湄公河次区域外交定位是一致的。2011年缅甸民主化改革以后，日渐成为美国在这一地区的援助新宠，而泰国作为其盟友一直是援助重点，在美国对湄公河次区域外交中发挥着战略支点的重要作用。

表4-4　美国对湄公河地区的人道主义援助分布

单位：百万美元

年份	2012	2013	2014	2015	2016	2017	2018	2019	2020
缅甸	28.96	35.10	69.90	35.74	47.37	39.08	50.88	66.48	77.23
泰国	42.29	41.80	40.63	43.34	42.09	18.42	20.84	25.59	26.33
越南	3.57	3.94	0.50	3.50	0.90	3.09	—	3.59	2.35
老挝	0.37	0.32	0.57	—	—	—	0.20	0.84	1.24
柬埔寨	2.45	0.20	0.62	0.20	2.64	—	0.40	—	0.52
共计	77.64	81.36	112.22	82.78	93.00	60.59	72.32	96.50	107.67

资料来源：OECD数据库。

美国在湄公河地区的灾害合作方式可以概括为以下几点。

第一，美国将灾害领域合作纳入美国"湄公河下游倡议"（LMI）机制框架，突出灾害与水资源、环境、发展、基础设施等多领域的结合，通过跨领域、多领域的相互配合，形成合力，有助于实现援助效果的最大化，巩固美国的地区领导力、协调力和话语权。

LMI机制于2009年设立，美国通过该机制与湄公河五国实现区域合作，主要合作形式是开展能力建设类项目。实际执行中，在三大计划的框架下实施具体项目：一是应对区域挑战的能力建设计划，通过技术援助、培训、教育交流、私营部门伙伴关系、与大学和民间社会的交流合作等方式，一方面为五国经验共享搭建平台，另一方面传输美国发展理念、专业知识和技术；

① 根据OECD数据库的双边官方人道主义援助资金计算。

二是第一支柱计划"水、能源、粮食与环境结合";三是第二支柱计划"人类发展与互联互通"。这两个支柱计划是在人力资源开发和能力建设的基础上突出减贫、社会包容和环境可持续的区域经济增长目标。

灾害风险管理和灾害响应均在上述框架中有所体现。根据美国与湄公河五国通过的《落实湄公河下游倡议的总体行动计划（2016—2020)》[①]，在第一支柱下设立了环境与水方面的目标：促进关于可持续环境管理的对话，加强在区域范围内预报洪水和干旱的能力，并提高成员国间跨界水资源管理能力。其中子目标二是强化灾害风险管理实践，使各国为自然灾害做好准备、提升响应能力。具体行动包括：通过完善监测和预警系统加强备灾能力，开发更好的预测工具和服务；通过培训和演练，提升灾害响应能力，如2017—2018年分别为缅甸、泰国开展了灾难响应演习和交流项目。子目标四是完善洪水早期预警系统：一是在湄公河下游地区安装自动水位观测系统和自动天气观测系统；二是完善洪水预报预警系统；三是为洪水预报和影响提供人力资源开发合作项目（针对缅甸）。在第二支柱下设立互联互通的目标，即基础设施、机制和人员方面实现互联互通，其中在子目标促进社会和环境可持续的基础设施发展中提出，为基础设施规划人员提供援助，使其在基础设施设计、规划、建设、评估（包括影响评估）阶段纳入对自然灾害管理的考量，考虑潜在受灾人群的需求，从而提高基础设施的可持续性。例如，美国在2017年为缅甸实施的LMI工程最佳实践项目、为老挝实施的大坝安全三期（检查与评估）项目均纳入了对自然灾害管理的考虑。

在美国实施的LMI旗舰项目中，有三个涉及灾害领域。

（1）湄公河智慧基础设施项目（SIM）：通过技术援助支持环境友好、社会公平的基础设施建设，实现清洁能源、土地和水的合理使用。正如前文所说，达到这一目标就需要在基础设施建设中纳入自然灾害管理的理念，在老挝开展的大坝安全三期就是SIM项目。

（2）湄公河水数据计划（MWDI）：美国与湄公河委员会（MRC）合作开

---

① Master Plan of Action to Implement the Lower Mekong Initiative 2016—2020, Updated as of 7/31/2018. http://www.lowermekong.org.

发数据信息平台"湄公河水"（www.mekongwater.org），推动水数据的透明度和问责制，以改善洪水和干旱的预报，加强湄公河委员会在数据共享中的协调作用。

（3）LMI 太平洋抗灾救灾演习和交流（DREE）：是美国陆军工程兵团开展的年度系列活动，通过与域内国家开展抗灾救灾演习和交流，增强区域应对洪水、干旱和其他自然灾害的能力以及灾后恢复能力。

第二，关注基于社区的灾害风险能力建设，推广美国"社区应急响应小组"（CERT）模式。美国 USAID 的海外灾害援助办公室（OFDA）的一项工作重点是减轻灾害风险（DRR）。美国认为，国家和地方实体的灾害管理者处于核心地位，因此在实践中以增强受援国各级政府灾害管理者的能力建设为主，强调基于社区的举措。具体而言，OFDA 帮助受援国建立预警网络、为学校学生培训地震发生时的应急方法、为当地应急人员培训搜救能力等。OFDA 通过减轻灾害风险方面的援助，增强社区的自主抗灾备灾能力以及灾后恢复能力。

值得一提的是，美国在湄公河地区的 DRR 援助项目，将其"社区应急响应小组"（CERT）模式进行了推广和输出。例如，美国政府通过亚洲基金会与韩国非政府组织合作在老挝开展"有准备有韧性的社区项目"[1]，旨在提升社区的灾害韧性和复原力，内容包括为省级的灾害防控委员会（DPPC）提供减少灾害风险培训、建立庇护所和社区中心、为区级 DPPC 提供抗灾生计培训，培训内容则嵌入了美国 CERT 模式。2018 年 5 月，在老挝溃坝事故之前，亚洲基金会组织了美国联邦紧急事务管理局（FEMA）培训人员为老挝国家和省级 DPPC 成员开展 CERT 培训，课程包括洪水应对、消防安全、灾难急救和医疗操作、轻型搜救以及灾后减轻创伤压力指导。溃坝事件发生后，在老挝政府成立的紧急救援小组中，一些来自劳动和社会福利部及老挝红十字会的政府官员就参加了 5 月的 CERT 培训，负责向阿速坡省受灾社区开展紧急救援工作。

第三，将灾害援助与发展援助相结合，将减少灾害风险与人道主义救援、灾后早期恢复相结合。OFDA 在提供紧急救援的同时，注重为灾后早期恢复奠

---

[1] Disaster-Risk Management in Laos, 15 August, 2018. https://asiafoundation.org/2018/08/15/disaster-risk-management-in-laos/.

定基础，并将减少灾害风险纳入人道主义救援、灾后早期恢复和长远发展援助中，加强易受灾人群的复原力。因此，OFDA 与 USAID 驻受灾国办公室进行密切配合，使紧急人道主义援助与长期发展类援助对接，帮助受灾国从灾难的紧急状态过渡到恢复阶段。例如，OFDA 与美国国际发展署缅甸办公室合作，通过国际移民组织在缅甸若开邦、钦邦等流离失所问题严峻的边境地区实施"提高灾害管理能力和抵御自然灾害的能力"计划，为受灾的流离失所家庭提供就业培训、重建社区基础设施、提供安全施工工具、提供儿童心理康复服务等①，支持美国在缅甸的长期发展战略。

第四，借助域外国家等多方力量，打造美国主导的区域合作。美国在"湄公河下游倡议"机制下设立了"湄公河下游之友"的多边援助方对话合作机制，目的是使各援助方在援助规划和行动上形成协调配合，成员包括在该地区涉入较深且具有较强影响力的双边援助国和多边国际组织，即澳大利亚、日本、韩国、新西兰、欧盟、亚洲开发银行和世界银行。通过该机制，各援助机构就信息共享、援助方案进行对接，对域内和东盟的如泰国、印度尼西亚、新加坡等新兴援助国进行资助和能力支持。

美国还拉拢日澳等盟友在"印太战略"框架下开展减灾救灾领域三方合作。例如，美澳双方以三方合作的形式为印太地区发展中国家提供海事能力培训和减灾援助。此外，美国与新加坡合作开展第三国培训计划（TCTP），面向包括湄公河流域国家在内的东南亚国家政府官员，提供培训援助。受训人员由在东盟国家任职的美国外交官和新加坡外交部提名，课程在新加坡进行，为期三到五天，灾害领域也是其中一项培训主题。通过培训，为各国分享最佳实践经验搭建交流互鉴的平台。

第五，美国善于通过开展灾害相关项目，为获取重要信息提供便利，典型的案例就是其开展的服务湄公（SERVIR-Mekong）项目。美国通过该项目动用了高精尖的技术手段，掌握了大量数据和信息，为其在该地区的战略布局提供了依据。

---

① Office of U. S. Foreign Disaster Assistance Annual Report for Fiscal Year 2017. https://pdf.usaid. gov/pdf_docs/PA00TBF1.pdf；IOM 网站：https://myanmar.iom.int/en.

服务湄公项目是 USAID 与美国国家航空航天局（NASA）提供资助、亚洲备灾中心（ADPC）负责实施的为期五年（2014—2019 年）的项目，支持湄公河下游国家的政府、区域机构和其他利益攸关方利用公开的卫星图像、地理空间技术的优势，在灾害准备和响应、水资源管理、土地利用规划、基础设施建设、自然资源管理、粮食安全等方面提供服务。服务湄公是 SERVIR 全球项目网络的一部分，该网络目前已在亚、非、拉美超过 45 个国家运行。

服务湄公主要包括五个主题：土地利用和生态系统管理；水资源监测和预报、洪水管理、灾害监测和预报、火灾监测和水质监测；农业监测、干旱管理、作物生产等粮食安全问题；天气监测和预报以及空气质量监测；共享地理空间数据。通过提供数据、分析、培训等方式，帮助决策者将最新、最优质的信息和科学技术应用于政策和规划制定。

服务湄公项目以需求为导向，定期开展需求评估，了解该地区当前的技术援助优先需求、挑战和机会。该项目已经进行了全面的区域地理空间需求评估，开展了区域干旱监测，与合作伙伴开发并提供了地表水测绘工具、土地覆盖监测系统以及干旱和作物产量信息系统。为了提高人们对地理空间信息的了解，该项目创建了门户网站，不断上传地理空间信息和其他工具以供免费访问。

美国国际发展署在该项目实施中建立了广泛的合作伙伴网络，除了与 NASA、ADPC 合作以外，还有空间信息学小组、斯德哥尔摩环境研究所、荷兰三角洲研究院、湄公河委员会、亚行环境运营中心、伯尔尼大学发展与环境中心、美国林务局、谷歌地球等多个国际和本地发展合作伙伴。

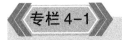

专栏 4-1

美国 SERVIR 项目

SERVIR 是美国国际发展署与美国宇航局 NASA 合资开展的全球项目，提供最先进的卫星地球监测、成像和测绘数据、地理空间信息、预测模型和科学应用等关键信息和支持服务，以帮助决策者应对粮食安全、水资源、自然灾害、土地利用等问题的挑战。

SERVIR 共有 27 颗卫星和传感器提供服务，在全球超过 45 个国家开展活动，开发了 73 项定制工具，与 200 多家机构合作，3500 余人获得了技术培训，400 余名决策者和科学人员参加了技术交流。

目前，SERVIR 已经在全球建立了广泛的网络。第一个区域中心于 2005 年在巴拿马巴拿马城启动，服务于中美洲地区和多米尼加；在尼泊尔加德满都的区域中心，服务于喜马拉雅山脉的兴都库什地区；在肯尼亚内罗毕的中心，为非洲东部和南部提供服务；在泰国曼谷的中心服务于湄公河流域的五国；2016 年在尼日尔设立了西非区域中心。每个区域中心都关注对当地人口最为关键的问题和需求。如在喜马拉雅，SERVIR 使用卫星的地球观测信息来探测森林火灾，监测土地覆盖和土地利用变化并评估水资源。在非洲东部和南部，SERVIR 支持改善洪水预报，监测霜冻对区域农业的影响以及评估土地覆盖和土地利用变化等活动。

二、日本经验：政策定位优先、主导全球减灾议题

日本高度重视湄公河次区域，目前是该地区的第一大援助国，日本全球援助布局的重点国家也集中在湄公河地区，越南、缅甸、柬埔寨、泰国均是其前十大受援国。横向对比其他国家在湄公河流域的援助情况，日本援助势力在该地区占据绝对主导地位。根据日本公布的发展合作白皮书，日本作为有着"西方援助俱乐部"之称的经合组织发展援助委员会成员国，自 2012 年起长期是柬埔寨、老挝、越南、缅甸的第一大援助国，自 2016 年起又成为泰国的第一大援助国。[①]

总体来看，日本对湄公河次区域的援助以经济和社会类基础设施为主。近年来随着该地区自然灾害发生频率增加、造成的经济损失越来越大，日本对这一地区的人道主义援助投入明显提升，尤其是 2011 年东日本大地震后，

---

① Ministry of Foreign Affairs of Japan: White Paper on Development Cooperation 2017, March, 2018. Japan's Official Development Assistance White Paper 2013, February, 2014.

日本更加关注灾害领域的援助，希望发挥日本作为多灾国家的经验和技术优势，在国际上发挥更大作用。2012—2020 年日本在湄公河流域提供人道主义援助累计 4.8 亿美元，年均超过 5000 万美元，逐渐超过欧盟，在这一地区的人道主义援助仅次于美国。[①]

目前，日本的灾害领域援助主要管理机构为外务省和日本国际协力机构（JICA）。其中，外务省为决策机构，负责人道主义援助事务有关政策制定和提供紧急无偿援助资金；JICA 为执行机构，负责救援队派遣、救灾物资发放、灾后修复重建、降低灾害风险等工作。

日本灾害相关援助包括以下几个方面的特点。

第一，日本在人道主义援助方面具有完善的制度和政策保障。1987 年 9 月 16 日，日本颁布了执行国际救灾的专项法律《有关国际紧急救援队的派遣法》（简称 JDR 法），1992 年对该项法律进行了部分修订，允许派遣日本自卫队参与救灾行动。2011 年东日本大地震后，日本政府将灾后重建工作纳入其外交政策，承诺吸取日本大地震的经验教训，继续在人道主义援助领域做出贡献，同时以此感谢国际社会对日本的帮助。基于此，2011 年 7 月日本外务省出台了《日本人道主义援助政策》，进一步表明了日本救灾援助遵循人道、公正、中立和独立四项基本原则，遵守良好的人道主义援助（Good Humanitarian Donership）原则、使用军事和国防资源救灾的奥斯陆指导方针（Oslo Guidelines）以及其他有关人道主义援助的国际规定。

同时，日本将灾害领域的援助优先政策纳入到其国际发展合作总体政策中，为人道主义援助提供了明确的政策定位和实施方向。日本于 2015 年修订的《发展合作大纲》[②] 中强调以 "人的安全" 为援助的基石，在其人道主义援助政策中也明确把保障 "人的安全" 作为人道主义援助的主要目标。在大纲中还规定了灾害有关的援助优先政策，如 "推动减少灾害风险成为社会主流、采取减少自然灾害和灾后恢复重建的措施、提供紧急援助并考虑长期的

---

① 数据来源：OECD 数据库。

② Japan Cabinet Decision, "Development Cooperation Charter: For peace, prosperity and a better future for everyone", 10 February, 2015.

恢复重建需求"，针对东南亚国家的援助政策中明确提出"援助的优先事项将转向提高减灾能力和灾害救援能力"。

第二，紧急救援力量雄厚、经验丰富。根据灾难规模和受灾国家需求，日本海外救灾援助主要采取三种方式，即派遣日本国际紧急援助队（JDR）、提供紧急救灾物资、提供紧急无偿援助资金。JDR 共有五种类型，即救援队、医疗队、专家队、自卫队和传染病疫情响应队，JICA 会根据受灾国需求、受灾程度和灾害类型等，派遣一个或多个分队执行救灾援助。其中，救援队是联合国国际搜索和救援咨询小组（INSARAG）认证的重型救援队，医疗队具有世界卫生组织认证的国际应急医疗队资质，专家队提供有关灾害管理和灾害恢复的指导和建议，自卫队在认为必要时开展防疫、医疗和运输等方面的紧急救援工作，传染病疫情响应队负责临床治疗、感染控制、公共卫生应对和后勤等方面的有关传染病防控任务。此外，日本有四个海外救灾物资储备仓库，分别在新加坡、美国迈阿密、阿联酋迪拜和加纳阿克拉，由世界粮食计划署负责管理，日本可就近选择储备仓库以便在短时间内将救灾物资运抵灾区。据 JICA 统计，1987—2021 年日本共派出各类紧急援助队 160 次，提供各类紧急物资 564 批次。[①]

第三，牢牢掌握着全球减灾议题的话语权和规则制定。2015 年在日本主持召开了第三次世界防灾会议（前两次也均在日本），日本主导推动通过了《2015—2030 年仙台减少灾害风险框架》，成为灾害管理领域的全球性制度文件和指导框架，其强调的投资减少灾害风险（DRR）以降低灾害损失的核心理念还纳入到 2030 年可持续发展议程（SDG）中。在这个过程中，日本的灾害风险管理理念逐步成为国际社会的主流价值观，并在全球 DRR 领域确定了主导地位。

JICA 针对仙台框架确定了四项优先援助举措，具体表现为以下特点：一是基于日本在自然灾害频发、资源匮乏的国情中积累的丰富治理经验，特别

① 参考 JICA 网站。

重视与湄公河国家分享在应对海啸、地震、飓风等自然灾害方面的经验[①]，坚持受援国"自助"的援助理念，通过援助传播日本减少灾害风险的专业知识、技术和经验，以实现互利共赢；二是与联合国减少灾害风险办公室（UNISDR）、世界银行、亚洲开发银行等国际合作伙伴合作，并加强与受援国中央、地方各级政府、学术机构、行业组织和社会组织等多方合作；三是将减少灾害风险纳入发展主流，坚持"人的安全"和可持续发展理念，帮助受援国建设灾害韧性的社会，包括扩大 DRR 援助，将重点放在预防、缓解和备灾阶段，在所有领域的援助项目中均考虑 DRR 因素，对援助项目进行灾难风险评估等。日本在湄公河地区援助项目多以基础设施为主，在落实仙台框架中，日本关注基建的灾害风险韧性，其为泰国援建的地铁蓝线项目[②]就是典型案例。由于泰国是洪水高发国，日本在地铁建设过程中就考虑了洪水风险因素，将地铁进出站口高度建于洪水警戒线之上，并采取了防止洪水渗入的建筑结构。

专栏 4-2

JICA 落实《2015—2030 年仙台减少灾害风险框架》的援助举措

行动事项一：了解灾害风险

援助举措包括：推广日本先进技术；基于风险评估帮助受援国制定 DRR 规划；开展能力建设。

行动事项二：加强灾害风险管理

援助举措包括：为受援国地方政府、社区和女性开展工作；完善受援国国家和地方政府合作机制；推动 DRR 主流化，开展风险评估。

行动事项三：投资 DRR 以提升韧性

援助举措包括：援建具有风险韧性的基础设施；实施减少灾害损失的灾前规划和对策。

[①] 张继业、钮菊生：试析安倍政府的湄公河次区域开发援助战略，《现代国际关系》，2016 年第 3 期，第 37 页。

[②] JICA's Cooperation for Disaster Risk Reduction：Disaster Resilient Society for All，April，2017.

行动事项四：加强备灾以开展有效响应行动，加强恢复和重建工作以实现"重建得更好"

援助举措包括：将紧急响应与发展援助、"重建得更好"对接；灾后帮助受援国修订技术标准和法规；为受援国强化 DRR 系统建设提供贷款援助支持。

第四，日本注重为东盟提供整体减灾规划。2013 年，日本宣布在"东盟—日本灾害管理合作"框架下，五年内为东盟国家提供 3000 亿日元援助，并培训约 1000 位专业人员，通过东盟灾害管理人道主义援助协调中心（AHA）等机构在这方面提供支持。① 自 2015 年起，日本为东盟启动了"建设灾害和气候韧性城市的基本数据收集研究"，2016 年 7 月起实施基础数据收集研究系统和政策框架建设，以推动东盟在减灾和气候变化适应方面实现一体化。为此，日本组织东盟十国开展了一系列能力建设和政策规划咨询，项目成果获得了东盟灾害管理委员会（ACDM）批准，并上报东盟灾难管理部长级会议。②

第五，在日湄合作机制的"绿色湄公"倡议下开展灾害领域合作。2009 年日本调整了与东南亚的合作布局，确立了与湄公河流域国家的对话机制，即每年召开日本与湄公河流域五国首脑会议。在该框架下，日本与湄公河流域国家开展防灾减灾合作。日湄双方于 2009 年第一次日湄首脑会议上制定了《东京战略》，其中提出了实现"面向未来十年的绿色湄公"（简称"绿色湄公"）倡议，灾害预防与灾害响应正是"绿色湄公"倡议的重点合作领域之一。

2015 年，日湄首脑会议上通过的《2015 新东京战略》中，日本将"可持续发展"作为战略要点，其中包括减少灾害风险、应对气候变化、水资源管

---

① Ministry of Foreign Affairs of Japan：Japan – ASEAN Commemorative Summit（Japan's ODA to ASEAN），15 December, 2013.

② Ministry of Foreign Affairs of Japan：White Paper on Development Cooperation 2017, March, 2018.

理、保护并可持续开发渔业资源四大方面。在《2015 新东京战略行动计划》中，日本明确了防灾领域日湄合作的总体与国别规划。① 总体规划要点包括：基于仙台框架开展合作，对东盟灾害管理人道主义援助协调中心（AHA）加大援助力度，继续加强防灾领域的对话，成立世界海啸日（11 月 5 日）。针对五国特点，日本分别制定了国别规划。(1) 老挝：气象水文整备计划；(2) 缅甸：沿岸红树林种植防灾机能强化、气象观测装置整备计划，建立自然灾害早期警报系统，灾害多发地区道路技术改善项目；(3) 泰国：运用可穿戴技术的气象数据收集与地图制作；(4) 越南：构建有力应对灾害的社会系统，通过卫星信息应对气候变化与灾害，紧急情况下运用综合防灾系统对大坝和洪水管理计划的调查等；(5) 柬埔寨：水质管理系统与信息中心。

在 2018 年 10 月举行的第 10 届日湄首脑会议上，日本与湄公河国家通过 2019—2021 年第四期援助计划，根据《2018 东京战略》的指导，日本进一步将"实现绿色湄公"确定为与湄公河国家合作的三大支柱之一，承诺在气候变化、灾害风险管理、海洋污染、水资源管理等方面为区域国家提供支持。

日本在湄公河五国开展的灾害领域援助项目多为无偿援助和技术合作项目，主要援助手段包括：一是建设气象预警系统，针对暴雨、强风等导致的洪水、泥石流，通过观测雷云，提高气象预警的精准度；二是洪水、干旱管理，提供数据观测与分析的技术援助，提高灾害预防应对相关部门的能力，提高社区层面的灾害应对能力；三是护岸工程，提供物资与技术援助，对洪水多发地的河川加固堤坝，抵御洪水，有效利用水资源；四是森林火灾预防与应对，提供物资援助，通过防灾教育提高民众防火意识。同时，日本强调其援助项目将积极运用地球观测卫星收集数据，并适当采用日元贷款支持此类项目，如在越南开展了灾害与气候变化卫星运用的日元贷款项目（见表 4-5）。

---

① 日本外务省网站。https://www.mofa.go.jp/mofaj/files/000093622.pdf.

表 4-5　日本在湄公河流域开展的具体援助项目（部分）①

国家	时间	项目内容	援助方式	资金规模
柬埔寨	2017.10	第四次金边洪水防御、排水计划	无偿援助	39.48 亿日元
	2012.7	洪水响应援助	无偿援助	15.1 亿日元
	2011.3	第三次金边市洪水防御、排水计划	无偿援助	37 亿日元
	2007.6	第二次金边市洪水防御、排水计划	无偿援助	25.95 亿日元
泰国	2016.6—2021.5	泰国综合气候变动适应战略共同推进研究	技术合作	
	2011.12—2013.6	湄南河流域洪水应对项目	技术合作	
老挝	2010.10—2014.9	河岸侵蚀应对技术项目	技术合作	
越南	2011.11—2016.11	越南交通干线沿线斜面灾害危险性评价技术开发	技术合作	
	2011.11	灾害与气候变化的卫星运用	日元贷款	72.27 亿日元
缅甸	2015.4—2020.4	灾害应对能力强化系统与产学官合作平台构筑项目	技术合作	
	2013.2—2017.2	自然灾害早期预报系统建设项目	技术合作	
	2013.11	第二次气象观测装置整备计划	无偿援助	2.31 亿日元
	2013.3	气象观测装置整备计划	无偿援助	38.42 亿日元
	2012.8	海岸地区防灾技能强化红树林植树计划	无偿援助	5.83 亿日元

三、欧盟经验：聚焦防灾备灾、依托非政府组织

欧盟委员会作为相对独立的援助方在湄公河地区的人道主义援助中一直发挥着重要作用，其资金规模在 2009 年曾一度超过美国，达到 5582 万美元。近年来，受欧洲难民移民危机、经济下行等因素影响，欧盟委员会在这一地区的投入有所下降，但仍是重要的人道主义援助提供方。②

欧盟委员会的欧洲民事保护和人道主义援助行动（ECHO）是开展人道主义援助的主要管理部门，包括提供紧急救援和防灾减灾援助。ECHO 在湄公

① JICA 国别事业情况·湄公河五国·防灾. https://www.jica.go.jp/oda/index.html.
② 数据来源：OECD 数据库。

河地区的重点国家聚焦在缅甸、越南、老挝和柬埔寨四国，其中将越南、老挝和柬埔寨三国纳入其对湄公河流域的整体援助框架，对缅甸、泰国的援助则作为双边援助单独考虑。2009—2021 年，欧盟对越南、柬埔寨和老挝的人道主义援助总额超过了4100 万欧元，包括用于备灾活动的3600 万欧元。2018 年，欧盟委员会承诺投入 120 万欧元用于支持湄公河地区的人道主义援助和备灾项目，减少自然灾害给弱势群体带来的风险，并提高当地社区的抵御能力。①

欧盟对湄公河地区的灾害领域投入主要体现在以下几个方面。

第一，欧盟委员会定期提供人道主义援助，以满足湄公河地区经常性自然灾害需求，重点是提供救援物资、现金援助以及卫生习惯培训等。为应对老挝南部桑片—桑南内（Xepian-Xe Nam Noy）水电站大坝的倒塌，欧盟提供了 20 万欧元援助，以支持向受灾人口提供住房及房屋修缮、饮用水和卫生用品等紧急救援物资。2017 年 11 月初，当台风达米袭击越南中部和中南部地区时，欧盟提供 20 万欧元援助资金。2019 年，欧盟拨款 20 万欧元用于应对老挝南部洪灾，提供 10 万欧元应对越南南部洪水。2020 年，欧盟提供了 6 万欧元的人道主义资金帮助越南应对干旱和盐水入侵。

第二，将防灾备灾纳入人道主义援助计划和项目。目前，风险管理和复原力已经系统地纳入欧盟所有部门的人道主义援助计划和项目。2009—2021 年，欧盟资助的所有人道主义项目中高达 88% 是用于防灾备灾。根据欧盟的国际承诺，欧盟委员会确保其所有相关行动能够减少灾害风险，以便更好地应对自然灾害。例如，自 2010 年以来欧盟向缅甸提供了 1165 万欧元用于沿海洪水易发地区和城市地震风险措施。此外，欧盟还将其年度人道主义预算的一部分（2018 年为 5000 万欧元）用于有针对性的备灾项目，重点落实《仙台框架》优先行动事项四（加强备灾以开展有效响应行动，加强恢复和重建工作以实现"重建得更好"）。为此，欧盟加大对早期预警系统的援助，帮助受援国监测和建立国家和地方的灾害应对能力，如根据越南的天气和风险

---

① EUROPEAN CIVIL PROTECTION AND HUMANITARIAN AID OPERATIONS 网站. https://ec.europa.eu/echo/where/asia-and-pacific/vietnam-cambodia-and-lao-pdr_en.

预测开发早期响应系统。欧盟的每个备灾项目都设置了明确的退出机制，即地方政府或当地合作伙伴能够接管或具备能力时，欧盟将停止援助投入，以便将有限的资金及时分配给更需要的领域和项目。2022 年，欧盟承诺以 250 万欧元支持几个东南亚国家的备灾方案，其中一部分资金用于加强湄公河地区的备灾工作。

第三，将减少灾害风险（DRR）与加强社区韧性相结合，关注受援国社区层面的能力建设。欧盟委员会关注自然灾害对最弱势群体构成的风险，致力于通过援助提高当地社区的抵御能力。自 1995 年以来，欧盟委员会已承诺为减少灾害风险项目投入超过 3170 万欧元，重点关注湄公河地区灾害最严重的社区，其中向柬埔寨投入 1300 万欧元、老挝 600 万欧元、越南 1270 万欧元。援助方式包括培训地方一级的灾害管理委员会，将减少灾害风险纳入地方规划，在社区层面实施如加固学校、厕所和水井防洪、提高人行道等小规模基础设施建设，提供公众意识活动和传染病监测等。例如，2014—2015 年，向柬埔寨和老挝提供了 200 万欧元，开展减少自然灾害对最弱势群体构成风险的项目，为灾害风险相关问题制定宣传方案，提高学校的 DRR 和管理能力，培训当地记者进行灾害报道。作为该项目的后续，2016—2017 年，欧盟又承诺为柬埔寨、老挝分别增加 80 万欧元的援助，继续在社区开展 DRR 能力建设项目。因越南达到了欧盟设置的援助项目退出机制，2015 年 12 月欧盟停止了在越南的社区传统 DRR 援助。

第四，依托国际非政府组织的专业力量，开展灾害领域的合作。CARE、拯救儿童、国际计划、健康贫困行动等众多在人道主义援助和发展援助领域具有影响力的国际非政府组织都是欧盟委员会的合作伙伴。例如，针对 2016 年越南爆发的 90 年来最严重干旱，欧盟委托 CARE 组织，开展了总额超过 200 万欧元的救援行动，包括粮食援助、生计恢复、安全用水和卫生习惯培训等。在老挝 2013 年登革热疫情中，ECHO 提供了约 25 万欧元的无偿援助，由健康贫困行动组织在受灾的 9 个省实施救助行动，并动员社区开展村庄和寺庙的病媒控制工作。2013 年柬埔寨 20 个省份受到暴雨和山洪影响，在紧急响应后，欧盟与行动援助组织（Action Aid）合作为柬埔寨开发了首个基于语音的"早期预警系统"，可实时向 65000 多人发布救生信息，帮助群众提高应对自然灾害的能力。欧盟与 CARE、拯救儿童和国际计划组成的非政府组织联盟合作，在越南 6 个省份开展安全学校项目，培训中小学教师如何让学生参与起草有利于儿童的安全学校计划。欧盟还为直接有利于湄公河流域国家的区域项目提供资金，如支持红十字国际联合会（IFRC）实施的区域城市复原行动，为包括柬埔寨、老挝和越南在内的 12 个国家开展提高安全意识的活动。

第五章　东南亚地区发展合作的日本模式

日本是东南亚地区发展合作最重要的援助提供方。日本的援助始于东南亚，从 20 世纪 50 年代对外提供援助至今，日本始终将东南亚作为重中之重，并一直维持东南亚第一大援助国地位，逐渐形成了独特的日本模式。可以说，日本对东南亚地区的精耕细作，就是其对外援助近 70 年的地区缩影。本章将系统梳理日本对东南亚的官方发展援助历史演进与特点趋势，为理解地区发展合作提供参考和案例。

第一节　关于日本与东南亚发展合作的研究简述

一、有关日本对外援助的特殊性

由于日本对外援助鲜明的地缘特征，对日本对外援助相关的研究通常都涉及日本与东南亚的关系。西方学者普遍认为，日本与传统西方援助国在很多方面存在差距，尽管日本是 DAC 成员国，但可以说是一个另类的成员国，西方援助国对日本作为一个援助国角色的认识充满未知和误解。日本援助在原则、方式、领域和伙伴关系上都有别于西方主流援助国，具有特殊性。①

在实践中，日本援助形成了一些突出优势，可以概括为：第一，一以贯

---

① Alina Rocha Menocal and Leni Wild, Where can Japanese Official Development Assistance add value? The Overseas Development Institute Policy Briefing No 71, February, 2012.

之的援助投入发挥了长期作用，尤其是在对基础设施和产业领域的长期援助方面；第二，日本对外援助基于自身发展转型，并支持将东南亚的发展经验转向非洲；第三，对外援助具有同理心，表现出对受援国的理解，重要体现就是日本对南南合作的支持，OECD 认为日本在这个方面是模范；第四，日本在援助领域是有效的执行者，重视援助在受援国当地的直接实施，项目型的援助方式比西方关注的高层次政策框架方式更有效。① 以上优势构成日本在国际社会的附加值，能够在发展合作领域发挥独特的作用。

日本援助的一些做法，被西方主流所批评。比如，高附加条件的捆绑援助、过于绑定日本自身的商业利益、过多使用贷款、太关注硬件忽视如治理机制等软件和减贫、援助项目间缺乏关联性等。日本学者渡边利夫以日本对东南亚的援助为例，论证经济援助大部分是先进国家通过"附带条件的援助"对发展中国家进行的一种贸易政策，日本对东南亚提供的"附带条件的援助"，基本机能是促进以生产设备为中心的商品出口。②

在援助效果上，普遍观点是，日本援助在执行与战略制定之间依然缺乏有效转换，前线实践经验和专家技能与日本援外政策制定之间存在距离。关于日本将在东南亚的援助经验传递给非洲的做法，有学者认为，尽管日本正在担当潜在的中间角色，但是这些经验能在多大程度上转移并应用于非洲依然是个问号。在国际参与方面，一个普遍共识是，日本在国际多边机制中——如DAC，表现出局内人和局外人的身份，长期作为成员被动地遵守 DAC 规则，不主动提出建议，也不善于有效发出反对声音，在一些问题上甚至不能清晰地表明立场，这种在国际场合的沟通有限和被动作风造成了外界对日本 ODA 的困惑和错误认知。因此，西方主流援助国建议日本不能局限于双边援助，应与多边机构和国际非政府组织合作，对外多宣讲自己的援外理念和实践。③

---

① Leni Wild and Lisa Denney, with Alina Rocha Menocal, Informing the Future of Japan's ODA: Positioning Japan's ODA as a leader in its field, The Overseas Development Institute, London , November, 2011.

② 渡边利夫、南经：日本对发展中国家的经济援助是一种贸易政策——日本对东南亚援助的事例研究，《南洋问题资料》，1974 年第 1 期。

③ GRIPS Development Forum, An Overview: Diversity and Complementarity in Development Efforts, Diversity and Complementarity in Development Aid: East Asian Lessons for African Growth. http://www.grips.ac.jp/forum-e/D&CinDA.htm; Rocha Menocal, A., L. Denney and M. Geddes, Informing the Future of Japan's ODA-Phase One: Locating Japan's ODA within a crowded and shifting marketplace, ODI: London, 2011.

二、有关日本对东南亚的援助

学界对日本在东南亚的援助较为关注。国外学者认为，日本在东南亚经济发展和区域一体化进程中能够发挥积极作用，日本对东南亚援助重点已转移至柬老缅越四国（CLMV），尤其是越南；日本对缅甸的援助大幅度提升，尤其是基础设施、工业和社会发展领域的开发是对缅援助重点。① 中日在东南亚地区的竞争经常成为国外学者关注的重点。在国内学术界，对日本对外援助的研究通常与日本外交、中日关系、日本与东南亚关系相结合。②

学者普遍关注日本与东南亚关系的历史演进、深层次动机、援助方式与效果、对中日关系的影响等，认为日本对东南亚的援助具有多重政治目的，根据日本不同发展阶段和所处国际环境的变化而调整。此外，国内学者对日本援助的方式与效果较为认可，认为其以贸易、投资与援助"三位一体"的方式把东南亚纳入以日本为首的"雁阵模式"的东亚地区经济体系之中，加快了日本"再亚洲化"的进程。日本通过对外援助，促进了与受援国之间的双边贸易投资，推动了与东南亚各国的经济合作，一定程度上缩小了东南亚各国发展水平的差距，同时也加深了日本和东南亚各国在政治、经济、文化上的交流与互信，树立了日本良好的国家形象。与此同时，日本援助背后的经济与战略意图较强，逐渐成为扩大私营资本海外输出、走向正常国家和政治大国、遏制中国的战略工具。

---

① Masahiro Kawai, Moe Thuzar and Bill Hayton, ASEAN's Regional Role and Relations with Japan: The Challenges of Deeper Integration, Chatham House, February, 2016.

② 参见乔林生：《日本对外政策与东盟》，人民出版社，2006 年；林晓光：《日本政府开发援助与中日关系》，世界知识出版社，2003 年；张光：《日本对外援助政策研究》，天津人民出版社，1996 年；马成三：日本的对外援助：发展、特点与课题，《日本学刊》，1991 年第 2 期；刘华英：从 ODA 看日本与亚洲国家经济的互补性，《现代日本经济》，2002 年第 4 期；彭文平：从"国际经济政治化"角度看日本对东盟的经济援助，《东北亚论坛》，2004 年第 1 期；郑思尧：日本对东南亚国家的 ODA 政策及其新动向，《东南亚研究》，2004 年第 4 期；陈志：日本对东南亚国家外交战略的历史演变与走向，《日本研究》，2009 年第 2 期；周玉渊：从东南亚到非洲：日本对外援助的政治经济学，《当代亚太》，2010 年第 3 期；张博文：日本对东南亚国家的援助：分析与评价，《国际经济合作》，2014 年第 4 期；刘云：日本新 ODA 大纲与安全保障，《国际研究参考》，2015 年第 4 期；姚帅：透视日本对外援助新政策，《国际经济合作》，2015 年第 5 期；王箫轲："积极和平主义"背景下日本 ODA 政策的调整与影响，《东北亚论坛》，2016 年第 4 期。

第二节　日本如何成为东南亚最大援助国：起点与重点

日本在东南亚地区援助可以概括为四个阶段。1954—1976 年是日本援助起步时期，对东南亚的援助与战后赔偿挂钩，并随着 20 世纪 60 年代日本经济的腾飞，对东南亚非社会主义国家的援助规模迅速扩大。1977 年"福田主义"提出后至冷战结束，日本援助从经济中心主义向战略性转移，对东南亚援助快速扩张。冷战结束后，日本在整个 20 世纪 90 年代保持第一大援助国地位，完成战略性援助转型以谋求"政治大国"夙愿，但因国内经济持续低迷，对东南亚援助出现下滑，重心由印度尼西亚转向越南。2013 年至今，日本对东南亚的援助战略主动性加强，成为实现"新增长战略""基础设施出口战略""价值观外交"和推行"自由开放的印太战略"的关键手段。

一、从战后赔偿到广泛介入（1954—1976）

日本的对外援助始于战争赔款，是在"二战"结束后特殊历史时期的产物，也受到美苏冷战格局的直接影响。在美国的默许之下，作为战败国的日本以战争赔款与对外援助挂钩的二合一方式进入东南亚，通过援助拉拢东南亚各国，试图遏制社会主义思想在当地的传播。伴随着日本援助广泛介入东南亚地区，以日本产品、劳务以及日元贷款为形式的资本迅速占领东南亚，既为日本经济腾飞提供了丰富资源和广阔市场，也使"二战"后东南亚各国对日本的长驱直入日渐反感，掀起反日浪潮。

（一）战后赔偿

"二战"结束后，美国在对日占领初期实行严厉的对日政策，意在使日本彻底实现非军事化、民主化，彻底消灭军国主义。为此，美国要求日本必须提供战争赔偿，以"现存之资产设备及设施抵付之，或以其现存及将来生产之货物抵付之"。[1]拆除日本的工业设备迁至受害国的战争赔偿方式，根本目

---

[1] 《对日合约问题史料》，人民出版社，1951 年，第 29 页。

的是彻底摧毁日本的军事能力。然而，1947 年以后美苏对立加剧，遏制以苏联为首的社会主义阵营成为美国首要任务，美国对日政策迅速从严惩转向扶植，将对日重点转移到加速其经济复兴上来。为此，拆迁的赔偿方式迅速停止。随着朝鲜战争的爆发，地理上被社会主义阵营包围的日本成为以美国为首的资本主义阵营的防共前沿，加速了美国的对日媾和。

1951 年 9 月 8 日，美国纠集一些国家，对日单独媾和而发表了非法、无效的所谓"旧金山和约"。其规定日本有战后赔偿的义务，但为了最大限度地避免日本提供实际赔偿，特别规定了日本战争赔款原则上不支付现金，而以产品和劳务的方式支付。"旧金山和约"签订后，赔偿问题的性质出现了截然相反的变化，因日本要与各国一对一地交涉赔偿具体措施，本质上使日本从战败国接受惩罚的被动局面转为手握主动权的有利局面。日本并没有立刻与东南亚索赔国磋商赔偿事宜，而是借朝鲜战争对美供应获得经济复苏之后，由于"日本对东南亚市场的需求，迫使日本重新重视悬而未决的赔偿问题"。[1]

日本以对缅甸的赔偿为起点，开启了"二战"后与东南亚的外交关系和经济援助联系。1954 年 11 月，日本与缅甸签订和平条约及《日缅赔偿及经济合作协定》，赔偿缅甸战争损失 720 亿日元（2 亿美元），并以日缅联合企业的名义提供 180 亿日元（5000 万美元）为期 10 年的劳务和产品。1963 年 3 月 29 日，日本向缅甸追加提供 504 亿日元（1.4 亿美元）无偿援助和 108 亿日元（3000 万美元）经济开发贷款。1956 年 5 月 9 日，日本与菲律宾签署赔偿协议和经济开发贷款协议，向其提供总额 1980 亿日元（5.5 亿美元）的劳务和装备物资作为战争赔款，并提供 900 亿日元（2.5 亿美元）长期贷款。1958 年 1 月 20 日，日本与印度尼西亚实现外交关系正常化，并签署协议，提供 803 亿日元（2.2308 亿美元）赔款，免除印度尼西亚在对日贸易中的 1.78 亿美元债务，并在 20 年内提供 1440 亿日元（4 亿美元）经济合作贷款，使印度尼西亚获得的赔款共计 8 亿美元。1959 年 5 月 13 日，日本与南越吴庭艳伪政

---

[1]　徐显芬：《未走完的历史和解之路：战后日本的战争赔偿与对外援助》，世界知识出版社，2018 年，第 30 页。

权签署赔偿和贷款协定，以 140 亿 4000 万日元（3900 万美元）的产品和劳务为战后赔偿，同时三年内提供 27 亿日元（750 万美元）贷款和 32 亿 7600 万日元（910 万美元）的长期经济开发贷款。[1]

对放弃赔偿要求的柬埔寨、老挝两国，日本则提供无偿资金援助的"准赔偿"。自 1959 年起三年内为老挝提供 10 亿日元（278 万美元）无偿援助，向柬埔寨提供 15 亿日元（417 万美元）无偿援助。新加坡、马来西亚和泰国 3 个没有战争索赔权的国家也获得了日本的"准赔款"。1955 年 7 月 9 日，日本和泰国签署协议，向其提供 54 亿日元贷款和 96 亿日元无偿援助，共计 2667 万美元。1967 年 9 月 21 日，日本与新加坡和马来西亚分别达成协议，分别向两国提供总值为 2500 万新加坡元（817 万美元）、2500 万马来西亚元（817 万美元）的日本产品和劳务（见表 5-1）。[2]

表 5-1　日本对东南亚的战后赔偿与"准赔偿"情况

受援方	战后赔偿与"准赔偿"总额	战后赔偿	援助（"准赔偿"）	赔款期限	主要项目
缅甸	4.2 亿美元	2 亿美元	2.2 亿美元	1955.4.16—1965.4.15	水电站、炼钢厂、化肥厂、铁路、造船厂、水泥厂、制糖厂、化工厂、港口、装配厂等
菲律宾	8 亿美元	5.5 亿美元	2.5 亿美元	1956.7.23—1976.7.22	农机、道路建设设备、学校、医疗设备、电气通信设施等
印度尼西亚	8 亿美元	4 亿美元（2.23 亿美元赔款和 1.77 亿美元免债）	4 亿美元	1958.4.15—1970.4.14	造纸厂、纺织厂等成套设备，布兰塔斯河等河流计划，奴桑达拉大厦建设等工程，船舶、土木、农用机械等

---

[1]　徐显芬：《未走完的历史和解之路：战后日本的战争赔偿与对外援助》，世界知识出版社，2018 年，第 31-51 页。

[2]　同上。

续表

受援方	战后赔偿与"准赔偿"总额	战后赔偿	援助("准赔偿")	赔款期限	主要项目
南越吴庭艳伪政权	5560 万美元	3900 万美元	1660 万美元	1960.1.12—1965.1.11	发电厂、厚纸厂、胶合板厂等
老挝	278 万美元		278 万美元	1959.1.23（生效日期）	小型火力电站、城市供水系统等
柬埔寨	417 万美元		417 万美元	1959.7.6（生效日期）	供水系统，建立农业、畜牧、医疗技术中心等
新加坡	817 万美元		817 万美元	1968.5.7（生效日期）	
马来西亚	817 万美元		817 万美元	1968.5.7（生效日期）	
泰国	2667 万美元		2667 万美元	1955.8.5（生效日期）	
共计	21.26 亿美元	11.89 亿美元	9.37 亿美元		

资料来源：徐显芬：《未走完的历史和解之路：战后日本的战争赔偿与对外援助》，世界知识出版社，2018 年，第 31-51 页。

　　战后赔款从 1955 年一直持续到 1977 年，这期间日本共向东南亚提供了约合 11.89 亿美元的赔款和 9.37 亿美元的无偿援助和贷款，成为东南亚各国发展工业化的重要资金来源。1958 年，日本对印度提供的第一笔"非赔偿性"的日元贷款标志着日元贷款成为日本对外援助的主要方式。1960 年日本向南越吴庭艳伪政权提供贷款 27 亿日元。[①] 由于日元贷款设有捆绑条件，即必须购买日本产品和服务，因此极大促进了日本的商品出口。在赔款与援款二合一模式之下，日本在东南亚开展了大批电站、水库、机电制造、农业生产、城市建设等基础设施项目。因以产品和劳务而非现金为支付方式，赔偿不仅没有给日本经济发展带来负担，反而使日本迅速进驻并占领东南亚市场，

---

　　① 林晓光：《日本政府开发援助与中日关系》，世界知识出版社，2003 年，第 105 页。

振兴了"二战"后的日本经济。

在美国推动下，日本于 1954 年 10 月加入以南亚和东南亚为援助目标的"科伦坡计划"①，开始对东南亚提供技术合作。因"科伦坡计划"为美国阵营维系对东南亚和南亚关系的多国联合援助机制，日本的加入标志着其援助国身份正式在国际社会上得到确立。1959 年，日本成为国际开发协会（IDA）的第一批成员国，在国际多边舞台进一步巩固了援助国的身份和地位。

（二）广泛介入东南亚

战争赔款与援助的挂钩使日本对外援助模式逐渐确立，形成无偿援助、技术合作和日元贷款三大方式，并一直延续至今。1965 年日元贷款超过战争赔款，成为日本最主要的援助方式。这一时期，日本对外援助的管理机制雏形初现。1961 年日本外务省设立经济合作局，设立海外经济合作基金（OECF）接管了日本进出口银行的东南亚开发合作基金，提供具有优惠性质的日元贷款。同年，加入发展援助集团（DAG，即经合组织 OECD 发展援助委员会 DAC 的前身），随后成为发达国家俱乐部 OECD 成员。1962 年，海外技术合作机构（OT-CA，日本国际协力机构 JICA 前身）成立。1965 年，日本效仿美国和平队模式，启动海外志愿者项目，对外派遣"青年海外协力队"。1974 年，JICA 作为专门的援外项目执行机构成立。由此，日本 ODA 事业进入快速发展阶段。

20 世纪 60 年代也是日本经济迅速发展的时期，1968 年日本成为西方阵营仅次于美国的第二大经济强国，援助规模迅速扩大，尤其是对东南亚非社会主义国家。日本在 1966 年召开"东南亚开发部长级会议"，提出每年拿出 GDP 的 1% 援助东南亚，从此开启了日本在东南亚地区的广泛介入。② 1966 年 11 月 24 日，总资本达 27.5 亿美元的亚洲开发银行在马尼拉设立，日本以 2

---

① 科伦坡计划（Colombo Plan）是英国于 1950 年针对南亚和东南亚地区发起成立的援助计划，早期以资金和技术援助为主要形式。最初该计划仅有 7 个英联邦国家——澳大利亚、英国、加拿大、斯里兰卡、巴基斯坦、印度和新西兰，而后扩大成为共 26 个成员国的国际组织，除柬埔寨以外的东盟国家均为成员国，英国、加拿大分别在 1991 年和 1992 年退出该计划。1977 年，该计划将针对的区域扩大到亚太地区。

② 姚帅：日本对外援助六十年的变与不变（1954—2014），转引自黄大慧：《东亚地区发展研究报告 2015》，中国人民大学出版社，2015 年。

亿美元的最高出资额牢牢把控对亚洲开发银行的实际控制权①,历任总裁均为日本人担任,以承担西方阵营的东南亚经济援助政策。

日本 ODA 总额从 1960 年的 1.05 亿美元增加至 1976 年的 11.05 亿美元,共对外提供 80.15 亿美元,其中东南亚占比 43%。除新加坡以外,所有东盟国家均位列接受日元贷款最多的前十国家之内。东盟国家接受的外来援助中,日本占 1/3。② 自 1966 年起,印度尼西亚始终为日本第一大受援国,日本援助占印度尼西亚接受国际援助的 60%,日本提供的日元贷款支持印度尼西亚开展了大量基础设施建设工程。泰国、菲律宾、马来西亚均为日本援助的重点,缅甸、越南、新加坡、老挝和柬埔寨也接受日本少量援助。对柬埔寨的日元贷款仅限于 1968 年提供的 15.17 亿日元用于河流综合开发,1974 年以后,由于柬埔寨局势原因,日本停止了无偿援助,仅通过国际渠道向柬埔寨难民提供人道主义救助。然而,20 世纪六七十年代,日本在东南亚的快速经济扩张也激起了东南亚的反日情绪。

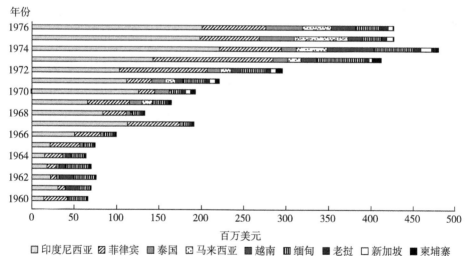

图 5-1 1960—1976 年日本对东南亚的援助情况

资料来源:OECD 数据库,金额为日本 ODA 净支付额。

---

① 林晓光:《日本政府开发援助与中日关系》,世界知识出版社,2003 年,第 109 页。

② 数据来源:OECD 数据库。

二、"福田主义"与援助快速增长（1977—1989）

"福田主义"是日本对东南亚政策转折点，也意味着日本援助从经济中心主义向战略性转移，从注重经济效益向兼顾经济利益和安全保障转移。20世纪70年代末苏联在中东、非洲快速扩张，日本密切配合美国向外扩展援助投入，使其对东南亚的比重相对下降。与此同时，为保持西方阵营在东南亚的阵地，遏制苏联阵营的渗透，日本逐年递增援助支出，逐渐发展成为全球援助大国，对东南亚的援助也实现了快速增长，以印度尼西亚、泰国、菲律宾、马来西亚和缅甸为主要援助对象。

（一）"福田主义"：经济援助向战略援助转型的开端

20世纪六七十年代，日本在东南亚的经济扩张造成负面效应，东南亚国家批评日本以援助的名义进行经济侵略，泰国、印度尼西亚甚至爆发反日游行示威。1977年福田赳夫访问东南亚时发表被称为"福田主义"①的政策演说，强调日本不会成为军事强国，将视东南亚国家为相互信任的平等伙伴，并进一步加强对东南亚国家的援助力度。在上述三原则基础上，日本承诺提供10亿美元与东盟国家共同开发五个建设项目②，表达了日本与东南亚是平等的伙伴关系，日本的援助是与东南亚各国的共同开发，以改善日本在东南亚不利局面，强化其作为和平的经济伙伴的国际形象。"福田主义"在消除东南亚国家对日本疑虑方面起到了积极作用，开启了日本与东南亚关系的新时代，也标志着日本从经济援助向战略援助的转型。

美国因越战元气大伤，1972年提出削减10%对外援助，以中东和南亚的战略要地为援助重点。面对苏联向东南亚扩张、越南企图在中南半岛建立地区霸权的严峻局势，美国要求日本"分担责任"，对"冲突周边国家"增加援助，以阻止苏联阵营向这些国家的渗透。在美国相对减少对东南亚援助的

---

① Speech by Prime Minister Takeo Fukuda（Fukuda Doctrine Speech）in Manila on August 18, 1977, "The World and Japan" Database. http://worldjpn.grips.ac.jp/documents/texts/docs/19770818.S1E.html.

② 林晓光：《日本政府开发援助与中日关系》，世界知识出版社，2003年，第117—118页。

同时，日本以援助增强了对这一地区安全和经济的影响力，战略性更加凸显。

1981 年日本外务省发表《经济合作的理念》白皮书，把综合安全保障与人道主义、相互依赖并称为日本对外援助的政策基础。日本着力通过援助维护其海外安全利益，巩固经济强国地位，启动多个重大援助项目，包括出资 1 亿美元在东盟成员国建设人力资源开发中心、在泰国建设东部沿海产业开发区等。1983 年中曾根康弘提出："要在世界政治中加强日本的发言权，不仅增加日本作为经济大国的分量，而且增加作为政治大国的分量。"[1] 这是日本首次对外透露政治大国的夙愿，在援助上则表现为配合美国的战略性援助。1978 年越南入侵柬埔寨以后，日本于 1980 年停止了对越南每年 140 亿日元的援助。邻国泰国成为冲突前沿，为了战略目的日本 1980 年将对泰国的贷款提高了 28%，达到 500 亿日元，并继续增加对泰国的援助。

（二）援助进入快速增长期

1975 年，日本成为西方发达国家首脑会议创始成员国，其经济大国地位得到了西方的认可。20 世纪 70 年代末日本经济又超过了苏联，成为全球仅次于美国的第二大经济体。随着日本经济强国地位的确立，对外援助进入倍增阶段。1977 年福田赳夫在西方发达国家首脑会议上宣布 "ODA 倍增计划"，第一次倍增的 "ODA 中期目标" 为五年内实现 ODA 翻一番，即 1977 年到 1982 年实现 ODA 从 14.2 亿美元提高至 28.4 亿美元。不久日本则将此计划缩短至三年完成。最终日本在 1980 年就达到了 33.04 亿美元，提前并超额完成预期目标，使日本占国际援助总量的比例增加至 12.49%，标志着日本跻身世界援助大国行列。[2] 随后，日本又在 1985 年、1988 年和 1993 年继续提出了中期目标。到 1989 年，日本 ODA 规模已增长至 12368 亿日元（约 90 亿美元)[3]，超过美国成为第一大援助国。

1977—1989 年，日本对东南亚的援助也实现了快速增长，从 3.08 亿美元

① 姚文礼：转型期的日本外交——评大平、铃木、中曾根内阁外交，《日本学刊》，1996 年第 4 期。
② 林晓光：《日本政府开发援助与中日关系》，世界知识出版社，2003 年，第 119 页。
③ 乔林生：《日本对外政策与东盟》，人民出版社，2006 年，第 97 页。

增长至 22.22 亿美元，主要以印度尼西亚、泰国、菲律宾、马来西亚和缅甸为主，这五国占据了日本对东南亚援助总额的 98%。1977—1982 年印度尼西亚为第一大受援国，此后泰国和菲律宾相继占据第一，1987—1989 年印度尼西亚重回第一位置。1988 年缅甸发生政局动荡和军事政变之后，日本停止了对缅甸的日元贷款，援助额从 1988 年的 2.6 亿美元降至 7141 万美元。[①]

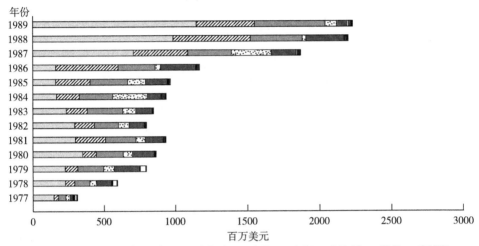

图 5-2　1977—1989 年日本对东南亚的援助情况

资料来源：OECD 数据库，金额为日本 ODA 净支付额。

随着日本援助的快速增长，日本援助的非经济性战略意图增加，促使其向东南亚外围拓展。1973 年的石油危机，使日本意识到制定全面的国家资源安全政策的紧迫性，除拉动出口外，确保日本资源安全成为重要目标。援助地区从东南亚国家拓展至中东等资源丰富国家，加强对中东和海湾地区产油国的援助，开展以"能源外交""石油外交"和"经济安全保障"为核心的日本外交和援助政策，导致东南亚接受日本援助的比重有所下降。在 1977 年以前，东南亚在日本总体援助支出的占比平均值为 47%，曾在 1962 年达到89%。而 1977 年以后，东南亚在日本援助总额的比重下降到 30% 以下。[②] "石

---

① 数据来源：OECD 数据库。

② 数据来源：OECD 数据库，为笔者根据日本 ODA 净交付额计算得出。

油外交”导致中东获得了 29.7% 的日本援助①，非洲、拉美、南太岛国等地区也开始获得日本援助的关注，一方面是为了配合美国遏制苏联扩张的战略部署；另一方面也是日本以援助谋求政治大国地位的主动选择，反映了日本由“低姿态”外交向大国外交的转变。

三、援助服务本国利益的战略定位确立（1990—2012）

冷战结束后，日本作为贯穿整个 20 世纪 90 年代的第一大援助国，对外援助奉行“宫泽主义”，成为日本追求正常国家身份的重要手段。但随着日本经济持续低迷，对外援助支出持续下滑，进入 21 世纪后从援助第一大国退回到美国、英国、德国和法国之后。在这种背景下，日本对外援助明确了服务本国利益的战略定位，对东南亚的援助重点转向湄公河流域国家，并在地理上进一步向东南亚以外的其他区域拓展。

（一）“宫泽主义”：完成向政治经济并重的战略性援助转型

冷战结束后，日本外交上表现为“脱美返亚”的特征，核心是要掌握其在亚太地区的政治和经济主导权。时任日本首相宫泽喜一在 1993 年 1 月访问东盟四国（印度尼西亚、马来西亚、泰国、文莱）期间发表了题为《亚洲太平洋新时代及日本与东盟的合作》的演讲，标志着日本与东盟的关系步入了政治、安全保障对话的新阶段。“宫泽主义”的日本对东盟政策，实质上是日本希望在亚太地区通过建立安全对话机制发挥政治主导作用，并通过发挥头雁作用密切经济关系。②

日本作为贯穿整个 20 世纪 90 年代的第一大援助国，对外援助实现了“法治化”，将“宫泽主义”的精神贯彻其中，成为日本追求“军事安全”进而走向“正常国家”的重要手段。1991 年，日本发表“官方发展援助四原则”，即“兼顾环境与发展；避免用于军事目的及助长国际争端；维持国际和

① 林晓光：《日本政府开发援助与中日关系》，世界知识出版社，2003 年，第 110 页。
② 徐世刚：日本“脱美返亚”战略浅析，《国际政治》，1997 年第 2 期。

平与稳定的同时，对发展中国家的军事支出、大规模杀伤性武器的开发和研制以及武器进出口等予以密切注意；密切关注发展中国家在促进民主化、引进市场经济和基本人权保障等方面的动向"。① 四原则第一次表明日本要把援助与受援国军事支出、武器开发及进出口、民主人权等问题挂钩。1992 年日本出台《ODA 大纲》②，成为日本第一部对外援助的法律文件，将上述四原则以法律形式确定下来，援助的政治色彩明显加强。有学者提出，四原则标志着日本 ODA 政策完成了自 20 世纪 80 年代以来就已酝酿的转变——从"三位一体的开发援助型"向"政治援助领先的开发援助型"转变，本质上是日本从"经济大国型援助"向"政治与经济大国型援助"的转型。实际上，日本对外援助"法治化"的过程，就是其对外援助"政治化"的过程，援助四原则实为日本提供援助的附加政治条件。

在此指导下，日本开始通过援助在国际社会着力打造和平的国家形象。在解决柬埔寨问题的过程中，日本成为 1991 年柬埔寨和平协定签署国之一，实现在国际社会更大的存在感。通过成功参与柬埔寨问题和平解决，日本增强了在湄公河区域施加影响力的信心。1993 年 1 月，时任首相宫泽喜一在曼谷发表政策演说，提出建立针对湄公河国家的综合开发论坛机制（FCDI）的倡议，1995 年 2 月主办了论坛部长会议，1996 年发表了《大湄公河开发构想报告》。1999 年 2 月主办国际援柬会议，日本承担国际 4.7 亿美元对柬无偿援助中的 1 亿美元，在复员军人再就业培训、排雷及森林保护等方面提供援助，并在同一年决定恢复对柬埔寨结束 31 年的日元贷款，开展西哈努克港的改造工程。③

1997 年亚洲金融危机爆发后，日本政府宣布了总额 440 亿美元的援助措施，并在 1998 年先后启动了 300 亿美元的"应对亚洲货币危机新倡议""亚洲

---

① 乔林生：《日本对外政策与东盟》，人民出版社，2006 年，第 97 页。
② Cabinet Decisions. Japan's Official Development Assistance Charter. Government of Japan Ministry of Foreign Affairs, 30 June, 1992.
③ 乔林生：《日本对外政策与东盟》，人民出版社，2006 年，第 101 页。

增长和恢复倡议"，并提供总额约 83 亿美元的紧急经济方案以支持倡议实施。[①] 此外，日本与东盟货币互换协议挂钩，鼓励日本银行业进入东南亚，为融资提供担保。[②] 与此同时，日本积极派遣自卫队参与维和行动、支持蒙古等前社会主义阵营国家转型、在发达国家集团中积极参与制定援助战略文件。一系列的援助举措表明，日本希望在国际社会打造一个"政治大国"的形象，并通过拓展至全球范围的援助，试图在"入常"等问题上换取受援国的政治支持。

（二）ODA 政策机制改革，明确服务本国利益

进入 21 世纪，中国、印度、巴西、南非等新兴经济体的影响力逐渐扩大，而日本受困于国内经济衰退，从援助第一大国退回到美国、英国、德国和法国之后。为了适应新的国际形势，日本政府对 ODA 政策和机制管理进行了一系列改革。2003 年修改《ODA 大纲》[③]，指出日本援助的总目标是"维护国际社会和平与发展，从而确保日本自身的安全和繁荣"。大纲提出五大基本政策：支持发展中国家的"自助"（self-help）；支持保障"人的安全"（Human Security）；确保社会公正；利用日本经济社会发展的经验和专长促进发展中国家发展；与国际社会建立伙伴合作关系，在亚洲等地区积极促进南南合作。重点援助领域包括减贫、可持续增长、全球性问题（气候与环境、传染病、恐怖主义、难民、性别平等、自然灾害等）以及和平建设。

这次政策调整反映出日本第一次将 ODA 定位为服务国家利益，一方面明确日本有限的援助只是帮助其他国家"自助"，同时突出了援助中的日本技术转移。在 2011 年东日本大地震之后，灾后重建加剧了日本政府的财政压力，日本强调援助的"互助"理念，认为援助既是日本的义务，也将使日本在相

---

① Relationship between Japan and ASEAN, Ministry of Foreign Affairs of Japan, December, 1998. https://www.mofa.go.jp/region/asia-paci/asean/pmv9812/relation.html.

② 张蕴岭：日本的亚太与东亚区域经济战略解析，《日本学刊》，2017 年第 3 期。

③ "Japan's Official Development Assistance Charter", Government of Japan Ministry of Foreign Affairs Economic Co-operation Bureau, 29 August, 2003.

互依赖的国际社会中受益。① 2008 年 10 月，日本将对外援助管理机制进行了整合，将日本国际协力银行（JBIC）的日元贷款职能和一部分由外务省管理的无偿援助项目并入日本国际协力机构（JICA）②，形成了现有援外管理执行的基本架构，实现了日元贷款、无偿援助和技术合作的统一管理。

在大纲指导下，日本对全球性问题的援助更为关注，更为积极地通过援助参与国际事务，谋求政治大国地位，在国际发展援助中积极倡议创新理念和做法。在 20 世纪 90 年代末至 21 世纪初，日本促成"人的安全"理念在联合国框架下的推广，宣布日本将推动 21 世纪建设为一个"以人为本"的世纪，并和联合国秘书处成立联合国人类安全信托基金（UNTFHS），强调"人的安全"为中心思想的和平建设援助。③

（三）对湄公河区域援助增多

东盟国家被纳入以日本为"头雁"的东亚地区经济体系之中，在日本援助、投资与贸易"三位一体"的带动下实现了经济增长。根据经合组织发展援助委员会（DAC）对受援国的界定标准，日本对东南亚的援助布局出现了变化，对达到 ODA 毕业标准的国家减少或停止援助，对越南、柬埔寨、缅甸的援助逐步增加。

20 世纪 90 年代泰国已发展至中低收入国家，1993 年日本决定停止对泰国的无偿援助项目，以技术合作和日元贷款对其开展经济合作。马来西亚出于减少债务压力的考虑，决定暂不申请日元贷款。1996 年，日本对新加坡援助彻底终止。柬埔寨问题和平解决后，日本于 1991 年立刻恢复了对柬埔寨的技术合作，自 1992 年起正式提供无偿援助。与此同时，日本率先恢复了与越南的往来，于 1992 年 11 月对越南恢复援助，提供了 455 亿日元贷款，并派遣了日本海外志愿协力队。1995 年 7 月，日本认为缅甸民主化有所进展，在西

---

① Japan's Official Development Assistance White Paper 2011；Japan's International Cooperation, Ministry of Foreign Affairs. https://www.mofa.go.jp/policy/oda/white/2011/pdfs/00_oda_wp_2011.pdf.

② JICA profile. https://www.jica.go.jp/english/.

③ JICA's Human Security Approach：Features and Case Studies, June, 2010. Tokyo：JICA.

方维持对缅制裁的情况下，恢复了对缅甸的无偿援助和技术合作。① 这种变化也反映了日本援助四原则之一，即对发展中国家在促进民主化、引进市场经济和基本人权保障等方面加大援助，已展现出"价值观外交"的趋势。

整个 20 世纪 90 年代，日本因调整对东南亚的援助，在金额上有所波动，但依然以印度尼西亚、菲律宾和泰国为主。越南则后来者居上，从 1992 年恢复之初的 2.8 亿美元增加到 1999 年的 6.8 亿美元，超过菲律宾成为日本在东南亚的第三大受援国。马来西亚进入日元贷款还款期，因此日本对其援助净支付额大幅减少，甚至在个别年份出现负值。②

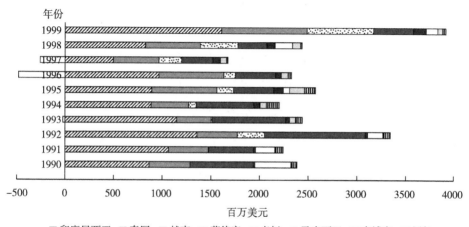

图 5-3　1990—1999 年日本对东南亚的援助情况

资料来源：OECD 数据库，金额为日本 ODA 净支付额。

进入 21 世纪，日本在东南亚的重点受援国出现"北上"的变化，越南成为接受日本援助最多的国家。日本于 1992 年恢复对越援助后，截至 2012 年对越提供援款共计 1.836 万亿日元（202 亿美元），已帮助越南建设一批交通运输、电力、环保和扶贫项目，资助越方改善营商环境、推进国企改革和不

---

① 乔林生：《日本对外政策与东盟》，人民出版社，2006 年，第 100-101 页。

② 数据来源：OECD 数据库，金额为日本 ODA 净支付额。

良债务处理，许多日本企业通过 ODA 项目向越方转让技术和经验。① 2011 年，越南超过印度尼西亚成为日本在东南亚的第一大受援国，2012 年越南又超过印度成为日本最大受援国，受援金额达到 20.36 亿美元。② 与此同时，随着东帝汶在 1999 年公投中决定脱离印度尼西亚独立，日本于 2000 年开始对东帝汶提供援助。

日本在东南亚援助布局的调整也是其挟美抑华以及"重返亚洲"的体现，通过对中国周边东南亚国家加大援助，遏制中国的意图越来越明显。自 2009 年起，日本与湄公河流域五国每年举行首脑会议，对这一区域的援助力度逐年加大。2009 年，在鸠山内阁主办的首届"日本—湄公河流域首脑会议"上，日本政府承诺在 2010—2013 年提供 5000 亿日元，以老挝、柬埔寨和越南为主，开展"东西经济走廊""南部经济走廊"等基础设施建设，实施"绿色湄公十年倡议"，推动公私合作伙伴关系等。③ 2012 年野田佳彦内阁时期，日本又提出对湄公河五国的 6000 亿日元第二期援助计划，支持日本—湄公河合作三大支柱的落实，即湄公联通、共同发展、人的安全与环境可持续。④

（四）向东南亚以外地区进一步拓展

从 2003 年 ODA 大纲可以看出，东南亚已不是日本唯一的援助优先地区，而是向南亚、中亚等其他亚洲地区扩散。这一时期日本对南亚和中亚的援助持续增加，2000 年的援助额为 20.49 亿美元，到 2012 年已达到 41.42 亿美元，在日本双边援助支出的比重从 16% 提高到 29%，已接近日本对东南亚的援助规模。⑤

---

① 日本拟继续扩大对越提供 ODA，中国驻越南经商处网站，2013 年 2 月 1 日。http://vn. mofcom.gov.cn/article/jmxw/201302/20130200019461.shtml.

② OECD 数据库，金额为 ODA 毛支付额。

③ Tokyo Declaration of the First Meeting between the Heads of the Governments of Japan and the Mekong region countries. 7 November, 2009. Mekong-Japan Action Plan 63. 7 November, 2009. Ministry of Foreign Affairs of Japan. https://www.mofa.go.jp/region/asia-paci/mekong/cooperation.html.

④ Tokyo Strategy 2012 for Mekong-Japan Cooperation, 21 April, 2012. Ministry of Foreign Affairs of Japan. https://www.mofa.go.jp/region/asia-paci/mekong/summit04/joint_statement_en.html.

⑤ 根据 OECD 数据计算，金额为 ODA 毛支付额。

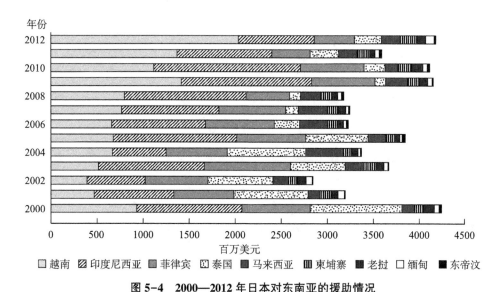

图 5-4　2000—2012 年日本对东南亚的援助情况

资料来源：OECD 数据库，金额为 ODA 毛支付额。

与此同时，随着日本谋求政治大国的意愿越来越强烈，以及中国在非洲地区影响力不断提升，日本加快了对非洲的援助步伐。2000—2012 年，非洲在日本 ODA 中的平均比重为 15.63%。2008 年日本在第四届东京非洲发展国际会议上公开承诺，在 2012 年以前将对非援助在 2003—2007 年 9 亿美元年平均值基础上翻一番，达到 18 亿美元。事实上，日本在 2008 年对非的援助额就达到了 16.8 亿美元，到 2010 年就已提高至 20.5 亿美元。[1] 在 "9·11" 事件以后，随着美国将对外政策调整为全力打击恐怖主义，日本也大幅增加了对中东地区的援助力度，标志着日本全面放弃援助 "内政不介入" 理念。[2] 援助配合军事手段的运用越来越频繁，日本自卫队 "借船出海"，从阿富汗到亚丁湾遍布整个中东地区，进一步表明日本援助向和平安全领域转移的迹象。

---

① Japan's Official Development Assistance White Paper 2011: Japan's International Cooperation, Ministry of Foreign Affairs. https://www.mofa.go.jp/policy/oda/white/2011/pdfs/00_oda_wp_2011.pdf.

② 蒋旭栋：论日本在中东地区的政府开发援助战略，《阿拉伯世界研究》，2017 年第 3 期。

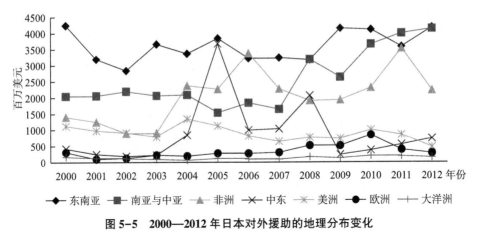

图 5-5　2000—2012 年日本对外援助的地理分布变化

资料来源：OECD 数据库，金额为 ODA 毛支付额。

四、战略主动性提升与印太战略下的援助扩张（2013 年至今）

日本在 2012 年 12 月 26 日开启了安倍晋三的第二任期，对内以"安倍经济学"① 推动经济复苏，对外推行"俯瞰地球仪外交"，2016 年提出"自由开放的印度洋太平洋战略"，在对外援助上表现为战略主动性显著提升。援助作为服务本国利益的战略手段，日本意图在东南亚实现"以援促经"，进而"以经促政"，巩固与东南亚国家的关系。自 2013 年以来，在日本高调密集的援助攻势协助下，日本对东南亚的外交关系打开了新的局面。2013 年日本与缅甸关系迅速升温，双方建立"战略性外交关系"，2015 年与越南的关系升级为"广泛的战略伙伴关系"，与老挝建立了战略合作伙伴关系，与菲律宾的关系提高至"强化的战略合作伙伴关系"。② 日本通过援助巩固了在东南亚的战略地位，东南亚各国均表示支持日本实行的"自由开放的印太战略"，并对于日本"高质量基础设施伙伴关系"表现出了参与积极性。

---

① 安倍内阁成立后，为刺激国内经济复苏，迅速出台了"安倍经济学"经济振兴计划，包括超宽松的货币政策、庞大的财政刺激措施和经济结构改革"三支箭"。

② 王箫轲："积极和平主义"背景下日本 ODA 政策的调整与影响，《东北亚论坛》，2016 年第 4 期。

（一）援助的战略主动性进一步强化

自 2013 年以来，日本对东南亚的援助战略主动性明显提升，成为配合国家各项战略的重要工具。

2013 年 6 月安倍提出"新增长战略"（又称为"日本复兴战略"），包括"日本产业复兴计划""战略市场创造计划"和"国际拓展战略"三项行动计划。日本一改此前"商业交由私营部门自行发展"的观点，转向政府与私营部门通力合作赢取国际市场份额，尤其在基础设施出口和日本产品海外推销方面，推进官民一体的战略性措施。为此，援助成为实现"新增长战略"的重要手段，日本政府力推公私伙伴关系的合作框架（PPP），发挥对外援助的催化剂作用。2015 年日本《发展合作大纲》中明确指出，私营部门是推动发展中国家经济发展的强有力引擎，日本在亚洲援建的硬件（有形基础设施）和软件（无形基础设施）有助于帮助改善当地的投资环境，援助资金发挥的催化剂作用激发了民间投资，从而促进受援国的经济发展和减贫事业。

日本政府在援助中纳入 PPP 的官民合作方式，具体到东南亚国家，主要包括三种方式：一是通过援建硬件基础设施、开展人力资源开发合作、促进规章制度建设和组织能力建设，为日企改善海外营商环境；二是鼓励通过官民合营的方式投资基础设施项目，ODA 为企业投资提供资金补充；三是支持并配合企业在当地开展企业社会责任活动。例如，JICA 与日本贸易振兴机构、河内与胡志明市的日本商会、日本驻越南大使馆以及越南政府合作，共同推动越南营商环境改善，JICA 为此就机构改革和能力建设提供技术援助，此项目纳入与世界银行、亚洲开发银行共同注资的"减贫支持信贷"中。

2013 年 5 月日本政府发起"基础设施出口战略"，其中 ODA 为该战略的主要落实工具之一。为此，日本在援助项目中加强日本技术的使用，改善日本贷款条件，加强 JICA 在 2012 年启动的"私营领域投融资"（PSIF）机制的使用，通过股权投资和贷款，支持日本和他国企业在发展中国家实施具有社会和经济影响的发展项目；通过援助促进与私营部门协调，推动日本地方政府与东南亚国家建立伙伴关系，转移地方企业技术、促进地方企业的海外拓展；通过援助海外基础设施领域的法律机制建设，促进营商环境改善，支持人力资源开发。① 安倍在 2013 年 12 月举行的东盟—日本纪念峰会上宣布未来五年（2014—2018 年）向东盟提供总规模为 2 万亿日元的援助，支持东盟一体化，将高质量的基础设施引入东盟，加强交通基础设施建设，促进地区联通。日本期待通过支持东盟国家的联通性，为日本企业开拓海外市场奠定基础。

随着 2013 年 5 月日本政府提出"日本全球健康外交战略"，日本在国际合作中积极推广"全民健康覆盖"（UHC），致力于树立在全球公共卫生中的标杆形象，并将此作为体现日本"人的安全"援助理念的主要抓手。"全民健康覆盖"是世界卫生组织积极呼吁的全球发展议题之一，已纳入 2030 年可持续发展目标，是全球卫生领域的核心内容。日本通过主动谋划和长期运筹，一方面确立了在这一全球发展议题上的领导力，另一方面为推广其医疗技术和公共医疗保险制度、实现医疗产业的海外转移创造了条件。在东南亚的医疗卫生援助中，日本通过主打"全民健康覆盖"，积极发挥企业作用。2016 年，JICA 通过中小企业海外促进项目支持一家日本从事老年护理的企业在东南亚开拓市场，以菲律宾为推广日本老年护理体系的首站，并计划推广至整个东盟国家。②

新冠肺炎疫情暴发后，为突出日本在疫情时代应对全球挑战的国际贡献，日本在"全民健康覆盖"方面进一步发挥领导力，将对东盟国家传染病应对系统的支持作为重中之重，并纳入印太战略予以落实。安倍在 2020 年 4 月举行的东盟与中日韩（10+3）抗击新冠肺炎疫情领导人特别会议上宣布，日本将在三个方面大力支持东盟，即加强传染病应对能力、支持"东盟突发公共卫生事件和新兴疾病中心"（ACPHEED）建设、增强经济复原力。为此，日本深度参与并支持 ACPHEED 中心的筹建，包括向日本—东盟一体化基金③捐款 5000 万美元（55 亿日元）用于中心建设，自 2020 年 6 月起与东盟国家及

---

① Ministry of Foreign Affairs of Japan, Japan's Official Development Assistance White Paper 2013, February, 2014.

② Ministry of Foreign Affairs of Japan, White Paper on Development Cooperation 2017, March, 2018.

③ 日本—东盟一体化基金（JAIF）是 2005 年 12 月日本—东盟首脑会议上提出、2006 年成立的基金，首次注资 75 亿日元（7010 万美元），以支持东盟国家缩小区域差异、建立东盟共同体、推进一体化。在 2013 年东盟—日本纪念峰会上，安倍宣布向基金增资 1 亿美元，用于海洋合作、灾害管理合作、反恐和网络犯罪、加强东盟互联互通四个领域。2019 年、2020 年日本又提供了额外捐款。

美国、澳大利亚、世界卫生组织的专家合作开展可行性研究，通过 JICA 的技术合作派遣专家并提供培训。[1] 2022 年 8 月 ACPHEED 中心秘书处在泰国首都曼谷 Bangrak 卫生中心大楼正式成立。通过该中心，日本将为加强东盟应对公共卫生突发事件以及防备、检测和应对新兴传染病的能力提供更大支持。此外，日本还向"COVID-19 东盟应对新冠肺炎疫情基金"进一步捐助 100 万美元，支持东盟开发疫苗和采购医疗用品。

（二）以东南亚为第一优先地区但侧重调整

安倍自 2012 年底上任之后，次年 1 月便开始对越南、泰国和印度尼西亚三国进行访问，并在短短一年的时间访遍东盟十国，接连抛出援助承诺。ODA 成为安倍对东南亚外交政策中打出的"关键牌"。2015 年日本修订并出台《发展合作大纲》，坚持以东南亚为第一优先援助地区，确定了三大目标，即促进法治建设、维护海洋安全、实现基础设施出口。援助侧重可以概括为五个方面：第一，以有形和无形的基础设施援助为主，以加强东盟各成员国间的互联互通、缩小贫富差距；第二，加强对湄公河次区域（尤其是越南、老挝、柬埔寨、缅甸）的援助；第三，向东南亚中等收入国家（以印度尼西亚、泰国、马来西亚、菲律宾为主）提供援助以促进产业发展、提供生产率和技术创新，防止其陷入"中等收入陷阱"；第四，以提高减灾救灾能力、促进法治为优先援助领域；第五，向东盟组织提供有助于区域发展的援助。

长期以来，因冷战意识形态的延续，日本在东南亚的重点受援国以印度尼西亚、菲律宾、泰国、马来西亚等老东盟国家为主。但安倍第二次执政后，日本对东南亚的国别投入出现了明显变化，在维持其东南亚传统势力范围的同时，同步加大了对中南半岛地区的投入，越南、缅甸成为日本在东南亚援助的主要目标。

日本与越南的关系在安倍第二任期可谓进入了"超级蜜月期"，2014 年双方建立全面战略伙伴关系，在经贸、安全领域合作尤为密切，背后则是受

---

[1]　Ministry of Foreign Affairs of Japan, White Paper on Development Cooperation 2020, March, 2021.

到中国在南海维权方面的一系列举措以及美国在东南亚战略收缩的直接影响，致使日越在地区事务上"抱团"，双边关系达到了前所未有的高度，甚至超过了日本与印度尼西亚、泰国、菲律宾等东南亚传统伙伴的关系。这也直观地反映在日本 ODA 的地理布局上。2011—2016 年，日本对越南的年度援助净支付额均维持在 10 亿美元以上，在量级上遥遥领先于其他国家，使越南超过印度尼西亚成为日本在东南亚的第一受援国，并多个年份位居日本的全球最大受援国。

缅甸于 2011 年开启民主化改革之后，日本跟随西方援助国步伐，2012 年 4 月宣布调整对缅援助政策，对缅援助热情大幅提升。2013 年，实现民主化转型的缅甸成为日本援助"新宠"。日本免除了缅甸的全部日元贷款债务（5000 多亿日元），并于 2013 年 5 月恢复了已停止 26 年的对缅 ODA 贷款，向缅甸提供了总额达 510 亿日元的三笔贷款和价值 400 亿日元的无偿援助[①]，使缅甸在 2013 年一跃成为日本在东南亚的第一大受援国。2016 年 11 月安倍与到访的昂山素季会谈时宣布，在未来五年提供 8000 亿日元的官方与民间援助，重点支持基础设施建设和能源合作。2019 年，日本向缅甸提供了约 1688 亿日元的贷款、138 亿日元的无偿援助和 66 亿日元的技术合作。日本将缅甸视为"未来公私合作的前沿"[②]，希望通过援助为日企进军缅甸市场打下基础，同时通过支持缅甸民主化进程，使日本对缅甸的内政外交造成潜移默化的影响和渗透。2017 年缅甸若开邦爆发难民危机后，西方阵营对缅甸一边倒地给予谴责，并大幅削减甚至停止援助，日本则依然保持了对缅援助规模。缅甸国务资政昂山素季对此称"这比任何形式的援助还珍贵……仰光正在建设迪洛瓦经济特区，日本是最大的投资者，就说明了这一点"[③]。

---

① Ministry of Foreign Affairs, Japan's Official Development Assistance White Paper 2013, February, 2014. 白如纯：日本对缅甸经济援助：历史、现状与启示，《东北亚学刊》，2017 年第 5 期。

② Ministry of Foreign Affairs, Japan's Official Development Assistance White Paper 2013, February, 2014.

③ 昂山素季于 2018 年 10 月 5 日至 9 日对日本进行国事访问，并在 8 日至 9 日出席日本与湄公河五国的首脑会议。"以平常心看待缅日友好关系"，缅华网，2018 年 10 月 6 日。http://www.mhwmm.com/Ch/NewsView.asp?ID=34052。

（三）印太战略下以东南亚为核心的援助扩张常态化

2016 年 8 月，安倍在肯尼亚内罗毕举行的第六届非洲发展东京国际会议上正式提出"自由开放的印太战略"，标志着该战略作为日本新的一项外交战略正式出台。此后，日本积极推动印太战略，ODA 作为重要落实手段。菅义伟任首相期间以及岸田文雄于 2021 年 10 月任首相以来，均继承了安倍的政治遗产，其中就包括印太战略。

日本印太战略的三大支柱：一是"推动并建立法治、自由航行和自由贸易"；二是"促进经济繁荣"；三是"致力于和平与稳定"。ODA 作为日本重要外交手段，在实现三大支柱方面作用尤为突出。例如，为实现第一支柱，日本强调"价值观外交"，对与其共享价值观的国家加大援助投入，援助分布表现出明显的意识形态色彩；为落实第二支柱，日本加大对印太地区的"高质量基础设施"建设，在硬件基础设施援助的同时，通过人力资源开发合作等软援助方式，加强对人员联通和机制联通（促进海关便利化）方面的资金支持；在第三支柱落实方面，日本主要为印太地区国家开展能力建设，提高海洋执法和安保能力，并在人道主义援助、灾害应对、反恐、反海盗等领域加大援助力度。

印太战略的政策导向，表现为日本援助地理分布向南亚进一步扩展，尤其是对印度、孟加拉国援助迅速增长。总体来看，南亚已超过东南亚成为日本援助的最大投入地区，而日本对南亚的援助规模呈上升趋势，对东南亚的援助比重则从 2013 年的 47% 下降至 2018 年的 22.5%（见图 5-6）。2013 年以后，日本对印度的援助额逐年增加，2015 年已超过越南成为日本第一大受援国，2017 年孟加拉国接受的日本援助也超过了越南（见图 5-7）。2020 年，日本前十大受援国①中，仅有三个是东南亚国家，其余则是南亚、中亚、西亚等其他地区国家。

---

① 依次为孟加拉国、缅甸、伊朗、印度、菲律宾、乌兹别克斯坦、蒙古、柬埔寨、约旦和肯尼亚。

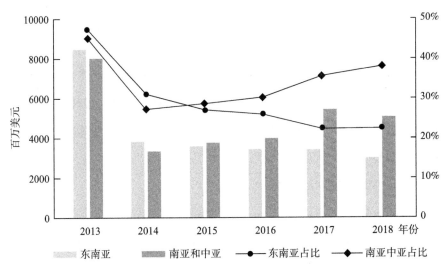

图 5-6　2013—2018 年日本对东南亚和南亚中亚地区的援助情况对比

资料来源：OECD 数据库，金额为 ODA 毛支付额。

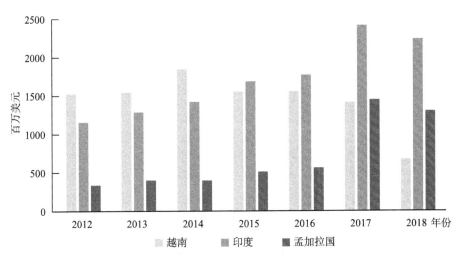

图 5-7　2012—2018 年日本对越南、印度、孟加拉国的援助情况对比

资料来源：OECD 数据库，金额为 ODA 毛支付额。

尽管如此，东南亚作为日本援助的"传统势力范围"，其地位对日本来说依然是最重要的。如前所述，在日本援助历史的各个时期都以东南亚为重点对象，在日本三个版本的对外援助大纲中都阐述了以东南亚国家为优先的援助政策，这构成日本对外援助地缘特色的核心。尽管日本对东南亚的援助占比有所下降，但其援助投入依然庞大，东南亚在日本援助中的地位仍然是最重要的。自2013年以来，不论是安倍晋三还是继任菅义伟、岸田文雄，日本领导人的身影频繁出现在东南亚，所到之处无不慷慨"挥金"，可见东南亚在日本外交布局中的重要性。在西方援助国中，日本一直是对东南亚援助最多的国家，援助额长期占全球对东南亚援助总额的30%以上，甚至在2013年因对缅甸援助大增，导致这一比重骤增至50%，足见日本援助在东南亚的绝对实力。

面对近年来域外力量在东南亚的投入加大，日本作为地区第一大援助国，必将紧握其具有战略优势的援助牌，保持对东南亚的援助投入，以此牢牢抓住东南亚国家，在政治、军事和经济等方面谋求更大利益。目前，美日印澳形成的"印太战略"已在东南亚逐步展开。与此同时，美国、印度、澳大利亚在东南亚展开更多援助投入，使日本更趋强化与东南亚的政治经济关系，以捍卫其在东南亚的影响力。

2020年举行的东盟—日本领导人会议上发表了《东盟—日本领导人会议关于东盟印太展望合作的联合声明》，确认了日本"印太战略"与《东盟印太展望》共享基本原则，日本宣布将根据《东盟印太展望》的优先领域加强与东盟合作，重点聚焦海洋合作、互联互通、可持续发展目标以及经济等领域。日本通过"高质量基础设施"支持"南部经济走廊"（将胡志明、金边和曼谷等大城市联通至印度洋，又称"湄公河的主动脉"）和"东西经济走廊"（将越南的岘港与老挝和泰国内陆相连，并通过缅甸通往印度洋）建设，援建了柬埔寨河良大桥、老挝第9号国家公路、印度尼西亚爪哇岛巴丁班港口等基础设施项目，并在海洋安全防务上长期为东南亚国家提供设备、能力建设和专家。日本称，为了实现"自由开放的印太"，将"以战略性的方式利用ODA"。[1]

值得注意的是，从ODA数据上看，自2019年以来，日本在东南亚的援助重新回调至印度尼西亚、菲律宾（见表5-2），虽然这与越南进入对日贷款

---

[1] Ministry of Foreign Affairs of Japan, White Paper on Development Cooperation 2020, March, 2021.

还款期有关，但可以从侧面反映出日本对传统伙伴关系的强化，尤其是在印太战略之下，更为突出意识形态、价值观导向。岸田文雄出任首相后多次强调和"共同价值观"的国家联合起来。JICA 在 2021 财年的四大优先事项①之一就是推行日本印太战略，通过分享"普世价值"来加强利益相关者之间的信任，尤其强化与东盟国家的关系。

表 5-2　2013—2020 年日本对东南亚的国别援助情况

单位：百万美元

年份 国家	2013	2014	2015	2016	2017	2018	2019	2020
印度尼西亚	968	570	479	400	521	638	664	1370
菲律宾	257	473	542	302	352	563	1000	1151
缅甸	5332	214	351	507	379	537	757	1094
越南	1680	1884	1419	1583	1390	674	651	620
柬埔寨	143	127	106	141	189	169	176	271
泰国	607	416	173	414	389	271	259	221
老挝	80	107	107	64	77	90	77	89
东帝汶	22	19	19	37	24	32	49	19
马来西亚	145	92	76	47	34	19	42	10
共计	9234	3902	3272	3495	3355	2993	3675	4845
占双边 ODA 比重	47%	31%	27%	26%	22%	23%	25%	29%

注：按 2020 年援助额排序。

资料来源：OECD 数据库，金额为 ODA 毛支付额。

预计日本以东南亚为核心的对外援助扩张将在今后一段时期保持常态，

---

① 2021 财年（2021 年 4 月至 2022 年 3 月）JICA 确定的四个优先事项：一是应对新冠肺炎疫情、践行"人的安全"理念，JICA 将在采取经济复苏措施的同时，推进其"全球健康和医药倡议"，并帮助改善水和卫生、粮食、营养等领域弱势群体的状况；二是推行日本"自由和开放的印度洋—太平洋地区"愿景；三是支持多元文化共存和区域经济振兴，JICA 将充分利用其人力资本，包括前志愿者和已有国内国际网络，提升日本吸引力；四是升级业务以满足 21 世纪需求，JICA 将通过促进数字化转型、扩大外部合作以调动更多资金、促进私营部门投资融资，简化业务流程并使其影响最大化，还将加强应对气候变化的努力，推动其 2050 年前实现碳中和的目标。

以谋求在国际和地区事务的主导权。日本与美国、澳大利亚和印度形成的印太四方合作，也将促使日本联合域外力量加强针对中国的援助举措，对冲甚至制衡中国在东南亚影响力的增加。应该看到，美日印澳四国的联合正是日本不遗余力推动而实现的，反映了日本战略自主性的加强。在这种来自战略自主性的成功及随之带来的战略自信基础上，日本未来将在东南亚这片最深耕最熟悉的"大本营"，更加突出战略自主性，突出与所谓"志同道合"国家和国际组织，尤其是七国集团和四国集团的合作，并以东南亚为支点，试图塑造并强化日本在全球问题上的影响力。

第三节　"精耕细作"的日本软援助与软实力塑造

"软援助"是不同于基础设施等硬件的援助类型，包括能力建设、技术合作、机制建设、派遣志愿者和医疗队等援助。有学者也将此类援助称为"软性援助"，指除去经济援助和安全援助以外的其他援助，"更有利于促进援助国内部的文化、价值观和外交政策等各种要素向受援国进行多层次的扩散和渗透"。① 日本非常注重软援助的投入，尤其在东南亚地区，其援助深入基层、长期经营，可谓"精耕细作""深入人心"，极大促进了日本在东南亚的影响力、国家形象等软实力塑造。

一、投资于"人"的援助

越南、缅甸、柬埔寨、老挝、菲律宾等东南亚国家都曾受到日本侵略战争的巨大伤害，而如今东南亚各国对日本的认知普遍正面，主要因素就与日本对东南亚的援助密切相关，其中以技术合作为主的软援助就发挥了重要作用，帮助日本完成了从侵略者向救助者的形象转型。

日本的援助在东南亚深入草根，围绕"人"开展工作，注重对"人"的投入。笔者在缅甸、柬埔寨、菲律宾、印度尼西亚的实地调研中发现，包括

---

① 陈莹：《冷战后国际社会对东南亚的援助》，世界知识出版社，2017年。

当地政府、民间机构和国际组织在内的各方普遍认为，日本深入民间、自下而上、无微不至的援助方式在当地起到"润物细无声"的积极作用，是日本在东南亚塑造最佳形象的主要推手。

日本非常重视通过志愿者、民间组织使受援国百姓直接面对来自日本的援助，打造深入人心的"民心工程"。日本志愿者协力队是历史最长、派遣人数最多、影响最大的志愿者项目，2016 年 8 月获得了有"亚洲诺贝尔和平奖"之称的拉蒙·麦格塞塞奖。① 日本在越南、柬埔寨、老挝、泰国、缅甸、马来西亚、新加坡、印度尼西亚和东帝汶均有长期的志愿者扎根当地社区。"人"的投入能够保持"日本面孔"的强烈"存在感"，使援助在民间社会，尤其是底层的社区层面获得最大范围的认知和潜移默化的影响，效果则更为直观、持续。

同时，以能力建设、培训为主要形式的技术合作是日本对东南亚援助的主要方式之一，仅 2016 年日本就有 4.16 亿美元投入在东南亚的技术合作项目中，占对这一地区总援助支出的 89%。② 日本还擅长与东南亚国家开展三方合作援助，采取"老朋友"模式，资助受过日本 ODA 培训的东南亚人员，支持其将在日本所学向第三国传授。一方面，这种模式有助于日本维持与受训人员建立的紧密关系，进一步拉近与东南亚新兴经济体的联系，充分挖掘已有培训项目的可持续性；另一方面，能够有效发挥东南亚国家自主性，使其成为传播并转移日本技术和理念的"代言人"。例如，日本与马来西亚共同针对伊斯兰国家开展三方合作③，借助马来西亚的宗教文化特点以增加日本对伊斯兰国家的影响。再如，JICA 与泰国国际发展署（TICA）签署伙伴协定，支持泰国向援助国转型，借助泰国与东南亚其他国家在地理、文化、语言等方面的亲近，与 TICA 在其他东南亚国家联合开展多领域的能力建设项目，资金

---

① JOCVs receive Ramon Magsaysay Award, Asia's Nobel Prize; JICA President meets PH Cabinet members. JICA. 3 October, 2016. https://www.jica.go.jp/english/news/field/2016/161003_01.html.

② Ministry of Foreign Affairs of Japan, Japan's Official Development Assistance White Paper 2017, March, 2018.

③ 笔者从 JICA 驻华代表处了解。

规模虽小但效果显著。①

日本还将对东南亚的"软援助"作为推广"价值观外交"的有机组成部分。安倍在 2013 年访问印度尼西亚期间宣布了"东南亚外交五原则",表明要在东南亚推进民主和人权等价值观。在此指引下,日本将推动自由、民主、法治的价值观作为援助优先内容之一,将东南亚视为与日本共享价值观的国家。在东南亚这个"价值观外交"的主战场,日本在强化政府治理、促进民主化进程方面的援助力度明显提升。例如,日本为缅北少数民族提供援助;为推动缅甸民主转型,日本在昂山素季政府部门长期派驻专家顾问团,试图影响缅甸政策走向。从某种意义上讲,日本"软援助"已经成为"掩护"其价值观在东南亚长期渗透的"挡箭牌",甚至"力图以价值观外交割裂东盟国家间关系,形成遏制中国的态势"。②

二、对外援助中的民间作用

在国际合作中,非政府组织和地方政府的作用已经变得越来越重要。日本视民间机构为实现"看得见的日本援助"的重要主体,自 2002 年起外务省开始加强政府与日本民间组织的伙伴关系,约 2% 的 ODA 由民间组织实施。2015 年外务省与民间组织联合发布发展合作的五年规划,每年与民间机构开展多次政策对话,提供无偿资金专门资助日本民间组织在海外实施医疗卫生、教育、人力资源开发、职业培训、农村发展等领域的项目。除资金支持外,日本政府还为 NGO 开展能力培训,帮助其加强"国际化"。

日本将本国 NGO、地方政府、大学作为"日本的国内伙伴"。JICA 于 2002 年设立了伙伴关系项目(JPP)③,与这些国内伙伴合作,针对接受 JPP 且有 JICA 办事处或日本志愿者的国家开展项目,以社区发展、医疗保健、自然资源保护等为优先领域。一方面,JPP 项目不是由受援国政府提出,而是

---

① 笔者从 TICA 及 JICA 驻泰国事务所了解。

② 吕耀东:解析日本战略性外交的政治诉求,《东北亚论坛》,2018 年第 2 期。

③ Ministry of Foreign Affairs Japan, International Cooperation and NGOs: Partnership between the Ministry of Foreign Affairs Japan and Japanese NGOs. http://www.mofa.go.jp/files/000024755.pdf; JICA Partnership Program, JICA. https://www.jica.go.jp/english/our_work/types_of_assistance/citizen/partner.html.

由这些国内伙伴设计并向 JICA 申请，可以充分发挥国内合作伙伴的知识、经验和主观能动性，在项目设计上也更贴近发展中国家的基层需求；另一方面，可以促进日本公民参与国际合作，带动日本社区与发展中国家之间的合作，并回馈于日本社区自身的发展。例如，JICA 在柬埔寨开展"非政府组织服务台"活动，为在柬的日本 NGO 提供 NGO 注册制度、柬埔寨国际合作和当地国情等相关信息咨询，并为 NGO 与日本大使馆、JICA 等日本在柬各方建立信息共享平台，探讨形成 JPP 项目。

日本通过民间组织联合体的平台与本国 NGO 开展国际合作，主要包括日本 NGO 国际合作中心（JANIC）和日本平台（JPF）。JPF 作为日本对外实施紧急人道主义援助的 NGO 联盟，2014 财年获得了 40 亿日元的 ODA 资助，其47 家日本 NGO 成员在政府 ODA 支持下，开展了协助缅甸少数民族遣返等 81个项目。①

此外，日本出资在东盟设立民间研究机构，深度介入东盟制度建设，谋求长远利益。早在 2007 年，JICA 出资在东盟总部印度尼西亚雅加达设立了东盟东亚经济研究中心（ERIA），直接为东盟秘书处提供基础研究服务，深度参与东盟发展规划和制度设计。东盟秘书处对该研究中心较为信任甚至依赖，其协助东盟完成的《互联互通总体规划》成为东盟一体化建设的主要蓝本之一，各项研究报告成果利用东盟系列峰会推出，对东盟及其成员国构成了潜移默化的影响。

三、日本在东南亚地区的软实力

近年来，在东南亚的民众心目中，日本维持着较积极的形象。2014 年美国皮尤研究中心开展的春季全球民意调查数据显示，日本在东南亚国家普遍得到了积极的评价，马来西亚、越南、菲律宾和泰国的受访者中，对日本持

---

① Ministry of Foreign Affairs Japan, Partnership with civil society. https://www.mofa.go.jp/policy/oda/white/2015/html/honbun/b3/s2_3_3.html.

积极评价的人数占 80% 以上。① 关于东南亚对世界各国的信任程度，日本多年维持榜首。新加坡尤索伊萨东南亚研究所 2018 年的调查②显示，日本在硬实力和区域影响力方面虽并不出众，但却是东南亚最信任的国家（65.9%）。2021 年调查报告③中，日本依然是东南亚最受欢迎且最信任的合作伙伴（67.1%），被评价为"负责任的利益相关方"，为地区提供了公共产品。

日本外务省从 2008 年起开始委托第三方机构针对东南亚地区开展专门的民意调查，其中日本官方发展援助（ODA）是调查的内容之一。早在 2008 年的民调④中，日本 ODA 就获得了高达 92% 的满意率，也被东南亚国家普遍认为是日本对东盟做出贡献最为突出的手段（投票率达 66%，贸易投资排第二，投票率 40%）。2014 年民调⑤的对象国增加了缅甸，ODA 依然被认为是日本最需要继续加强与东南亚关系的领域，获得 77% 的高投票，90% 的受访者认为日本 ODA 对东南亚的发展有帮助。2016 年民调⑥增加了文莱和柬埔寨作为调查对象，东南亚对日本援助的满意度上升至 84%。2017 年民调⑦开始覆盖所有东盟十国，对日本的援助满意度进一步提升至 87%。2018 年民调⑧显示的援助满意度稍有下降至 83%。在 2022 年 5 月发布的 2021 年民调⑨中，有关"日本在发展合作领域发挥了多么重要角色"的问题，83% 受访者认为非常重

① Spring 2014 Global Attitudes Survey, Pew Research Center, 14 July, 2014. http://www.pewglobal.org/2014/07/14/chapter-4-howasians-view-each-other.

② State of Southeast Asia: 2019 Survey, ASEAN Studies Centre at ISEAS-Yusof Ishak Institute, 7 January, 2019.

③ State of Southeast Asia: 2021 Survey, ASEAN Studies Centre at ISEAS-Yusof Ishak Institute, 10 February, 2021.

④ 2008 年 2—3 月日本外务省委托新加坡 TNS 咨询公司对印度尼西亚、马来西亚、新加坡、泰国、菲律宾、越南六个东南亚国家开展民意调查。Opinion Poll on Japan in Six ASEAN Countries, TNS Consultants Prepared for Ministry of Foreign Affairs of Japan, February-March, 2008.

⑤ ASEAN Study, Ipsos HK Prepared for Ministry of Foreign Affairs of Japan, 31 March, 2014.

⑥ Japan-ASEAN Relations: Public Survey on Japan among ASEAN Citizens, Ipsos Marketing Prepared for Ministry of Foreign Affair of Japan, 25 November, 2016.

⑦ Summary of the Results of an Opinion Poll on Japan in the Ten ASEAN Member States, Ipsos Prepared for Ministry of Foreign Affairs of Japan, 1 November, 2017.

⑧ 平成 29 年度 ASEAN（10か国）における対日世論調査結果, 調査機関：Ipsos, 2018 年 12 月 28 日, 来源日本外务省网站。

⑨ Questionnaire of the results of an Opinion Poll on Japan in ASEAN in 2021, 来源日本外务省网站。缅甸因政治不稳定而未被纳入调查范围。

要或相当重要，尤其印度尼西亚（67%）、越南（67%）、菲律宾（59%）认为日本发展合作的作用非常重要，与日本援助投入重点相契合。

外务省民调中同样关注日本与其他国家对东南亚发展贡献的对比，几次调查结果均显示日本被认为是对东南亚发展贡献最大的国家，其中2017年日本的支持率为55%，中国以40%位列第二，2018年日本支持率进一步增加至65%，中国以47%维持第二位。可见，日本对东南亚的援助影响力与其在东南亚的软实力成正相关，是维持其在东南亚高信任度和最佳形象的重要措施。但是，2021年民调显示，东南亚国家48%的受访者选择中国为未来最重要的合作伙伴，是自2007年民调以来首次中国超过日本，43%的人选择了日本。日本排名（2019年为51%）的下降被认为与其政府加强对其他印太国家的重视有着直接关系。

根据约瑟夫·奈的"软实力"概念，对外援助也是一国实现软实力、增加较大政治影响力、提高吸引力的方式。① 根据各项民意调查，在东南亚的国家吸引力方面，日本是东南亚好感度最高、最值得信任的国家，而日本在东南亚民众心中的国家形象和软实力塑造，离不开"精耕细作"的日式援助发挥对东南亚形成"追随""效仿"的软实力吸引的作用。

第四节　日本在东南亚援助的泛安全化趋势

自2013年以来，日本在安全领域表现出前所未有的战略主动性，对东南亚的援助向安保领域外溢的步伐迅速加快，背后是配合其在国家安全战略上的一系列激进改革，ODA成为日本践行所谓"积极和平主义"安保战略的重要工具。2016年日本提出"自由开放的印太战略"后，在东南亚的海上安保援助常态化，并随着新冠肺炎疫情及地缘政治博弈加剧等不确定因素带来的国际形势大调整，日本援助的泛安全化趋势进一步凸显。

---

① ［美］约瑟夫·奈著，吴晓辉、钱程译：《软力量——世界政坛成功之道》，东方出版社，2005年，第75页。

一、日本援助构成国家安保战略的重要一环

日本认为，东南亚的安全和稳定关乎其本国安全，这构成外务省长期坚持的外交哲学。[①] 自 1992 年日本《ODA 大纲》[②] 将和平安全作为援助原则之一以后，在安保领域的援助就已经有所涉及，如参与柬埔寨问题和平解决和联合国维和行动等，"9·11"事件后配合美国在中东地区的反恐战略。在 2006 年，小泉纯一郎内阁曾使用 ODA 向印度尼西亚提供了 3 艘武装巡逻艇，成为日本在东南亚地区将援助挂钩军事领域的首次尝试。[③]

自 2013 年以来，日本对东南亚的援助向安保领域外溢的步伐迅速加快。为了避开国际通行的 ODA 限制规定（即支持发展中国家用于军事目的的官方资金不算作 ODA），日本另谋出路，2015 年通过修订《ODA 大纲》使其对外国军队提供非军事目的援助合法化，以援助民用"准武器"作为与他国开展军事合作的"挡箭牌"。2013 年 7 月，正值中日钓鱼岛争端愈演愈烈之时，安倍第三次访问东南亚，表明日本为菲律宾提升沿岸警备能力，将动用 ODA 为菲律宾海岸警卫队提供 10 艘造价 1100 万美元的巡逻舰，协助菲构建情报通信系统，并向菲律宾派遣海运专家，以协助提升菲律宾船舶航行安全性等。作为对日本援助的回报，菲律宾提出坚决支持日本修改和平宪法。日本此举意在通过援助与菲律宾开展安全合作，复兴战略伙伴关系，但双方合作的矛头直指中国。南海争端之时，日本更是向越南、菲律宾提供大量援助，成为南海局势升级的幕后推手。

事实上，日本援助向安保领域外溢加剧的背后，是配合其在国家安全战略上的一系列激进改革。安倍第二次执政后，日本在安全领域表现出前所未有的战略主动性。2013 年 12 月安倍内阁出台首份《国家安全保障战略》，2014 年 7 月 1 日临时内阁会议上决定修改宪法解释以解禁集体自卫权，2015

---

① Bruce M. Koppel and Robert M. Orr, Jr: Japan's Foreign Aid: Power and Policy in a New Era, Westview Press, 1993. p. 23.

② Japan's Official Development Assistance Charter, Ministry of Foreign Affairs of Japan, 30 June, 1992.

③ 姚帅：日本对东南亚援助力度持续加强，转自黄大慧：《东亚地区发展研究报告 2013》，中国人民大学出版社，2014 年，第 52 页。

年 4 月修订《日美防卫合作指针》使日美同盟向"全方位安全合作同盟、全球性同盟、更具进攻性的同盟"① 转变，2016 年 3 月出台《国际和平支援法》等一系列新安保法。以上安全战略调整构成安倍安全观的全面落实，意在解禁集体自卫权，加快向"正常国家"转型的步伐，试图从根本上改变日本战后体制。

在日本"以超乎以往的惊人速度推动安全保障政策改革"② 的同时，日本对外宣传"积极和平主义"理念，参与联合国维和行动，对外展示一个爱好和平、为国际社会和平与繁荣积极贡献的国际形象，为实现"军事大国梦""披上了华丽的外衣"。在这种背景下，ODA 成为日本践行"积极和平主义"安保战略的重要工具。在《国家安全保障战略》中，日本就提出灵活调整ODA 项目，强调战略、高效地运用 ODA 的重要性。2015 年修订的《发展合作大纲》则是配合安保战略对 ODA 政策作出的相应调整，将和平安全作为ODA 优先事项之一，并首次突破了日本长期坚持的非军援的 ODA 本质，对"日本不得向他国军队提供支援"变相松绑。

日本在安全领域的援助构成其国家安保战略的重要一环，便于以援助为日渐扩张的军事行动提供掩护。东南亚在日本海上安全的重要性，决定了日本将这一地区作为安保援助的重要投入目标，日本与南海周边国家加大海上安保合作，对中国在东南亚地区的周边外交和"一带一路"建设造成对冲和干扰，形成对中国的战略牵制。

二、安保援助常态化的加剧

日本政府已在 2015 年《发展合作大纲》中明确将安全作为援助三大优先领域之一，提出以援助支持受援国提高执法机构的能力，包括确保海上安全的能力。③ 在此指导下，日本每年为越南提供海洋犯罪防控等主题培训；为马来西亚海事执法局派遣长期专家，通过培训等方式帮助其机制建设；向印度

---

① 黄大慧、赵罗希：日美强化同盟关系对中国周边安全的影响，《现代国际关系》，2015 年第 6 期。

② 第 198 届国会安倍内阁总理大臣施政方针演说，2019 年 1 月 28 日，日本首相官邸网站. http://www.kantei.go.jp/cn/98_abe/statement/201901/_00011.html.

③ Japan Cabinet Decision："Development Cooperation Charter：For peace, prosperity and a better future for everyone", 10 February, 2015.

尼西亚派遣长期专家为其海上交通安全提供能力建设支持。[①] 2017 年安倍宣布再向越南提供价值 3.38 亿美元的 6 艘巡逻舰，并计划在 2018 年以 ODA 向越南提供两架雷达对地观测卫星，提高越南的海洋情报能力。[②] 在 2017 年东亚峰会上，日本宣布未来两年援助 150 亿日元，帮助菲律宾南部和苏鲁—西里伯斯海域提高反恐安全能力。[③]

2016 年日本提出"自由开放的印太战略"后，认为构建"基于法治的开放和自由的国际海洋秩序对于实现日本所倡导的'自由开放的印太'极为重要"。[④] 为此，日本以更为战略性的方式利用官方发展援助，在东南亚的海上安保援助常态化，通过培训和派遣专家为包括印度尼西亚、马来西亚、菲律宾在内的日本海上通道沿线国家开展人力资源开发和技术合作项目，向越南、菲律宾等国提供巡逻舰、沿海监测雷达和其他海上安全设备。

除了以上常规操作之外，日本近年来更为主动地引领东南亚的海上安全区域合作，输出日本安全观，有意引导东南亚国家的安全意识及其对国际海洋秩序的认知。2020 年 11 月举行的第十二届日本—湄公河峰会上，首相菅义伟宣布将针对湄公河国家的海洋领域意识能力建设提供人力资源开发合作。此外，日本针对其牵头发起并成立的《亚洲反海盗及武装劫船区域合作协定》（ReCAAP）提供长期技术和资金支持，为该协定在新加坡设立的信息共享中心（ReCAAP-ISC）派遣常驻官员、提供财政捐助，自 2017 年以来还与中心一起牵头组织反海盗措施有关的培训活动。

2021 年岸田文雄任首相后，为了在当前国际社会不确定性增强、地缘政治博弈加剧的大背景下强化日本的国际影响力，岸田内阁做出相应战略调整，提出"新时代的现实主义外交"口号，目的在于实现日本对外战略中经济利益和安全利益的结合。2022 年 6 月 10 日，岸田文雄在访问新加坡期间，出席国际战略研究所（IISS）香格里拉对话并发表主旨演讲。其讲话侧重安全问题，宣布

---

① Ministry of Foreign Affairs of Japan: White Paper on Development Cooperation 2017, March, 2018.

② Le Hong Hiep: The Strategic Significance of Vietnam-Japan Ties, ISEAS Perspective 2017 No. 23, Yusof Ishak Institute, 11 April, 2017. https://www.iseas.edu.sg/images/pdf/ISEAS_Perspective_2017_23.pdf.

③ Ministry of Foreign Affairs of Japan: White Paper on Development Cooperation 2017, March, 2018.

④ Ministry of Foreign Affairs of Japan, White Paper on Development Cooperation 2020, March, 2021.

作为日本"自由开放的印太愿景"的一部分，日本将在 2023 年春天前制定"自由开放的印太和平计划"，重点是向印太地区提供巡逻舰和海上执法能力建设，并在网络安全、数字和绿色倡议、经济安全方面提供支持。此举预示着日本正在进一步泛化安全概念，将"安全"融入包括援助在内的经济活动中。

在此背景下，日本对东南亚的安保援助将进一步扩大，并与基础设施等其他领域形成配合，通过支持人力资源与公私伙伴关系，强化安保领域的援助投入。岸田文雄称未来 3 年，日本将为至少 20 个国家培训 800 名海上安保人员，并提供至少 20 亿美元的援助，以促进海上安全设备和海上交通基础设施建设。此前，在 2022 年 5 月举行的美日印澳四方安全对话（QUAD）首脑会谈上，四国已决定今后五年为印太地区提供 500 亿美元援助与投资，并提出与周边国家开展海洋合作的具体方针。可见，日本还将利用日美同盟、四方合作机制等框架，加强对以东南亚为核心的印太地区的海上安保投入，援助的泛安全化趋势进一步强化，是否会演变成"武器化"需要特别关注。

三、安保援助的动机与影响

日本在东南亚地区的援助向安保领域外溢加剧的现实背后，是复杂的外部环境和强烈的内部诉求所造成的多重因素。

东南亚扼守日本的海上生命线，是日本联通南亚、东亚和大洋洲的战略咽喉，是日本在日美安保基础上构建更广泛的防务安全空间的中心地带，与东南亚国家的密切合作将为日本战略安全打开突破口。作为一个海洋国家，日本能源资源和粮食进口在很大程度上依赖于海上运输，因此，日本将海上安全视为直接关乎日本国家安全与发展的关键问题。同时，东南亚是日本经济和政治战略部署的核心地区。在经济上，东南亚丰富的物产资源、大量的劳动力、充满活力的市场前景是日本经济振兴的重要支点，日本需要维持在亚洲经济"雁阵"中"领头雁"的位置，并借东南亚市场扭转日本国内长期以来的通货紧缩局面实现经济增长。在政治上，加强与东南亚国家的关系是日本走向正常国家和政治大国的前提。因此，日本将援助作为其"政治大国"战略的延伸。安保援助能够巧妙地将东南亚国家自身安全与地区安全利益同日本的安全、政治和经济利益相挂钩，通过援助的附加条件，换取受援国对其修改宪法、入常等政治与安全问题的支持以及经济目标的达成。

另一个因素就是借援助削弱中国在东南亚的影响力。日本通过提供执法船、开展海上安保培训等一系列援助措施，与越南、菲律宾建立了长期的海上防务合作关系，支持菲律宾推进所谓国际仲裁，与美国一道渲染中国"南海扩张"氛围。随着 2014 年南海局势进入紧张时期，日本接连使用援助资金为越南、菲律宾的海岸警卫队提供海上巡逻舰艇，强化日本与越南、菲律宾两国在南海问题上的紧密合作，以对抗中国日益增强的南海维权行动。2014年日本宣布援助越南 6 艘巡逻舰，[①] 为菲律宾海岸警卫队相继提供了 10 艘巡逻舰、2 艘大型巡逻舰、小型快艇和海事安全设备等。除此之外，日本政府通过 ODA 强化对越南、菲律宾、马来西亚和印度尼西亚的沿岸警备人员的培训。[②] 2016 年 5 月日本还曾以削减对柬埔寨援助为由，威胁柬方支持所谓南海仲裁裁决，遭到洪森的拒绝。一系列援助举措成为日本密切与南海周边国家军事关系的辅助手段，同时对其他东盟国家形成拉拢或是威胁。

尽管日本在南海问题上怂恿东南亚国家"兴风作浪"的时期已过去，但其通过援助达到了在南海地区的长期介入。目前，海洋安全保障已成为日本对东南亚援助的常态化内容，通过 ODA 的技术合作资金，日本人员长期驻扎在东南亚一些国家的海事部门提供咨询，在海上安全防务方面施以潜移默化的影响。日本不断强化与东南亚国家的海洋安全保障合作，为南海局势增加了不稳定因素，易对中国与东南亚国家达成"南海行为准则"形成牵制。

目前，南海局势降温趋稳并不断呈现积极发展势头，中国与东盟对彼此关系的预期转向积极面，双方海洋合作为南海局势总体向好发挥了促进作用。2017 年 10 月 31 日，中国与东盟国家举行了首次大规模海上联合搜救演练，区域海上搜救合作正在成为中国与东盟国家合作的重点和亮点。[③] 同时，中

---

① Le Hong Hiep: The Strategic Significance of Vietnam-Japan Ties, ISEAS Perspective 2017 No. 23, Yusof Ishak Institute, 11 April, 2017. https://www.iseas.edu.sg/images/pdf/ISEAS_Perspective_2017_23.pdf.

② Ministry of Foreign Affairs of Japan: White Paper on Development Cooperation 2017, March, 2018.

③ "中国—东盟举行史上最大规模海上联合搜救实船演练"，人民网，2017 年 10 月 31 日。http://society.people.com.cn/n1/2017/1031/c1008-29619080.html.

国—东盟海上合作基金、中国—东盟执法学院成为中国密切与东南亚各国加强安全执法、海上合作的主要渠道。其中，在中国—东盟海上合作基金支持下，中国与东盟已开展了东南亚海洋环境预报与减灾系统建设、中国—东盟濒危海洋生物合作研究、中越北部湾海洋与海岛环境管理、中国—东盟渔业产业合作及渔产品交易平台、中国—东盟国家海上紧急救助热线等项目，凸显了该基金"稳南海、促合作"①的外交持续性。2018年5月8日，中国建设的南中国海区域海啸预警中心挂牌成立，成为中国与东南亚国家海洋合作的又一成果。该中心为南海周边的东南亚各国提供全天候海啸监测预警服务，并组织区域的能力建设、学习交流等活动。②

日本在南海的长期介入的核心动机是对中国、东盟和美国等相关国家构成"战略诱导"③，试图巩固日美同盟关系，消耗中国的战略资源和精力，拉拢东盟国家形成利益集团，从而达到增强大国博弈筹码、强化地区影响力的目的。但是对于中国与东南亚各国，维护南海和平稳定是各方共同利益和长远诉求，将南海打造为"和平之海、友谊之海、合作之海"④是中国与东南亚各国的共同利益与共同方向。

从根本上说，日本并非南海问题的直接当事方，其战略意图的实现严重依附于菲律宾和越南等国的态度和能力，易形成"战略消耗"。现实并未向日本期待的方向发展，反倒消耗了大量资源，体现出日本的"战略诱导"并不奏效。同样地，对于日本在印太战略下呈现的泛安全化援助趋势，尤其是岸田文雄宣称的即将在2023年制定的"自由开放的印太和平计划"，释放出的信号并非和平，而是增加了外界对日本安全投入的担忧。尤其是东南亚国家自身并不希望成为大国博弈的战场，而日本在这一地区正在通过日美同盟、四方合作机制等强化排他的安全合作，无疑不利于地区真正的和平与稳定。

---

① 康霖、罗亮：中国—东盟海上合作基金的发展及前景，《国际问题研究》，2014年第5期。

② IOC南中国海区域海啸预警中心揭牌，新华网，2018年5月8日。http://www.xinhuanet.com/politics/2018-05/08/c_129867355.htm.

③ 杨伯江、刘华：日本强化介入南海：战略动机、政策路径与制约因素，《太平洋学报》，2016年第7期。

④ 李克强在第17次中国—东盟（"10+1"）领导人会议上的讲话，缅甸内比都，2014年11月13日。

第三部分

全球发展治理与地区合作典范：

中国—东南亚发展合作

第六章　中国—东南亚发展合作的 历史回顾与演进

中国的对外援助与国际发展合作已经走过了70余年的历史，与东南亚的发展合作既是这段历史的起点也是整个历史脉络中的重要组成部分，并已成为当今全球发展合作的典范。回顾过往，可以将中国与东南亚的发展合作分为四个阶段。1950年至1977年是中国对外援助的起步阶段，对东南亚的援助秉持国际主义原则，主要针对东南亚的社会主义国家和民族主义国家，为巩固新生人民政权、开拓外交局面发挥了重要作用。1978年党的十一届三中全会召开后至冷战结束，中国对东南亚援助进入调整阶段，在波折中发展，一方面规模下降、回归理性；另一方面开始突破意识形态局限，向泰国、菲律宾等西方阵营的东南亚国家提供援助。1989年至2012年，中国对东南亚援助进入发展阶段，规模不断上升，成为服务经济外交的重要手段。2013年至今，中国对东南亚的援助进入转型创新阶段，向国际发展合作转型，模式不断创新，服务"一带一路"建设在东南亚的顺利开展，推动全球发展倡议优先在东南亚落地。

第一节　"国际主义"援助的外交突破（1950—1977）

中华人民共和国成立后，中国政府于1950年开始对朝鲜和越南提供物资援助，翻开了中国对外援助的历史篇章。这一时期，中国对外援助以无产阶级国际主义为原则，支持越南抗法独立战争取得胜利，壮大社会主义阵营。

1955 年万隆会议后，中国开始对柬埔寨、印度尼西亚、老挝和缅甸等非社会主义国家提供援助，拓宽新中国外交局面。随着 20 世纪 60 年代中国受到美苏的孤立与封锁，对外援助为中国争取"中间地带"、取得外交突破发挥了积极作用。作为周边地区的东南亚成为中国努力争取的"中间地带"，也是中国输出世界革命的主要地区，接受中国的援助也大大提升。

一、支援东南亚的社会主义和民族主义国家

尽管中华人民共和国刚刚建立，百废待兴，但毛泽东主席多次表达了对外援助的重要性和必要性，尤其是对壮大社会主义阵营、支持被殖民国家的民族解放和独立的重要意义。"已经获得革命胜利的人民，应该援助正在争取解放的人民的斗争，这是我们的国际主义的义务。"[①] "从有历史以来，任何国家间的关系，都不可能像社会主义国家间这样休戚与共，这样互相尊重和互相信任，这样互相援助和互相鼓舞。"[②] 新中国成立初期，中国对外奉行以苏联为首的社会主义国家为友的"一边倒"的外交战略，越南作为社会主义阵营的一员，是中国对外援助的主要国家。与此同时，在"另起炉灶"的外交政策下，中国积极发展与非社会主义国家的外交关系，与印度尼西亚、缅甸、柬埔寨相继建交，并逐步提供援助，拓宽外交局面，巩固外交关系。中国对外援助工作直接配合中国当时的对外斗争，支持受援国抗击外来侵略、发展民族经济、捍卫民族独立，在增强同受援国友好关系的同时，巩固和发展国际反帝、反殖、反霸统一战线。此时的对外援助直接关乎中国新生政权的稳定和国家安全，因此，对外援助表现出极高的政治性。

越南作为社会主义国家，是最早接受中国援助的国家之一。中华人民共和国成立时，越南正处于法国的殖民统治之下，越南抗法战争正处于胶着。1950—1954 年，中国政府根据越南政府请求协助其争取民族解放斗争胜利，以军事援助为主，并无偿援助了价值 1.76 亿元的物资，包括粮食、油料和医

---

① 1963 年毛泽东主席接见非洲朋友时的讲话，《人民日报》，1963 年 8 月 9 日。

② 毛泽东在苏联最高苏维埃庆祝十月革命四十周年会上的讲话（1957 年 11 月 6 日），引自《毛泽东文集》第 7 卷，人民出版社，1999 年，第 318 页。

药等大量越南亟须的生产和生活物资。① 在抗法时期，中国是唯一与越南建立贸易关系的国家②，"寓援助于贸易中"是中越贸易的一大特点，"越南需要出口的货物，中国都尽量购买，越南需要进口的商品，中国都尽可能地满足"。③ 中国的军事和物资援助为越南保证了紧急需要、增强了抗战力量、打破了经济封锁。越南老一辈革命家黄文欢曾说："在抗法战争期间，中国是唯一给予越南援助的国家。对这些援助，胡主席和越南党是作过高度评价的，越南人民也都感谢并永志不忘。"④ 正是在中国的极大支持下，越南在1954年获得了民族解放战争的胜利。

1955年4月18日至24日，历史上第一次以亚非国家和地区为主导的大型国际会议——万隆会议胜利召开。根据会议公报，与会各国同意在实际可行的程度上互相提供技术援助，其中包括派遣专家、培训人员、提供示范用的试验工程和设备、交换技术知识等。⑤ 万隆会议后，中国援助对象突破了社会主义国家的局限，中国开始对柬埔寨、印度尼西亚、老挝和缅甸提供援助。中国与亚非民族主义国家签订的第一个经援协定就是与柬埔寨。1956年6月21日，中柬两国政府签订了经济援助协定书，协议规定：中国在1956年至1957年间为柬埔寨提供价值800万英镑的无偿援助，用于提供物资和建设成套项目。纺织厂、胶合板厂、造纸厂三个援建的成套项目于1963年陆续建成，投产后产品畅销柬国内市场，三个厂产值约占柬埔寨工业总产值的50%。⑥ 1956年柬埔寨亲王西哈努克向《美国新闻与世界报道》杂志介绍中柬关系时说："中国在经济和军事方面给予我们的援助……没有任何令人或多

① 《当代中国》丛书编辑部：《当代中国的对外经济合作》，中国社会科学出版社，1989年，第26页；中国军事顾问团历史编写组：《中国军事顾问团援越抗法斗争史实》，解放军出版社，1989年。

② 郭明：《中越关系演变四十年》，广西人民出版社，1992年，第54-55页。

③ 刘军、唐慧云：试析中国对越南的经济与军事援助（1950—1978年），《东南亚纵横》，2010年第5期。

④ 黄文欢：越中战斗友谊的事实不容歪曲（1979年11月），《黄文欢文选（1979—1987）》，人民出版社，1988年，第16页。

⑤ 王泺：中国与东盟国家的发展援助合作，转引自左常升：《国际发展援助理论与实践》，社会科学文献出版社，2015年，第137-138页。

⑥ 《当代中国》丛书编辑部：《当代中国的对外经济合作》，中国社会科学出版社，1989年，第37-38页。

或少感到不安的对等要求。中国的援助是适宜地、谦逊地提供的……它保全受援国的尊严。"①

1958年，印度尼西亚外交部请求中国帮助其镇压地方叛乱，中国开始向印度尼西亚政府提供援助，包括2万吨大米、120万匹棉布、6500件棉纱在内的紧急物资，以总额4800万瑞士法郎（实支人民币5468万元）贷款形式支持，从1959年起由印度尼西亚政府以可转让的英镑、其他第三国货币或中国可能接受的印度尼西亚出口货物偿还，分10年还清，贷款年息2.5%。此后，在1958年至1959年间，应印度尼西亚政府镇压地方叛乱的紧急求助，中国进一步向其提供军需物资贷款751万英镑（实支人民币6899万元）。随后，中国向印度尼西亚开始提供低息或无息贷款用于两国经济技术合作，开展了纺纱厂、新兴力量会议大厦、水泥厂等援建项目。② 1959年中国政府开始向老挝提供军事援助，随后签订了经济技术援助协定，以提供设备和民用物资为主，援建道路和学校、派遣医疗队为辅。③ 1961年周恩来总理访问缅甸期间，两国政府签订了第一个经济技术合作协定，中国向缅甸提供总额为3000万英镑的长期无息贷款，用于实施成套项目和物资项目。在20世纪60年代中期，中国为缅甸援建的第一批项目如纺织厂、造纸厂、糖厂、胶合板厂、桥梁等纷纷建成。④

亚非会议之后，越南依然是中国在东南亚最重要的受援国。中国对越南的援助转向支持其战后恢复和国家重建。1955年中国向越南无偿提供规模为8亿元援助，包括提供物资和现汇、修复基础设施、建设国家亟须的生产性成套项目、派遣中国专家和顾问团、培训实习生等。⑤ 为了加强对越南经济技术援助工作的一线管理，1956年5月，中国在越南设立了中国驻越南经济代表处，这是中国在海外设立的第一个管理援外的代表机构，时任中央财政部副

---

① 周弘：《中国援外60年》，社会科学文献出版社，2013年，第233页。
② 李一平、曾雨棱：1958—1965年中国对印尼的援助，《南洋问题研究》，2012年第3期。
③ 王泺：中国与东盟国家的发展援助合作，转引自左常升：《国际发展援助理论与实践》，社会科学文献出版社，2015年，第138页。
④ 同③。
⑤ 《当代中国》丛书编辑部：《当代中国的对外经济合作》，中国社会科学出版社，1989年，第27页。

部长方毅任经济代表。海外援外管理机构的设立，弥补了短期中国顾问团海外调研的局限性，把援外管理从北京前置到越南一线，一方面有助于中国加强与越南相关政府部门的沟通协调，推动援助项目顺利落地；另一方面便于了解越方实际情况，及时调整援助方式和重点。此后，中国对外援助一直伴随着越南的三年经济建设时期和第一个五年计划时期。在 1958—1960 年的越南三年经济建设时期，中国援建了包括电站、化工、铬矿、造纸、制糖、陶瓷、烟卷、肥皂等在内的 18 个工业企业项目，1959—1961 年又为越南援建了包括钢铁厂、造船厂、电站、氮肥厂、纺织印染厂、味精厂和农场在内的成套项目，以上都是列入越南第一个五年计划的重要项目。①

二、"八项原则"与东南亚援助的急剧增长

1950—1963 年，中国对外援助一直缺乏统一的政策指导，始终在"实践中摸索"。1964 年 1 月 15 日，周恩来总理在访问加纳期间，在与加纳恩克努马总统最后一次会谈中，首次提出"对外经济技术援助八项原则"。1964 年 12 月底举行的第三届全国人民代表大会第一次会议上，"八项原则"被确定为中国对外援助的基本原则，并明确了当时对外援助的目标，即"根据无产阶级国际主义精神，支援社会主义兄弟国家进行建设，增强整个社会主义阵营的力量；支援未独立的国家取得独立；支援新独立的国家自力更生，发展民族经济，巩固自己的独立，增强各国人民团结反帝的力量"②，总结了援助的主要方式，即无偿赠与或低息、无息贷款。从此，对外援助结束了实践先行的阶段，进入政策指导下发展的新阶段。

20 世纪 60 年代，中苏关系从意识形态分歧走向破裂，出现中美对立、中苏交恶的不利局面。与此同时，国际上出现民族解放运动的高潮，亚非拉新独立国家相继涌现，不结盟运动、七十七国集团等由发展中国家主导的地区

---

① 《当代中国》丛书编辑部：《当代中国的对外经济合作》，中国社会科学出版社，1989 年，第32—33 页。

② 周恩来在 1964 年 12 月 21 日第三届全国人民代表大会第一次会议上作政府工作报告，全国人大网，http://www.npc.gov.cn/wxzl/gongbao/2000-12/24/content_5328407.htm.

性组织形成，构成美苏两极之外新的国际力量。在美苏的孤立与封锁下，对外援助为中国争取"中间地带"、取得外交突破发挥了积极作用。作为周边地区的东南亚成为中国努力争取的"中间地带"，也是中国输出世界革命的主要地区，接受中国的援助也大大提升。总体来说，在美苏的孤立与封锁下，对东南亚的援助是中国整体对外援助的重点，越南依然是重中之重。据统计，1950—1978 年，中国对越援助总值高达 200 亿美元，其中无偿援款占 93.3%，无息贷款占 6.7%①，在各国的援助中占第一位。②

1964 年 8 月美国挑起直接侵犯越南北部湾事件后，中国全力支援越南抗美救国战争，援助规模迅速提高。在 1965—1970 年六年间援助越南的资金占援助总支出的 57.6%，其中大部分是无偿援助，包括恢复遭美军轰炸破坏的工厂、提供生活物资、抢修铁路公路以保障战时运输、承担苏联和东欧国家援越物资的过境运输、接受越南实习生来华培训等。中国甚至暂缓国内生产所需，优先支援越南，如推迟国内在建的输油管工程，把油管先供给越南，有的工厂停产原有产品以专门制造援越产品。此外，广东、广西、云南、湖南等省份分别对口向越南北部广宁、谅山、高平、老街、莱州、河江、和平七个省提供无偿援助。③ 越南革命家黄文欢回忆："在抗美战争期间，中国是从各方面援助越南最多的国家"。④ 随着 1970 年越南、柬埔寨和老挝组成联合抗美统一战线，三国抗美救国战争进入相互配合、迅猛发展的新阶段，中国对越柬老的援助迅速攀升。1971—1975 年，中国对三国的经济技术援助支出占同期援助总支出的 43.4%，其中，对越南的援助继续保持第一，占援助三国总额的 93.1%。⑤ 仅 1972 年一年，51.49 亿元对外援助总支出中有一半以

① 齐鹏飞、李葆珍：《新中国外交简史》，人民出版社，2014 年，第 55 页。

② 黄文欢：越中战斗友谊的事实不容歪曲（1979 年 11 月），《黄文欢文选（1979—1987）》，人民出版社，1988 年，第 23 页。

③ 《当代中国》丛书编辑部：《当代中国的对外经济合作》，中国社会科学出版社，1989 年，第 49-52 页。

④ 黄文欢：在纪念越南八月革命四十周年招待会上的讲话（1985 年 8 月 18 日），《黄文欢文选（1979—1987）》，人民出版社，1988 年，第 192 页。

⑤ 《当代中国》丛书编辑部：《当代中国的对外经济合作》，中国社会科学出版社，1989 年，第 57 页。

上为对越援助，金额高达 26.57 亿元。①

20 世纪 70 年代中国援助迅速增长的另一个主要因素就是 1971 年中国恢复联合国合法席位后迎来建交高潮，许多与中国新建交国家表达了希获经济技术援助的强烈意愿。为进一步巩固对外关系的大发展，中国对外援助规模迅速升级，受援国从此前的 30 国迅速增加至 66 个亚非拉国家②，其中主要是非洲国家。中国对东南亚国家的援助成为支持"第三世界"③ 的一部分。随着 20 世纪 70 年代"一条线""一大片"的外交战略，中国与美国、日本等西方阵营的关系缓和，在东南亚也取得外交突破。1974—1975 年，中国相继与西方阵营的马来西亚、菲律宾、泰国建立外交关系，1975 年承认东盟。在援助对象上，中国首次突破意识形态局限，开始向西方阵营的东南亚国家提供援助。在实现建交前，中国通过对外援助为缓和与菲律宾、马来西亚关系铺路搭桥，实现了与两国的接触。1970 年 11 月菲律宾遭受台风"幽灵"袭击，中国政府捐助 8 万美元的罐头；1972 年 7 月，中国向菲律宾受台风影响的灾民捐助 100 万人民币的食品救济；1970 年底至 1971 年初，马来西亚遭遇严重的水灾，中国以中国红十字会名义向其捐赠价值 50 万元的救济物资。④ 对外援助的先行有效改善了中国与东南亚的西方阵营国家的关系，使中国对东南亚的援助呈现超越意识形态的人道主义色彩。

除了延续军事援助和经济技术援助之外，1963 年中国开始对外派遣援外医疗队，先后于 1964 年、1968 年、1975 年向老挝、越南、柬埔寨派遣了医疗队⑤，云南、山西分别为对口援助省份，派出政治素质过硬的医护人员到当

---

① 励维志：《毛泽东对中国社会主义建设道路的探索》，天津社会科学院出版社，1993 年，第 217 页。

② 《当代中国》丛书编辑部：《当代中国的对外经济合作》，中国社会科学出版社，1989 年，第 57 页。

③ 1974 年 2 月 22 日，毛泽东在会见赞比亚总统卡翁达时，第一次明确完整地提出关于三个世界划分的战略。他说："我看美国、苏联是第一世界。中间派，日本、欧洲、澳大利亚、加拿大，是第二世界。咱们是第三世界。""第三世界人口很多。""亚洲除了日本，都是第三世界。整个非洲都是第三世界，拉丁美洲也是第三世界。"《毛泽东文集》第 8 卷，人民出版社，1999 年，第 441-442 页。

④ 吴杰伟：中国对东盟国家的援助研究，《东南亚研究》，2010 年第 1 期。

⑤ 李安山：中国对外援助医疗队的历史、规模及其影响，《外交评论》，2009 年第 1 期。

地开展医疗服务，发扬白求恩精神，深入边远地区义诊，在受援国建立了良好声誉，援外医疗队也成为日后中国对外援助的一张响亮的名片。

三、"革命世界主义"援助在东南亚遭受挫折

20 世纪 60 年代的中国对外援助表现出"革命性"，紧紧围绕世界革命总战略目标，军事援助急剧增长，成为仅次于美苏的第三大军援国，中国在第三世界获得的军援中占比 4%。① 在 1963 年发表的《关于国际共产主义总路线的建议》② 中提出，亚非拉广大地区"是当代世界各种矛盾集中的地区，是帝国主义统治最薄弱的地区，是目前直接打击帝国主义世界的革命风暴的主要地区"。毛泽东强调："我们要的就是全世界的解放。通过对亚非拉人民革命力量的支持和援助，帮助被压迫民族的人民打倒帝国主义、殖民主义，建立人民的独立国家是中国援助政策的基本目标。"③ 东南亚地区也成为中国输出"世界革命"的一部分，仅 1965 年中国就对老挝爱国阵线党、马来西亚共产党、马来西亚民族解放联盟、泰国爱国阵线、泰国独立运动同盟、越南南方民族解放统一战线、菲律宾和印度尼西亚等东南亚革命组织和国家提供了援助。④ 这一方面引起美苏两国的警觉；另一方面给外交局面带来消极影响，革命式外交在东南亚遭受挫折。中国与印度尼西亚在 1967 年断交，援助也相应中断；1967 年 6 月缅甸爆发反华冲突，出现中国援缅专家被杀害的恶性事件，中缅关系跌入低谷，对缅援助暂停⑤；苏联开始对越南提供大量援助，中越关系出现裂痕。

20 世纪 60 年代中国对外援助受到极"左"思潮的影响，导致不顾国情、盲目地快速增长，尤其是对越南"倾尽所有"的大规模援助投入，使援助一

---

① 张威：革命世界主义——以中国援助亚非拉革命运动为视角的考察，《学术论坛》，2007 年第 11 期，第 85 页。

② 《关于国际共产主义运动总路线的建议》，人民出版社，1963 年。

③ 同①。

④ 张威：革命世界主义——以中国援助亚非拉革命运动为视角的考察，《学术论坛》，2007 年第 11 期，第 85 页；李一平、曾雨棱：1958—1965 年中国对印尼的援助，《南洋问题研究》，2012 年第 3 期。

⑤ 陈松川：《中国对外援助政策取向研究（1950—2010）》，清华大学出版社，2017 年，第 95 页；贺圣达：中缅关系 60 年：发展过程和历史经验，《东南亚纵横》，2010 年第 11 期。

度超过了当时国力所能承担的极限。1971—1975 年，援助支出占同期国家财政总支出的 5.88%，每年以接近或超过 10 亿元的速度增长。1971 年援外支出规模是 36.66 亿元，1973 年以 55.84 亿元达到顶峰，占国家财政总支出的比重高达 6.92%。此时，中国已经超过了苏联的对外援助规模，而当时中国的国民生产总值仅为苏联的 28%。[①]

第二节　回归理性与波折中发展（1978—1988）

党的十一届三中全会以后，中国将工作重心从"以阶级斗争为纲"转移到社会主义现代化建设上来，对外援助的角色也从服务意识形态斗争和世界革命转移到服务社会主义现代化建设的中心工作上。在总结 20 世纪 70 年代的过度支出和外交受挫的教训基础上，中央从援助原则、目标和投入布局上进行了重大调整，使对外援助的规模下降至符合国情的理性范围。但这一时期中国在东南亚经历了大波折、大调整，在传统受援国上遭受挫折，相继结束了对越南、老挝和柬埔寨的援助，但也在泰国、菲律宾等东南亚国家上实现了意识形态突破，通过援助为中国与这些国家外交关系的好转起到了推波助澜的作用。

一、"量力而行、尽力而为"援助原则确立

中国在肯定此前援助历史成就的基础上，提出"量力而行、尽力而为"的援助原则。改革开放的工作重心转移也需要国内财政的巨大投入。国内对对外援助的认识出现重大调整，中越关系的恶化成为直接导火索。抗美战争结束后，越南当局蓄意破坏中越关系，到 1978 年反华排华势力已十分猖獗，出现多起侮辱、伤害中国援越人员和诋毁中国援助的事件，使中国被迫在

---

① 《当代中国》丛书编辑部：《当代中国的对外经济合作》，中国社会科学出版社，1989 年，第 68 页；尚长风："文革"时期中国的对外援助，《近代中国与文物》，2009 年第 4 期；张郁慧：中国对外援助研究，中共中央党校博士学位论文，2006 年；朱蓉蓉：中国共产党对外援助策略的历史演进，《毛泽东邓小平理论研究》，2011 年第 9 期。

1978 年 7 月 3 日停止对越援助。① 在当时国内经济困难的情况下，中国的感情和援助热情受到严重打击。在这种情况下，中央多次强调对外援助的重要性，并客观认识援助的历史成就，对援外政策进行了及时且准确的调整。1979 年 7 月 7 日，邓小平在中央外事工作会议上指出："应当肯定我们过去援助第三世界是正确的。我们国家经济困难，但我们还得拿出必要数量的援外资金。……在援助问题上，方针要坚持，基本上援助的原则还是那个八条，具体方法要修改，真正使受援国得到益处。"胡耀邦在 1982 年 1 月《关于对外经济关系问题》一文中强调："支援第三世界各国人民保卫民族独立，发展民族经济和反对帝国主义、霸权主义、殖民主义的正义斗争，是我们不可推卸的国际义务。……支援第三世界国家是一个带有战略性质的问题，切不可掉以轻心。"②

在肯定援助重要意义的基础上，中央决定继续对外提供援助，并对此前援助存在的问题进行了客观批评，如"热心过度"，对一些国家的援助有求必应，"使他们躺在我们身上过日子"。③ 对此，中央强调要认清自身能力和发展现状，在"八项原则"基础上将"量力而行、尽力而为"纳入援助原则。1983 年，国务院领导人在接见第六次全国援外工作会议全体代表时指出："我们是社会主义国家，虽然很穷，但是个大国，我们有责任、有义务在力所能及的范围内向第三世界提供援助，这是我们国家的性质所决定的。我们对外援助既要量力而行，又必须尽力而为。量力而行是指钱，尽力而为是精神。热心不能减退，精神不能减弱，能做的事必须努力做好。"④

二、援助中断与意识形态突破

从援助规模上看，改革开放初期是国家财政经济困难时期，国内严格控

---

① 《当代中国》丛书编辑部：《当代中国的对外经济合作》，中国社会科学出版社，1989 年，第 64—65 页。

② 《当代中国》丛书编辑部：《当代中国的对外经济合作》，中国社会科学出版社，1989 年，第 70 页。

③ 1979 年 7 月 7 日，邓小平在中央外事工作会议上的讲话。

④ 同②。

制援外规模，援外支出大幅削减，由 20 世 70 年代占财政支出接近 7% 的峰值降到 0.6% ~ 0.7%，从 1971—1978 年的 31.8 亿元平均值下降到 10 亿元以下，直到 1985 年对外援助才出现增长。1985 年援外财政支出为 12.48 亿美元，到 1999 年达到 39.20 亿美元。但对外援助占财政支出的比重逐年下降，到 20 世纪 90 年代已降至 0.3% ~ 0.4%。[①] 此时，对外援助已由此前突出的政治性向服务国家经济发展的经济性转变。

改革开放初期，中国对东南亚受援国经历了大波折、大调整，相继结束了对越南、老挝和柬埔寨的援助。1978 年 7 月停止对越南援助；1979 年 3 月 7 日，因老挝追随越南反华，中国中断与老挝的经援关系；由于越南入侵柬埔寨，中国对柬埔寨援助在 1979 年 1 月被迫中断。[②]

随着改革开放后中国对外奉行"不结盟"的独立自主和平外交政策，援外布局相应调整，注重向更多国家提供力所能及的援助，对东南亚的援助继续突破意识形态范畴，菲律宾、泰国成为中国援助的对象。1980 年中国签订协议向菲律宾提供小水电设备，自 1983 年起向菲律宾提供了价值 3300 万元的四笔援款，1988 年 6 月 9 日向菲律宾赠送 1 万吨大米，1989 年 10 月向泰国政府捐赠食品罐头、奶粉、一次性注射器、塑料薄膜等约 100 吨救灾物资。[③] 此外，中国也全面终止了革命式援助，1982 年中共十二大强调"革命决不能输出"[④]，停止了对东南亚各国共产党和革命组织的援助。

第三节　恢复正常化与助力经济外交（1989—2012）

20 世纪 80 年代末 90 年代初，随着中国与所有东南亚国家恢复或建立外交关系，对东南亚援助也随之恢复，进入平稳发展阶段。1989 年 11 月中国恢

---

① 商务部国际贸易经济合作研究院：《国际发展合作之路：40 年改革开放浪潮下的中国对外援助》，中国商务出版社，2018 年，第 88—90 页。

② 李荣林：《中国南南合作发展报告》，五洲传播出版社，2016 年，第 19 页。

③ 田增佩：《改革开放以来的中国外交》，世界知识出版社，1993 年。转引自陈松川：《中国对外援助政策取向研究（1950—2010）》，清华大学出版社，2017 年，第 147 页。

④ 《中国共产党第十二次全国代表大会文件汇编》，人民出版社，1982 年，第 53 页。

复对柬埔寨经援关系，承诺提供 300 万元紧急援助；1990 年 2 月 26 日恢复与老挝经援关系，承诺提供 200 万元人民币援助；1991 年 11 月中越关系实现正常化，1992 年 12 月中国恢复对越南的经济技术援助，签订提供 8000 万元无息贷款的经援协定。①

表 6-1　中国与东南亚国家建交及提供援助时间表

国家	中国建交时间	提供援助时间
越南	1950 年 1 月 18 日（1965 年关系恶化，1991 年 11 月关系正常化）	1950 年（1978 年 7 月 3 日停止，1992 年 12 月恢复）
印度尼西亚	1950 年 4 月 13 日（1967 年 10 月 30 日断交，1990 年 8 月 8 日复交）	1958 年（1967 年停止，1995 年恢复）
缅甸	1950 年 6 月 8 日	1961 年（1967 年停止，1971 年恢复）
柬埔寨	1958 年 7 月 19 日	1956 年（1979 年 1 月停止，1989 年 11 月恢复）
老挝	1961 年 4 月 25 日（1979 年外交关系降级，1988 年恢复大使级外交关系）	1959 年（1979 年 3 月 7 日停止，1990 年 2 月 26 日恢复）
马来西亚	1974 年 5 月 31 日	1971 年以中国红十字会名义向遭受水灾的灾民捐赠价值 50 万元人民币的救济物资
菲律宾	1975 年 6 月 9 日	1986 年签订第一个经济援助协议（此前曾提供紧急援助：1970 年捐助 8 万美元的罐头；1972 年捐助 100 万元人民币的食品救济）
泰国	1975 年 7 月 1 日	1989 年 10 月捐赠食品罐头、奶粉、一次性注射器、塑料薄膜等约 100 吨救灾物资
新加坡	1990 年 10 月 3 日	
文莱	1991 年 9 月 30 日	
东帝汶	2002 年 5 月 20 日	1999 年 9 月底中国红十字会通过国际红十字委员会提供价值 10 万美元的援助，10 月初中国驻印度尼西亚大使向东帝汶难民捐助 3 万美元救济金，同年年底中国向其捐赠 100 台手扶式拖拉机②

资料来源：作者根据公开资料整理。

___

① 李荣林：《中国南南合作发展报告》，五洲传播出版社，2016 年，第 19-20 页。
② 1999 年 8 月东帝汶举行全民公决并脱离印度尼西亚后，中国开始向东帝汶提供援助，帮助其国家重建。李开盛、周琦：中国与东帝汶关系的历史、现状及前景，《东南亚纵横》，2004 年第 2 期。

1997 年亚洲金融危机爆发后，中国参与国际货币基金组织对印度尼西亚和泰国的一揽子援助，对稳定两国的宏观经济和国际收支平衡起到了推动作用。同年，首届中国—东盟领导人非正式会晤召开，标志着中国与东南亚的对话合作机制①正式确立。1998 年 12 月 16 日时任国家副主席胡锦涛在第二届中国—东盟领导人非正式会晤上再次明确将经贸合作置于优先地位，与东盟各国拓展各个领域的互利合作，积极应对金融危机的挑战，继续向东盟有关国家提供力所能及的援助，并决定向"东盟基金"捐款 20 万美元以支持东盟国家经济和社会发展。② 中国在亚洲金融危机后的"雪中送炭"，使东南亚国家延续冷战思维的对华敌意或疑虑的态度有所扭转，中国与东南亚的关系进入新的历史阶段。

总体来看，冷战后至 20 世纪 90 年代末，中国对东南亚的援助经历波折后逐渐走向正常化，向柬埔寨、老挝、缅甸、越南、泰国、菲律宾、印度尼西亚、东帝汶等东南亚国家提供了援助，尤以与中国相邻的柬埔寨、老挝、缅甸为主。但这段时期，中国对非洲的援助投入成为援外主要增长点，非洲取代了东南亚此前的受援重点地位。此外，中国对东南亚的援助起伏较大，占比开始下降，"除少数年份外，均不超过 20%"。③

一、对外援助服务经济外交

改革开放后，中国对外援助转变思路，在八项原则基础上与时俱进地提

---

① 1997 年 12 月 16 日，中国—东盟首脑非正式会晤在马来西亚首都吉隆坡举行，江泽民主席和东盟 9 国领导人和代表共同发表了《中华人民共和国与东盟国家首脑会晤联合声明》，确立中国与东盟面向 21 世纪的睦邻互信伙伴关系。1999 年柬埔寨的加入实现东盟"十国夙愿"。此后，双方领导人在每年"10+3"领导人会议期间以"10+1"形式举行会议。

② 时任中国国家副主席胡锦涛于 1998 年 12 月 16 日出席在越南河内举行的第二次东盟与中日韩领导人非正式会议时的讲话，https://www.fmprc.gov.cn/zdjn/chn/zywj/ldrjh_cn/t270513.htm.

③ 王泺：《中国与东盟国家的发展援助合作》，转引自左常升：《国际发展援助理论与实践》，社会科学文献出版社，2015 年，第 140 页。

出"平等互利，形式多样，注重实效，共同发展"四项原则①，突出了与受援国的互利关系，强调援助的实效性。进入 20 世纪 90 年代，中国开始向社会主义市场经济体制转型，为适应国内发展经济和对外开放的需要，对外援助开始探索新的方式，"要算经济账"。一系列援助政策的调整，标志着中国对外援助已经完成了从此前单方面的给予到强调"互利共赢"的南南合作的转型。

在国内外形势的变化中，中国对外援助的经济属性开始凸显，对外援助成为带动多种形式经济合作的主要方式，为中国企业"走出去"开拓海外市场发挥了重要作用。20 世纪 90 年代，对外援助的"经贸化"② 成为援外改革的重点。1995 年吴仪担任外经贸部部长时提出"大经贸战略"，强调："把境外带料加工、工程承包、劳务合作、对外援助和外贸出口紧密集合起来。"③ 为此，中国援外资金在无偿援助和无息贷款的基础上，1992 年增设援外合资合作项目基金，支持中国企业与受援国企业开展合资合作，1995 年开始对外提供优惠贷款。中国援外开始与投资、贸易、互利合作相结合，发挥企业和金融机构的作用，援外为企业搭台，企业唱主角，经济援助、经济外交的说法逐渐形成。

1995 年优惠贷款成为对外援助主要资金方式，东南亚成为第一批使用优惠贷款开展援助项目的地区。20 世纪 90 年代，中国为东南亚开展了一系列关乎东南亚经济社会发展的重大援外成套项目。为缅甸援建了国内第一座大型

---

① 1983 年 1 月 23 日，国务院领导人在坦桑尼亚首都达累斯萨拉姆举行的记者招待会上宣布中国同第三世界国家开展经济技术合作的四项原则。具体包括：（1）遵循团结友好、平等互利的原则，尊重对方的主权，不干涉对方的内政，不附带任何政治条件，不要求任何特权。（2）从双方的实际需要和可能条件出发，发挥各自的长处和潜力，力求投资少、工期短、收效快，并能取得良好的经济效益。（3）方式可以多种多样，因地制宜，包括提供技术服务、培训技术和管理人员、进行科学技术交流、承建工程、合作生产、合资经营，等等。中国方面对所承担的合作项目负责守约、保质、重义。中国方面派出的专家和技术人员，不要求特殊的待遇。（4）上述合作之目的在于取长补短，互相帮助，以利于增强双方自力更生的能力和促进各自民族经济的发展。《当代中国》丛书编辑部：《当代中国的对外经济合作》，中国社会科学出版社，1989 年，第 7 页。

② 陈松川：《中国对外援助政策取向研究（1950—2010）》，清华大学出版社，2017 年，第 169 页。

③ 商务部国际贸易经济合作研究院：《参与全球经济治理之路：40 年改革开放大潮下的中国融入多边贸易体系》，中国商务出版社，2018 年，第 37 页。

桥梁——仰光—丁茵铁路公路两用大桥①，为老挝援建的国家文化宫成为老挝举办高规格国际会议的场所，帮助越南的北江氮肥厂和太原钢铁厂扭亏等。此外，中国开始重点对外实施惠及民生的小型生产性援助项目，如向缅甸农机修配厂提供农机具、为柬埔寨打井等。

　　进入21世纪，中国奉行与邻为善、以邻为伴的周边外交方针，与东南亚的关系日益密切。2003年中国加入《东南亚友好合作条约》，并将与东盟的睦邻互信伙伴关系提升至战略伙伴，东南亚成为中国周边外交中的优先方向。与此同时，中国与东南亚各国的经贸关系日益密切，自2009年起中国成为东盟第一大贸易伙伴，2010年世界上最大的发展中国家自由贸易区——中国—东盟自贸区建成，2011年东盟成为中国第三大贸易伙伴。2000—2012年，中国对外援助的财政支出从45.88亿元攀升至166.95亿元②，对东南亚的投入也随之增长，按照占援外总额比重约20%③粗略推测，这段时期对东南亚的援助金额大约从9亿元提升至33亿元。

　　与此同时，随着中国受援国的数量越来越多，中国将重点援助对象进一步明确，对此前"撒胡椒面"式的资金安排进行了调整。对外援助开始聚焦主要受援国，对周边友好国家的援外力度进一步增加。自2003年中国与东盟建立战略伙伴关系以来，中国积极在各领域对东南亚国家提供支持，重点向东南亚低收入国家（柬埔寨、老挝、缅甸）提供援助，支持东盟缩小内部发展差距，对于泰国、菲律宾、印度尼西亚的援助以人力资源开发合作、紧急人道主义援助为主。

　　中国把基础设施建设放在与东盟国家开展合作的突出位置，利用优惠贷款开展的基础设施项目进一步增加。2006—2008年，中国向东盟国家提供了

---

　　① 中国援建的仰光—丁茵铁路公路两用大桥于1985年筹备建设，1993年竣工，由20689万元无息贷款支持建造，是缅甸第一座大型桥梁，也是20世纪90年代以来中国对外援助最大的项目之一。在长达8年的工期里，中国先后共派出500多名桥梁建设专家和工程技术人员到缅甸协助施工，为缅甸培养了一大批桥梁专家。

　　② 数据来源：2000—2012年《中国财政年鉴》，转引自商务部国际贸易经济合作研究院：《国际发展合作之路：40年改革开放浪潮下的中国对外援助》，中国商务出版社，2018年，第88—90页。

　　③ 王泺：中国与东盟国家的发展援助合作，转引自左常升：《国际发展援助理论与实践》，社会科学文献出版社，2015年，第142页。

7.5 亿美元的优惠贷款。① 在 2009 年承诺向东盟国家提供 150 亿美元信贷以支持 50 多个基础设施等建设项目，其中优惠性质贷款额度达 67 亿美元。2011 年中国继续追加 100 亿美元信贷，其中包括 40 亿美元优惠性质贷款，先后同柬埔寨、老挝、越南、缅甸、印度尼西亚、菲律宾等东盟国家合作实施百余个优惠贷款项目，涉及基础设施、通信、农业、水力发电、工业生产、设备采购等领域。②

这段时期，中国为东南亚各国开展了一系列标志性援外项目。为老挝提供 3000 万美元的无息贷款和赠款，用于昆明—曼谷公路老挝段的建设，该项目为中国参与湄公河流域开发的重点项目。③ 援建柬埔寨的金边—巴威输变电项目，覆盖金边、干丹、波萝勉、柴桢四省，受益人口达 400 万。援建缅甸全国电信改造，中国提供的设备服务缅甸 50% 的移动电话市场和 30% 的固定电话市场。2010 年 6 月中国政府援建的缅甸国际会议中心正式移交缅甸政府，是当时中国对缅援助的最大成套项目。此外，中国通过优惠贷款支持的援助项目有所增加。利用优惠贷款支持援建的柬埔寨国家 59 号公路是柬埔寨国家级重要工程，连接柬埔寨与泰国边境地区，促进了边境联通和贸易增长。2005 年，中国通过优惠贷款为越南建设"三线一枢"通信和信号现代化工程，中兴通讯负责设计、供货、建设安装、培训、维护等全部工程建设任务，有效带动了我国自主研发的通信产品的出口。④ 优惠贷款还支持老挝、缅甸、印度尼西亚等国的飞机采购项目，并为这些国家提供技术培训，提高航空水平。⑤

---

① 温家宝在第十次中国与东盟领导人会议上的讲话，2007 年 1 月 14 日。

② 王泺：中国与东盟国家的发展援助合作，转引自左常升：《国际发展援助理论与实践》，社会科学文献出版社，2015 年，第 144 页。

③ 朱镕基总理在第四次中国—东盟领导人会晤（"10+1"）上的讲话，2000 年 11 月 25 日，中华人民共和国驻马来西亚大使馆网站。

④ 商务部国际贸易经济合作研究院：《国际发展合作之路：40 年改革开放浪潮下的中国对外援助》，中国商务出版社，2018 年，第 104-108 页。

⑤ 商务部国际贸易经济合作研究院：《国际发展合作之路：40 年改革开放浪潮下的中国对外援助》，中国商务出版社，2018 年，第 97-98 页。

二、中国—东盟多边机制成援助新渠道

进入 21 世纪，东盟作为促进地区和平、发展与合作的一支重要力量，作用和影响力越来越凸显。中国积极支持多层次区域合作，在双边援助基础上，逐渐增加多边渠道的援助。2000—2012 年，中国借助"10+3"区域平台连续宣布援助举措，创新资金渠道，支持东盟在区域合作中发挥主导作用，支持东南亚地区的整体发展。

中国积极向东南亚区域类发展基金注资，并设立了多种合作基金，与东盟国家在人力资源开发合作、公共卫生、非传统安全、减贫和区域一体化等方面开展援助合作。2000 年中国向"中国—东盟合作基金"增资 500 万美元，2004 年继续增资 500 万美元，扩大与东盟国家的人力资源开发合作，并向新加入东盟的国家倾斜，支持《万象行动计划》[①] 中的人力资源开发项目，支持东盟一体化建设。2004 年设立"中国—东盟公共卫生合作基金"，促进与东盟国家在传染病防治、传统医药、全民健康覆盖、卫生人力资源合作等公共卫生领域的合作，2005 年利用该基金，为东盟国家开展禽流感防治技术培训和联合研究。2005 年，中国出资 2000 万美元在亚洲开发银行设立了"中国减贫和区域合作基金"，截至 2011 年，该基金已累计安排资金 1934 万美元资助了 42 个技术援助项目，其中 22 个项目是为东南亚国家开展的，42%的资金用于大湄公河次区域国家[②]，11%用于东盟组织和"10+3"机制。[③] 2007 年中国向东盟发展基金捐资 100 万美元，实施"加快越老柬缅国家海关改革及现代化建设"东盟一体化倡议项目。2010 年设立 30 亿元人民币的中国—东盟

---

① 2008 年 3 月 31 日，在大湄公河次区域（GMS）经济合作第三次领导人会议上，中国、柬埔寨、老挝、缅甸、泰国和越南达成《万象行动计划（2008—2012）》，涉及交通、能源、电信、农业、环境、旅游、人力资源开发、贸易便利化和投资 9 个方面的 200 多个项目，总投资 200 亿美元。

② 大湄公河次区域（GMS）是指湄公河流域的 6 个国家和地区，包括柬埔寨、越南、老挝、缅甸、泰国和中国云南省。1992 年，在亚洲开发银行的倡议下，澜沧江—湄公河流域内的 6 个国家共同发起了大湄公河次区域经济合作（GMS）机制。

③ Asian Development Bank. People's Republic of China Poverty Reduction and Regional Cooperation Fund- Assessment Report, August, 2011. https://www.adb.org/sites/default/files/institutional-document/34011/files/prc-fund-assessment-report-2011.pdf.

海上合作基金，推动双方在海上互联互通、海洋科研环保、海洋新能源、海洋生物多样性、海上安全执法、航行安全与搜救、防灾减灾和海洋文化与教育等领域的合作。在基金支持下，中国开展了中国—东盟国家海上紧急救助热线、中国—东盟海水养殖技术联合研究与推广中心、东南亚环境预报与灾害预警系统建设、印度尼西亚金马安渔业综合基地更新改造等 17 个首批项目。①

中国还在"10+1"机制中提出领域类的援助倡议，如 2009 年提出"中国—东盟粮食综合生产能力提升行动计划"② 帮助东盟提高粮食生产水平，提出"中国—东盟农村发展推进计划"帮助东盟国家增强农村综合发展能力。此外，中国为东盟提供了多种形式的人力资源开发合作项目，如为东盟国家开展信息、环境、农业、知识产权、灾害应对、灾后重建、海事调查等领域的多边援外培训班，来华培训人数不断增加。2007 年邀请近 300 名东盟青少年来华参加青年营、夏令营，在广西建立"中国—东盟青少年培养基地"，2007—2012 年共邀请 1000 名东盟青少年访华。2011 年提出在东南亚国家设立10 个职业教育培训中心。

三、多种援外方式形成

这段时期，中国对东南亚的援助方式逐渐完善，在成套项目、物资援助、技术合作、人力资源开发合作、派遣医疗队、人道主义援助的基础上增加了志愿者派遣、债务减免等援助方式，由此中国八大援助方式形成。

2002 年中国开始对外派遣志愿者，包括青年志愿者和汉语教师志愿者，

---

① 康霖、罗亮：中国—东盟海上合作基金的发展及前景，《国际问题研究》，2014 年第 5 期。

② 一是加强中国—东盟跨境动植物疫病防控合作，与东盟国家共同建设跨境动植物疫病防控监测站 20 个，建设疫情预警信息系统，交换共享信息，建立联防联控机制，提高防控能力；二是进一步实施优质高产农作物示范田建设，与东盟各国共同建设农作物优良品种试验站 20 个，示范推广面积 100 万公顷，繁育推广优良品种，提高农作物单产水平和生产能力；三是继续开展农业培训，为东盟国家在华培训 1000 名农业人才，提高东盟国家农业科技水平；四是派出 300 名农业专家和技术员赴东盟国家进行指导；五是在东盟国家新建 3 个农业技术示范中心，发挥示范中心的培训、技术展示、田间示范和辐射带动作用，促进东盟国家农业科技进步；六是加强农业相互投资，实现本地区农业资源的合理配置。2010 年 10 月 29 日温家宝在第十三次中国与东盟领导人会议上的讲话。

东南亚为首批志愿者项目落地地区。2002 年 5 月，中国首次派遣 5 名青年志愿者赴老挝，在教育和医疗领域开展了为期半年的志愿服务。2003 年开始对外派出汉语教师志愿者，以泰国和菲律宾为首批试点国家。2005 年 2 月，向泰国南部海啸灾区派出 10 名潜水员志愿者，协助泰方进行近海区域打捞和清理工作。[①] 截至 2012 年底，中国向泰国、老挝、缅甸、文莱四个东南亚国家派遣了 93 名援外青年志愿者，其中向泰国派遣 18 名，向老挝派遣 37 名，向缅甸派遣 15 名，向文莱派遣 23 名。在语言教学、体育教学、计算机培训、中医诊治、农业科技、艺术培训、工业技术、社会发展、国际救援等领域为当地百姓提供志愿服务。[②]

2000 年开始，免除发展中国家对华到期的无息贷款政府债务的债务减免成为对外援助方式之一。中国政府明确表示，"在受援国偿还到期无息贷款遇到困难时，中国不施加还款压力，通过双边协商延长还款期限或免除债务，减轻经济困难国家的债务负担"。[③] 截至 2012 年底，中国先后 6 次宣布减免到期无息贷款债务的举措，其中免除包括柬埔寨[④]在内的亚洲 10 国共 41 笔债务，金额 59.9 亿元。[⑤]

中国在东南亚重大海外救援行动中发挥了积极作用，国际声望明显提高。2004 年 12 月印度洋海啸发生后，中国开展了在当时堪称对外援助历史上资金规模最大的紧急救援行动，向包括印度尼西亚、泰国、马来西亚在内的受灾国提供各种援助共计近 7 亿元人民币，同时派遣了中国国际救援队、DNA 鉴定组和医疗队。中国还以援助方式参与灾区重建和发展，帮助受灾地区修复和建设道路、桥梁、学校和医院等基础设施，并向联合国提供 2000 万美元捐

---

① 商务部国际贸易经济合作研究院：《国际发展合作之路：40 年改革开放浪潮下的中国对外援助》，中国商务出版社，2018 年，第 61 页。

② 王泺：中国与东盟国家的发展援助合作，转引自左常升：《国际发展援助理论与实践》，社会科学文献出版社，2015 年，第 144 页。

③ 中华人民共和国国务院新闻办公室：《中国的对外援助》白皮书，2011 年 4 月。

④ 中国在 2010 年减免柬埔寨到期债务，金额超过 400 万美元。China To Forgive Cambodia's 2010 Debt. 5 November, 2010. Cambodia Daily. https://www.cambodiadaily.com/news/china-to-forgive-cambodias-2010-debt-107082.

⑤ 中华人民共和国国务院新闻办公室：《中国的对外援助》白皮书，2011 年 4 月；中华人民共和国国务院新闻办公室：《中国的对外援助 2014》白皮书，2014 年 7 月。

款。2005 年后，为吸取印度洋海啸的经验教训，中国先后承办了海啸受灾国灾害风险管理培训班、东盟国家灾害应急救助培训班等一系列援外人力资源开发合作项目，利用中国—东盟公共卫生合作基金举办"10+1"灾后防疫研讨会，并举办防灾、救灾、重建等方面的经验交流和培训项目，增进了与周边国家间在灾害应对领域的了解与互信。为推动中国—东盟防灾救灾合作，中国政府以东盟为平台向东南亚国家提供 5000 万元人民币的经济技术援助。[①]

第四节　新时代的国际发展合作转型（2013 年至今）

自 2013 年以来，中国特色社会主义进入新时代，中国对外开放进一步深化，参与全球治理的广度和深度进一步提升。尤其是中国提出"一带一路"倡议，将中国国内发展与国际发展合作形成对接，加强与沿线各国在政策、道路、贸易、货币和民心方面的互联互通，构成中国向世界贡献的全球治理新模式的积极探索。2021 年全球发展倡议的提出，是在新冠肺炎疫情、气候变化、粮食安全等多重危机挑战的大背景下，中国向国际社会贡献的又一公共产品，进一步加快了中国对外援助向国际发展合作转型的步伐。2021 年中国—东盟将双方关系提升为"全面战略伙伴"，聚焦并优先发展成为双方共识，东南亚成为全球发展倡议优先落地的地区。

一、对外援助成为服务国家对外战略的重要手段

自 2013 年以来，随着"一带一路"倡议的提出和落地，中国对外援助规模持续扩大，在国家政策中的重要性显著提升，成为大国外交的重要手段，开启向国际发展合作的转型。为加快推进中国的和平发展进程，以习近平同志为核心的中央领导集体，深刻把握中国国际影响力大幅提升、与外部世界紧密互动的现实，对外援助在政策层面获得了前所未有的关注。

党的十八大报告强调："致力于缩小南北差距，支持发展中国家增强自主发

---

① 减灾的国际合作，《中国减灾》，2016 年 12 月上。

展能力。"① 2014 年 11 月，习近平在中央外事工作会议上就新时期不断拓展和深化外交战略布局提出要求时指出："要切实落实好正确义利观，做好对外援助工作，真正做到弘义融利。"② 2016 年《"十三五"规划纲要》指出中国将"扩大对外援助规模，完善对外援助方式，为发展中国家提供更多免费的人力资源、发展规划、经济政策等方面咨询培训，扩大科技教育、医疗卫生、防灾减灾、环境治理、野生动植物保护、减贫等领域对外合作和援助，加大人道主义援助力度"。③ 同时，"十三五"规划明确提出"积极落实 2030 年可持续发展议程"，这是中国首次从国家宏观政策的高度与全球目标相对接。2017 年党的十九大报告中指出"加大对发展中国家特别是最不发达国家援助力度，缩小南北发展差距"。④

2018 年 3 月中共中央印发的《深化党和国家机构改革方案》明确提出，设立国家国际发展合作署的目的是"充分发挥对外援助作为大国外交的重要手段作用，加强对外援助的战略谋划和统筹协调，推动援外工作统一管理，改革优化援外方式，更好服务国家外交总体布局和共建'一带一路'等"。⑤ 这是中国对外援助体制机制改革的标志性事件，反映了援助向国际发展合作的转型升级，从助力经济合作向服务大国外交的角色转变，其战略意义和地位达到了改革开放以来前所未有的高度。

《"十四五"规划纲要》进一步强调了援外体制机制改革的重要性，明确"深化对外援助体制机制改革，优化对外援助布局，向发展中国家特别是最不发达国家提供力所能及的帮助，加强医疗卫生、科技教育、绿色发展、减贫、人

---

①《坚定不移沿着中国特色社会主义道路前进　为全面建成小康社会而奋斗——在中国共产党第十八次全国代表大会上的报告》，新华社，2012 年 11 月 8 日。

② 习近平出席中央外事工作会议并发表重要讲话，新华网，2014 年 11 月 29 日。http://www.xin-huanet.com/politics/2014-11/29/c_1113457723.htm.

③《中华人民共和国国民经济和社会发展第十三个五年规划纲要》，2016 年 3 月 17 日。

④《决胜全面建成小康社会夺取新时代中国特色社会主义伟大胜利——在中国共产党第十九次全国代表大会上的报告》，新华社，2017 年 10 月 18 日。

⑤ 中共中央印发《深化党和国家机构改革方案》（全文），新华网，2018 年 3 月 21 日。http://www.xinhuanet.com/zgjx/2018-03/21/c_137054755_7.htm.

力资源开发、紧急人道主义等领域对外合作和援助"。① 2022 年党的二十大报告指出"中国愿加大对全球发展合作的资源投入，致力于缩小南北差距，坚定支持和帮助广大发展中国家加快发展"。报告中已经不再提对外援助，而是发展合作，充分体现了向国际发展合作转型的坚定决心和发展方向。

在以上政策背景之下，自 2013 年以来，中国对东南亚的援助向发展合作转型升级。南南合作援助基金、澜湄合作专项基金② 相继于 2015 年、2016 年设立，是中国发展合作资金方式的创新之举，为中国保持对东南亚的援助增长提供了资金保障。南南合作援助基金于 2022 年升级为全球发展和南南合作基金，最大特点就是向多边组织和民间组织开放，发挥各机构的专业优势。该基金成为中国积极应对人道主义危机、难民与流离失所问题、粮食危机、气候变化等全球性挑战的关键渠道，获得国际组织的热烈欢迎，在单边主义逆流涌动的复杂国际形势下，为解决全球问题、优化全球治理注入了正能量。澜湄合作专项基金则是中国加强与湄公河次区域发展合作的重大举措，扩大对湄公河流域五国在水资源开发、农业、教育、灾害管理等民生领域的发展合作。

东盟十国都已同中国签订双边"一带一路"合作文件。随着"一带一路"在东南亚的深入开展，援助成为配合"一带一路"建设，推动"中老经济走廊""中缅经济走廊"以及"澜湄合作机制"等多种东南亚地区合作构想与机制的重要手段。伴随着 2018 年 4 月国家国际发展合作署的成立，对外援助的转型进一步完善，与重要对外战略的配合作用进一步凸显。东南亚地区作为重要周边，中国援助力度进一步加强，配合国家重大战略部署，发挥援助的规模效应，提升在东南亚地区的软实力。

中国政府积极支持东盟共同体建设，支持东盟在区域架构中的中心地位。自 2013 年以来，中国对东盟的援助举措包括设立专项合作基金、增加援助规模、开展人才培养计划等，具体包括：设立 30 亿元人民币的中国—东盟海上合

---

① 《中华人民共和国国民经济和社会发展第十四个五年规划和 2035 年远景目标纲要》，2021 年 3 月 13 日。http://www.gov.cn/xinwen/2021-03/13/content_5592681.htm.

② 2016 年 3 月，澜湄合作首次领导人会议在海南举行，中方宣布设立澜湄合作专项基金，支持六国提出的中小型合作项目。

作基金，用于支持海洋经济、海上互联互通、海上环保和科研、海上搜救等合作；开展"中国—东盟救灾合作行动计划"，提供 5000 万元人民币用于防灾救灾合作；向东盟国家提供 100 亿美元优惠性质贷款，向东盟提供 5000 万元人民币无偿援助以支持东盟共同体建设，向东盟欠发达国家提供 30 亿元人民币无偿援助，以支持东盟缩小内部发展差距，向中国—东盟合作基金增资；设立 100 亿美元的第二期中国—东盟基础设施专项贷款，为有关项目提供融资支持；设立 50 亿美元的中国—东盟东部增长区合作专项贷款，用于互联互通、民生、产能等领域合作项目，助力东盟共同体发展；设立中国—东盟执法学院，培养相关人才；设立"中国—东盟海上丝绸之路奖学金"，实施"中国—东盟人才发展计划"，设立中国—东盟菁英奖学金，开展"未来之桥"中国—东盟青年领导人千人研修计划等。

自新冠肺炎疫情以来，中国对东南亚的援助持续推进，不仅开展了大规模、全方位的抗疫援助，并持续推进"一带一路"高质量共建，尤其在设施联通方面取得了重大成果。中老铁路成功运营，印度尼西亚雅万高铁试验运行圆满成功，成为振兴东南亚疫后经济复苏的重要经济动脉，泰国、菲律宾等其他东南亚国家也纷纷向中国提出重启铁路建设，以期通过基础设施的联通，强化经济联结、重振经济发展。

二、向民生领域倾斜，方式不断创新

自 2013 年以来，中国对东南亚的援助进一步向民生领域倾斜，提倡开展"小而美"的惠民项目，创新整村减贫示范、人力资源开发合作等发展合作方式，加强对东南亚各国的能力建设，有效提升了民众的获得感，促进了人文交流和相互认同。

在减贫领域，中国在全球范围内实施的首个减贫合作项目率先在东南亚落地，并实现了多项创新。2014 年，李克强总理在第 17 次东盟与中日韩领导人会议上提出"东亚减贫合作倡议"。作为落实这一倡议的重要举措，自 2016 年起，中国以老挝、柬埔寨、缅甸为试点国家，选择了 6 个贫困村实施"东亚减贫示范合作技术援助项目"。项目已在 2021 年圆满完成，并计划开展第二期项目，将这一模式在东南亚其他国家进行推广。

"东亚减贫示范合作技术援助项目"是中国向国际发展合作转型中的一个标志性项目，从理念、设计和实施方面均有所创新和突破。第一，这是中国在海外开展的首个整村减贫项目，将中国的整村开发、精准扶贫的理念和模式带到了东南亚。第二，项目实现了真正意义上的综合性的发展治理方案，内容包括道路、供水、供电、房屋修缮等基础设施建设，发展庭院经济、扶持种植养殖等农业产业，并开展乡村环境整治、提供物资支持、派遣专家开展培训、邀请赴华参观培训等活动，从基础设施到产业，从扶贫到扶智，将多种援助方式进行了有机结合，有效提升了援助的综合效应。第三，项目实现了下沉到民众，以政府主导、民众参与为基础，从村级层面开展各类活动，直接面向最基层的村民，因村制宜、因户施策，使村民的生活环境得到极大改善、收入得到提升。第四，项目的整个实施过程充分发挥了不同主体的优势，云南、广西、四川分别承担缅甸、老挝、柬埔寨的项目，具体由云南省国际扶贫与发展中心、广西壮族自治区乡村振兴局及外资扶贫项目管理中心、四川省乡村振兴局项目中心来执行，并探索了中外联合管理机制，在三国分别成立了中外方共管的项目办公室，一方面中方项目管理实现了在一线的前置；另一方面老、柬、缅三国充分参与，这种"传帮带"的模式帮助三国提升了管理能力，也形成了相互间更紧密的合作以及信任与共识的提升，使项目的可持续性得以实现。①

在卫生领域，中国援外的品牌行动"光明行"是政府部门牵头，地方、民间组织和企业参与的援助项目，目前已在老挝、缅甸、柬埔寨等东南亚多国实施光明行白内障复明手术。截至 2016 年底，仅云南省就已先后派出 10 批医疗队到缅甸开展光明行任务，包括云南省政府、云南民间国际友好交流基金会、云南省民间及社会组织国际交流促进会、云南省第一人民医院、第二人民医院等

---

① 笔者 2018 年 10 月 28 日—11 月 1 日赴缅甸开展减贫和农村发展援助调研。参考资料："东亚减贫，携手共建共享美好未来——东亚减贫示范合作技术援助项目总结会"，驻柬埔寨王国大使馆经济商务处，商务部网站，http://www.mofcom.gov.cn/article/zwjg/zwxw/zwxwyz/202112/20211203231007.shtml；周梁：由《对外援助管理办法》思考援外减贫项目合作模式的创新，国际发展与援助网站，2021 年 9 月，https://caidev.org.cn/news/1142.

多方机构参与，为缅甸 2000 多名患者实施白内障复明手术。① 2017 年 "'一带一路'光明行"启动，率先在缅甸、菲律宾、柬埔寨、马来西亚等东南亚国家提供医疗援助。

在农业领域，中国开展了援东帝汶杂交水稻农业技术合作、老挝乌多姆赛省老中农业技术示范中心②、中国—柬埔寨农业促进中心③、援缅甸清洁炉灶等援助项目，并为菲律宾、印度尼西亚、越南等国提供培训和技术合作，研发并推广中国的杂交水稻技术。截至 2015 年，中国杂交水稻技术已推广至印度尼西亚 13 个省份，每公顷产量高出本地品种一倍有余。④ 2013 年，中国还与联合国开发计划署在柬埔寨开展三方合作木薯试点项目，为柬埔寨提供木薯栽培技术培训，提高木薯的质量标准和出口加工水平。

在能力建设方面，中国重视通过技术合作、援外培训、医疗队、青年和汉语教师志愿者等方式加强对东南亚国家的技术和经验共享。自 2013 年以来，援外人力资源开发合作的内容不断丰富，除了为东南亚国家开展多边官员研修班和技术培训班等传统援外培训外，中国还为东南亚各国量身打造各类双边培训班和境外培训班，多方位地满足东南亚各国不同的能力发展诉求。此外，"援外高级学历学位教育专项计划"、南南合作与发展学院、"丝绸之路"政府奖学金项目也成为中国与东南亚各国开展能力建设和人文交流的渠道。

三、从参与"大湄公河次区域合作"到引领"澜湄合作"

在东盟合作框架下，湄公河流域的中南半岛五国（柬埔寨、老挝、缅甸、泰国和越南）因地缘的独特性和与东盟其他国家存在的经济发展差距，成为湄公河次区域合作机制形成的前提。中国是亚洲开发银行（简称亚行）倡议

---

① 云南省派出第十批赴缅甸光明行医疗队，缅华网，2016 年 12 月 14 日。

② 为中国政府对老挝提供的无偿援助项目，于 2012 年建成，占地 49 公顷，设有办公楼、专家楼、学员宿舍楼、会议中心、食堂和仓库。此外，该示范中心内还配有家禽繁育中心（1000 多只云南种鸡）、仔猪繁育场（60 多头美国和丹麦种猪）以及玉米、蔬菜、美藤果、草莓、葡萄、橡胶等试验田。

③ 中国—柬埔寨农业促进中心是中国面向柬埔寨开展的最大农业援助项目，中国向柬埔寨提供资金、技术及专家团队，开展农业种植技术、农产品采后处理、农业机械化应用技术的示范培训及推广，推动两国农产品贸易。

④ 中国杂交水稻助东南亚解决"吃饭问题"，《人民日报》，2019 年 1 月 6 日第 3 版。

建立的"大湄公河次区域（GMS）经济合作"① 机制重要参与方，尤其是对该机制的基本要素——东西经济走廊、南北经济走廊、南部经济走廊②三大经济走廊建设，中国给予了大量投入。

为支持 GMS 合作机制，中国在 2005 年出资 2000 万美元，在亚行设立了"中国减贫和区域合作基金"，2005—2011 年，该基金已累计安排资金 1934 万美元，资助了 42 个技术援助项目，其中 22 个项目是为东南亚国家开展的，42% 的资金用于大湄公河次区域国家，11% 用于东盟组织和"10 + 3"机制。③ 2011 年，中国向该基金增资 2000 万美元使总资金规模增至 4000 万美元。截至 2016 年，基金已支持亚行发展中成员体的技术援助项目超过 82 个，大湄公河次区域为重点。亚行及周边国家充分肯定中国基金的影响和效益，认为这是"中国政府致力于帮助周边国家实现经济发展与减贫、推动区域合作与一体化进程的实际行动"。④

除在经济走廊建设、发展与减贫方面积极作为外，中国还致力于推动次区域的非传统安全合作，如中老缅泰四国在湄公河流域开展联合巡逻和执法，打击了湄公河贩毒、走私、贩卖人口等跨国犯罪；中国向缅甸、老挝等"金三角"地区国家提供技术援助和培训，帮助其提高执法能力。与此同时，中国在缅甸、老挝北部开展罂粟替代种植的援助项目，到 2016 年，实施替代种

---

① 大湄公河次区域（GMS）是指湄公河流域的 6 个国家和地区，包括柬埔寨、越南、老挝、缅甸、泰国和中国（云南省、广西壮族自治区）。1992 年，在亚洲开发银行的倡议下，澜沧江—湄公河流域内的六个国家共同发起了大湄公河次区域经济合作（GMS）机制。

② 2002 年 GMS 峰会发表了《2002—2012 年战略计划》，提出三大经济走廊建设，构成大湄公河区域的基本要素，即在一定地理范围内建设包括"硬"基础设施和"软"基础设施的综合网络，加速国家和区域的经济发展。东西经济走廊从缅甸到越南岘港，南北经济走廊包括昆明—曼谷、昆明—河内、昆明—南宁—河内、昆明—仰光、昆明—加尔各答等五支，南部经济走廊覆盖泰国曼谷至柬埔寨金边及越南南部地区。Economic Corridors in the Greater Mekong Subregion：https://greatermekong.org/content/economic-corridors-in-the-greater-mekong-subregion.

③ Asian Development Bank：People's Republic of China Poverty Reduction and Regional Cooperation Fund- Assessment Report, August, 2011. https://www.adb.org/sites/default/files/institutional-document/34011/files/prc-fund-assessment-report-2011.pdf.

④ 财政部部长就中国与亚洲开发银行合作 25 周年答问，中央政府门户网站，2011 年 3 月 22 日。http://www.gov.cn/gzdt/2011-03/22/content_1829483.htm.

植面积已达 350 万亩，涉及橡胶、香蕉、玉米、水稻等 40 多种粮经作物。[①] 在三国共同努力下，"金三角"地区扭转了对毒品经济的高度依赖局面，当地民众经济收入水平也得到提高，"替代种植"成为以援助构筑我国周边战略安全屏障、发展同周边发展中国家非传统安全领域务实合作的典型案例。

随着中国对大湄公河次区域合作的认知不断深入，参与次区域合作的力度不断加大，并逐渐实现了从"参与者"向"引领者"的角色转变，创立了中国与湄公河五国共同主导的合作机制。2015 年中国响应泰国倡议，与湄公河五国启动澜沧江—湄公河合作机制。2016 年 3 月，澜湄合作首次领导人会议在三亚举行，会上发表了《三亚宣言》，确定了政治安全、经济和可持续发展、社会人文三个支柱以及互联互通、产能、跨境经济、水资源、农业和减贫五个优先合作领域，确定了建立澜湄水资源合作中心等 45 个早期收获项目，标志着由澜湄六国自主创立的首个次区域合作机制的正式成立。2018 年 1 月，澜湄合作第二次领导人会议发表了《金边宣言》和《澜湄合作五年行动计划（2018—2022）》，推动合作机制落地。

澜湄机制的合作平台使中国与湄公河流域五国的关系进一步紧密，中国与五国的多边和双边合作硕果累累。澜湄合作尤为重视发展合作，形成了"发展为先、务实高效、项目为本"的澜湄合作模式。为推动机制合作落到实处，中国在 2016 年设立了澜湄合作专项基金，五年内提供 3 亿美元支持域内国家开展中小型合作项目。澜湄合作专项基金成立五年来，在减贫、教育、卫生、妇女等领域支持了 666 个接地气、惠民生的项目[②]，既开展了公路、水电站、经济开发区建设等大型项目，又实施了"澜湄光明行""澜湄青年领袖文化体验营""太阳村""咖啡增产项目""本草惠澜湄""中医针灸进澜湄"等一批民生项目。新冠肺炎疫情暴发后，中国在澜湄合作专项基金框架下设立了公共卫生专项资金，向湄公河国家提供物资和技术援助，并优先向湄公河国家提供疫苗援助，2022 年初已向五国提供新冠疫苗近 2 亿剂。

---

① 中国积极参与大湄公河次区域禁毒国际合作，《人民日报》，2016 年 4 月 19 日。
② 刘卿："勠力同心绽芳华，携手同行向未来"，2022 年 7 月 8 日，转自澜沧江—湄公河合作网站。http://www.lmcchina.org/2022-07/08/content_42034972.htm。

四、全方位的抗疫合作行动

2020 年新冠肺炎疫情暴发后，为应对疫情的全球蔓延，中国展开了中华人民共和国成立以来规模最大的全球人道主义行动，将东南亚作为抗疫合作的最优先地区，实施了全方位的抗疫合作行动。

第一，中国政府援助的抗疫物资和疫苗覆盖了所有东南亚国家，并针对东南亚国家的疫情需要，多批次地提供紧急抗疫物资和疫苗援助。截至 2022 年 6 月，中方已向东盟国家提供超过 6 亿剂疫苗。[1] 在中国—东盟建立对话关系 30 周年纪念峰会上，习近平主席宣布启动"中国东盟健康之盾"合作倡议，承诺再向东盟国家提供 1.5 亿剂新冠疫苗无偿援助，助力地区国家提高接种率。[2] 此外，中国还为柬埔寨、缅甸等国援建病毒检测实验室，增强其疫情防控能力。

第二，中国向东南亚国家派遣抗疫医疗专家组，分享防控经验，提供诊疗和防控指导与咨询。在 2020 年 3 月国内疫情依然严峻的情况下，中国政府就率先向柬埔寨派遣了抗疫医疗专家组，这也是中国向周边和东盟国家派遣的第一支抗疫医疗队，此后中国医疗专家组的足迹遍布了柬埔寨、老挝、马来西亚、缅甸、菲律宾等东南亚多国。

第三，中国深化与东南亚在疫苗研发、生产、分配等全产业链的合作，推进本地化生产，提升东盟自主保障水平，如支持印度尼西亚打造区域疫苗生产中心，与柬埔寨、缅甸、马来西亚开展疫苗联合生产和研发合作。除此之外，2021 年，中国在 100 万美元捐资的基础上，宣布再向东盟抗疫基金追加 500 万美元以加大疫苗联合生产和技术转让，开展关键药物研发合作。[3]

第四，大力支持东南亚提高公共卫生事件应对能力。通过中国—东盟合作基金划拨 500 万美元实施中国—东盟公共卫生合作倡议，支持东盟提升区

---

① 中国疫苗助力消除全球"免疫鸿沟"，《人民日报》，2022 年 8 月 21 日第 3 版。
② 习近平在中国—东盟建立对话关系 30 周年纪念峰会上的讲话，2021 年 11 月 22 日。http://www.gov.cn/gongbao/content/2021/content_5659508.htm.
③ 同②。

域协调能力。帮助东盟加强基层公共卫生体系建设和人才培养，依托广西、云南等沿边地区建立医疗卫生人才培养基地，通过"中国—东盟公共卫生人才培养百人计划"、"一带一路"医学人才培养联盟等机制持续开展培训等能力建设项目。成立中国—东盟公共卫生科技合作中心，以科技赋能公共卫生合作。

五、全球发展倡议优先在东南亚落地

随着新冠肺炎疫情及地缘政治冲突等因素带来的国际形势的深刻变革，发展赤字持续扩大，全球发展面临重重挑战。2021年9月，习近平主席在第76届联大首次提出全球发展倡议，呼吁构建"全球发展命运共同体"，"共同推动全球发展迈向平衡协调包容新阶段"，向国际社会宣示了中方有关全球发展的理念，并明确将减贫、粮食安全、抗疫和疫苗、发展筹资、气候变化和绿色发展、工业化、数字经济、互联互通八大领域作为合作重点方向。

与此同时，2021年也迎来中国和东盟建立对话关系30周年，中国—东盟将双方关系提升为"全面战略伙伴"，聚焦并优先发展成为双方共识。在此背景下，中国与东南亚的发展合作迈上新的台阶。2021年是"中国—东盟可持续发展合作年"，双方在生态环保、防灾减灾、气候变化、减贫等领域的合作进一步深化。

随着东盟十国全部加入"全球发展倡议之友小组"，东南亚成为推动落实全球发展倡议的优先地区。习近平在2021年中国—东盟建立对话关系30周年纪念峰会上宣布在未来三年再向东盟提供15亿美元发展援助，用于东盟国家抗疫和恢复经济，并建立中国—东盟发展知识网络，加强减贫领域交流合作。① 在2022年11月召开的第25次中国—东盟领导人会议上发表了《关于加强中国—东盟共同的可持续发展联合声明》，宣布设立中国东盟共同发展专项贷款，就《中国东盟技术合作协议》达成一致，承诺在全球发展和南南合

---

① 习近平在中国—东盟建立对话关系30周年纪念峰会上的讲话，2021年11月22日。http://www.gov.cn/gongbao/content/2021/content_5659508.htm.

作基金支持下在东盟开展全球发展倡议示范合作项目。①

　　东南亚在推进落实全球发展倡议中的重要地位，不仅体现在领导人的政策承诺中，也体现在中国的实际行动中。全球发展倡议的 50 个首批项目②中，14 个是在东南亚国家开展的，其中以减贫项目最为突出。除了双边合作项目外，还有在全球发展和南南合作基金支持下，与联合国儿童基金会、开发计划署、粮食计划署、人居署、经社部、工发组织等多边机构合作开展的项目，以及与中国和平发展基金会、柬埔寨民间社会组织联盟论坛合作等民间组织合作的项目。除了针对单一国别的项目，还有覆盖东盟国家、澜湄五国等多国的区域、次区域项目，如澜湄国家热带果蔬加工与检测合作平台建设、红树林保护合作伙伴关系与区域示范、油茶资源调查与栽培技术推广、东盟疫苗安全和自主保障项目等。在全球发展倡议的指引之下，中国积极推动倡议与《东盟共同体愿景 2025》协同增效，与东南亚发展合作的深度和广度进一步拓展，合作伙伴、方式和内容进一步丰富和创新。

---

　　① 李克强在第 25 次中国—东盟领导人会议上的讲话，2022 年 11 月 11 日。https://www.fmprc.gov.cn/web/wjb_673085/zzjg_673183/xws_674681/xgxw_674683/202211/t20221112_10973108.shtml.

　　② 全球发展倡议项目库首批项目清单，国家国际发展合作署网站。http://www.cidca.gov.cn/download/qqfzcyxmqd.pdf.

第七章　中日在东南亚的援助比较

第二次世界大战结束后，在亚洲结束战争硝烟迎来盼望已久的和平之际，中日两国在同一历史时期，因为不同的机缘却巧合般地踏上了对外援助的道路，而东南亚作为中日两国最邻近的地理周边，成为两国提供援助的首选地。纵观中日两国对东南亚的援助历史，两国都是以对东南亚的援助为起点，逐渐演变为援助大国。目前，中日是东南亚最重要的发展合作方，两国的模式呈现出一定程度的同步性和可比性。尤其自 2013 年以来，中日在东南亚的发展合作进一步接近，构成日本加大对东南亚投入的最主要的外部因素。本章将中国与日本在东南亚的对外援助进行比较，分析各自表现，探究双方在这一地区的发展合作影响因素与前景。笔者认为，在百年变局与多重危机并存的当下，中日在东南亚的援助呈现出竞争加剧、合作机遇增加的局面。随着中日邦交正常化迎来50 周年，推动构建契合新时代要求的中日关系，需要两国将发展合作置于双边关系的突出位置，一方面来增进政治互信、稳住经济"压舱石"地位；另一方面积极参与后疫情时代的全球发展治理，将两国的发展经验贡献于全球发展，为东亚乃至亚太地区的和平稳定、持续繁荣发挥大国应有的责任与贡献。

第一节　中日在东南亚的援助比较：规模、布局与模式

自 2013 年以来，中日对东南亚的援助均表现出不同以往的战略主动性，使两国在东南亚地区的博弈较此前更为复杂、深化，中日在东南亚地区的发

展援助呈现出更多竞争面。本节基于2013—2018年的数据，对中日在东南亚的援助情况进行比较，分析两国对东南亚援助在规模、布局、领域和方式上表现出的趋同性。日本虽然维持对东南亚援助第一大国地位，但在中国援助持续增长的情况下，两国投入东南亚的资金差距逐步缩小，国别呈现前所未有的重叠，均以基础设施建设为优势和重点，并发挥援助与投资、贸易的协同效应。

一、规模：此消彼长、差距缩小

中国自1985年起对外援助就进入持续增长期，尤其2007年以后增速加快。而日本在20世纪90年代进入经济低迷时期，对外援助一直呈现较大波动，总体支出长期徘徊在80亿~120亿美元的规模（见图7-1）。在这种情况下，中国与日本的援助规模差距不断缩小。根据原日本国际协力机构研究所所长北野尚宏的估算（见图7-2），中国在2018年的援助额已达到日本的63%，而在2008年中国的援助额仅相当于日本的1/5。[①]

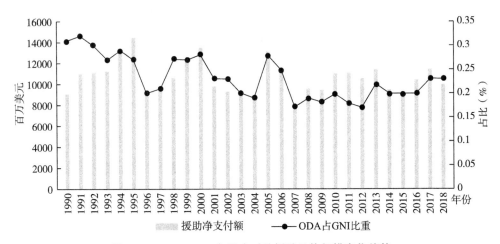

图7-1　1990—2018年日本对外援助总体规模变化趋势

资料来源：OECD 数据库。

---

① 根据北野尚宏的估算数据与日本公布的援助净支付额计算。Naohiro Kitano. Estimating China's Foreign Aid：2017—2018 Preliminary Figures. JICA Research Institute. September，2019。日本数据来自OECD 数据库。

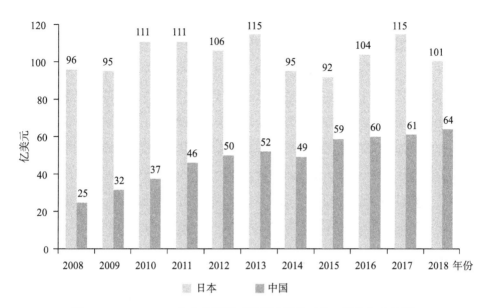

图 7-2　2008—2018 年中日两国对外援助规模对比（援助净支付额）

资料来源：中国数据来自 Naohiro Kitano. Estimating China's Foreign Aid：2017—2018 Preliminary Figures. JICA Research Institute. September，2019。日本数据来自 OECD 数据库。援助净支付额是扣除了受援国偿还的优惠贷款之后的数值。

　　由于中国对外援助的国别数据并未公开，无法准确掌握中国对东南亚的援助支出情况，但根据公布的官方数据，可以从中日对亚洲的援助规模中窥见一斑。2013—2018 年中国共对外提供援助 2702 亿元人民币，对亚洲援助额占比 36.82%[①]，达到 994.88 亿元。日本在这六年间援助总额为 621 亿美元（以美元兑人民币汇率 6.3 计算，约合 4098.6 亿元人民币），对亚洲援助额为 204 亿美元（约合 1285.2 亿元），占比 32.9%。[②] 而在 2010 年至 2012 年间，中国对亚洲援助支出（272.49 亿元[③]）仅相当于日本（91.95 亿美元，约合 579.28 亿元）的 1/2，可见中国对亚洲的援助规模正在逐渐接近日本。

　　中日两国都将亚洲作为援助重点，东南亚地区则是重中之重。随着中国

---

① 中华人民共和国国务院新闻办公室：《新时代的中国国际发展合作》白皮书，2021 年 1 月。

② 笔者根据 OECD 数据计算，OECD. Stat. https://stats.oecd.org.

③ 中华人民共和国国务院新闻办公室：《中国的对外援助 2014》白皮书，2014 年 7 月。

"一带一路"倡议以及孟中印缅经济走廊、中老经济走廊、中缅经济走廊等概念的提出，中国对包括东南亚在内的周边地区的援助投入增长较快。与此同时，日本援助地理分布由东南亚向南亚、中亚和非洲扩展。2013—2018 年，南亚和中亚已成为日本援助的最大投入地区，获得的日本援助额已超过了东南亚地区，而日本对南亚中亚的援助规模呈上升趋势，对东南亚的援助比重则从 2013 年的 47% 下降至 2018 年的 22.5%（见图 5-6）。2013 年日本对印度的援助额逐年增加，2015 年已超过越南成为日本第一大受援国，2017 年孟加拉国接受的日本援助也超过了越南。因此可以大致做出判断，自 2013 年以来，中日两国对东南亚的援助差距已大幅缩小，甚至可能不相上下。

二、布局：高度重叠

长期以来，因历史的延续性，中日两国对东南亚的援助国别一直各有侧重。中国的受援国主要为东南亚最不发达国家，即老挝、柬埔寨和缅甸，日本的重点受援国以印度尼西亚、菲律宾、泰国、马来西亚等老东盟国家为主。但是在安倍第二次执政后，日本对东南亚的国别投入出现了明显"北移"特点，在维持其东南亚传统势力范围的同时，同步加大了对紧邻中国的中南半岛地区的援助投入，尤其是对越南和缅甸的援助力度不断攀升。

2011 年，越南已超过印度尼西亚成为日本在东南亚的第一大受援国，并一直维持至 2017 年，日本对越南的年度援助净支付额始终维持在 10 亿美元以上，与其他国家相比在量级上保持遥遥领先。2012 年日本对实现民主化转型的缅甸调整援助政策，缅甸一跃成为日本在东南亚的投入重点。根据数据统计，自 2012 年起，日本作为第一大援助国的东南亚国家数量明显增加（见表 7-1），充分反映了与其他传统援助国（DAC 成员国）相比在东南亚的绝对实力地位。而日本在 2012 年以后明显对老挝、柬埔寨和缅甸的援助维持高位投入，背后针对中国的意图不言而喻，反映了日本以援助扩大在中南半岛存在感和影响力的战略目的。

表 7-1　2011—2020 年日本为第一大援助国的东南亚国家

2011	2012	2013	2014	2015	2016	2017	2018	2019	2020
越南	越南	缅甸	越南	越南	越南	越南	缅甸	缅甸	缅甸
柬埔寨	柬埔寨	越南	泰国	缅甸	缅甸	缅甸	越南	菲律宾	菲律宾
	缅甸	柬埔寨	柬埔寨	柬埔寨	泰国	柬埔寨	柬埔寨	越南	柬埔寨
	老挝	老挝	老挝	老挝	柬埔寨	老挝	老挝	老挝	老挝
					老挝				

注：根据 OECD 数据库 ODA 净支付额排序。

与此同时，随着 2016 年中国与菲律宾关系从全面转圜到快速升温，中国积极支持菲律宾 "大建特建" 计划。在 2016 年至 2018 年三年间，中国参与菲律宾大规模基础设施建设，迅速落地多个援助项目，包括援建埃斯特热拉—潘塔里恩大桥和比诺多—因特拉穆罗斯大桥项目、卡利亚瓦饮水泵站项目，推进卡里瓦大坝项目和吕宋岛南部铁路项目，援助马拉维市战后重建工程机械，以无偿援助在棉兰老岛援建两所戒毒中心，支持杜特尔特政府的反毒运动等。[1] 面对中菲密切的发展合作，日本表现出极大不安，专门向菲律宾提供了 50 亿日元贷款（约 3.25 亿元人民币）以帮助菲棉兰老岛地区发展[2]，以经济利益竭力拉拢菲律宾。

可以说，自 2013 年以来，中日两国第一次在东南亚地区出现援助国别的高度重叠，并都加大了援助投入，直接导致中日在东南亚的援助进入前所未有的正面竞争时期。

同时，中日在东南亚投入的高度重叠不仅在双边层面，还体现在多边区域层面。目前，两国在东南亚的合作机制日渐多元化，已不仅仅局限于 "10+1" "10+3" 等区域平台，在湄公河次区域的机制化合作更加成熟。中日均是亚行倡议建立的 "大湄公河次区域（GMS）经济合作" 机制重要参与方。在 GMS 中，中国作为域内国家参与度较高，而日本作为亚行第一大股东，将 GMS 的

① 中国驻菲律宾大使馆网站。https://www.fmprc.gov.cn/ce/ceph/chn/.
② 张旭东：中菲关系迎来历史性转圜，《今日中国》，2016 年 11 月 4 日。http://www.chinatoday.com.cn/chinese/sz/sd/201611/t20161104_800070889.html.

经济走廊建设纳入其重点援助内容。事实上，中国作为域内国家和机制成员，对 GMS 合作属于"分内之事"，但日本作为域外国家的主动作为，实则试图将湄公河流域，尤其是越、老、柬、缅纳入日本价值体系，并通过多边合作机制增强其在次区域影响力。日本作为亚行的最大股东，认为 GMS 机制的效果最为明显，对此持积极参与的态度，将东西经济走廊建设作为官方发展援助支持的重点。

尽管中日均支持 GMS 经济合作，但两国也纷纷"另起炉灶"搭建各自主导的次区域合作机制。2009 年，为配合美国奥巴马政府"亚太再平衡"战略，日本调整对东南亚的布局，确立了与湄公河流域国家的对话机制，即每年召开日本与湄公河流域五国首脑会议，形成 GMS 机制外的真正以日本为主导的合作平台。借助这一"新经济外交模式"①，日本虽然为域外国家，但可以更加"名正言顺"地强化与湄公河流域国家的合作。从 2009 年首届"日本—湄公河流域首脑会议"召开至 2018 年，日本与湄公河流域五国相继签署了《东京宣言 2009》《东京战略 2012》《新东京战略 2015》《东京战略 2018》四份合作文件，并配套实施了三期援助计划，即 2010—2012 年提供 5000 亿日元、2013—2015 年提供 6000 亿日元、2016—2018 年提供 7500 亿日元，援助力度不断提高。②

2016 年中国与湄公河流域五国建立了澜湄合作机制，形成该区域内又一活跃的合作平台。面对中国从次区域参与者向主导者的角色转变，日本认为其主导的"日湄机制"受到了制衡，也使得中日两国在东南亚的竞争进一步延伸至地区合作机制上。

---

① 白如纯："一带一路"背景下日本对大湄公河次区域的经济外交，《东北亚学刊》，2016 年第 3 期。

② Tokyo Declaration of the First Meeting between the Heads of the Governments of Japan and the Mekong region countries, 7 November, 2009. Tokyo Strategy 2012 for Mekong-Japan Cooperation, 21 April, 2012. New Tokyo Strategy 2015 for Mekong-Japan Cooperation, 4 July, 2015. Tokyo Strategy 2018 for Mekong-Japan Cooperation, Ministry of Foreign Affairs of Japan, 9 October, 2018. https://www.mofa.go.jp/region/asia-paci/mekong/cooperation.html.

三、模式：聚焦基础设施、援助协同贸易投资

中日援助在领域上具有明显共性，均覆盖基础设施、农业、教育、减贫、医疗卫生、环境保护、灾害管理等涉及受援国国家发展的各个领域，虽然覆盖面广，但重点突出，以基础设施领域为主构成两国援助的主要特点之一。对于经济基础设施和社会公共设施落后的东南亚地区来说，两国的重点领域也都投放在直接影响当地经济和社会发展的基础设施建设上，直接导致两国在东南亚的基础设施援助中存在竞争关系，而在受援国别日趋重叠的背景下，竞争变得更为激烈。有关中日在基础设施援助的比较将在下一节详细分析。

在具体方式上，中日在各自漫长的援助历史中均形成了援助与投资、贸易"三位一体"的经济合作模式，即从扩大贸易和投资的直接目标出发，通过援助促进本国企业、产品"走出去"，保障资源供应，培育潜在的海外市场。因此，两国的援助均发挥着促进本国开展国际经济合作的桥梁作用。这种模式构成中国和日本援助区别于美欧国家的独特性，也使中日两国以援助为撬动，实现了与东南亚国家紧密的经济联结，为两国经济的快速发展发挥了举足轻重的作用。

比较中日两国的资金方式可以发现（见表7-2），中日两国的援助均以优惠性质的贷款为主，尤其对于东南亚国家，以优惠贷款支持的大型基础设施项目是两国的共同点。日本提供的贷款援助规模在传统援助国中始终保持首位，尽管近年来日元贷款与无偿援助规模日渐"平分秋色"，但在东南亚的地理范围上，日本则明显保持着以日元贷款为主的传统，而东南亚一些国家高昂的贷款偿还额也促使日本有资本进一步提供援助。如表7-3所示，以2016年为例，日本向东南亚国家新增日元贷款是援助总额的77%，是无偿援助的3倍。与此同时，中国提供的优惠贷款规模也大幅增加，在资金量上与无偿援助大约各占一半。近年来，发展中国家普遍面临债务风险，中国采取了改革措施，一方面对最不发达国家、重债穷国所欠的到期无息贷款给予债务减免，减缓了受援国的债务压力；另一方面健全优惠贷款的风险防控机制，更注重项目的经济效益和贷款安全回收，将优惠贷款的规模控制在合理适度范围。

表 7-2　2013—2018 年中日两国对外援助资金类型的规模对比

单位：亿美元

年度	双边无偿援助		双边优惠贷款		多边援助		援助毛支付额		援助净支付额	
	中国	日本	中国	日本	中国	日本	中国	日本	中国	日本
2013	25	98	23	97	7	30	55	226	52	115
2014	24	50	26	74	3	32	53	156	49	91
2015	22	50	28	70	17	30	67	150	60	92
2016	22	56	27	79	15	34	64	168	58	104
2017	28	55	23	96	16	34	67	185	61	114
2018	33	53	25	80	15	40	72	173	64	100

资料来源：中国数据来自 Naohiro Kitano, Estimating China's Foreign Aid: 2017—2018 Preliminary Figures, JICA Research Institute, September, 2019. 日本数据来自日本国际协力机构（JICA）2014—2015 年的年度报告及日本发展合作白皮书 2017—2019 年的年度报告。北野尚宏统计的中国无偿援助包括了中国无偿援助和无息贷款两类资金，援助净支付额是扣除了受援国偿还的优惠贷款之后的数值。

表 7-3　2016 年日本对东南亚各国的援助资金类型

单位：百万美元

排序	国家	无偿援助				日元贷款			援助净支付总额	援助毛支付总额
		无偿援助项目	通过多边组织开展的无偿援助项目金额	技术合作金额	总额	支付额(A)	还款额(B)	(A)－(B)		
1	越南	9.28	2.76	95.47	104.75	1478.72	417.41	1061.32	1166.06	1583.47
2	缅甸	209.58	37.90	97.96	307.54	199.28	—	199.28	506.82	506.82
3	泰国	11.10	0.02	24.77	35.87	378.18	302.39	75.79	111.66	414.05
4	印度尼西亚	7.67	—	59.79	67.46	332.46	1606.26	-1273.80	-1206.34	399.92
5	菲律宾	20.64	0.05	61.70	82.34	219.17	512.11	-292.95	-210.60	301.51
6	柬埔寨	76.04	3.14	33.24	109.28	31.64	4.92	26.72	136.00	140.92
7	老挝	16.62	—	30.35	46.97	16.81	4.97	11.83	58.80	63.77
8	马来西亚	0.05	—	12.08	12.13	35.33	141.85	-106.51	-94.38	47.46
9	东帝汶	21.99	6.27	9.43	31.42	5.29	—	5.29	36.71	36.71

续表

排序	国家	无偿援助				日元贷款				
		无偿援助项目		技术合作金额	总额	支付额 (A)	还款额 (B)	(A) - (B)	援助净支付总额	援助毛支付总额
			通过多边组织开展的无偿援助项目金额							
	共计	372.96	50.14	424.79	797.75	2696.89	2989.92	-293.03	504.72	3494.64
	其中：东盟国家	352.04	44.95	415.68	767.72	2691.60	2989.92	-298.32	469.40	3459.32

资料来源：Ministry of Foreign Affairs of Japan, White Paper on Development Cooperation 2017, March, 2018.

随着传统援助流入发展中国家的资金缺口日渐扩大，国际发展合作领域越来越认识到援助、贸易和投资相结合对发展有效性的重要意义，认为这种"基于市场的方式……能够保证平等伙伴国之间的激励一致性"[1]，开始呼吁援助与其他官方发展资金、私营资本的协同作用，从而弥补援助对全球发展投入的资金不足。在此形势下，中日两国也相继提升了援助与海外投资、贸易的协同效应。

日本政府在政策文件中多次明确表示，私营资金可有效填补资金缺口，加强 ODA 与私营资金的协同，有助于实现互利共赢。通过援助为日本企业在外投资营造良好的市场环境，以援助尤其是日元贷款拉动日本中小企业开拓以东盟为中心的海外市场，促进日本产品、技术、管理模式和基础设施系统的整体出口，有助于刺激日本本国的经济复苏。具体来看，JICA 采取多种方式密切与私营企业的合作。比如，向日本企业征集援助方案，发挥企业的技术和人力资源优势，与方案优胜的企业开展合作项目。2013 年 JICA 设立私营伙伴关系与融资部，负责咨询私营部门意见、了解他们的需求、引导日企按照日本援外政策重点进行投资。2012 年，JICA 启动了"私营领域投融资计

---

[1] 林毅夫、王燕著，宋琛译：《超越发展援助：在一个多极世界中重构发展合作新理念》，北京大学出版社，2016 年，第 218 页。

划"（PSIF），通过股权投资和贷款，支持日本企业在东南亚等发展中国家实施具有社会和经济影响的发展项目。这其中，日本通过援助和私营资本共同参与的缅甸迪洛瓦经济特区建设成为典型案例。①

为了满足东南亚国家巨大的基础设施建设的资金需求，中国引入优惠出口买方信贷等商业性优惠性质贷款，与援助资金相结合的方式开展合作项目。这种优惠贷款与优惠出口买方信贷支持的"两优"②项目在东南亚国家得到了较大投入。例如，中国政府使用优惠贷款和商业贷款为老挝援建卫星项目，可提供130个频道的电视节目，在服务老挝党政工作、远程教育、远程医疗、社会文化、脱贫、给偏远农村地区输送信号等方面发挥着重要的作用。③ 自2015年以来，中国通过优惠出口买方信贷在柬埔寨实施了金边环网电力工程、金边水净华新桥、55号国家公路、柬埔寨9号公路及上丁湄公河中柬友谊大桥等项目④，为柬埔寨经济基础设施建设做出了贡献。2015年12月，中国在印度尼西亚西加里曼丹省实施的塔园桥项目经过三年时间建成竣工，项目规模约8600万美元，由中国政府优惠出口买方信贷支持，是中国企业在海外建造的首座钢拱桥，也是印度尼西亚历史上第一座钢拱桥，大桥的建成结束了印度尼西亚西加里曼丹省与中加里曼丹省联通依靠摆渡的历史。⑤

第二节　基础设施援助的中日比较

中日两国在东南亚的援助以基础设施为主要领域，基础设施是双方目前在东南亚地区竞争最为明显的领域。中国"一带一路"倡议以设施联通为"五通"内容之一，在东南亚开展了一系列基础设施项目。自2015年以来，

---

① Private Sector Investment Finance for the Thilawa Special Economic Zone（SEZ）—First SEZ Development in Myanmar, Building Company Expansion Bases with Public-Private Partnerships. JICA. https://www.jica.go.jp/english/news/press/2014/140423_01.html.

② 优惠贷款以人民币为贷款币种，优惠出口买方信贷以美元为贷款币种，均由中国进出口银行受中国政府委托负责承办贷款业务，借款国政府需提供主权担保。优惠出口买方信贷不属于政府对外援助资金类型，但因利率在2%~3%属于优惠性质，受援国普遍将其视作中国政府的援助。

③ 中国驻老挝大使馆经济商务处网站。http://la.mofcom.gov.cn.

④ 中国驻柬埔寨大使馆经济商务处网站。http://cb.mofcom.gov.cn.

⑤ 中国驻印度尼西亚大使馆经济商务处网站。http://id.mofcom.gov.cn.

日本以东南亚为核心推出"高质量基础设施",通过日元贷款改革以在效率上追赶中国速度。在日本对华基础设施博弈中,援助为日企加速在东南亚的海外扩张发挥了重要作用。

一、"一带一路"倡议下的基础设施援助

自 2013 年以来,促进基础设施互联互通是中国"一带一路"倡议的核心目标之一,东南亚作为中国推动"21 世纪海上丝绸之路"的重要地区,与中国地缘利益紧密。中国将"一带一路"倡议与《东盟互联互通总体规划 2025》对接,在基础设施领域实现了一系列合作框架。2016 年双方通过《中国—东盟交通合作战略规划(修订版)》,确定在未来十年间打造"四纵三横"共七条主要通道,联通中国与东盟各国。[①] 2017 年 11 月 13 日召开的第 20 次中国—东盟领导人会议上发表了《中国—东盟关于进一步深化基础设施互联互通合作的联合声明》,发挥基础设施作为中国与东盟互联互通合作的示范效应。在 2019 年第 22 次中国—东盟领导人会议上通过《中国—东盟关于"一带一路"倡议同〈东盟互联互通总体规划 2025〉对接合作的联合声明》,强调加强铁路、公路、港口、机场、电力和通信等基础设施互联互通合作。

对外援助是中国促进"一带一路"沿线国家基础设施联通建设的重要方式,基础设施援助也一直是中国对东南亚援助的重点领域。在"一带一路"倡议提出后,中国加大对东南亚国家的基础设施投入,既迎合了东南亚的巨大基础设施建设需求,又符合中国实现与东南亚地区互联互通、共同发展的需要,关系到中国与东南亚的共同利益。中国在东南亚的基础设施援助覆盖铁路、公路、桥梁等交通基础设施,也包括农业、教育、市政设施、打井供水等公共基础设施,主要以无偿援助和优惠贷款资金支持,以成套项目配套技术合作、物资援助和人力资源开发合作的形式开展,并以援助配合商业投资,推动一大批基础设施项目在东南亚落地。

例如,中国援建了一系列的经济基础设施类项目,包括老挝曼昆公路跨

---

① 2016 年交通运输国际合作十大亮点回顾,交通运输部网站,2017 年 1 月 19 日。http://www.gov.cn/xinwen/2017-01/19/content_5161251.htm#3.

湄公河大桥、老挝会晒—泰国清孔跨湄公河大桥、老挝北 13 号公路孟塞—巴蒙段公路修复、老挝万象 115/22kV 输变电项目、柬埔寨 57、59、57B 三条公路建设和三个农业灌溉发展项目、越南吉灵—河东轻轨铁路、缅甸国家电力系统规划项目、菲律宾埃斯特热拉—潘塔里恩大桥和比诺多—因特拉穆罗斯大桥、菲律宾赤口河泵站灌溉工程等；援建的社会公共基础设施建设包括老挝国家文化中心更新维修、老挝建国阵线培训中心、老挝国际会议中心、老挝琅勃拉邦医院升级改造、柬埔寨桔井省农业技术学校暨桔井大学、柬埔寨三个农业灌溉发展项目、柬埔寨波雷列农校农业实验楼、菲律宾棉兰老岛两个戒毒中心等。①

总体来说，"一带一路"倡议提出之后，中国在东南亚开展的基础设施项目依然延续以交通、电力、农业、公共设施等为主的援助传统，以柬埔寨、老挝、缅甸为主要合作对象。最为明显变化是，杜特尔特上台执政后，中菲关系迅速好转，中国进而积极支持菲律宾的基础设施建设。

事实上，中国在东南亚开展的部分基建项目并不属于政府援助资金支持的援助项目，而属于商业项目，但囿于公开的项目信息有限，两种项目对外均以中国企业的面孔出现，外界对中国的商业投资和援助并不能区分清楚，容易造成政府援助在东南亚"扩张"的假象。此外，国际其他资金支持的项目一般采用国际招标，中国企业因国际竞争力较强，也会赢得项目承建权，如越南高岭桥项目由亚洲开发银行和澳大利亚共同出资，由中国路桥与越南企业组成的联营体联合中标并组织实施，但外界同样会过度解读为"中国无处不在"，形成错误认知。

二、日本以"高质量基础设施"援助加剧竞争态势

经过 60 余年的经营，日本政府对东南亚道路、港口等基础设施建设领域的援助取得了重大的经济成果。从印度尼西亚雅加达城市建设规划到菲律宾马尼拉的地铁轨道交通建设，从东西经济走廊到东盟滚装船网络，日本 ODA

---

① 参见中国驻老挝、柬埔寨、越南、菲律宾大使馆经济商务处网站。

无不发挥着作用。2015 年日本提出"高质量基础设施伙伴关系"①，以亚洲为首要目标地区，通过援助资金在东南亚国家大搞交通和能源类基础设施建设。从援助的角度看，中日在东南亚的基础设施竞争主要缘于日本直接针对中国采取行动，主动制造中日竞争加剧局面，而中国则属于被动卷入。

日本视援助为落实"高质量基础设施伙伴关系"的核心工具，为实现与中国在海外基础设施领域的较量，主要在以下四个方面采取了针对性举措。

第一，"包装"基础设施援助，主打"高质量"牌。为凸显日本基础设施的优势，日本称其基础设施建设具备"成本低、安全性、抗自然灾害能力、环境和社会影响力、对当地转移技术和人力资源开发"②的高质量特点，在舆论上恶意渲染中国基建"重量不重质"。

第二，改革援助条件，以追赶中国速度。为落实"高质量基础设施伙伴关系"倡议，日本对基础设施援助进行了一系列改革，时间点正是在中国中标印度尼西亚高铁项目之后。2015 年，日本在印度尼西亚雅加达—万隆高铁项目上败给了中国，印度尼西亚选择中国的因素除了中国的方案成本低、工期短外，还因为中国采用商业合作模式，效率更高，而日本因项目方案是政府对政府的援助资金支持，要求印尼政府做出财政承诺。③ 中国在雅万高铁项目的胜利具有重要意义，这是中国高铁"走出去"的首个项目，也标志着中国铁路技术标准的"走出去"。受到这一事件的直接刺激，日本在"高质量基础设施伙伴关系"计划中，取消了对风险相对较高的项目要求受援国提供贷款担保的规定，并对日元贷款流程采取了多种提速举措。一名日本外交官表示，日本在开展亚洲基础设施项目时必须变得更加"迅速有效"，而不能一味强调自己在质量、安全及社会环境保护方面的记录好于中国。④ 在 2015 年 11 月举行的日本—东盟峰会上，安倍在讲话中就明确提出："亚洲发展日新月异，

① 有关日本"高质量基础设施伙伴关系"的分析已在第三章第二节详细阐述。

② Ministry of Foreign Affairs of Japan: Follow-up Measures of "the Partnership for Quality Infrastructure", November, 2015. https://www.mofa.go.jp/policy/oda/.

③ Malcolm Cook: China and Japan's Power Struggle is Good News for Southeast Asia, Southeast Asia Globe, 9 November, 2018. http://sea-globe.com/china-japan-rivalry/.

④ 中日加紧争夺东南亚基建项目，英国《金融时报》，FT 中文网，2015 年 11 月 23 日。http://www.ftchinese.com/story/001064954?ccode=LanguageSwitch&archive.

增长步伐逐年加快，日元贷款也绝不能慢于这一速度。办理手续所需时间也将比以往最多缩短到一年半。"①

第三，与其他西方国家采取基础设施联合行动。随着美国 2017 年提出印太战略，日本就与美国、澳大利亚宣称要在印太地区加强基础设施投融资合作。2019 年 11 月，三国联合发起旨在设立全球基础设施评估认证标准的"蓝点网络计划"。2021—2022 年，日本则在 G7 框架下相继成为"重建更美好世界"（B3W）和"全球基础设施和投资伙伴关系"（PGII）的创始成员，将其"高质量基础设施"与美欧基础设施战略形成联动，以期通过"享有共同价值观"的美欧伙伴的"加持"，强化其在基础设施领域的传统优势地位和对华竞争。

第四，深化与亚开行的融资协作。日本在援助资金渠道上的战略手段丰富，除双边渠道外，其主导的亚洲开发银行（ADB，简称亚开行）是日本在东南亚援助布局的重要渠道，尤其在基础设施援助上，日本与亚开行联合以对冲中国在东南亚的影响力。

2013 年 10 月中国倡议筹建亚洲基础设施投资银行（简称亚投行），2016 年 1 月，这一首个由中国倡议设立的专门针对基础设施的多边金融机构开业，法定资金 1000 亿美元，中国以 500 亿美元注资成为最大股东。目前，亚投行的成员已从成立之初的 57 个快速扩容至 105 个，包括 91 个正式成员和 14 个意向成员，表现出了明显的国际吸引力。亚投行的职能之一是"推动区域内发展领域的公共和私营资本投资，尤其是基础设施和其他生产性领域的发展"。② 其资金大都为低息贷款，表明了亚投行作为国际性发展融资机构的定位，其部分资金性质被 OECD 认定为官方发展援助资金，已纳入 OECD 的 ODA 统计体系。亚投行是中国为全球发展治理贡献的全新发展融资平台，其融资能力和国际影响力与日俱增。根据 OECD 统计，2017 年 DAC 援助国对多边机构的核心援助中，亚投行获得的核心援助资金共 10.35 亿美元，在多边机构中位列第七，已超过大多数联合国机构和多边发展机构，而亚开行仅为

---

① 安倍在 2015 年 11 月 21 日举办的日本—东盟峰会上的讲话，日本国首相官邸网站。https://www.kantei.go.jp/cn/97_abe/statement/201511/asean.html.

② 《亚洲基础设施投资银行协定》，https://www.aiib.org/en/about‐aiib/basic‐documents/_download/articles-of-agreement/basic_document_chinese_bank_articles_of_agreement.pdf.

2.38 亿美元，远落后于亚投行。[1] 目前，东南亚是亚投行开展基础设施融资项目的主要地区，东盟十国均是亚投行的创始成员国。

亚投行的创立及中国在基础设施领域的大量投入使日本感到了威胁，直接导致其加大在包括东南亚在内的"印太地区"的资金投入力度。但日本也深陷国内经济增长的压力，以援助为主的政府资金毕竟有限，因此日本"高质量基础设施"的核心是以援助资金撬动私营资本参与，从而力求在资金规模上与中国抗衡。日本发起的"高质量基础设施伙伴关系"倡议的其中一项内容，就是与其长期主导的亚开行开展融资协作，在 2016—2020 年的五年内，向亚洲基础设施建设提供 1100 亿美元的投资，资金规模较前五年增加 30%。[2] 1100 亿美元的融资规模刚好超过亚投行的 1000 亿美元的创立资本，舆论普遍将此举视为日本针对中国的竞争。

在高质量基础设施投资方面，日本通过援助与亚开行开展了多种协同合作措施。2016 年 3 月，JICA 与亚开行联合设立"引领亚洲私营基础设施基金"（LEAP），JICA 注资 15 亿美元，由亚开行管理，亚开行补充自有资本和其商业伙伴资本，规模至少达 60 亿美元，通过 PPP 等模式支持私营资本参与亚洲基础设施项目。[3] JICA 还承诺在 2016—2020 年，与 ADB 提供 100 亿美元的联合贷款，支持长期投资规划，为主权项目提供技术援助和贷款，推动公共基础设施发展。为此，日本政府、JICA 与 ADB 建立了定期政策对话机制，以推进上述举措的顺利实施。

三、能否由竞争到合作

中日两国在各自与东南亚的基础设施合作中均取得了进展。在泰国，2016 年日本赢得曼谷到清迈、全长 700 公里、总价 120 亿美元的高铁项目，中国则签下了全长 252 公里、首段为曼谷到呵叻的中泰高铁。日本虽然在印

---

① 数据来源：OECD 数据库，资金为 2017 年多边援助毛支付额。

② 安倍内阁总理大臣在第 21 次国际交流会议"亚洲的未来"晚餐会上的演讲，日本国首相官邸网站，2015 年 5 月 21 日。http://www.kantei.go.jp/cn/97_abe/statement/201505/0521speech.html.

③ ADB Approves Over ＄210 Million in LEAP Financing in First Year of Operation, ADB, 3 October, 2017. https://www.adb.org/news/adb-approves-over-210-million-leap-financing-first-year-operation.

度尼西亚雅万高铁项目上败给中国，但获得了雅加达的地铁项目。雅万高铁作为"一带一路"旗舰项目计划于 2023 年开通运营。雅加达地铁第一期已于 2019 年通车，日本国际协力机构继续提供第二期建设工程资金约 22.5 万亿盾（约合 17 亿美元）。在越南，日本为其援建南北高速公路、日越友谊桥和河内国际机场二号航站楼，中国为其援建吉灵—河东轻轨铁路。在缅甸，中国援建缅甸国家电力系统规划项目，并在"中缅经济走廊"框架下，开展包括皎漂深水港、木姐—曼德勒铁路等基础设施投资项目，日本为缅甸提供 ODA 贷款实施仰光—曼德勒铁路改造，中日双方还分别主导皎漂、迪洛瓦经济特区建设。在菲律宾，日本以 ODA 贷款建造马尼拉地铁和新薄荷机场，中国作为在菲律宾基建的后来者，援建两座桥梁和灌溉工程等。

表 7-4　中日在东南亚的部分经济类基础设施项目

国家	中国		日本	
	援助项目	商业项目	援助项目	商业项目
老挝	曼昆公路跨湄公河大桥、会晒—泰国清孔跨湄公河大桥、北 13 号公路孟塞—巴蒙段公路修复、万象 115/22kV 输变电	中老铁路（磨丁—万象）、万象—万荣高速公路	国家 9 号公路桥梁改造	南佳河一期水电工程
柬埔寨	57、59、57B 三条公路、三个农业灌溉发展项目、金边第三环线公路（优惠出口买方信贷支持）	额勒赛水电站、桑河二级水电站、金边至西哈努克港的高速公路	乃良大桥、第二湄公大桥、Kizuna 大桥、西哈努克港、金边交通管理系统开发、南北高速公路（南部经济走廊）、国家 1 号和 5 号公路	
缅甸	国家电力系统规划项目	中缅油气管道、皎漂深水港、木姐—曼德勒铁路	仰光—曼德勒铁路、大仰光区供水改造、勃固跨河大桥	

续表

国家	中国		日本	
	援助项目	商业项目	援助项目	商业项目
越南	吉灵—河东轻轨铁路（两优项目）	海阳燃煤电厂、永新一期燃煤电厂	岘港港、日越友谊桥、河内国际机场二号航站楼项目、南北高速公路、海云隧道、盖梅—市威国际港	宜山炼油厂
菲律宾	埃斯特热拉—潘塔里恩大桥、比诺多—因特拉穆罗斯大桥、赤口河泵站灌溉工程、达沃河桥梁		马尼拉地铁、新薄荷机场、苏比克湾港	
泰国		中泰铁路一期（曼谷至呵叻）	曼谷高速交通系统项目—地铁"紫线""红线"	
印度尼西亚		雅加达—万隆高铁、爪哇7号燃煤电站	雅加达地铁、穆阿拉卡朗燃气发电厂项目、Patimban深海港	
马来西亚		南部铁路、吉隆坡地铁2号线	柔佛港	

资料来源：笔者根据公开资料整理。

中日双方虽然在基础设施领域存在竞争，但为东南亚的基础设施建设提供了多种选择，提供了大量的资金支持，为东南亚国家的基础设施建设做出了贡献，极大便利了各国间的互联互通和贸易往来。与此同时，中日各自在东南亚国家通过实施基础设施项目，推动本国的技术、产品、标准和管理模式的国际化，也带动了本国企业在东南亚国家的投资。东南亚问题资深专家马尔科姆·库克评价，中日在东南亚的权力之争有利于东南亚国家的经济发展和战略自治。[①]

---

① Malcolm Cook：China and Japan's power struggle is good news for Southeast Asia, November 2018 edition of Southeast Asia Globe magazine.

美国战略家乔治·弗里德曼（George Friedman）从地缘政治角度分析中日两国的力量对比，他认为与中国相比，日本具备普遍均等的财富和相对优越的国内外地缘环境，没有陆地上的敌人，政府也不必处理国家内部巨大的贫富差距，因此未来东亚地区的领导者将是日本。[①] 但笔者认为，中国与东南亚天然的地缘连接决定了其优势较日本更加突出。单纯从基础设施层面出发，中国实施的基础设施项目使东南亚国家与中国广泛的基础设施网络实现互联互通，"能够最有效地带动东南亚沿线地区、特别是这些国家内陆腹地经济社会发展……相比之下，不与东南亚接壤的日本就没有这般优势了"。[②]

应当看到，日本发起"高质量基础设施"以"争夺基础设施建设主导权的战略初衷不利于地区合作氛围，引发不必要的恶性竞争"[③]，对"一带一路"倡议的基础设施互联互通项目带来一定挑战，对此中国宜审时度势、理性应对。一方面，"高质量基础设施"援助纳入日本一系列对外战略和政策，形成具体的援助方案，并与国内其他资源、亚开行等金融机构相互借力，从而形成合力推动对外战略的落实。对此中国宜学习借鉴，更大发挥援助在东南亚基础设施互联互通中的独特作用，加强与亚投行等多元主体开展横向联动的发展融资合作。另一方面，日本"高质量基础设施"援助在实施过程中也经历了诸如资金不足、优惠贷款条件过低、日企表现被动、受援国临时"变卦"（泰国要求"新干线"降速）等波折，对此中国应引以为戒，做好前期可行性研究、风险防控、管理协调等相关工作。

2018年中日两国关系重回正常轨道，并就在第三方市场合作达成共识，成为中日务实合作新的路径选择。中日均以基础设施建设为重点，并均以东南亚为重要优先，这就决定了两国必然会在这一地区这一领域形成竞争关系。但同样地，两国在基础设施建设理念、资金和技术等方面都具备比较优势，

---

① George Friedman：The Leading Power In East Asia Will Be Japan-Not China, 8 Feburary, 2017. https://www.forbes.com/sites/johnmauldin/2017/02/08/the-leading-power-in-east-asia-will-be-japan-not-china/2/#15d892457e1a.

② 梅新育：中日高铁竞赛，东南亚对华疑忌心态于我不利，《国际先驱导报》网络版，2016年4月28日。http://ihl.cankaoxiaoxi.com/2016/0428/1143692.shtml.

③ 孟晓旭：日本高质量基础设施合作伙伴关系的构建与前景，《国际问题研究》，2017年第3期。

也是双方可以对话交流、探索合作的重要议题。基础设施是中日在第三方市场率先开展合作的"试验田"，有利于在国际社会发挥示范效应，树立合作共赢的中日发展合作"新标杆"。与此同时，亚投行与亚开行已展开了融资合作，有效推动了亚洲基础设施建设的资金渠道多元化。亚开行与亚投行能够为中日今后在东南亚地区开展基础设施合作提供融资支撑，是两国规避恶性竞争、实现互利合作的良好平台。

四、中国的优势与挑战

中国推动的"基础设施互联互通"受到了东南亚国家的普遍欢迎。发展中国家的政策制定者经常赞赏中国在实施基础设施项目时比西方援助国更有效，普遍认为中国的援助效率高，对受援国没有附加条件，较之于西方繁琐的援助管理要求，中国的援助项目更易操作和管理。与日本对大型基础设施项目一贯的极度谨慎不同，中国的"耐心资本"[①] 对长期风险的容忍度更高。"耐心资本"因"与科技和管理专业知识相结合，能有效提升全球互联互通水平并加速社会发展"[②]，因此在基础设施建设的发展融资方面尤为重要。

与此同时，中国的援助强调"南南合作"，与受援国是平等的伙伴，而不是西方援助的"家长作风"，不仅能够赢得受援国政府的好感，也易受到民众的认可。[③] 同时，中国"不干涉他国内政"的援助根本原则因为尊重他国主权，在发展中国家很受欢迎。[④] 美国皮尤研究中心在 2018 年公布的报告[⑤]也显

[①] "耐心资本"的特点是眼光长远，具有较高的风险承受力和地缘政治上的精明。与传统的流动资本相比，债务国政府因此获得了更多的政策自由。Kaplan, Stephen B., The Rise of Patient Capital: The Political Economy of Chinese Global Finance, 24 July, 2018. https://ssrn.com/abstract = 3108215 or http://dx.doi.org/10. 2139/ssrn. 3108215.

[②] 林毅夫、王燕：《超越援助，中国式发展合作的新思路》，孙予聪译自 5 月 8 日《世界报业辛迪加》网站，转自观察者网。https://www.guancha.cn/LinYiFu/2017_06_11_412691.shtml.

[③] China's aid to Papua New Guinea threatens Australia's influence, The Guardian, 2 July, 2018. https://www.theguardian.com/world/2018/jul/02/chinas-aid-to-papua-new-guinea-threatens-australias-influence.

[④] Thomas Lum, Wayne M. Morrison, and Bruce Vaughn, China's "Soft Power" in Southeast Asia, Congressional Research Service (CRS) Report for Congress, 4 January, 2008.

[⑤] Trump's International Ratings Remain Low, Especially Among Key Allies, Pew Research Center, October, 2018.

示了这一特点，印度尼西亚和菲律宾均有超过半数的受访者对中国持积极评价，报告认为中国通过"一带一路"倡议对两国提供了大量基建订单，从而密切了双边经济联系，造成两国对"一带一路"持乐观态度。同时，中国的基础设施援助能够发挥撬动作用，促进当地就业，带动周边地区的经济发展。美国威廉玛丽学院用于追踪中国援助数据的研究实验室 AidData，在 2017 年发布的研究报告中肯定了中国援助对受援国经济增长的积极作用，"平均每个中国援助项目能在该项目完成两年后给受援国带来 0.7~1.1 个百分点的经济增长"。①

中国基础设施援助在传统上以"交钥匙"工程为主，即中国负责全部或大部分的工程考察、勘测、设计和施工等环节，完工后移交受援国政府自主运营和管理。实践中发现，这种方式有利有弊，能够为受援国提供"一条龙"的支持，尤其对于政府能力较弱的国家，"交钥匙"工程由中国包揽，高效、便捷，受援国政府完全不必操心。例如，柬埔寨政府官员就曾对笔者明确表示希望中国坚持这种方式，其政府人员无力监管项目实施。但同时，这种方式也导致项目移交后对方没有能力妥善管理和运营。

为了增强项目的可持续性和有效性，针对具备一定能力的国家，中国已经试点推行援外成套项目"本土化"，即"受援方自建"模式，"在一些有完备工程建设招投标管理体系、具有组织实施经验的国家和地区，中国提供资金和技术支持，由有关国家自行负责项目的勘察、设计和建设及过程管理"。② 在 2014 年商务部颁布的《对外援助管理办法（试行）》中就明确提出，"经与受援方商定，援外项目可由中方与受援方按照分工合作的原则实施，或在落实中方外部监督的前提下由受援方自主实施"③，2021 年国合署、外交

---

① Axel Dreher, Andreas Fuchs, Bradley Parks, Austin M. Strange, Michael J. Tierney: Aid, China, and Growth: Evidence from a New Global Development Finance Dataset, 10 October, 2017. http://docs. aiddata.org/ad4/pdfs/WPS46_Aid_China_and_Growth.pdf.

② 中华人民共和国国务院新闻办公室：《新时代的中国国际发展合作》白皮书，2021 年 1 月。

③ 2014 年 11 月 15 日，商务部正式颁布施行了《对外援助管理办法（试行）》（部令 2014 年第 5 号），成为我国援外历史上第一个综合性管理部令。

部、商务部联合签发的《对外援助管理办法》① 依然延续了这一内容。2021年6月，作为成套项目的执行方，商务部在印发的《"十四五"商务发展规划》中提出，为在"十四五"期间增强援外实施综合效应、高质量落实援外举措，其中一项措施就是"完善受援方自建模式执行管理"。②

东南亚一些新兴经济体正是开展"受援方自建"模式的重点合作对象。2019年援建菲律宾的南阿古桑省戒毒中心正是采取了这种模式，并在建设过程中大量采购当地物资、培养技术人才，不仅拉动了当地经济增长，也帮助当地提高了管理和建筑施工水平。2020年12月，中国政府与菲律宾政府就援建菲律宾达沃河桥项目签署协议，这座中国援建菲律宾的第三座桥梁项目也将采用"受援方自建"模式。这种将项目的实施责任转交给受援国的模式，使得在整个项目周期中全程由双方共同参与，能够发挥受援方的主观能动性。"本土化"在"降低管理成本和廉政风险、提升援助效率和质量、增加受援国受益程度"③ 方面具有明显优势，一定程度上解决了基础设施援助可持续的问题，也是中国援助在实践中不断调整改进的体现。

除此之外，近年来中国援助在基础设施领域的能力建设类项目越来越多，为受援国参与管理和建设项目的人员提供援外培训和技术合作，使对方学习中国技术，提高管理和建设能力，一方面有助于中国开展的项目在当地顺利实施；另一方面有助于对方掌握自主运行的能力，保障项目可持续性。例如，为配合中老铁路的建设，2015年商务部国际商务官员研修学院与西南交通大学联合开展了"老挝铁路技术海外培训班"，成为中国在老挝举办的首个海外培训班，也是老挝国内举办的首个关于铁路技术培训班。④

然而，中国的基础设施援助也面临着一些挑战。反对观点认为，在中国

---

① 《对外援助管理办法》(国家国际发展合作署 外交部 商务部 令 2021 年第 1 号)，2021 年 8 月 31 日发布，自 2021 年 10 月 1 日起施行，商务部《对外援助管理办法（试行）》同时废止。

② 商务部：《"十四五"商务发展规划》，2021 年 6 月 30 日。http://images.mofcom.gov.cn/zhs/202107/20210708110842898.pdf.

③ 商务部援外司：从顶层设计入手防范风险——围绕"一带一路"建设廉政风险防控做法一，2017 年 6 月 7 日。http://jcj.mofcom.gov.cn/article/dt/sw/201706/20170602587681.shtml.

④ 中国驻老挝大使馆经商处网站。http://la.mofcom.gov.cn/article/zxhz/201508/20150801086201.shtml.

热情帮助其他发展中国家建造基础设施时，速度超过其质量。西方舆论指责中国援建的是华而不实的"白象工程"（white elephant projects），如援建的医院没有配备必要的设备和人员、基建项目存在后期维护不足、项目在受援国领导人的家乡①、"楼堂馆所"居多等。近年来，外界炒作中国贷款使受援国陷入"债务陷阱"的声音越来越高，尤其是新冠肺炎疫情以来发展中国家债务问题的恶化，"债务陷阱论"进一步抬头，将发展中国家多重因素的债务问题归结为中国的基础设施投资，恶意抹黑中国形象。美国 AidData 对中国援助的报告通常以批评为主，但其在 2017 年发布的研究报告一改此前的批评论调，其结论认为：中国在经济和社会基础设施上的援助与美国、世行开展的援助一样，都能够带来积极的经济增长。②

以上体现了中国开展基础设施援助的国际舆论环境的复杂性，而一个主要原因是中国援助的透明度不高，在反驳不实甚至恶意言论时，缺乏权威数据的支撑，信服力难免打了折扣，对此需要理性回应部分呼吁，适度增强透明度，主动营造公正客观的舆论环境，才是从根本上让抹黑言论"不攻自破"之策。援外实施企业尤其需要注重"本土化"、质量问题以及后续运营等问题，警惕被西方媒体所夸大利用。事实上，中国援助坚持不干涉他国内政原则，以受援国需求为导向，以政府间的双边援助为主，基础设施项目的援建要求是受援国政府各部门间协商之后的结果，个别受援国领导人将获得的大型援建项目作为其政治筹码，援建项目的地点选择难免显示出受援国政府领导人的个人倾向，而频繁的政府更迭易造成对上一任批准项目的搁置甚至单方面撕毁，造成中国援建工程的建设成本损失和高昂的政策协商成本。

日本将援助作为与中国开展基础设施博弈的手段，惯用做法就是以援助

---

① Dreher, Axel, Andreas Fuchs, Roland Hodler, Bradley C. Parks, Paul A. Raschky and Michael J. Tierney: Aid on Demand: African Leaders and the Geography of China's Foreign Assistance, AidData Working Paper #3 Revised, Williamsburg, VA: AidData at William & Mary, 2016.

② Axel Dreher, Andreas Fuchs, Bradley Parks, Austin M. Strange, Michael J. Tierney: Aid, China, and Growth: Evidence from a New Global Development Finance Dataset, 10 October, 2017. http://docs.aiddata.org/ad4/pdfs/WPS46_ Aid_ China_ and_ Growth.pdf.

资金全面配合与中国海外投资的竞争，援助资金的参与使日本的投资行为"'混搭'着遏制中国的战略意图"①，使中日两国的基础设施竞争突破了市场行为。与日本相比，中国以援助在东南亚参与大型基础设施建设的方式较为单一，主要采用优惠贷款资金支持或辅以无偿援助，或优惠贷款与优惠出口买方信贷这类商业资金搭配开展"两优"项目，尚未形成系统的基础设施援助与私营投融资的合作政策。

　　总体来说，援助为中国企业开展海外基础设施建设起到了铺路搭桥的积极作用，许多项目承建企业通过援助资金的支持走出了国门、积累了海外经验、提升了国际竞争力。从这个角度看，如今"中国建设"在东南亚从"落地生根"到"遍地开花"离不开援助的独特作用，援助在服务"走出去"战略的整体落实过程中功不可没。然而，承包工程和投资依然是中国海外基础设施开发的主要形式，援助在其中主要发挥着补充、配合作用，其撬动作用仍有待充分挖掘，尤其是对私营资本投向东南亚基础设施领域的引导作用需要进一步提升。

　　现阶段，中国援助亟待采取措施，应对基础设施援助面临的外部挑战和内部暴露的问题，推动基础设施建设实现高质量发展。首要任务就是在高效基础上确保项目的质量，需加强对项目考察立项、勘察设计、设备材料和施工等关键环节的制度监管，明确在环保、用工、采购方面的标准，确保工程符合受援国当地的"本土化"需求和可持续发展要求。此外，需要在"硬件"援助的同时，注重能力建设、技术合作、社区民生发展、工程标准与发展规划等"软件"援助，发挥援助与投资的协同效应，通过向受援国非政府组织、社区等群体提供小型援助支持，为中国基础设施在海外的落地营造有利的外部环境，促进共识、疏通民意、引导舆论，打造"建造快、质量高、造福当地"的中国援建品牌和形象。

---

① 王箫轲："积极和平主义"背景下日本ODA政策的调整与影响，《东北亚论坛》，2016年第4期。

第三节　中日在东南亚的发展合作分析与展望

近年来，东南亚地区已经成为国际力量博弈的竞技场，也成为域外国家开展发展合作的"热土"。随着中国"一带一路"倡议在东南亚地区的推进，以及日本为实施"自由、开放的印太战略"发挥对外援助的战略作用，未来中日两国在东南亚的发展合作将面临更为复杂的形势，尤其在美国强化对华战略竞争的局势下，中日竞争将进一步加剧。与此同时，2018 年中日双方以"发展合作对话"奠定了发展合作的主基调，面对东南亚巨大的发展需求和中日援助的同质性与互补性，两国探索在第三方的发展合作机遇增大。总体来说，中日未来在东南亚援助的合作阻力仍存，仍以竞争为主，但发展合作可以成为中日在东南亚突破竞争、转向合作的"融合剂"和"助推器"。尤其在当前百年变局与多重挑战叠加共振的全球形势下，中日作为地区大国，应当为后疫情时代的全球经济复苏和全球发展治理积极做出应有的贡献。2022 年是中日邦交正常化 50 周年，双方以史为鉴面向未来的发展合作，将是亚洲发展模式为全球可持续发展的重大贡献。

一、力量变化与大国介入促使日本对华博弈加剧

密切与东南亚的关系被界定为日本战后外交的重要支柱之一[①]，但在 21 世纪初囿于日本经济低迷和政局更迭，日本在东南亚的投入有所减弱。随着美国"亚太再平衡"战略的实施和中国在东南亚影响力的提升，日本重新审视东南亚政策。尤其是安倍第二次执政后，外交风格由民主党政府的消极被动转向积极主动，将东南亚置于外交圈中仅次于美国的第二级，对东南亚地区做出了强势回归姿态。有专家称，日本"正在谋求战略自主性，尤其在东南亚地区表现明显……确实导致了地区乃至全球政治舞台上出现了一个跟之

[①]　Kiichi Fujiwara: Japan's Return to ASEAN—Bringing Together the Wisdom to Keep China in Check, Asahi Shimbun Newspaper, 18 December, 2013. http://pari.u-tokyo.ac.jp/eng/unit/ssu/articles/ssu 20150320.html.

前不太一样的'新日本'，给地缘政治经济确实带来比较复杂的影响"。① 在政治上，加强与东南亚国家的关系是日本走向正常国家和政治大国的前提。近年来，日本追求政治大国的呼声越来越高，修改和平宪法、做"正常国家"成为日本外交的重要斡旋条件。日本将对外援助作为其"政治大国"战略的延伸，借援助"购买"受援国对其修改宪法、入常等问题的支持。围绕中国南海、东海的岛礁制造争端，为日本加强与菲律宾、越南等国的海上防务合作提供了借口，日本对东南亚的援助直接与防务安全问题挂钩，构成日本与东南亚的南海周边国家密切海上安保合作的主要工具。

从本质上说，中日在东南亚的援助竞争局面的形成，主要源于日本为了保持地区主导力对中国进行的针对性举措。随着中国经济的快速增长，尤其是从 2013 年"一带一路"倡议开始，中国在东南亚的影响力显著提升，造成东南亚地区力量格局的变化。中国于 2009 年超过日本成为东盟第一大贸易伙伴，东盟自 2020 年起成为中国最大贸易伙伴。日本对比中国在对东盟贸易方面的力量悬殊，后劲不足，2021 年中日对东盟的贸易额差距已近 3 倍。在投资方面，中日均将东盟视为最主要的对外投资目的地，日本在东南亚保有较高的投资存量，但投资流量已被中国赶超。2021 年中国对东盟投资实现了 96% 的增长，达到 136 亿美元，仅次于美国，而日本为 120 亿美元，位列第三。② 东南亚与中国的经济联系不断加深，在经济上呈现"中升日降"的态势，正是这一力量对比的变化构成日本加紧对东南亚援助的主要驱动因素。日本期待以政府援助资金刺激日本私营部门加大对东南亚的投资、贸易，延续其在东南亚的经济影响力。为此，日本将援助视为开展"自由、开放的印太战略"的战略工具，围绕中国进行了一系列反制措施，对冲中国的意图加剧，因而在援助方面构成中日竞争加剧的事实局面。但中国对东南亚的援助延续了历史经验，并没有把日本作为考虑因子。由于中国对东南亚援助的提

---

① 吴怀中：日本正谋求战略自主主要表现在三方面，人民网，2018 年 11 月 27 日。http://ijs.cssn.cn/xsyj/bkwz/201811/t20181127_4783069.shtml.

② ASEAN Investment Report 2022—Pandemic Recovery and Investment Facilitation，ASEAN Secretariat，August，2022.

升并非针对日本或挑战地区秩序，而是以受援国需求为导向加强发展合作，因此在所谓中日援助博弈中，中国只是被动卷入的一方。

中日在援助领域的竞争背后是在东南亚影响力的博弈。现阶段，中日关系在东南亚地区呈现出一个新兴国与守成国的"小气候"，随着中国对东南亚地区的援助规模提升，日本作为东南亚地区第一大援助国的地位正在受到冲击。然而不得不看到，中日在援助上的关系从属于中日双边关系，而中日关系的背后是中美关系，日美同盟体系在中日关系中无时无刻不在发生影响。日本对外援助在本质上就与美国紧密相关，美国的愿望（desire）和压力（pressure）是影响日本对外援助的关键因素。① 因此，美国在东南亚的战略取向直接影响中日对东南亚的援助关系。

自 2013 年至今，美国经历了从奥巴马"亚太再平衡"战略到特朗普战略收缩再到拜登的强势回归的转变，对东南亚地区秩序和大国力量格局造成直接影响。例如，特朗普任期对亚洲外交表现出"不平衡、不连贯、不稳定"② 的特点，在东南亚表现出"由进转退"，促使在东南亚形成"日本主导对华竞争"的局面。一方面，日本极力联合域外大国反制中国，与美国、澳大利亚和印度形成的"印太四方合作"也促使日本加强针对中国的援助举措，对冲中国在东南亚影响力的增加。另一方面，为了填补美国在东南亚地区相对收缩造成的"权力真空"，日本已从此前的被动担忧转向了主动补位，谋求地区主导角色。日本在美国退出 TPP 之后，借机推波助澜担起领导角色，促成 11 个成员国达成"跨太平洋伙伴关系全面进步协定"（CPTPP），并实现了以东南亚为核心的对外援助扩张的常态化。

面对中国的崛起，发达国家对中国的战略疑虑加重，将中国在东南亚经济实力和援助影响力的扩大视为对现有地区秩序的挑战。在援助领域，"捧杀"与"棒杀"并用，一方面提出与中国搞三方合作，把中国纳入西方援助

---

① Bruce M. Koppel and Robert M. Orr, Jr. Japan's Foreign Aid: Power and Policy in a New Era. Westview Press. 1993. p.342.

② Prashanth Parameswaran: The Ticking Clock on Trump's Asia Strategy, The Diplomat, 6 July, 2017. https://thediplomat.com/2017/07/the-ticking-clock-on-trumps-asia-strategy/.

体系以规制中国援助，并要求中国承担更大国际责任；另一方面散播"中国威胁论""新殖民主义论""债务陷阱论"等不实言论，故意抹黑中国的国际形象。在东南亚地区，西方大国在"印太战略"之下，加剧了对东南亚地区的谋篇布局，造成东南亚地区的秩序变化以及中日博弈的复杂化。域外力量的介入为日本在东南亚推行其"印太战略"提供了机遇，日本通过联合域外力量，使日本单方对华博弈筹码加大，尤其对中国在东南亚的战略利益构成制衡，使中国面临"以一对多"的不利局面。

鉴于中国"一带一路"建设在东南亚的持续推进，日本当前战略自主性的提升将促使"中日竞争外溢化及博弈国际化"[1]的趋势进一步凸显。尤其在拜登上任后，美国对华战略竞争加剧，日本援助东南亚的竞争色彩将更加突出，对华博弈更加激烈。

二、"发展合作对话"为中日带来合作机遇

特朗普在任期间，美国在"美国优先"主导下调整与其盟友关系，在经济和军事上反对盟友"搭便车"；与此同时，中美关系随着美国挑起贸易战而急剧下滑。在美国因素带来的国际形势的变化间接推动下[2]，以及中日对加强经贸合作和地区合作的强烈需求下，2018 年中日关系出现转圜，双方积极探索在第三方市场开展合作，给中日在东南亚的合作带来更大机遇。在 2018 年11 月安倍访华期间，日本表示调整对华发展合作总体政策，在全面停止对华援助后，将对华关系转向发展合作对话和人才交流。这一举动标志着日本从对华援助向与华开展"发展合作对话"的转型。

中日高层达成的共识、确定的合作基调，为中日两国今后在东南亚的援助拓宽了合作面。首先，第三方市场合作为发展合作奠定基础。在 2018 年首届中日第三方市场合作论坛上，两国地方政府、金融机构、企业之间签署了总额超过 180 亿美元的 52 项合作协议。东南亚成为第三方市场合作的首选

---

①　吴怀中：日本谋求"战略自主"及其对华影响，《国际问题研究》，2018 年第 6 期。

②　赵天鹏：从"普遍竞争"到"第三方市场合作"：中日湄公河次区域合作新动向，《国际论坛》，2020 年第 1 期。

地，泰国成为首个试点国家，"泰国东部经济走廊"被列为旗舰项目。双方在东南亚地区开始探索推进在基础设施建设、金融产业、节能环保及数字经济等领域的合作。① 尽管两国的合作是以市场为导向的经济合作，但两国经济合作模式中的援助与投资贸易的协同优势，使援助在双方合作中具备发挥独特作用的条件。

其次，尽管日本已停止对华援助，但日本的 ODA 资金依然可以进入中国，但目标是用于第三方国家。因此，中日对第三国开展三方合作②是中日在发展领域的主要方向，双方也均对三方合作持开放态度。日本认为，在华接受过日本援助的机构或部门可成为中日两国向第三方援助的主体。此外，中日援助在地区重点、援助方式和领域等方面具有同质性，同时又存在互补性。中国援助在尊重受援国意愿、资金规模大、高效、文化共鸣、互联互通等方面具有优势，日本援助在精细化管理、植根基层、民众好感度高、国际协调等方面相对突出，两国的同质性和互补性可为今后三方合作奠定基础。

最后，中日高层确定了以"发展合作对话"为主的双方发展合作模式，JICA 中国事务所在完成已开展的对华援助项目的同时，负责对华在发展合作层面的对话。因此，中日双方有望在政策对话、经验分享、各领域交流等方面加强合作，向东南亚各国和国际社会展示中日合作积极性，有利于为两国在第三方市场开展务实合作项目发挥"黏合剂"的作用。通过加强两国在发展领域的对话，可以加深彼此了解，促进相互学习，有助于增信释疑，为两国开展实际发展合作项目铺平道路。

尽管中日的合作机遇增加，双方在东南亚的发展合作空间广阔，但从意向变为现实依然存在内部和外部的阻碍和挑战。中日双方已明确合作范畴在"第三方市场"，体现出双方接受的合作是限定于市场行为的合作，主体显而

---

① 吴崇伯、罗静远：中日在泰国的第三方市场合作分析，《创新》，2022 年第 1 期。

② 目前，援助视角的三方合作概念在国际上尚未得到统一界定，OECD 将三方合作定义为：发达国家或国际组织与南南合作国联合在受援国执行援助项目的一种合作关系，三方合作可以将北方国家和南方国家的比较优势结合起来，融合各自的知识、经验、资金以共同促进受援国的发展。目前，技术合作是三方合作的最主要方式，包括分享技术经验、联合研究、联合培训、派遣专家、支持访问、开展奖学金项目、实施实习及志愿者项目等。

易见以企业为主。对外援助的政治相关性高，双方如在援助层面开展合作需要在外交关系上达成共识，也需要东南亚第三国的认同和积极参与。目前两国界定的发展合作限定于"对话"，以交流互鉴为主，具体到两国以何种形式、在哪个国家、开展什么领域与类型的发展合作项目，有待两国在"对话"中进一步协商。

事实上，2018年中日确立发展合作的方向后，到2022年的四年中，双方确实没有形成切实的合作，也确实仅停留在"对话"层面。截至2021年6月，中国国家国际发展合作署与日本外务省举行了两轮司局级磋商，就中日发展合作进展、制度建设、白皮书发布、监督评估等议题进行了交流。可以说，短期内，双方发展合作仍将处于交流、探讨阶段。长远来看，中日之间存在信任缺失，尤其在对外援助上，双方因信息不对称和长期的竞争，对彼此援助行为背后的意图存在猜忌和警惕，易形成战略误判，构成中日在发展领域开展三方合作的主要障碍。

日本此前通过ODA资助中国相关人员在东南亚等第三国开展咨询、培训等援助项目，但双方共同出资在第三国开展援助并没有先例。此外，双方开展三方合作还需要中国国际发展合作各参与方，尤其是主管部门与执行部门之间加强统筹协调，才能在实际中更有效地探讨出合适的项目并推动项目落地。目前，中日三方合作从意向变为现实依然有待时日。中国也不宜盲目开展三方合作，需要充分做足前期调研，慎重选定两国合作的国家和领域。同时，在合作过程中，中国需要警惕日本对中国的约束与规则限制，避免被日方牵制，始终保持自身的主导性。

三、日本对东南亚援助的优劣及对中国的借鉴

日本对东南亚的援助特征表现出明显的战略倾向。首先，其对东南亚的援助经历了意识形态色彩的不断强化，政治性突出，是服务于"价值观外交"的重要工具。其次，日本援助向安保领域外溢加剧，对越南、菲律宾等南海周边国家以及印度尼西亚等国家的"准军用物资"以及海上执法培训投入增加，为解禁集体自卫权、加快向"正常国家"转型的步伐做铺垫。最后，援

助成为实现"新增长战略"（又称"日本复兴战略"）的重要手段，尤其在基础设施出口和日本产品海外推销方面，日本政府力推公私伙伴关系的合作框架，发挥援助的催化剂作用，通过改革援助举措撬动私营资源，在带动日本经济的复兴的同时，以援助拉动日企对东南亚的海外投资扩张。

但是，日本援助具有局限性。由于《和平宪法》对日本外交的约束，日本格外注重援助的对外战略功能，援助相当于日本弥补"政治跛子"先天不足的拐杖。为了在宪法制约下争取更广泛的对外战略空间，日本严重依赖援助"争取各国支持、提高国际地位、争当政治大国"。① 但是，日本援助作为其外交战略的一部分，受到日美同盟的牵制，常陷于外交自主性与"追随"美国的矛盾中。中日比较来说，中国对外奉行不干涉内政原则，在外交上保有连贯性，而日本外交因以日美同盟为基轴，在与东南亚的关系上受到掣肘。日本在历史上就曾配合美国冷战需要对东南亚大量投入，但也同样因配合美国反恐战略，将一部分援助资源转向中东地区。日本对缅甸援助转向热情也是受美国的影响，但因若开邦问题，西方国家又削弱对缅援助，使日本处于被动。中国始终基于缅甸国家和人民的实际发展需要开展发展合作，具有长期性和稳定性，有助于积累双方合作基础、切实造福缅甸民众。囿于日本对缅外交政策的不稳定性，双边关系受各自国内政治局势的干扰较大，对缅援助严重受到政治和意识形态因素影响，"导致日本企业在缅甸投资、开展长期经营信心不足"。② 因此，中国外交的独立自主性赋予中国战略优势，长远看更有助于在东南亚地区建立稳定、互信的合作关系。而日本受日美同盟影响，对东南亚的援助易受到美国战略调整的直接制约，从长远看缺乏稳定性和自主性。

此外，日本与东南亚国家的历史问题也构成其援助的局限性。日本与东南亚的历史和解是"追求共同繁荣"③ 的和解，建立在日本与东南亚的经济

---

① 黄大慧、孙忆：东亚地区合作主导权与中日制度竞争，《教学与研究》，2017 年第 6 期。

② 唐晓阳、姚颖：中日在东南亚战略竞争效果评估——基于缅甸的案例研究，《国际政治科学》，2017 年第 3 期。

③ 徐显芬：《未走完的历史和解之路——战后日本的战争赔偿与对外援助》，世界知识出版社，2018 年，第 198 页。

相互依存基础之上。一旦日本与东南亚的经济结构出现松动，失去共同利益，历史等涉及民族感情的问题就会再度挑战日本与东南亚国家的关系，这也是日本极力巩固并加强与东南亚经济关系的重要因素，意图形成紧密的利益共同体，削弱历史留下的心灵伤痛。但是，日本一直对历史问题缺乏深刻反省，试图通过战争赔款和援助逃避战后惩罚，东南亚各国的民族伤痛始终没有治愈。"历史问题会削弱经济援助的政治影响力"①，这将是一直横亘在日本与东南亚国家之间的深层障碍，就像一颗定时炸弹，随时可能被触碰。同时，日本对自身作为亚洲国家认同的摇摆不定，使其难以平等身份与东南亚国家对话合作。

总体而言，日本作为对东南亚的最大援助国，其援助经验丰富、优势显著、效果突出、影响力强。应正视日本对东南亚的援助优势，学习借鉴其有益经验。

第一，注重顶层设计与战略统筹。日本对东南亚援助纳入日本整体援助框架，通过《发展合作大纲》《领域发展政策》《国别援助政策》和《财年发展合作优先政策》等政策文件，保持对东南亚援助的政策一致性。日本为所有东南亚受援国（除文莱、新加坡）量身定制国别援助战略，结合各国发展需要和日本与其外交关系，明确国别援助理由、日本援助政策与规模、主要领域、项目计划和注意事项等。明确的援外政策有助于塑造东南亚各国对日本援助的认知，利于促进政治互信和认同。

第二，多元主体协调配合，援助资源形成合力。日本高度重视各主体间的协调配合，分工明确、合作默契。援外项目为日本在东南亚的政治外交、投资贸易、军事安全、文化交流等提供全力协助，并调动多元主体参与对东南亚的援助。外务省等政府部门制定宏观政策，JICA 负责政策执行，日本企业、民间组织、地方政府、科研院所参与具体项目实施，各项目间相互借力，发挥综合效应。

第三，注重资金和人力的长期投入。资金上，日本克服国内经济掣肘，

---

① Feng Chaokui. Japanese Aid to China: A Comparison of ODA from Japan and Europe. Japan's Foreign Aid: Old Continuityes and New Directions. London: Routledge, 2005. p. 213.

保持对东南亚的援助规模，强化战略存在。人力上，日本在九个东南亚受援国（除文莱、新加坡）设有 JICA 海外事务所，与日本驻当地使馆、日本国际协力银行驻当地办事处等日方机构协作，落实国别援助政策、监管援助项目执行、与受援国各方和其他援助国开展交流合作。此外，当地员工是日本海外机构的重要支柱。日本通过在海外的大量的资金和人力投入，使日本援助在东南亚深入人心、影响力强。

第四，积极参与多边合作，拓展国际影响力。日本对东盟秘书处长期提供援助支持，参与机制建设、发展规划和人力培训。日本在双边援助之外，与西方援助国、亚洲开发银行、联合国机构等其他援助方合作，以多边援助方式介入甚至引导其他主体与东南亚国家的合作，主动塑造援助话语体系和国际规则。日本还擅长与东南亚国家开展三方合作，采取"老朋友"模式，资助受过日本 ODA 培训的东南亚人员将在日本所学向第三方国家传授。

第五，挖掘比较优势，塑造全球发展议题的标杆。日本善于将其突出优势"包装"为发展合作的亮点，推销并转移日本经验和技术，巩固国际竞争力，引领全球发展议题。例如，日本在全民健康医疗制度方面具有国际领先的技术优势，在应对老龄化社会方面具有先进经验，因此在对外援助中推广"全民健康覆盖"（UHC）理念，配合政府的"日本全球健康外交战略"。再如，日本牢牢掌握着全球减灾议题的话语权和规则制定，在减少灾害风险（DRR）领域的发展合作在全球独树一帜。在"包装"的同时，日本援助的透明度高，注重宣传和影响力传播，利用出版物、媒体、民间组织等多种渠道宣传日本贡献，从国际国内两个层面加强民众支持、促进民众参与，营造舆论环境，树立了发展合作大国形象。

四、发展合作是中日贡献全球发展的未来方向

中日在东南亚的援助并非从起步阶段就充满竞争，而是基于各自外交战略和国家发展需要采取的对外措施。中日邦交正常化以后，中国还一度成为日本在东亚地区最重要的受援国，在发展合作领域形成良性互动关系。日本通过对华援助发展了对华关系，开拓了中国市场，促进了本国产业转移，中

国改革开放以来的经济发展也受到了日本援助的支持。因此，日本对华援助的历史经验以及双方援助的同质性和互补性，为双方在东南亚的发展合作奠定了基础，可将中日发展合作的经验和成果贡献于东南亚地区。

2022 年是中日邦交正常化 50 周年。中日关系历来都不仅仅是简单的双边关系，而是事关地区与全球的和平与发展。尽管过去的 50 多年，两国关系历经风风雨雨，在百年变局与多重危机并存的当下，中日分别作为第二大和第三大经济体，对全球经济复苏和韧性发展具有重要影响力，双方以史为鉴面向未来的务实合作，将是亚洲发展模式为全球可持续发展的重大贡献。

目前，中日在东南亚援助仍以竞争为主，但合作机遇增加。东南亚地区的发展关乎东亚地区的整体稳定和繁荣，符合中日共同利益。东南亚的发展需求足够之大，中日两国在这一地区的援助投入并不是零和博弈，而是各有广阔的发挥空间与合作空间。东南亚也乐见中日加大援助，推动地区整体发展。中日尤其要抓住 RCEP 生效的契机，以发展合作助推经贸合作提质增效，拓展在东南亚的第三方市场合作。同时，也要将发展合作置于双边关系的突出位置，一方面增进政治互信、稳住经济"压舱石"地位；另一方面积极参与后疫情时代的全球发展治理，将两国的发展经验贡献于全球发展。东南亚作为两国共同利益的优先地区，是双方发展合作的首选地。

但是需要看到，中日两国关系复杂，受到地缘政治、历史问题、领土争端、政治经济结构等多重因素影响，两国关系一直是合作、竞争甚至摩擦并存。中美日三角关系也是影响中日在第三方发展合作的关键变量。特朗普时期，美国调整对日、对华政策，中日双方基于共同利益和国家发展需要，以"发展合作对话"奠定了未来发展合作的主基调，使中日在东南亚的发展合作机遇明显增大。拜登上任以来，对华博弈进一步加剧，日美在印太框架下的全方位合作提升，在东南亚地区加剧了与中国的竞争。中日作为东亚地区大国，应在当前不稳定不确定因素增多的复杂背景下，突破意识形态分歧和地缘政治束缚，为推进地区和平、稳定与繁荣展现出应有的大国担当。中日双方需要共同妥善管控分歧和风险，实现在东南亚的良性竞争，并在基础设施、东盟一体化发展、低碳转型、数字经济、防灾减灾等方面寻找联合开展援助的合作点。

目前，虽然中日发展合作仅限于"对话"层面，实质合作依然有待观察，但发展合作的本质是合作，决定了其将成为中日在东南亚突破竞争、转向合作的"融合剂"和"助推器"。不论是立足当下还是展望长远，中日双方都需要在"发展合作对话"中深化互信，寻求利益共同点，拓宽合作空间，推动构建契合新时代要求的中日关系，通过发展合作为东亚乃至亚太地区的和平稳定、持续繁荣做出贡献。

第八章　聚焦发展：推动构建中国—东盟命运共同体

随着中国力量的崛起和国家利益向海外的延伸，发展合作对中国的战略意义正在加强，已拓展至维护中国海外利益与引领全球治理的更广泛的大国外交层面。在中国与东南亚的关系中，尤为需要强化发展合作的战略作用。2023 年恰逢中国—东盟命运共同体提出十周年。面向今后，应聚焦发展问题，将发展合作置于中国—东盟全面战略伙伴关系的突出位置，以推动构建更为紧密的中国–东盟命运共同体，以亚洲发展合作典范为全球治理做出贡献。

第一节　新时代的中国国际发展合作经验

自 1950 年中国开始对外提供援助至今，中国对外援助已走过了恢弘壮丽、极不平凡的 70 余年。中华人民共和国成立初期，中国援助秉承国际主义和人道主义精神，保卫了襁褓中的人民政权、壮大了"第三世界"的力量。冷战后，中国顺应受援国发展诉求和国家对外战略任务需要，不断调整援外政策，创新援外方式，在促进受援国经济社会发展的同时，提升了自身的国际地位和影响力。进入新时代，中国对外援助向国际发展合作转型，在理念、方式上不断创新，并在全球发展倡议指引下，更加积极地参与全球发展治理。在 70 余年的发展历程中，中国坚持不干涉内政、平等相待、相互尊重、量力而行、尽力而为等原则，逐渐形成一套具有中国特色的发展合作模式，成为南南合作的典范，在全球发展治理中发挥着越来越重要的作用。

一、发展理念不断创新、时代内涵不断丰富

在中国对外援助 70 余年的历史长河中，"改革创新、与时俱进"贯穿始终。在援助初期，中国本着国际主义精神先后提出"对外经济技术援助八项原则"① 和"平等互利、讲求实际、形式多样、共同发展"四项原则。"八项原则""四项原则"是中国在援外立场上的宣示，对外表明援助的目的和方式，对内构成自我指导和监督。改革开放后，中国政府强调对外援助要与对外投资、对外贸易、合资经营、资源开发、工程承包等国际经济合作相结合，实现了从过去只讲政治、不谈经济到兼顾政治外交需要、突出互惠互利、强调经济效益的转变。进入 21 世纪以后，中国在中非合作论坛、联合国发展筹资高级别会议、联合国千年发展目标高级别会议等多边平台上连续宣布援助措施②，提出了以人为本、关注受援国社会民生、推动构建和谐世界等一系列理念。自 2013 年以来，在"义利相兼、以义为先"的正确义利观指导下，对外援助成为新时代构建人类命运共同体的重要组成部分和参与全球发展治理的中国方案。

中国对外援助始终在南南合作框架下进行，始终坚持"南南合作"之本，秉承共同发展、互利共赢的南南合作精髓，援助既要符合受援国的需要，也是中国自身发展的需要。2011 年中国首次对外发布援外白皮书，指出"对外

---

① "八项原则"由周恩来总理于 1964 年提出，是对外援助的基本原则，其内容包括：（1）中国政府根据平等互利的原则对外提供援助，从来不把援助看作是单方面的赐予，而认为援助是相互的。（2）严格尊重受援国的主权，绝不附带任何条件，绝不要求任何特权。（3）以无息或低息贷款的方式提供经济援助，在需要时延长还款期限，以尽量减少受援国的负担。（4）对外提供援助的目的不是造成受援国对中国的依赖，而是帮助受援国逐步走上自力更生、经济上独立发展的道路。（5）帮助受援国建设的项目，力求投资少、收效快，使受援国能够增加收入，积累资金。（6）提供中国所能生产的、质量最好的设备和物资，并根据国际市场的价格议价。如所提供的设备和物资不合乎商定的规格和质量，中国政府保证退换。（7）对外提供任何技术援助时，保证做到使受援国人员充分掌握这种技术。（8）派到受援国帮助进行建设的专家，同受援国自己的专家享受同样的物质待遇，不容许有任何特殊要求和享受。《当代中国》丛书编辑部：《当代中国的对外经济合作》，中国社会科学出版社，1989 年，第 16-17 页。

② 中国在 2005 年 9 月举办的联合国发展筹资高级别会议上宣布五项援外举措、在 2006 年 11 月举办的中非合作论坛北京峰会上宣布八项举措、在 2008 年 9 月的联合国千年发展目标高级别会议上宣布六项举措、在 2009 年 11 月中非合作论坛第四届部长级会议上宣布对非援助新八项举措、在 2010 年 9 月联合国千年发展目标高级别会议上宣布六项援助举措等。

援助是南南合作范畴"，遵循"五个坚持"政策，即"坚持帮助受援国提高自主发展能力，坚持不附带任何政治条件，坚持平等互利、共同发展，坚持量力而行、尽力而为，坚持与时俱进、改革创新"①，进一步明确了中国对外援助的"南南合作"本质。

坚持不附带任何政治条件、不干涉受援国内政是中国对外援助的最大特点，也是中国与西方援助的根本区别。作为中国对外政策的一部分，援外坚持"和平共处五项原则"，充分尊重受援国主权，不把提供援助作为干涉他国内政的手段，不把自己的意志强加于对方，充分尊重受援国自主选择发展道路和模式的权利。西方国家的援助通常附带民主、良治、人权、机制改革、开放市场等苛刻的政治条件，通过援助输出西方价值观和民主政权，而中国的援助模式从本质上有别于此。对于遭受自然灾害冲击的非建交国家，中国提供的人道主义援助则表现出"无国界"和"无歧视"的特点。② 例如，2010 年初海地地震后，中国虽然尚未与海地建交，但仍向海地提供了 3000 万元人民币的物资以及 100 万美元的现汇援助，中国救援队和医疗防疫救护队是最先抵达灾区的海外救援力量。③

正是基于以上原则，中国援助一方面坚持以受援国需求为导向，根据受援国提出的需求，回应受援国加快发展、自立自强的迫切诉求；另一方面在实际执行中将"授人以鱼不如授人以渔"的理念贯穿始终，注重与受援国发展战略的对接，通过援助传授适用于受援国本土的技术和经验，帮助受援国培养人才力量，增强其自主发展能力，分享中国自身的发展经验，与受援国共享发展红利。

党的十八大以来，中国已逐步走向世界舞台的中心，更为积极主动地参与全球治理，推动对外援助向国际发展合作转型，理念进一步丰富、创新，使对外援助和国际发展合作在价值观层面实现了升级，为全球发展合作、南

---

① 中华人民共和国国务院新闻办公室：《中国的对外援助》白皮书，2011 年 4 月。
② 李小瑞：中国对外人道主义援助的特点和问题，《现代国际关系》，2012 年第 2 期。
③ 商务部国际贸易经济合作研究院：《国际发展合作之路：40 年改革开放浪潮下的中国对外援助》，中国商务出版社，2018 年，第 215 页。

南合作的理论体系增添了中国元素，这是中国国际发展合作在新时代十年以我为主、积极作为的充分体现。2014年11月，习近平在中央外事工作会议上就新时期不断拓展和深化外交战略布局提出要求时指出："要切实落实好正确义利观，做好对外援助工作，真正做到弘义融利。"① "正确义利观"和"弘义融利"成为新时代发展合作的核心理念。与此同时，构建"人类命运共同体"的全球价值观、"共商共建共享"的全球治理观、"亲诚惠容"的周边外交观、"真实亲诚"的对非合作观等一系列的理论创新与发展合作实践交相辉映。一方面，国际发展合作成为落实以上理念的实践载体；另一方面，创新理念赋予了中国国际发展合作新的时代价值，使援助所承载的内涵更为丰富，不仅是物资、工程、技术和能力的传递，更是中国发展思想的表达，也是中国在国际社会中"和平、发展、合作、共赢"的身份定位的传达。在一系列的创新理念指导下，中国进一步深化援外体制机制改革，加强统筹规划，发挥规模效应，重点面向周边国家和"一带一路"国家加强发展合作，通过对外援助服务于大国外交和"一带一路"共建。

自2020年以来，随着新冠肺炎疫情全球大流行，百年变局加速演进，国际力量对比深刻演变，大国战略竞争不断加剧，经济全球化遭遇重大挫折，发展赤字持续扩大，全球发展面临重重挑战。同时，新一轮科技革命深入发展，新产业新业态新模式迭代升级，给全球发展带来了新的机遇。在新的全球形势下，2021年9月，习近平主席在第76届联大首次提出全球发展倡议，呼吁"共同推动全球发展迈向平衡协调包容新阶段"。这是中国首次向国际社会提出聚焦发展的合作倡议，宣示了中方有关全球发展的理念及重点方向，提出了构建全球发展命运共同体的新时代理论贡献。其中，全球发展倡议将以人民为中心作为核心理念与原则，强调"发展为了人民、发展依靠人民、发展成果由人民共享"，这是首次将中国根植于人民的治国理政经验和中国发展思想内核延伸至全球发展治理层面。"与天下同利者，天下持之；擅天下之利者，天下谋之。"以人民为中心的发展思想，是中国发展取得伟大成就的基

---

① 习近平出席中央外事工作会议并发表重要讲话，新华网，2014年11月29日。http://www.xinhuanet.com/politics/2014-11/29/c_1113457723.htm.

本经验，也为世界人民探寻发展真谛提供重要借鉴。

全球发展倡议的提出为新时代中国国际发展合作指明了新的方向，需要将以人民为中心的发展理念贯穿于新时代中国国际发展合作始终。第一，要聚焦民生，将增进人民福祉、实现人的全面发展作为出发点和落脚点。发展中国家长期存在贫富悬殊、两极分化，发展不平衡、不充分问题突出。不同于西方追求个人权利和自由最大化绝对化、否定集体和国家的人权霸权和唯我标准，中国追求的是人的全面发展、全体人民共同富裕，这正是中国对人权的深刻理解，即坚持把生存权和发展权作为首要基本人权，推动包容普惠、让所有人群公平享有的发展，提升全球发展的公平性、有效性、包容性，努力不让任何一个人掉队。为此，习近平指示："民生工程是快速提升民众获得感的重要途径，立竿见影。'小而美'的项目，是直接影响到民众的。今后要将小而美项目作为对外合作的优先事项，加强统筹谋划，发挥援外资金四两拨千斤作用，形成更多接地气、聚人心的项目。"①

第二，要大力弘扬全人类共同价值，推动构建人类命运共同体。以人为本、人民至上的价值取向不仅仅针对本国人民，而是将为人民谋幸福、为民族谋复兴与为世界谋大同紧密结合，站在全人类发展的高度，对人类发展重大问题贡献中国方案。习近平总书记提出维护全人类共同价值，构成了国际发展合作工作的底层逻辑。全人类共同价值需要"落实于践行人类命运共同体理念的具体过程之中"。② 在当前乱局变局之下，中国将发展视为全人类共同价值的核心内容之一，国际发展合作应当承载中国的价值理念和对人类发展未来的价值追求。尤其在西方对华实施民主划线的意识形态攻势之下，发展合作是向世界阐释全人类共同价值的"全球性"和"人民性"的关键抓手，是抵御意识形态风险、弘扬中国价值观的重要实践，能够使人类命运共同体真正具有认同感、向心力和引导力，彰显时代的先进性。

第三，要紧紧依靠人民，汇聚人民的力量和智慧。全民参与是实现中国国际发展合作全民共享的前提。坚持人民至上和人民主体地位，要求国际发

---

① 习近平在第三次"一带一路"建设座谈会上的讲话，2021 年 11 月 19 日。
② 李岩：三重视角下的全人类共同价值，《现代国际关系》，2022 年第 7 期。

展合作深深扎根人民，充分调动人民积极性。发展中国家的公民社会是官方以外的重要力量，国际发展合作要贴近基层实际、反映群众心声，不能忽视公民社会的强大作用。只有牢牢依靠人民，欢迎中外人民群众关心、参与、监督国际发展合作，才能增强发展中国家民众的参与感和获得感，将发展合作做到人民的心坎上。

二、迈向发展合作大国

目前，中国对外援助的资金方式有三种，即无偿援助、无息贷款和优惠贷款，三种方式在运用中根据资金性质的不同而各有侧重。无偿援助主要用于帮助受援国建设医院、学校、低造价住房、打井供水项目等中小型社会福利性项目，实施人力资源开发合作、技术合作、物资援助、南南合作援助基金（2022年升级为全球发展和南南合作基金）和紧急人道主义援助等领域的项目。无息贷款用于帮助受援国建设社会公共设施和民生项目，期限一般为20年（包括使用期5年、宽限期5年、偿还期10年）。优惠贷款主要用于帮助受援国建设有经济效益和社会效益的生产性项目和大中型基础设施，或提供成套设备、机电产品、技术服务以及其他物资等，贷款年利率一般为2%～3%（对部分最不发达国家的部分优惠贷款项目，经双方政府协商采用1%的贷款利率），期限一般为15年至20年（含5年至7年宽限期）。①

中国的对外援助长期处于增长态势，规模不断扩大。截至2018年底，中国累计对外提供援助金额达6158亿元人民币，其中无偿援助2663亿元，无息贷款951亿元，优惠贷款2544亿元。2013—2018年共提供了2702亿元，平均每年提供450亿元，比2010—2012年的年均298亿元增长了51%。② 与此同时，中国领导人在2015年以来多次在国际场合做出对外援助和国际发展合作的庄严承诺，可以明确的是，中国正在并将会在全球发展领域发挥越来

---

① 中华人民共和国国务院新闻办公室：《中国的对外援助》白皮书，2011年4月；中华人民共和国国务院新闻办公室：《新时代的中国国际发展合作》白皮书，2021年1月。

② 中华人民共和国国务院新闻办公室：《中国的对外援助》白皮书，2011年4月；中华人民共和国国务院新闻办公室：《中国的对外援助2014》白皮书，2014年7月；中华人民共和国国务院新闻办公室：《新时代的中国国际发展合作》白皮书，2021年1月。

越重要的作用，规模已跻身世界发展合作大国行列，在新兴援助国中尤为突出。

日本国际协力机构（JICA）研究所前所长北野尚宏（Naohiro Kitano）根据 DAC 的 ODA 统计标准对中国对外援助数据进行了估算[1]，统计了中国政府部门的援外支出、中国进出口银行的优惠贷款和中国对多边组织的捐款等，同样显示了近几年中国援外规模增长的强劲势头，从 2012 年起年度援助总额超过 300 亿元人民币。北野比较了中国与 DAC 成员国的援助规模，中国在2001 年处于第 16 位，到 2014 年已升至第 9 位，在 2018 年以 64 亿美元的援助规模，排名上升至第 6 位，仅次于日本，相当于日本援助的 63%，同样证明在规模上中国已位居世界前列。美国威廉玛丽学院推出的数据库 AidData 报告认为，"中国提供官方发展融资已达到与美国等西方国家竞争的水平"。[2]AidData 的数据混淆了中国的援助和商业性资金，过高估算了中国的援助规模。但尽管如此，依然反映了中国对外援助近几年的增长态势，获得了国际社会的极大关注。

表 8-1 北野尚宏对中国对外援助规模的估算（2001—2018 年）

单位：十亿元人民币

年度	双边无偿援助 （无偿援助与无息贷款）	双边优惠贷款	多边援助	援助净支付额	援助净支付额 （约合十亿美元）
2001	4.4	1.0	0.5	6.0	0.7
2002	4.7	1.1	0.6	6.4	0.8
2003	4.9	1.1	0.7	6.7	0.8
2004	5.7	1.4	0.7	7.8	0.9
2005	7.0	1.6	0.8	9.4	1.1

---

[1] Naohiro Kitano: Estimating China's Foreign Aid II: 2014 Update, JICA Research Institute, Working Paper No. 131, June, 2016. Naohiro Kitano: Estimating China's Foreign Aid: 2017—2018 Preliminary Figures, JICA Research Institute, September, 2019.

[2] Axel Dreher, Andreas Fuchs, Bradley Parks, Austin M. Strange, Michael J. Tierney: "Aid, China, and Growth: Evidence from a New Global Development Finance Dataset", AidData at William & Mary, 10 October, 2017. http://docs.aiddata.org/ad4/pdfs/WPS46_Aid_China_and_Growth.pdf.

续表

年度	双边无偿援助 （无偿援助与无息贷款）	双边优惠贷款	多边援助	援助净支付额	援助净支付额 （约合十亿美元）
2006	7.7	2.6	0.9	11.2	1.4
2007	10.3	5.6	1.0	16.9	2.2
2008	11.6	4.3	1.1	17.0	2.5
2009	12.4	7.9	1.1	21.4	3.1
2010	12.3	10.9	1.8	25.0	3.7
2011	15.4	12.1	2.0	29.5	4.6
2012	17.6	11.2	2.5	31.3	5.0
2013	15.8	12.0	4.2	32.0	5.2
2014	14.7	13.5	2.0	30.2	4.9
2015	13.7	13.1	10.4	37.2	6.0
2016	14.7	14.0	9.9	38.6	5.8
2017	18.8	11.5	10.8	41.1	6.1
2018	21.7	11.3	9.7	42.6	6.4

资料来源：Naohiro Kitano：Estimating China's Foreign Aid：2017—2018 Preliminary Figures, JICA Research Institute, September, 2019.

从资金方式上看，目前，无偿援助是中国最主要的援助资金方式，占比约47%。无息贷款在20世纪90年代以前使用较多，在发展中国家实施了一大批生产型项目，1995年优惠贷款出现以后，无息贷款使用有所下降，2013—2018年无息贷款资金占比仅为4%。优惠贷款因资金量较大，使用规模增长明显，1995—2009年占比仅为28.7%，2010—2012年占比已升至55.7%，2013—2018年降至49%，与无偿援助平分秋色。[①]北野尚宏从资金性质上，将无偿援助与无息贷款都视为无偿援助类别，根据他的估算（见图8-1），中国优惠贷款自2010年以来增长至接近无偿援助的水平，2001年仅占援助总额的17%，2014年已升至45%，此后回落至26%~35%。与此同时，中

[①] 中华人民共和国国务院新闻办公室：《中国的对外援助》白皮书，2011年4月；中华人民共和国国务院新闻办公室：《中国的对外援助2014》白皮书，2014年7月；中华人民共和国国务院新闻办公室：《新时代的中国国际发展合作》白皮书，2021年1月。

国在多边援助上的支出从 2015 年起迅速提升，并在 2017 年达到 108 亿元的峰值。①

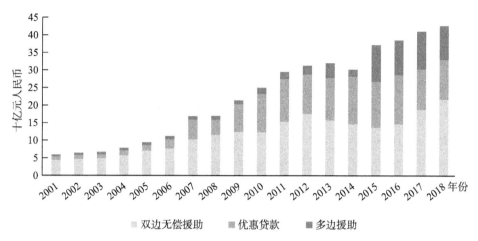

图 8-1　北野尚宏对中国对外援助资金类型的估算（2001—2018 年）

资料来源：Naohiro Kitano：Estimating China's Foreign Aid：2017—2018 Preliminary Figures，JICA Research Institute，September，2019.

　　总体来说，新时代的十年，伴随着中国进入贯彻新发展理念、构建新发展格局、推动高质量发展的新发展阶段，正在向实现第二个百年奋斗目标迈进，中国作为全球发展的坚定贡献者和南南合作的积极引领者，在全球发展格局中的地位和作用已经发生了本质变化，体量巨大、模式鲜明，已成为位于全球发展治理体系中央的发展合作大国。国际社会，尤其是广大发展中国家对中国的发展贡献普遍持较高期待，对中国国际发展合作的要求和关注已达到前所未有的水平。党的二十大报告指出："中国愿加大对全球发展合作的资源投入，致力于缩小南北差距，坚定支持和帮助广大发展中国家加快发展。"可以预见，随着全球发展倡议的提出，发展合作在国家总体战略中的地位和作用将更加凸显，中国在全球发展治理中的角色也将更加突出。

---

① Naohiro Kitano：Estimating China's Foreign Aid：2017—2018 Preliminary Figures，JICA Research Institute，September，2019.

三、向综合性发展合作方案转型

中国的援助方式经过不断丰富改进，形成了成套项目（基建项目）、一般物资、技术合作（对外派出专家）、人力资源开发合作（援外培训、学历学位教育、短期研修等）、援外医疗队、援外志愿者、紧急人道主义援助以及减免无息贷款债务共八种对外援助方式①，援助范围几乎涵盖受援国经济社会发展的所有领域。成套项目是最普遍的对外援助方式，占总援助支出的40%，主要是在受援国援建医院、学校、打井供水等社会公共设施，交通运输、电力、电信等经济基础设施以及农业和工业领域的发展项目。1950—2016年，中国共实施各类援外项目5000多个，其中成套项目近3000个。②

自2013年以来，中国在八大援外方式的基础上，开始探索向多元化、综合性发展合作方案的转型，主要体现在以下四点：第一，拓展发展合作资金渠道，仅2015年一年，中国政府就新增设了南南合作援助基金、气候变化南南合作基金、中国—联合国和平与发展基金等专项基金，2016年又设立了澜湄合作专项基金，2022年将南南合作援助基金升级为全球发展和南南合作基金，这些都为中国加强与其他发展中国家、国际组织、民间组织在减贫、应对气候变化、促进和平与发展等方面的合作丰富了资金渠道；第二，开展一揽子发展合作项目，设计实施"6个100"南南合作项目③、"共筑援助之桥，畅通'一带一路'"行动等综合性发展合作方案，更加注重"小而美、惠民生"项目；第三，开拓与发展中国家的能力建设和知识交流平台，陆续成立了南南合作与发展学院、国际发展知识中心、全球发展促进中心，设立了"丝绸之路"中国政府奖学金等；第四，引领国际社会加强对发展中国家的投资，发起成立亚洲基础设施投资银行和新开发银行等新型发展融资机构。以

---

① 中华人民共和国国务院新闻办公室：《中国的对外援助》白皮书，2011年4月。

② 《共担时代责任 共促全球发展》，习近平在世界经济论坛2017年年会开幕式上的主旨演讲，人民网，2017年1月17日。http://cpc.people.com.cn/n1/2017/0118/c64094-29032027.html.

③ 习近平在2015年中国与联合国共同举办的南南合作圆桌会上宣布，未来五年开展"6个100"项目，包括100个减贫项目、100个农业合作项目、100个促贸援助项目、100个生态保护和应对气候变化项目、100所医院和诊所、100所学校和职业培训中心。

上四点体现了中国发展合作已超越了过去单一的援助范畴，在资金渠道、合作方式、机制平台等方面实现了与发展融资、人文交流、和平安全等多领域的结合，将援助空间拓展至更广义的国际发展合作范畴，顺应了当前全球发展大势。①

四、聚焦亚非地区和基础设施领域

中国对外援助地理范围较广，已累计向亚洲、非洲、拉丁美洲、加勒比、大洋洲和东欧等地区的 166 个发展中国家提供过援助②，包括向未与中国建交的国家提供紧急人道主义援助和能力技术培训。在兼顾面广泛的同时，中国援助的投入重点较为突出，以亚洲和非洲为主，约占中国 80% 的援助资金。③

随着"一带一路"倡议的深入开展，中国对"一带一路"沿线国家的援助力度已大幅增加，尤其是对周边地区的关注较此前明显增多。习近平主席在 2017 年首届"一带一路"国际合作高峰论坛开幕式上宣布了未来三年配合"一带一路"建设的相关援助举措，援助总额达 600 亿元人民币，以教育、减贫、医疗、紧急粮食援助等领域为重点，并通过向南南合作援助基金增资 10 亿美元、向国际组织提供 10 亿美元落实一批惠及沿线国家的合作项目。④ 中国援助的关注点已由亚非地区进一步聚焦到"一带一路"沿线国家和地区。

在援助领域分布中，中国重点关注受援国经济和民生发展。目前，中国已将第十四个五年规划时期的援助重点锁定在医疗卫生、科技教育、绿色发展、减贫、人力资源开发、紧急人道主义等领域⑤，这方面的援助投入将进一步加大。

强调基础设施建设是中国对外援助的显著特征之一，80% 的援外资金用

---

① 姚帅：国际发展合作趋势与中国援外变化，《国际经济合作》，2018 年第 1 期。

② 中华人民共和国国务院新闻办公室：《发展权：中国的理念、实践与贡献》，2016 年 12 月。

③ 中华人民共和国国务院新闻办公室：《新时代的中国国际发展合作》白皮书，2021 年 1 月。

④ 习近平在"一带一路"国际合作高峰论坛开幕式上的演讲，2017 年 5 月 14 日。http://www.xinhuanet.com/politics/2017-05/14/c_1120969677.htm.

⑤ 《中华人民共和国国民经济和社会发展第十四个五年规划和 2035 年远景目标纲要》，2021 年 3 月 13 日。http://www.gov.cn/xinwen/2021-03/13/content_5592681.htm.

于以开展基础设施建设为主的成套项目，致力于解决发展中国家的主要发展瓶颈问题。这个特征源自中国自身经验，即"要想富，先修路"，将优先发展基础设施建设作为最紧迫需求，同时也为中国国内实现经济高速增长奠定了基础。经济基础设施和社会公共基础设施是中国对外援助的两大主要领域，2010—2012 年分别占中国对外援助总体规模的 44.8% 和 27.6%。① 2013—2017 年，中国政府共援建农业、工业、交通运输、能源电力、信息通信等领域重大基础设施项目 300 余个，在农业、教育、卫生、减贫等领域实施了 2000 余个民生援助项目。② 中国基于自身发展经验和能力，伴随着基础设施海外援建项目的开展，对外分享发展经验，如本土技术、产品、管理模式、丰富且相对低廉的劳动力等。③ 与此同时，基础设施援助项目主要由中国企业承建，为中资企业实现国际化提供了支持。

近年来，应对气候变化也成为中国援助的一个重点领域。自 2011 年以来中国政府累计安排 7 亿元的气候变化援助资金，通过赠送应对气候变化物资、支持制定应对气候变化政策规划、推广气候友好型技术等方式开展节能低碳援助项目和能力建设活动，举办了 20 多期应对气候变化南南合作培训班，培训该领域的官员和技术人员达 1000 余名，还向联合国捐赠了 600 万美元资金用于支持联合国秘书长开展气候变化南南合作工作。④ 除此之外，中国在气候变化领域还推出一揽子的援助举措，并搭配了专门的援助资金给予支持。2015 年投入 200 亿元人民币设立气候变化南南合作基金，2016 年启动"十百千项目"，即在发展中国家建设 10 个低碳示范区、实施 100 个减缓和适应气候变化项目、提供 1000 个培训名额。

自 2020 年以来，针对新冠肺炎疫情全球肆虐，中国开展了新中国成立以

---

① 中华人民共和国国务院新闻办公室：《中国的对外援助 2014》白皮书，2014 年 7 月。

② "砥砺奋进的五年"综述稿件：积极开展对外援助推动构建人类命运共同体，商务部，2017 年 10 月 11 日。

③ 联合国开发计划署、商务部国际贸易经济合作研究院：《兼容并蓄与因地制宜？各国开展发展合作的方式及对中国的借鉴意义》，中国商务出版社，2016 年。

④ 解振华：进一步加强应对气候变化国际合作，人民政协网，2018 年 12 月 13 日。http://www.rmzxb.com.cn/c/2018-12-13/2240353.shtml?n2m=1。国家发改委应对气候变化司有关负责人在 2017 年 4 月 20 日举办的"一带一路"国家应对气候变化培训班上的讲话。

来规模最大、时间最长的紧急人道主义行动，采取了多种方式，包括提供防疫物资、捐赠疫苗、派遣医疗专家组、援外医疗队协助驻在国疫情防控工作、中非建立对口医院合作机制、加快公共卫生基础设施建设、在华设立全球人道主义应急仓库和中国—南亚国家应急物资储备库、向国际多边平台和机构捐资、全面落实二十国集团"暂缓最贫困国家债务偿付倡议"，全方位地加强国际抗疫合作。

五、国际发展合作署的成立与援外体制机制改革

中国对外援助属于中央事权，在中共中央和国务院的直接领导下进行。2018 年 4 月 18 日，援外管理机制建设迈出历史性一步，负责对外援助事务的独立政府部门——国家国际发展合作署（简称国合署）正式挂牌成立。援外管理从商务部对外援助司的司级部门提升至国务院直属的副部级单位，提升了援外管理的战略性和全局性。根据 2021 年国合署、外交部、商务部联合签发的《对外援助管理办法》，国合署的职责是"拟订对外援助方针政策，推进对外援助方式改革，归口管理对外援助资金规模和使用方向，编制对外援助项目年度预决算，确定对外援助项目，监督评估对外援助项目实施情况，组织开展对外援助国际交流合作"。[①] 由此可见，国合署的角色定位是援外宏观政策的把控，具体执行工作则仍由商务部等对外援助执行部门承担。

国合署的成立标志着中国对外援助进入新的历史阶段，是适应当前国际发展合作新形势和中国作为负责任发展合作大国的角色定位的必然选择，也是国家全面深化对外援助管理体制机制改革的关键举措。这一机制的调整也体现了中国开启了对外援助向国际发展合作的转型，从改革开放初期确立的服务经济合作向服务大国外交的转型。国合署成立以来，中国对外援助在战略统筹、项目管理、国际合作和透明度等方面有了明显提升，更加积极地参与全球发展合作，有助于塑造更加开放包容的国际形象。

随着 2018 年党和国家机构改革的尘埃落定，新的国际发展合作管理体系

---

① 《对外援助管理办法》（国家国际发展合作署 外交部 商务部 令 2021 年第 1 号），2021 年 8 月 31 日发布，自 2021 年 10 月 1 日起施行，商务部《对外援助管理办法（试行）》同时废止。

形成。在中央部门层面，国合署负责统筹归口管理发展合作工作；商务部负责执行工作，并参与国际多边机制下的南南合作与三方合作；财政部负责管理划拨援外资金、监管援外预算执行；外交部负责从总体外交层面对援助政策制定和实施提供指导、牵头推进落实全球发展倡议、统筹中国落实 2030 年可持续发展目标的进度、管理中国—联合国和平与发展基金和澜湄合作专项基金。其他部委根据职能参与对外援助事务，如生态环境部负责气候变化领域相关援助、管理气候变化南南合作基金，应急管理部负责参与人道主义援助、派遣国际救援队，农业农村部负责开展农业领域援助项目，教育部负责政府奖学金项目，卫健委负责卫生领域援助、派遣医疗队和国际应急医疗队等。同时，各政府部门根据对口的国际组织，参与多边援助，如商务部与联合国机构开展三方合作，财政部负责与多边金融机构的国际合作。

为加强各相关部委和机构之间的协调配合，中国政府于 2008 年正式成立了对外援助部际联系机制，并在 2011 年 2 月升级为对外援助部际协调机制，到 2012 年协调机制的成员单位已扩充至 33 家，商务部为主任单位，外交部和财政部为副主任单位。2018 年机构改革后由国合署会同有关部门建立对外援助部际协调机制，统筹协调对外援助重大问题，在抗疫援助中协调机制就发挥了重要作用。协调机制从无到有，并不断吸纳相关部门，反映出中国援外管理思路的转变，从过去单纯依靠经贸和外交部门的单一管理思路转向多部门综合统筹的管理思路。同时，也说明发展合作内涵不断丰富，促使更多如科技部、农业农村部、水利部、生态环境部等政府专业部门参与南南合作，多元化的援助参与主体促使协调机制应运而生，成为整合政府发展资源、发挥合力、提升援外综合效益的机制保障。

在地方层面，各地方商务主管部门和外事办公室负责管辖地相关援外事务。目前，地方配有少量的资金自主开展援外项目，在派遣医疗队、志愿者等方面执行中央的统一分配任务，对口相应的国别开展工作。同时，各地方承接人力资源开发合作项目，开展有地方特色的援外人力资源开发合作工作。近年来，中国政府不断探讨拓展中央政府与地方力量的合作路径。商务部与西藏自治区政府、云南省政府先后于 2017 年签署了部区、部省援外合作框架，一方面有利于发挥与周边国家毗邻的沿边地方力量在天然地理和民族情感上的优势，推进我国与周边国家的基础设施互联互通和民心相通；另一方面有助于推动西藏、云南加快对外开放步伐，深化与周边国家经贸合作，服务西藏建成面向南亚开放大通道、云南建成面向南亚东南亚辐射中心的地区发展战略。①

除中央和地方政府层面之外，驻外使领馆（团）是中国发展合作在海外的管理机构，负责中国对驻在国援助项目的一线协调和监管，协助国合署办理援外相关的政府间事务，与受援国各方沟通协调，了解对方援助需求并进行政策审核，配合制定援助国别指导意见。目前，中国在受援国前方的发展合作管理队伍建设依然较薄弱，人员配比不足。驻外使馆以经济商务处为专门的援外职责部门，通常一名援外管理专员身兼处理海外投资等其他业务，所投入的人力、物力和财力与前方大量的援外资金和项目投入不相匹配，亟待进一步加强海外投入的部署，更好地推动援外的落地和效果的传播。

在执行层面，中国国际发展合作的参与方呈现多元化特点。无偿援助项目的实施管理有三个主要机构，即商务部国际经济合作事务局、中国国际经济技术交流中心、商务部国际商务官员研修学院（培训中心）。经济合作事务局负责管理成套项目和技术合作，培训中心负责管理援外培训项目，交流中心负责管理一般物资项目、全球发展和南南合作基金以及监管培训中心直接执行的培训项目。优惠贷款项目由中国进出口银行负责管理。

近年来，非政府组织等其他主体在发展合作中发挥的作用有所提升。民间组织主要参与实施紧急人道主义援助、人力资源开发合作、志愿者和医疗队等对外援助项目。有时，他们也会受政府部门邀请参与政策对话，但总体来说参与程度仍有限。当前，中国政府已越来越多地呼吁非政府组织"走出去"，调动民间资源，增强他们在发展合作中的参与程度。为落实全球发展倡议，中国通过全球发展和南南合作基金支持中国社会组织与受援国当地民间

---

① 姚帅：国际发展合作趋势与中国援外变化，《国际经济合作》，2018 年第 1 期。

组织一道开展"小而美"的民生项目，中国乡村发展基金会、中国和平发展基金会均成为全球发展倡议项目库首批项目清单的执行机构。以 2015 年响应尼泊尔地震为标志，越来越多的中国民间组织走出国门自发在海外开展紧急人道主义援助和发展合作项目，中国民间力量正在逐渐壮大，海外经验逐渐丰富，更多地参与发展合作已成未来发展趋势。

此外，中国企业除了承担援助建设项目以外，也积极在当地开展企业社会责任相关的公益项目。在中国开展人道主义援助时，企业是中国派出的物资和救援人员在当地的重要依托力量。

表 8-2　中国国际发展合作的主要参与部门及职能

机构/部门	援助方式	主要职能
国家国际发展合作署	归口管理对外援助	拟订对外援助方针政策，推进对外援助方式改革，归口管理对外援助资金规模和使用方向，编制对外援助项目年度预决算，确定对外援助项目，监督评估对外援助项目实施情况，组织开展对外援助国际交流合作
商务部	对外援助主要执行部门	根据对外工作需要提出对外援助相关建议，承担对外援助具体执行工作，与受援方协商和办理对外援助项目实施具体事宜，负责项目组织管理，选定对外援助项目实施主体或者派出对外援助人员，管理本部门的对外援助资金；负责国际多边机制下的南南合作与三方合作
*商务部国际经济合作事务局	成套项目、技术合作项目	负责成套项目、技术合作项目立项后的组织实施
*中国国际经济技术交流中心	物资援助、全球发展和南南合作基金项目	一般物资项目立项后招标的监督管理、决标和项目的实施管理工作；全球发展和南南合作基金项目（国际组织申报）申报材料的接收和审核、项目的执行和监督管理；商务部国际商务官员研修学院承办的对外援助培训项目立项后项目实施的指导、管理、协调、监督、评估工作
*商务部国际商务官员研修学院（培训中心）	人力资源开发合作（培训）	负责人力资源开发合作项目（援外培训）协调管理，承办部分项目

机构/部门	援助方式	主要职能
外交部		根据外交工作需要提出对外援助相关建议；驻外使领馆（团）统筹管理在驻在国（国际组织）的对外援助工作，协助办理对外援助有关事务，与受援方沟通援助需求并进行政策审核，负责对外援助项目实施的境外监督管理；牵头全球发展倡议的推进落实；统筹中国落实2030年可持续发展目标的进度；管理中国—联合国和平与发展基金、澜湄合作专项基金及对部分联合国等多边机构的捐款
财政部		对外援助预算统筹；承担有关国际金融组织投融资、发展援助、技术援助及资金管理等工作；参与专项援外资金的管理办法制定
国家发改委		统筹推进"一带一路"共建
中联部		指导民间社会落实全球发展倡议项目
中国进出口银行	优惠贷款	优惠贷款项目的评估及贷款的分配和回收
国家卫健委	援外医疗队、紧急人道主义援助	卫生领域援助，派遣援外医疗队、国际应急医疗队
应急管理部	紧急人道主义援助	派遣国际救援队
生态环境部		气候变化领域相关援助，管理气候变化南南合作基金
农业农村部		农业领域援助项目，如农业技术示范中心、派遣农业专家
教育部	人力资源开发合作（奖学金）	管理发展中国家学生的奖学金
*国家汉办	海外志愿者（汉语教师）	隶属于教育部，负责海外汉语教师志愿者派遣，国家汉办志愿者中心负责日常运作。根据不同国家提交的志愿者需求，国家汉办组织志愿者的招募、遴选、培训和派遣，或委托相关省份（直辖市/自治区）的教育厅或大学和学院等具体执行
中国民间组织国际交流促进会	全球发展和南南合作基金项目	中国社会组织申报与实施全球发展和南南合作基金的项目管理机构；与发展中国家当地伙伴合作开展打水井、免费眼科手术（"光明行"）、教学设备捐赠等公益慈善活动；牵头推动成立"丝绸之路沿线民间组织合作网络"

续表

机构/部门	援助方式	主要职能
中国青年志愿者协会	海外志愿者（青年志愿者）	负责海外青年志愿者计划的实施
中国红十字会	紧急人道主义援助	参与国际人道主义救援工作，提供紧急人道主义现汇援助，执行发展援助项目
北京大学南南合作与发展学院	人力资源开发合作（学历学位教育和非学位培训）	由国家国际发展合作署与商务部共同指导和管理，由北京大学国家发展研究院承办，加强与其他国家在发展方面的经验共享和能力建设的合作，培养发展中国家高端人才
其他部门		科技部、水利部、自然资源部、国家文物局、全国妇联、中国气象局、中国地质调查局、国务院扶贫办等。部分部门自有援外预算，部分部门参与国家国际发展合作署和商务部管理和执行的援助项目

注：笔者根据公开资料整理，* 表示该机构为部委直属机构。

第二节　新时代的中国—东南亚发展合作展望

　　东南亚是中国最重要的周边地区之一，在中国对外关系中具有重要地位。中国始终奉行亲诚惠容理念和与邻为善、以邻为伴的周边外交方针，视东盟为周边外交的优先方向，坚定支持东盟在国际和地区事务中发挥更大作用，坚定支持东盟团结和东盟共同体建设，坚定支持东盟在区域架构中的中心地位。东南亚对中国意义重大，不仅关系到中国经济、社会、文化等领域的发展，更关系到周边安全与稳定，关乎战略核心利益。自1950年中国开始提供对外援助以来，东南亚便一直是重点地区。进入新时代，中国与东盟关系由成长期进入成熟期，由快速发展阶段转向提质升级阶段。随着2021年迎来中国—东盟建立对话关系30周年，双方关系提升为全面战略伙伴，聚焦并优先发展成为双方共识，东南亚成为推动落实全球发展倡议的优先地区，中国与东南亚发展合作迈上新的台阶。

一、中国—东南亚发展合作优势

中国—东南亚发展合作经过 70 余年的发展与创新，已成为当今全球发展治理与地区合作的典范。在新中国成立伊始，秉持国际主义精神对东南亚提供援助有力实现了外交突破；改革开放后不断调整援助举措，推动了中国与东盟国家的经贸发展；自 2013 年以来，中国对东南亚的援助向国际发展合作转型，成为推动高质量共建"一带一路"、落实全球发展倡议优先在东南亚落地的重要手段。中国—东南亚发展合作有力带动了东亚整体合作，在地区共同发展与合作中发挥了积极引领作用。中国—东南亚发展合作优势可总结为以下五点。

第一，中国外交的独立自主性赋予发展合作战略优势，使中国—东南亚发展合作始终保有政策连贯性和稳定性。中国不断丰富对东南亚的外交内涵，提出亲诚惠容的周边外交理念、构建中国—东盟命运共同体、建立全面战略伙伴关系、升级中国—东盟自贸区、创设澜湄合作机制等，构成当前中国—东盟合作的合作框架。中国外交的独立自主性，长远看更有助于在东南亚地区建立有利的政治环境和稳定的发展合作关系。作为大国外交的重要战略工具，中国国际发展合作以正确义利观为指导，奉行平等、互利、共赢的南南合作理念，以受援国需求为导向，坚持不干涉内政、不附加任何政治条件，在发展合作政策与实践上保有长期性和稳定性。在与东南亚发展合作进程中，中国不断弱化意识形态色彩、摒弃意识形态分歧，从中华人民共和国成立之初仅向社会主义和民族主义国家提供援助，到 20 世纪七八十年代突破意识形态局限，强调援助的南南合作属性，到冷战后进一步以经济合作为主强化对东南亚各发展中国家的援助，再到新时代的发展合作转型创新，始终尊重受援国的自主发展以及双方的平等合作关系。西方国家的援助经常发挥"胡萝卜+大棒"的作用，以增加援助为政治诱饵、以停止援助为制裁手段，如对缅甸援助时而热情时而中断。中国则基于受援国的国家和人民的切实发展需求开展发展合作，这种立足发展本身的长期稳定的发展合作，有助于积累双方的互信基础和可持续合作优势。

第二，秉持发展优先，深入对接发展战略。高质量共建"一带一路"是中国国际发展合作的重要平台，目前，东盟十国均与中国签署了政府间共建"一带一路"合作文件。"一带一路"与越南"两廊一圈"、泰国"东部走廊计划"、柬埔寨"四角战略"、菲律宾"多建好建"和《东盟共同体愿景2025》等东盟国家和地区整体发展战略规划实现了对接，为地区经济增长提供了动力。根据北京大学"一带一路"沿线国家"五通"指数研究成果①，中国与东盟国家总体表现较好，这与发展合作的推动作用是分不开的。近年来，中国—东盟进一步强化发展合作共识，秉持以人民为中心的发展理念，落实2030年可持续发展议程。2022年11月11日在第25次中国—东盟领导人会议上发表了《关于加强中国—东盟共同的可持续发展联合声明》，"强调国际发展合作应坚持因地制宜，以发展中国家实际需求为导向，注重通过合作、最佳实践分享和技术援助等开展能力建设，包括通过东盟主导机制开展合作"。"探讨通过全球发展倡议开展发展合作，助力实现《东盟共同体愿景2025》，支持东盟共同体建设进程，进一步加强现有东盟主导机制。"在此指导下，双方在发展理念与发展合作目标与未来方向上均取得了共识，中国—东南亚发展合作在双方全面战略合作中的地位进一步凸显。

第三，在国际援助增势艰难的今天，中国响应全球发展的呼吁，援助规模不断提升，在应对全球发展挑战、弥合治理赤字等全球治理方面积极发挥引领作用，为国际社会注入了"稳定剂"。党的二十大报告明确提出："中国愿加大对全球发展合作的资源投入，致力于缩小南北差距，坚定支持和帮助广大发展中国家加快发展。"与此同时，新时代的中国国际发展合作以"量力而行，尽力而为"为政策主张之一，"重信守诺，善始善终，不开'空头支票'"②，宣布的发展合作举措均不折不扣地完成，在东南亚各国享有很高信誉。即使在新冠肺炎疫情流行期间，中国依然高效推动发展合作项目不断取得新进展，中老铁路全线通车运营，印度尼西亚雅万高铁试验运行圆满成功，与一些西方国家"口惠而实不至"的援助现状形成了鲜明对比。

---

① 北京大学：《"一带一路"沿线国家五通指数报告》，经济日报出版社，2017年。
② 中华人民共和国国务院新闻办公室：《新时代的中国国际发展合作》白皮书，2021年1月。

第四，中国式现代化的发展成就和经验构成开展国际发展合作的不竭动力和独特优势。中国用短短 62 年的时间从积贫积弱的国家跃升为全球第二大经济体，2021 年实现了全面脱贫的人类发展奇迹，中国经验、中国速度对广大发展中国家已形成了强大吸引力，在经济发展、减贫、基础设施等方面的国际优势尤为显著，构成了中国国际发展合作的鲜明特色。同时，中国自身的发展得到了国际社会的宝贵支持和帮助，受援经历使中国与受援国具有同理心，尤其在利用国际援助实现本国自主发展方面具有传统援助国没有的独特优势。

第五，始终践行开放的地区主义、真正的多边主义。中国是开放地区主义和多边主义的坚定维护者和践行者，与东盟的发展合作秉持开放包容、互利共赢的原则，积极构建全球发展伙伴关系。中国积极参与东南亚的地区治理和合作机制建设，并主动将中国发展红利惠及周边国家，积极贡献公共产品。为推动构建更为紧密的中国—东盟命运共同体，中国注重双边层面的发展合作，并通过全球发展和南南合作基金、澜湄合作专项基金等发展合作渠道，与国际组织、民间机构等多元主体合作推进一大批项目落地东南亚，"鼓励世界银行、亚洲基础设施投资银行、亚洲开发银行等全球和区域金融机构为本地区提供更多发展资源"①，云南、广西等地方也积极开展互联互通、民生等领域的合作项目。这无疑与当前一些国家打造的以意识形态划线的排他性"小圈子"形成了对比，为地区开放合作发挥了积极引领作用。

二、中国—东南亚发展合作面临的内外部挑战

当前，中国—东南亚发展合作面临着内部与外部的双重挑战。

从国内层面看，首先在管理机制上，国际发展合作工作依然存在多头对外的分散局面，尚未形成囊括所有国际发展合作资金与事务、覆盖双边与多边的大统筹和大协调。目前，多部门管理援外预算和项目，国合署归口管理国际发展合作，有些部委牵头负责具有发展合作性质的其他资金或事务，如

---

① 2022 年 11 月 11 日在第 25 次中国—东盟领导人会议上发表《关于加强中国—东盟共同的可持续发展联合声明》。

外交部管理澜湄合作专项基金、生态环境部管理南南合作气候变化基金、商务部牵头援助领域的三方合作和联合国发展合作论坛以及财政部、央行等负责对多边发展机构的捐款等。以上在部际横向配合方面仍存欠缺，专业部委的优势尚未充分发挥，主观能动性尚未充分调动，与国内各领域的发展目标的衔接仍存不畅。各项目间相对独立则有碍对外援助综合效应的发挥，不利于国际发展合作工作的长远发展。同时，在东南亚地区前方的人力投入与援助规模不匹配，前置管理人员的不足直接影响了援外项目立项水平，也使中国与受援国的政策协调、需求探讨和项目监管无法做精做细做深，尤其缺乏在基层的长期经营，方式呈现"碎片化"，对东盟机制建设方面的长期援助也需要强化。

其次，地方、民间组织等多元主体的独特作用有待充分发挥。云南、广西与东南亚地区接壤，具有区位优势，对东南亚发展合作参与热情高，自主安排资金用于与周边国家开展中小型发展项目，但"中央部委对地方战略的认可度存在差异"①，尚未全面纳入国家对东南亚的总体发展合作统筹，与其他援助项目的对接与配合仍有待进一步加强。同时，中国在东南亚的发展合作依托民间力量有限。中国民间组织在东南亚自发开展的减贫公益类项目，除少数获得中国政府援助资金支持外，多为自筹资金，全球发展和南南合作基金对民间组织的支持尚处于初期阶段，潜力有待进一步挖掘。因此，官民配合、多方参与的中国—东南亚发展合作模式需要优化，以发挥多种资源、渠道的比较优势。

最后，中国发展合作普遍存在"埋头苦干""只做不说"的问题，对外宣传仍需强化。中方参与在受援国的国际援助日常交流与协调会议有限，不论在受援国还是其他援助国眼中充满神秘感，尤其是受援国民众对中国援助项目的知晓有限，也为外界对华猜疑和恶意指摘制造了机会。

从外部层面看，东南亚地区成为域外大国博弈焦点使中国—东南亚发展合作面临的外部挑战愈发严峻。

---

① 杨祥章，等：《中国—东盟互联互通研究》，社会科学文献出版社，2016年，第102页。

　　第一，面对中国近年来一系列发展合作新举措，成立国际发展合作署、高质量共建"一带一路"在东南亚全面推进、发起成立亚投行对亚洲地区基础设施投资缺口提供资金支持、相继发起全球发展倡议和全球安全倡议等，传统援助国对中国的援助疑虑加重，使中国—东南亚发展合作获得了前所未有的关注甚至针锋相对。尤其是拜登上台后，将对外援助视为对华全面竞争的重要一环，促使中美竞争向发展合作领域延伸。一方面，延续以往策略针对中国援助展开舆论战，散播"中国威胁论""债务陷阱论""资源掠夺论"等恶意抹黑中国形象，并直接在基础设施建设、新冠疫苗等领域与中国展开同质竞争和正面对抗，对中国援助从抹黑、指摘升级为打压、拆台、围攻。另一方面，以援助加强对东南亚各国的拉拢，并拉拢盟友及其他国家增加其对华博弈筹码，促使各方更趋强化在东南亚地区的介入，导致东南亚地区成为大国争夺焦点和政治斗争集中地。不论是美国成立国际发展金融公司、日本构建"高质量基础设施伙伴关系"、欧盟实施"全球门户"计划，还是美日澳联合发起"蓝点网络"计划、七国集团相继发起"重建更美好世界"基建计划和"全球基础设施建设和投资伙伴关系"，针对中国的战略意图明显，都宣称是所谓替代中国"一带一路"的更优方案。美国于2018年通过的BUILD法案提出"针对主权政府和美国战略竞争者提供政府主导投资的国家，美国将为这些国家提供强有力的替代方案，美国的方案在透明度、环境和社会保障上采用高标准，并重视伙伴国的债务可持续性"。① 致使中国与东南亚的合作空间遭受挤压，面临的国际形势比以往任何时候更加严峻复杂。

　　第二，中国在东南亚的形象和影响力之间存在不匹配问题，民意基础有待提升，发展合作难度增大。东盟各国对中国普遍存在矛盾的心态，认同中国在政治和经济上对地区的强大影响力，但面对他们的巨大邻国普遍持有戒心。② 一方面由于实力不对称，东南亚国家对中国仍充满"以朝贡体系为核心

---

① S. 2463-BUILD Act of 2018, 115th Congress (2017—2018). https://www.congress.gov/bill/115th-congress/senate-bill/2463/text.

② State of Southeast Asia: 2019 Survey, ASEAN Studies Centre at ISEAS-Yusof Ishak Institute, 7 January, 2019.

的古代王朝的久远意象"①，对中国的意图存在困惑和担忧。另一方面中国在东南亚的援助、投资存在信息不对称，妖魔化的舆论更加重了民众对中国的猜疑和错误认知，尤其是中国的援助以政府间合作为主，下沉不够，企业是主要实施主体，民间参与有限，导致百姓参与度和认知度不高。在中美竞争长期化的大势之下，中国与东盟发展合作难度增大。东盟国家的两难心态增强，希望各方加大对本国的投入，但在援助可能产生的自主与依附问题、大国博弈中的选边站等问题上存在摇摆和压力，致使在信任不足的情况下，与中国发展合作对接时疑虑和反复增加。此外，东盟国家多数奉行平衡外交，希望利用大国竞争坐收渔人之利，主动意识更强，对援助的要求更高。与此同时，东南亚地区风险加剧、不稳定因素增多，政局变动、党派之争、民族宗教矛盾等内部问题也会直接影响中国援助项目的实施，一些国家存在政府效率低下、治理能力不足、腐败问题盛行等问题，对中国援助项目的顺利开展也构成阻碍。

第三，中国在东南亚的援助一直处于"风口浪尖"，一举一动都被高度关注，尤其在用工、环境和社会影响方面，中国援助项目易被制造话题、甚至贴上政治标签。例如，2011 年的缅甸密松水电站事件及以后围绕莱比塘铜矿、中缅油气管道等中资项目的争议②，类似的情况在东南亚其他国家也屡见不鲜。虽然背后的原因复杂，但中国在东南亚的项目落地易受到当地极大关注，被不同利益集团裹挟，被过度政治化，援外实施稍有不慎就会被媒体曝光、放大。

三、中国—东南亚发展合作的未来思考

对外援助是国家的一项长期战略支出，而一个国家在全球治理体系中的权重与其对外援助支出成正相关性。美国援助行动调查追踪机构在 2018 年发

---

① Zha Daojiong. In Pursuit of Connectivity：China Invests in Southeast Asian Infrastructure. ISEAS Perspective. ISEAS-Yusof Ishak Institute. 2018 No. 62.

② 卢光盛、李晨阳、金珍：中国对缅甸的投资与援助：基于调查问卷结果的分析，《南亚研究》，2014 年第 1 期。

布的研究报告称，中国对外援助的全球影响力排名从 2014 年的第 29 位（共33 个）升至第 21 位（共 35 个），超过了日本（第 25 位）和印度（第 24位）。报告认为，中国的全球影响力得益于"一带一路"倡议以及中国主导的亚洲基础设施投资银行的推动。[1]

随着中国力量的崛起和国家利益向海外的延伸，中国"参与全球治理的程度将更为深入，中国外交的具体目标构成更为多元、多样与多重"。[2] 为此，世界关注中国，期待中国提供更多的公共产品，为全球治理做出更多贡献；同时，中国也需要以发展合作展现负责任大国形象，引领国际秩序和全球治理体系的调整与重塑。俞子荣在其著作中提出："对外援助除了支持和促进受援方经济社会发展的直接作用外，从国际政治和国际关系的层面来看，更是大国在确立、巩固和发展其国际体系地位的历史进程中普遍采用的主要战略手段，实质在于综合运用本国的政治、经济和军事等硬实力，以及意识形态、文化宗教、体制机制等软实力来扩大全球影响力，建立和维护其国际权威。"[3] 对外援助和国际发展合作对中国的战略意义正在加强，已从过去服务经济发展拓展至维护国家发展与安全利益、推动构建人类命运共同体、引领全球治理体系重塑的更广泛战略层面。

在中国与东南亚关系中，中国尤为需要强化发展合作的战略作用。东南亚是中国推动"21 世纪海上丝绸之路"的重要地区，与中国地缘联结紧密，发展合作直接关系到中国与东南亚的共同利益。基础设施建设有助于促成中国与东南亚地区的互联互通，软援助有助于与东南亚共享中国发展经验，而以援助支持东南亚各领域的发展更有助于为中国自身发展打造和平、稳定的外部环境。因此，东南亚是中国国际发展合作整体战略中的优先地区，发展合作是实现中国与东南亚形成更紧密的命运共同体的关键内容，需要在今后进一步巩固和强化。

---

① 港媒：美报告称中国大力提供对外援助全球影响力超印日，参考消息网，2018 年 6 月 1 日。http://www.cankaoxiaoxi.com/china/20180601/2276320.shtml.
② 傅梦孜：国家力量变迁背景下的中国与世界，《学术前沿》，2018 年第 5 期。
③ 俞子荣：《中国特色对外援助模式及其创新发展的比较研究》，中国商务出版社，2019 年。

应当看到，尽管地缘因素正在极大冲击全球格局，但全球化依然强有力地推动着历史潮流滚滚向前。在此背景下，一些西方国家也在各自寻求与中国的合作，并非一味采取冷战思维对华强硬，而是期待以联合抵消中国对自身的所谓战略"威胁"，并以与华合作实现自身的经济发展。同样地，东南亚国家并不希望因与个别国家的"亲近"而错失与中国的合作，而是更加强调东南亚的战略自主性和中心地位。因此，对于东南亚发展合作呈现出的大国博弈加剧局面，中国应当抓住发展作为当前各方共识和最大公约数的历史机遇，发挥发展合作的独特作用，进一步凝聚发展共识、落实发展共识，在优化与东南亚的关系、拓展合作空间的同时，打造全球发展治理和南南合作的引领者角色，提振发展合作在全球治理中的重要性，以实际行动践行中国作为发展中大国、作为全球发展的推动者和贡献者的自我定位。

目前，发展合作在中国—东盟关系中的作用尚未被充分挖掘，今后一段时期，应将发展合作置于中国—东盟全面战略伙伴关系的突出位置，以正确义利观为指引，进一步发扬南南合作倡导的平等、互利、共赢等精神理念，保持发展合作的战略稳定性和一致性，以"低姿态"在东南亚精耕细作，促进各国对华增信释疑，向世界展示亚洲发展合作典范，为全球治理贡献发展合作方案。

同时，经营民意基础是当务之急。中国的文化、经济增长和发展经验等因素提高了在东南亚的软实力，其中，中国的经济发展和广大市场需求对东南亚国家的吸引力最为突出。有学者提出，以经济优先的东南亚国家倾向于选择"中国模式"，以中国为榜样，但一旦中国经济失去了动力，将会很快失去其在东南亚国家面前的魅力。[1] 例如，日本经济停滞的 20 年，也正是日本在东南亚逐渐失去经济吸引力的 20 年，在一定程度上给中国提供了前车之鉴。因此，如果要具备长远可持续的软实力，中国需要既在政治上加强对国

---

[1] Kai-Ping Huang and Bridget Welsh: Economic Context, Values, and Soft Power Competition in Southeast Asia: An Individual-level Analysis, Asian Barometer: A Comparative Survey of Democracy, Governance and Development, Working Paper Series, Jointly Published by Globalbarometer. 2 October, 2017. http://www.asianbarometer.org/publications//ad116f9d1ebf5800072798890066b6f1.pdf.

际社会的公共产品的付出，又要在经济上保持与各国的紧密合作、互利共赢，还要在价值观上增强吸引力，提高各国对中国文化、理念以及中国式现代化的发展思想和模式的认知和认同。因此，中国与东南亚的发展合作要兼顾政治、经济和价值观的三重考量，既要有战略高度，又要"接地气"，把"中国故事"真正讲到百姓心里，这将是未来以发展合作配合中国的东南亚政策目标、提升软实力的主攻方向。

为推动构建更紧密的中国—东盟命运共同体，应聚焦发展，充分发挥发展合作的独特优势与作用。在操作层面，提出以下具体思考。

第一，明确与东南亚发展合作的目标定位，包括塑造有利于中国和平发展的外部环境，巩固与东南亚各国的政治外交关系，建立互利共赢的"命运共同体"与信任稳固的"朋友圈"，推动高质量共建"一带一路"以及双边、次区域经济合作，提升在东南亚的软实力与影响力等。要将中国—东盟发展合作打造为全球发展倡议与《东盟共同体愿景2025》协同增效的切实成果，为中国与其他地区提供"合作样板"，引领南南合作可持续发展。

第二，制定对东南亚地区的中长期发展合作方案，将东南亚作为中国整体发展合作战略规划的最优先级，明确东南亚地区的总体布局、重点合作对象、重点任务、主要领域及具体举措，并为东南亚、东盟、"澜湄合作机制"等提供区域和次区域的多边发展合作计划，形成综合效应。在坚持以最不发达国家和传统友好国家为重点的同时，通过发展合作配合对东南亚各国的政治、外交和安全关系的综合考虑，争取东南亚地区更广泛、牢靠的伙伴网络。继续保持在基础设施领域的援助优势地位，并在民生减贫、粮食安全、公共卫生、海洋安全、灾害管理、促贸援助、数字经济、区域一体化、人力资源开发合作等领域加强投入。根据中国与东南亚国家双边关系和中国与东盟总体关系的需要，要灵活使用、统筹运用并适时调整发展合作渠道和手段，因国施策，有效对接受援国需求，创新设计实施软硬结合、多种方式打包的发展合作方案，既有助于放大单一援助方式的效果、提升整体援助水平，也有利于盘活已有援助项目，实现"以点带面"的可持续发展。

第三，完善与东南亚的发展合作机制保障。发挥国际发展合作署的规划、统筹、协调作用，整合各部委的专业资源和优势，纳入对东南亚总体发展合作考虑。充分发挥云南、广西等与东南亚毗邻的地方省份的地缘优势和人文优势，开展全政府参与的发展合作模式。从资金、人力上要加大对东南亚的投入，资金上发挥中国与东盟各类合作资金优势，如澜湄合作专项基金、中国—东盟海上合作基金、中国—东盟合作基金、中国—东盟基础设施专项贷款、中国—东盟东部增长区合作专项贷款、中国—东盟共同发展专项贷款等，与全球发展和南南合作基金、南南合作气候变化基金、中国—联合国和平与发展基金等形成发展合作资源协同与配合；人力上通过派遣志愿者、设立项目办公室、借力社会组织等方式，弥补政府驻外人员的不足，并增派驻东盟的发展合作官员，以此实现与东南亚发展合作的精细化管理。

第四，积极拓宽合作渠道，实现以我为主、内外联动、多双边并举的发展合作模式。双边层面，要与东南亚各国的各级政府协调合作，从以我主导和对方需求导向两个方面双向发力，尤其要加强同中央以外的地方、社区层面的政策对接；多边层面，要与东南亚地区性和次区域性组织与机制强化合作，尤其是对东盟的组织机制、能力建设等方面增加长期的援助投入，借助联合国机构等国际机制平台在东南亚地区开展发展合作，在全球发展治理体系中提升发展中国家的话语权；非官方层面，发挥社会组织、智库、企业、高校等非官方主体优势，对东南亚的发展合作要重心下沉，体现对民生的关切，提升项目的民众参与感、归属感和获得感，鼓励、支持社会组织在东南亚基层长期扎根、深度合作，并为中国企业在东南亚的投资、贸易、工程承包等经济合作给予支撑和配合。

第五，突出中国发展经验与优势，结合全球发展倡议的重点领域，抓住《区域全面经济伙伴关系协定》合作机制红利，强化援助与贸易投资的相互促进作用，引领区域疫后经济复苏与可持续发展。发挥援助资金的撬动作用，用好亚洲基础设施投资银行、新开发银行、亚洲开发银行等发展融资平台，与企业践行 ESG 对接，引导并激励社会资本与援助资源形成合力，并通过发展合作培育并开拓新兴产业在东南亚的海外市场，提升产业链供应链的竞争力。

第六，开展多层次的国际交流合作，以多边渠道提升在全球发展议题的参与和引领。发挥新加坡、泰国、印度尼西亚、马来西亚等域内新兴援助国的区位优势，开展针对东南亚地区的发展合作经验分享与三方合作。与西方援助国以及印度、巴西等域外新兴援助国开展政策沟通、知识分享和交流对话，增强政治互信和经验互鉴，挖掘在东南亚地区开展三方合作的潜力。以更加开放的姿态积极参与东盟区域层面及东南亚国别层面的国际发展合作协调机制，研究加入已有的多边发展机制，并在基础设施、减贫等中国优势领域牵头建立起新的多边发展伙伴机制，通过强化多边参与力度，提升中国在发展议题的话语权，壮大南南合作影响力，通过多边渠道有效推动全球发展治理秩序的重构。

第七，加大国际传播力度，打造特色鲜明的中国国际发展合作品牌。东南亚各国媒体舆论影响力较大，中国的援助不宜只顾"埋头苦干"，要充分重视国际传播工作。中国积累了丰富的发展经验，亟须对相关理念、管理模式、技术能力、产品工具等进行"国际化包装"，将互联互通、减贫、区域经济一体化发展作为中国与东南亚发展合作的亮点和品牌，将中国式现代化的发展经验和发展模式在发展合作中转化为全球公共产品。增加国际发展合作工作的透明度，主动占据舆论主导，通过当地主流媒体、网络社交新媒体等多种渠道集中发声，使中国的贡献在东南亚民众层面获得广泛的知晓和参与，以对方听得懂、易接受的方式"讲好中国援外故事"，在东南亚地区营造有利的舆论环境。

参考文献

一、中文著作（含译著）

[1] 《当代中国》丛书编辑部. 当代中国的对外经济合作 [M]. 北京：中国社会科学出版社，1989.

[2] 关于国际共产主义运动总路线的建议 [M]. 北京：人民出版社，1963.

[3] 中共中央文献研究室. 毛泽东文集：第 8 卷 [M]. 北京：人民出版社，1999.

[4] 中共中央文献研究室. 毛泽东文集：第 7 卷 [M]. 北京：人民出版社，1999.

[5] 本书编写组. 商务人讲述的故事：我与改革开放 40 年征文选 [M]. 北京：中国商务出版社，2019.

[6] 中国共产党第十二次全国代表大会文件汇编 [M]. 北京：人民出版社，1982.

[7] 北京大学. "一带一路"沿线国家五通指数报告 [M]. 北京：经济日报出版社，2017.

[8] 毕世鸿. 冷战后日本与湄公河国家关系 [M]. 北京：社会科学文献出版社，2016.

[9] 曹云华. 远亲与近邻——中美日印在东南亚的软实力 [M]. 北京：人民出版社，2015.

［10］陈松川. 中国对外援助政策取向研究（1950—2010）［M］. 北京：清华大学出版社，2017.

［11］陈莹. 冷战后国际社会对东南亚的援助［M］. 北京：世界知识出版社，2017.

［12］丁韶彬. 大国对外援助——社会交换论的视角［M］. 北京：社会科学文献出版社，2010.

［13］郭明. 中越关系演变四十年［M］. 南宁：广西人民出版社，1992.

［14］黄大慧. 东亚地区发展研究报告（2013）［M］. 北京：中国人民大学出版社，2014.

［15］黄大慧. 东亚地区发展研究报告（2015）［M］. 北京：中国人民大学出版社，2015.

［16］黄梅波，朱丹丹. 发达国家的国际发展援助［M］. 北京：中国社会科学出版社，2018.

［17］黄梅波，徐秀丽，毛小菁. 南南合作与中国的对外援助案例研究［M］. 北京：中国社会科学出版社，2017.

［18］黄自进，潘光哲. 近代中日关系史新论［M］. 台北：稻乡出版社，2017.

［19］黄文欢. 黄文欢文选（1979—1987）［M］. 北京：人民出版社，1988.

［20］李荣林. 中国南南合作发展报告［M］. 北京：五洲传播出版社，2016.

［21］李小云. 发展援助的未来：西方模式的困境和中国的新角色［M］. 北京：中信出版社，2019.

［22］李小云，唐丽霞，武晋. 国际发展援助概论［M］. 北京：中国社会科学出版社，2009.

［23］李小云，王伊欢，唐丽霞. 国际发展援助：中国的对外援助［M］. 北京：世界知识出版社，2015.

［24］李小云，王伊欢，唐丽霞. 国际发展援助：发达国家的对外援助［M］. 北京：世界知识出版社，2013.

［25］李小云，王妍蕾，唐丽霞. 国际发展援助：援助有效性和全球发展框架

［M］．北京：世界知识出版社，2015.

［26］李小云，齐顾波，徐秀丽．普通发展学［M］．2 版．北京：社会科学文献出版社，2012.

［27］励维志．毛泽东对中国社会主义建设道路的探索［M］．天津：天津社会科学院出版社，1993.

［28］林晓光．日本政府开发援助与中日关系［M］．北京：世界知识出版社，2003.

［29］林毅夫，王燕．超越发展援助：在一个多极世界中重构发展合作新理念［M］．宋琛，译．北京：北京大学出版社，2016.

［30］娄亚萍．战后美国对外经济援助研究［M］．上海：上海人民出版社，2013.

［31］吕耀东．中国和平发展与日本外交战略［M］．北京：社会科学文献出版社，2010.

［32］孟晓旭．认知、政策与互动战后中日安全关系研究［M］．北京：世界知识出版社，2017.

［33］齐鹏飞，李葆珍．新中国外交简史［M］．北京：人民出版社，2014.

［34］乔林生．日本对外政策与东盟［M］．北京：人民出版社，2006.

［35］对日合约问题史料［M］．北京：人民出版社，1951.

［36］任晓，刘慧华．中国对外援助：理论与实践［M］．上海：格致出版社，上海人民出版社，2017.

［37］商务部国际贸易经济合作研究院．国际发展合作之路：40 年改革开放浪潮下的中国对外援助［M］．北京：中国商务出版社，2018.

［38］商务部国际贸易经济合作研究院．参与全球经济治理之路：40 年改革开放大潮下的中国融入多边贸易体系［M］．北京：中国商务出版社，2018.

［39］联合国开发计划署（UNDP），商务部国际贸易经济合作研究院（AITEC）．兼容并蓄与因地制宜？各国开展发展合作的方式及对中国的借鉴意义［M］．北京：中国商务出版社，2016.

[40] 宋新宁，陈岳. 国际政治经济学概论 ［M］. 北京：中国人民大学出版社，1999.

[41] 田增佩. 改革开放以来的中国外交 ［M］. 北京：世界知识出版社，1993.

[42] 王正毅. 边缘地带发展论：世界体系与东南亚的发展 ［M］. 2 版. 上海：上海人民出版社，2018.

[43] 王箫轲. 美国对外经济援助研究 ［M］. 北京：社会科学文献出版社，2015.

[44] 谢华. 冷战时期美国对第三世界国家经济外交研究（1947—1969）［M］. 北京：人民出版社，2013.

[45] 徐显芬. 未走完的历史和解之路：战后日本的战争赔偿与对外援助 ［M］. 北京：世界知识出版社，2018.

[46] 杨祥章，等. 中国—东盟互联互通研究 ［M］. 北京：社会科学文献出版社，2016.

[47] 俞子荣. 中国特色对外援助模式及其创新发展的比较研究 ［M］. 北京：中国商务出版社，2019.

[48] 张光. 日本对外援助政策研究 ［M］. 天津：天津人民出版社，1996.

[49] 张虹鸥，黄耿志，等. 新世纪海上丝绸之路：东南亚发展与区域合作 ［M］. 北京：商务印书馆，2018.

[50] 中国军事顾问团历史编写组. 中国军事顾问团援越抗法斗争史实 ［M］. 北京：解放军出版社，1989.

[51] 中国现代国际关系研究院. 国际战略与安全形势评估（2014—2015）［M］. 北京：时事出版社，2015.

[52] 周弘. 对外援助与国际关系 ［M］. 北京：社会科学文献出版社，2002.

[53] 周弘. 中国援外 60 年 ［M］. 北京：社会科学文献出版社，2013.

[54] 左常升. 国际发展援助理论与实践 ［M］. 北京：社会科学文献出版社，2015.

[55] 郭长刚，刘义. 土耳其发展报告（2014）［M］. 北京：社会科学文献出

版社，2014.

[56] 塞缪尔·亨廷顿. 文明的冲突与世界秩序的重建 [M]. 周琪，等译. 北京：新华出版社，2010.

[57] 黛博拉·布罗蒂加姆. 龙的礼物——中国在非洲真实的故事 [M]. 沈晓雷，高明秀，译. 北京：社会科学文献出版社，2012.

[58] 肯尼思·华尔兹. 国际政治理论 [M]. 信强，译. 上海：上海人民出版社，2008.

[59] 罗伯特·基欧汉. 霸权之后：世界政治经济中的合作与纷争 [M]. 苏长和，信强，何曜，译. 上海：上海人民出版社，2006.

[60] 约瑟夫·奈. 软力量——世界政坛成功之道 [M]. 吴晓辉，钱程，译. 北京：东方出版社，2005.

[61] 伊斯特利. 白人的负担 [M]. 崔新钰，译. 北京：中信出版社，2008.

[62] 添谷芳秀. 日本的"中等国家"外交：战后日本的选择和构想 [M]. 李成日，译. 北京：社会科学文献出版社，2015.

[63] 吉尔贝·李斯特. 发展史：从西方的起源到全球的信仰 [M]. 4 版. 陆象淦，译. 北京：社会科学文献出版社，2017.

[64] 卓南生. 日本的亚洲报道与亚洲外交 [M]. 北京：世界知识出版社，2008.

[65] 乔纳森·格伦尼. 良药还是砒霜？援助并非多多益善——非洲援助之惑 [M]. 周玉峰，译. 北京：民主与建设出版社，2015.

[66] 丹比萨·莫约. 援助的死亡 [M]. 王涛，杨惠，等译. 北京：世界知识出版社，2010.

二、中文论文、报告

[1] 白如纯. "一带一路"背景下日本对大湄公河次区域的经济外交 [J]. 东北亚学刊，2016（3）.

[2] 白如纯. 日本对缅甸经济援助：历史、现状与启示 [J]. 东北亚学刊，2017（5）.

［3］查尔斯·斯蒂思. 中非关系：美国视角下的简要评估 ［J］. 国际政治研究，2006（4）.

［4］陈显泗. 论中国在东南亚的软实力 ［J］. 东南亚研究，2006（6）.

［5］陈小宁. 国际基础设施建设新趋势及建议 ［J］. 国际经济合作，2018（9）.

［6］陈志. 日本对东南亚国家外交战略的历史演变与走向 ［J］. 日本研究，2009（2）.

［7］代帆. 中日在菲律宾的软实力比较研究 ［J］. 世界经济与政治论坛，2014（2）.

［8］刁莉，何帆. 中国对外发展援助战略反思 ［J］. 当代亚太，2008（6）.

［9］渡边利夫，南经. 日本对发展中国家的经济援助是一种贸易政策——日本对东南亚援助的事例研究 ［J］. 南洋问题资料，1974（1）.

［10］傅梦孜. 国家力量变迁背景下的中国与世界 ［J］. 学术前沿，2018（5）.

［11］贺光辉. 美日对外援助之比较 ［D］. 上海：复旦大学博士论文，2003.

［12］贺圣达. 中缅关系60年：发展过程和历史经验 ［J］. 东南亚纵横，2010（11）.

［13］胡继平. 稳定中日关系必须克服四大障碍 ［J］. 现代国际关系，2014（10）.

［14］胡建梅，黄梅波. 中国对外援助管理体系的现状与改革 ［J］. 国际经济合作，2012（10）.

［15］黄大慧，孙忆. 东亚地区合作主导权与中日制度竞争 ［J］. 教学与研究，2017（6）.

［16］黄大慧，赵罗希. 日美强化同盟关系对中国周边安全的影响 ［J］. 现代国际关系，2015（6）.

［17］黄梅波，唐露萍. 南南合作和中国对外援助 ［J］. 国际经济合作，2013（5）.

［18］姜跃春. 日本备战动向及中日关系"新常态"［J］. 东北亚论坛，2016（4）.

［19］蒋旭栋. 论日本在中东地区的政府开发援助战略［J］. 阿拉伯世界研究，2017（3）.

［20］康霖，罗亮. 中国—东盟海上合作基金的发展及前景［J］. 国际问题研究，2014（5）.

［21］李安山. 中国对外援助医疗队的历史、规模及其影响［J］. 外交评论，2009（1）.

［22］李开盛，周琦. 中国与东帝汶关系的历史、现状及前景［J］. 东南亚纵横，2004（2）.

［23］李伟. 新中国对外经济技术援助政策的演进及评价［J］. 当代中国史研究，2010（5）.

［24］李小瑞. 中国对外人道主义援助的特点和问题［J］. 现代国际关系，2012（2）.

［25］李小云，马洁文，王伊欢. 论"全球有效发展合作伙伴议程"的演化与前景［J］. 学习与探索，2017（6）.

［26］李岩. 三重视角下的全人类共同价值［J］. 现代国际关系，2022（7）.

［27］李一平，曾雨棱. 1958—1965 年中国对印尼的援助［J］. 南洋问题研究，2012（3）.

［28］联合国. 可持续发展目标报告 2022［R］.

［29］刘华英. 从 ODA 看日本与亚洲国家经济的互补性［J］. 现代日本经济，2002（4）.

［30］刘军，唐慧云. 试析中国对越南的经济与军事援助（1950—1978 年）［J］. 东南亚纵横，2010（5）.

［31］刘军红. "安倍政治"正将日本引向孤立主义［J］. 紫光阁，2014（2）.

［32］刘云. 日本新 ODA 大纲与安全保障［J］. 国际研究参考，2015（4）.

［33］卢光盛，李晨阳，金珍. 中国对缅甸的投资与援助：基于调查问卷结果的分析［J］. 南亚研究，2014（1）.

［34］吕耀东. 21 世纪以来日本基于国家利益的对外战略定位［J］. 日本学刊，2018（5）.

［35］吕耀东. 安倍政府对华政策的调整及其限度［J］. 现代国际关系，2018
（10）.

［36］吕耀东. 解析日本战略性外交的政治诉求［J］. 东北亚论坛，2018（2）.

［37］马成三. 日本的对外援助：发展、特点与课题［J］. 日本学刊，1991
（2）.

［38］毛小菁. 国际援助格局演变趋势与中国对外援助的定位［J］. 国际经济
合作，2010（9）.

［39］孟晓旭. 日本高质量基础设施合作伙伴关系的构建与前景［J］. 国际问
题研究，2017（3）.

［40］彭文平. 从"国际经济政治化"角度看日本对东盟的经济援助［J］. 东
北亚论坛，2004（1）.

［41］孙彦红. 欧盟通过"全球门户"计划加入全球基建潮［J］. 世界知识，
2022（3）.

［42］唐晓阳，姚颖. 中日在东南亚战略竞争效果评估——基于缅甸的案例研
究［J］. 国际政治科学，2017（3）.

［43］王赓武. 新"海上丝绸之路"：中国与东盟［J］. 南洋问题研究，2022
（2）.

［44］王竞超. 日本印太战略的兴起与制约因素［J］. 世界经济与政治论坛，
2018（4）.

［45］王珊. 安倍政权"积极和平主义"辨析［J］. 现代国际关系，2014
（6）.

［46］王箫轲."积极和平主义"背景下日本 ODA 政策的调整与影响［J］. 东
北亚论坛，2016（4）.

［47］王箫轲，张慧智. 大国竞争与中国对东南亚的经济外交［J］. 东南亚研
究，2015（1）.

［48］韦宗友. 拜登政府"印太战略"及其对亚太秩序的影响［J］. 当代美国
评论，2022（2）.

［49］吴崇伯，罗静远. 中日在泰国的第三方市场合作分析［J］. 创新，2022

(1).

[50] 吴怀中."安倍路线"下的日本与中日关系——兼论构建中日新型国家关系 [J]. 日本学刊, 2016 (3).

[51] 吴怀中. 日本谋求"战略自主"及其对华影响 [J]. 国际问题研究, 2018 (6).

[52] 吴怀中. 安倍政府印太战略及中国的应对 [J]. 现代国际关系, 2018 (1).

[53] 吴杰伟. 中国对东盟国家的援助研究 [J]. 东南亚研究, 2010 (1).

[54] 徐世刚. 日本"脱美返亚"战略浅析 [J]. 国际政治, 1997 (2).

[55] 杨伯江, 刘华. 日本强化介入南海：战略动机、政策路径与制约因素 [J]. 太平洋学报, 2016 (7).

[56] 杨伯江. 中国中日关系研究综述 [J]. 日本学刊, 2015 (增刊).

[57] 姚帅. 国际发展合作趋势与中国援外变化 [J]. 国际经济合作, 2018 (1).

[58] 姚帅. 透视日本对外援助新政策 [J]. 国际经济合作, 2015 (5).

[59] 姚帅. 变革与发展：2018 年国际发展合作回顾与展望 [J]. 国际经济合作, 2019 (1).

[60] 姚帅."全球欧洲"：欧盟发展融资大整合 [J]. 世界知识, 2022 (13).

[61] 姚文礼. 转型期的日本外交——评大平、铃木、中曾根内阁外交 [J]. 日本学刊, 1996 (4).

[62] 翟崑, 王丽娜."一带一路"背景下的中国—东盟民心相通现状实证研究 [J]. 云南师范大学学报, 2016 (11).

[63] 翟崑. 中国在东南亚的国家形象：走向成熟的战略伙伴 [J]. 世界知识, 2010 (21).

[64] 张博文. 日本对东南亚国家的援助：分析与评价 [J]. 国际经济合作, 2014 (4).

[65] 张光. 日本对东南亚的经济援助政策 [J]. 南洋问题研究, 1994 (3).

[66] 张洁. 美日印澳"四边对话"与亚太地区秩序的重构 [J]. 国际问题研

究, 2018 (5).

[67] 张威. 革命世界主义——以中国援助亚非拉革命运动感为视角的考察 [J]. 学术论坛, 2007 (11).

[68] 张旭东. 中菲关系迎来历史性转圜 [J]. 今日中国, 2016 (11).

[69] 张郁慧. 中国对外援助研究 [D]. 北京: 中共中央党校博士学位论文, 2006.

[70] 张蕴岭. 日本的亚太与东亚区域经济战略解析 [J]. 日本学刊, 2017 (3).

[71] 张蕴岭. 中国周边地区局势和中日关系 [J]. 日本学刊, 2014 (5).

[72] 赵天鹏. 从 "普遍竞争" 到 "第三方市场合作": 中日湄公河次区域合作新动向 [J]. 国际论坛, 2020 (1).

[73] 郑思尧. 日本对东南亚国家的 ODA 政策及其新动向 [J]. 东南亚研究, 2004 (4).

[74] 中国国际发展知识中心. 全球发展报告 [R]. 2022.

[75] 中华人民共和国国务院新闻办公室. 发展权: 中国的理念、实践与贡献 [R]. 2016.

[76] 中华人民共和国国务院新闻办公室. 中国的对外援助 [R]. 2011.

[77] 中华人民共和国国务院新闻办公室. 中国的对外援助 (2014) [R]. 2014.

[78] 中华人民共和国国务院新闻办公室. 新时代的中国国际发展合作 [R]. 2021.

[79] 周玉渊. 从东南亚到非洲: 日本对外援助的政治经济学 [J]. 当代亚太, 2010 (3).

[80] 朱蓉蓉. 中国共产党对外援助策略的历史演进 [J]. 毛泽东邓小平理论研究, 2011 (9).

[81] 姚帅, 杨冬婉. 多重危机背景下的全球发展合作: 形势与趋势 [J]. 国际经济合作, 2023 (2).

三、中文报刊、网站

[1] 商务部. 2017 年商务工作年终综述之十一：积极开展对外援助，助力构建人类命运共同体 ［EB/OL］.（2018-1-11）. http://www.mofcom.gov.cn/article/ae/ai/201801/20180102697121.shtml.

[2] 商务部. "砥砺奋进的五年"综述稿件：积极开展对外援助 推动构建人类命运共同体 ［EB/OL］.（2017-10-11）. http://www.mofcom.gov.cn/article/ae/ai/201710/20171002656068.shtml.

[3] 十载耕耘推进中缅经济走廊建设：缅甸皎漂经济特区建设迈出坚实一步 ［N］. 光明日报，2018-12-10（12）.

[4] 缅华网. 以平常心看待缅日友好关系 ［EB/OL］.（2018-10-5）. http://www.mhwmm.com/Ch/NewsView.asp?ID=34052.

[5] 新华社. 中国代表说实现发展是减少人道主义需求的根本出路 ［EB/OL］.（2016-12-9）. http://www.xinhuanet.com/world/2016-12/09/c_1120086678.htm.

[6] 中日加紧争夺东南亚基建项目 ［EB/OL］.（2015-11-23）（英）金融时报. http://www.ftchinese.com/story/001064954?ccode=LanguageSwitch&archive.

[7] 习近平. 共担时代责任 共促全球发展. 习近平在世界经济论坛 2017 年年会开幕式上的主旨演讲 ［EB/OL］.（2017-1-17）. 人民网. http://cpc.people.com.cn/n1/2017/0118/c64094-29032027.html.

[8] 习近平. 坚定不移沿着中国特色社会主义道路前进 为全面建成小康社会而奋斗——在中国共产党第十八次全国代表大会上的报告 ［EB/OL］. 新华社，（2012-11-8）.

[9] 习近平. 决胜全面建成小康社会 夺取新时代中国特色社会主义伟大胜利——在中国共产党第十九次全国代表大会上的报告 ［EB/OL］. 新华社，（2017-10-18）.

[10] 外交部. 中国—东盟战略伙伴关系 2030 年愿景 ［EB/OL］.（2018-11-

14）. https：//www.fmprc.gov.cn/web/zyxw/t1613344.shtml.

［11］ 新华社. 中华人民共和国国民经济和社会发展第十三个五年规划纲要
　　　 ［EB/OL］.（2016-3-17）.

［12］ 1963 年毛泽东主席接见非洲朋友时的讲话 ［N］. 人民日报,（1963-8-9）.

［13］ IOC 南中国海区域海啸预警中心揭牌 ［EB/OL］. 新华网,（2018-5-8）.
　　　 http：//www.xinhuanet.com/politics/2018-05/08/c_129867355.htm.

［14］ 财政部部长就中国与亚洲开发银行合作 25 周年答问 ［EB/OL］. 中央政
　　　 府门户网站,（2011-3-22）. http：//www.gov.cn/gzdt/2011-03/22/content
　　　 _1829483.htm.

［15］ 港媒. 美报告称中国大力提供对外援助　全球影响力超印日 ［EB/OL］.
　　　 参考消息网,（2018-6-1）. http：//www.cankaoxiaoxi.com/china/20180601/
　　　 2276320.shtml.

［16］ 对外援助管理办法（征求意见稿）［EB/OL］. 国家国际发展合作署网
　　　 站,（2018 - 11 - 13）. http：//www. cidca. gov. cn/2018 - 11/13/c _
　　　 129992970.htm.

［17］ 解振华. 进一步加强应对气候变化国际合作 ［EB/OL］. 人民政协网,
　　　（2018 - 12 - 13）. http：//www. rmzxb. com. cn/c/2018 - 12 - 13/2240353.
　　　 shtml?n2m=1.

［18］ 林毅夫, 王燕. 超越援助, 中国式发展合作的新思路 ［EB/OL］. 孙予
　　　 聪, 译. 观察者网,（2017-5-8）. https：//www.guancha.cn/LinYiFu/2017
　　　 _06_11_412691.shtml.

［19］ 梅新育. 中日高铁竞赛, 东南亚对华疑忌心态于我不利 ［EB/OL］. 国
　　　 际先驱导报网络版,（2016 - 4 - 28）. http：//ihl. cankaoxiaoxi. com/
　　　 2016/0428/1143692.shtml.

［20］ 美宣布 1.13 亿美元亚洲投资计划 ［EB/OL］. 经济参考报,（2018-8-
　　　 1）. http：//jjckb.xinhuanet.com/2018-08/01/c_137360741.htm.

［21］ 日本拟继续扩大对越提供 ODA ［EB/OL］. 中国驻越南经济商务处网站,
　　　（2013 - 2 - 1）. http：//vn. mofcom. gov. cn/article/jmxw/201302/201302

00019461.shtml.

［22］商务数据中心网站. http://data.mofcom.gov.cn.

［23］习近平. 携手推进"一带一路"建设——在"一带一路"国际合作高峰论坛开幕式上的演讲［EB/OL］. 新华网, (2017-5-14). http://www.xinhuanet.com/politics/2017-05/14/c_1120969677.htm.

［24］习近平出席中央外事工作会议并发表重要讲话［EB/OL］. 新华网, (2014-11-29). http://www.xinhuanet.com/politics/2014-11/29/c_1113457723.htm.

［25］亚洲民主动态调查（Asian Barometer Survey）［EB/OL］. http://www.asianbarometer.org.

［26］中共中央. 深化党和国家机构改革方案［EB/OL］. 新华社, (2018-3-21).

［27］中国国家国际发展合作署网站［EB/OL］. http://www.cidca.gov.cn.

［28］中国积极参与大湄公河次区域禁毒国际合作［N］. 人民日报, 2016-4-19. 转自中国政府网. http://www.gov.cn/xinwen/2016-04/19/content_5065563.htm.

［29］中国与东盟结束自贸区升级谈判并签署升级《议定书》［EB/OL］. 商务部新闻办公室, (2015-11-23).

［30］中国杂交水稻助东南亚解决"吃饭问题"［N］. 人民日报, 2019-1-6 (3).

［31］中国—东盟举行史上最大规模海上联合搜救实船演练［EB/OL］. 人民网, (2017-10-31). http://society.people.com.cn/n1/2017/1031/c1008-29619080.html.

［32］中国外交部. 中国—东盟合作事实与数据：1991—2021［EB/OL］. (2021-12-31). http://switzerlandemb.fmprc.gov.cn/wjbxw_673019/202201/t20220105_10479078.shtml.

［33］中国驻菲律宾大使馆网站, https://www.fmprc.gov.cn/ce/ceph/chn/.

［34］中国驻柬埔寨大使馆经济商务处网站, http://cb.mofcom.gov.cn.

［35］ 中国驻老挝大使馆经济商务处网站，http：//la. mofcom. gov. cn.

［36］ 中国驻印尼大使馆经济商务处网站，http：//id. mofcom. gov. cn.

［37］ 中国驻越南大使馆经济商务处网站，http：//vn. mofcom. gov. cn.

［38］ 周恩来在 1964 年 12 月 21 日第三届全国人民代表大会第一次会议上作政府工作报告［EB/OL］. 全国人大网，（1964-12-21）. http：//www. npc. gov. cn/wxzl/gongbao/2000-12/24/content_5328407. htm.

［39］ 周梁. 由《对外援助管理办法》思考援外减贫项目合作模式的创新［EB/OL］. 国际发展与援助网站，（2021-9）. https：//caidev. org. cn/news/1142.

［40］ 最新中国国家形象全球调查报告发布［EB/OL］. 中国新闻网，（2018-1-5）. http：//www. chinanews. com/sh/2018/01-05/8417423. shtml.

四、英文著作

［1］ Barbara Stallings, Eun Mee Kim. Promoting Development：The Political Economy of East Asian Foreign Aid［M］. Singapore：Palgrave Macmillan. 2017.

［2］ Bruce M. Koppel, Robert M Orr, Jr. Japan's Foreign Aid：Power and Policy in a New Era［M］. Boulder：Westview Press. 1993.

［3］ Catharin Dalpino, David Steinberg. Georgetown Southeast Asia Survey, 2003-2004［M］. Washington：Georgetown University. 2003.

［4］ Chaturvedi S, A Chenoy, D Chopra, A Joshi, A and K-L Lagdhyan. Indian Development Cooperation：State of the Debate［M］. Sussex：IDS, Sussex University. 2014.

［5］ David A. Baldwin. Foreign Aid and American Foreign Policy：A Documentary Analysis［M］. New York-Washington-London：Frederick A. Praeger. 1966.

［6］ David Arase. Japan's Foreign Aid：Old Continuityes and New Directions［M］. London：Routledge. 2005.

［7］ David H, Lumsdaine. Moral Vision in International Politics：the Foreign Aid Regime, 1949—1989［M］. Princeton, N. J.：Princeton University Press.

1993.

［8］Guy Arnold. Aid and The Third World: North/South Divide ［M］. London: Robert Ryce Limited. 1985.

［9］John D. Montgomery. The Politics of Foreign Aid ［M］. New York: Praeger. 1962.

［10］John White. The Politics of Foreign Aid ［M］. London: Bodley Head. 1974.

［11］Klaus Knorr. The Power of Nations: the Political Economy of International Relations ［M］. New York: Basic Books. 1975.

［12］Partners in Asian Development Cooperation: The Role of theNGOs and the Private Sector ［M］. Korea Development Institute. December, 2017.

［13］Robert G. Sutter. China's Rise in Asia: Promises and Perils ［M］. New York: Rowman and Littlefield. 2005.

［14］Roger C. Riddell. Does Foreign Aid Really Work? ［M］. New York: Oxford University Press. 2007.

五、英文论文、报告

［1］Japan's Official Development Assistance Charter ［R］. Government of Japan Ministry of Foreign Affairs Economic Cooperation Bureau, 29 August, 2003.

［2］JICA's Human Security Approach: Features and Case Studies ［R］. June, 2010. Tokyo: JICA.

［3］Trump's International Ratings Remain Low, Especially Among Key Allies ［R］. Pew Research Center, July, 2017.

［4］A Free and Open Indo-Pacific: Advancing a Shared Vision ［R/OL］. 4 November, 2019. https://www.state.gov/wp-content/uploads/2019/11/Free-and-Open-Indo-Pacific-4Nov2019.pdf.

［5］Accounting for ODA loans: the effect of the new rules briefing ［R］. Development Initiatives, February, 2018.

［6］ALNAP. The State of the Humanitarian System ［R］. ALNAP/ODI. 2022.

［7］ ASEAN Secretariat's Information Paper, Overview of ASEAN-United States Dialogue Relations ［R］. 26 June, 2018.

［8］ ASEAN Investment Report 2022 - Pandemic Recovery and Investment Facilitation ［R］. ASEAN Secretariat, August, 2022.

［9］ ASEAN, Overview of ASEAN-Japan Dialogue Relations ［R］. 16 August, 2018.

［10］ ASEAN Study, Ipsos HK Prepared for Ministry of Foreign Affairs of Japan ［R］. 31 March, 2014.

［11］ Asian Development Bank. People's Republic of China Poverty Reduction and Regional Cooperation Fund - Assessment Report ［R/OL］. August, 2011. https:// www. adb. org/sites/default/files/institutional - document/34011/files/prc-fund-assessment-report-2011.pdf.

［12］ Asian Developmnent Bank. Meeting Asia's Infrastructure Needs ［R］. February, 2017.

［13］ Assef, Nicholas Andrew. China's Belt & Road Sri Lankan Projects-White Elephants or Strategic Dormant Assets? ［R］. 21 May, 2018.

［14］ Australian Aid Budget Summary 2017—2018 ［R］. Department of Foreign Affairs and Trade.

［15］ Australian aid: promoting prosperity, reducing poverty, enhancing stability ［R］. Department of Foreign Affairs and Trade, June, 2014.

［16］ Axel Dreher, Andreas Fuchs, Bradley Parks, Austin M. Strange, Michael J. Tierney. Aid, China, and Growth: Evidence from a New Global Development Finance Dataset ［R］. 10 October, 2017. http://docs.aiddata.org/ad4/pdfs/WPS46_ Aid_ China_ and_ Growth.pdf.

［17］ Barbara Stallings, Eun Mee Kim. Japan, Korea, and China: Styles of ODA in East Asia. Prepared for presentation at workshop for JICA-RI Project, Japan and the Developing World: 60 Years of Japan's Foreign Aid and the Post 2015 Agenda ［R］. Sapporo, Japan, 22-23 July, 2014.

［18］ BMZ. 2030 reform strategy ［R］. June, 2020.

［19］ BMZ. Adaptation to climate change: Successful management of the risks and impacts of climate change ［R］. January, 2021.

［20］ BMZ. Climate change-Time to act: Climate policy in the context of the 2030 Agenda ［R］. October, 2016.

［21］ BMZ. Adaptation to Climate Change: Promising Ways to Tackle Climate Risks ［R］. October, 2017.

［22］ Bracho, G. Search of a narrative for southern providers ［R］. DIE, 2015.

［23］ Bruce Vaughn, Wayne M, Morrison. China - Southeast Asia Relations: Trends, Issues, and Implications for the United States ［R］. 4 April, 2006.

［24］ BUILD Act of 2018, 115th Congress (2017—2018) ［R/OL］. https://www.congress.gov/bill/115th-congress/senate-bill/2463/text.

［25］ Cabinet Decisions. Japan's Official Development Assistance Charter. Government of Japan Ministry of Foreign Affairs ［R］. 30 June, 1992.

［26］ CaLP. The State of the World's Cash Report, 2018 ［R/OL］. http://www.cashlearning.org.

［27］ Catherin E, Dalpino. Consequences of a Growing China, Statement before the Senate Committee on Foreign Relations Subcommittee on East Asian and Pacific Affairs ［R］. 7 June, 2005.

［28］ Chairman's Statement of the ASEAN-India Informal Breakfast Summit ［R/OL］. Singapore, 15 November, 2018. https://asean.org/storage/2018/11/ASEAN-India-Informal-Breakfast-Summit-Chairmans-Statement.pdf.

［29］ Chin G, Quadir F. Introduction: Rising states, rising donors and the global aid regime ［R］. Cambridge Review of International Affairs, 2012.

［30］ Commonwealth of Australia, DFAT, Australian Aid Budget Summary 2018—2019 ［R/OL］. Department of Foreign Affairs and Trade (DFAT), May, 2018. https://dfat.gov.au/about-us/corporate/portfolio-budget-statements/Documents/2018-19-australian-aid-budget-summary.pdf.

［31］ Commonwealth of Australia, DFAT, Creating shared value through partnership ［R/OL］. Ministerial statement on engaging the private sector in aid and development, August, 2015. https://dfat. gov. au/about－us/publications/aid/Documents/creating－shared－value－through－partnership.pdf.

［32］ Congressional Budget Justification FY 2019 ［R］. Department of State, Foreign Operations, and Related Programs. 12 February, 2018.

［33］ Congressional Budget Justification FY 2020 ［R］. Department of State, Foreign Operations, and Related Programs, 11 March, 2019.

［34］ Corrˆea M. Quantification of south－south cooperation and its implications to the foreign policy of developing countries ［R］. South Centre, 2017.

［35］ CRS. Comparing Global Influence: China's and U. S. Diplomacy, Foreign Aid, Trade, and Investment in the Developing World ［R］. 15 August, 2008.

［36］ DAC. DAC High Level Meeting Final communiqué ［R］. OECD Conference Centre, Paris, 16 December, 2014.

［37］ DAC. DAC Statistical Reporting Directives ［R］. Paris, 12 November, 2010.

［38］ Dan Banik. Coordinating Chinese Aid in a Globalized World, Carnegie Endowment for International Peace ［J］. 6 January, 2019.

［39］ David A, Baldwin. Analytical Notes on Foreign Aid and Politics ［J］. Background, Vol. 10, No. 1, May, 1966.

［40］ David A, Baldwin. Foreign Aid, Intervention, and Influence ［J］. World Politics, Vol. 21, No. 3 1969, pp. 434－445.

［41］ Delhi Declaration of The ASEAN－India Commemorative Summit to Mark The 25th Anniversary of ASEAN－India Dialogue Relations ［R/OL］. 25 January, 2018, https://asean. org/wp－content/uploads/2018/01/Delhi－Declaration_Adopted－25－Jan－2018.pdf.

［42］ Denis M, Tull. China's Engagement in Africa: Scope, Significance and Consequences ［J］. Journal of Modern African Studies, Vol. 44, No. 3, 2006, pp. 459-479.

[43] Development Initiatives. ODA 2020—2021: key trends before and during e-merging crises [R/OL]. July, 2022. https://devinit.org/documents/1192/ODA_2020-2021_Key_trends_E9aaAMH.pdf.

[44] Development Initiatives. Global Humanitarian Assistance Report, 2017 [R/OL]. http://devinit.org/wp-content/uploads/2017/06/GHA-Report-2017-Full-report.pdf.

[45] DFAT. Humanitarian Strategy, 2016 [R/OL]. http://dfat.gov.au/about-us/publications/Documents/dfat-humanitarian-strategy.pdf.

[46] Dreher, Axel, Andreas Fuchs, Roland Hodler, Bradley C. Parks, Paul A, Raschky , Michael J Tierney. Aid on Demand: African Leaders and the Geography of China's Foreign Assistance, AidData Working Paper 3 Revised [R]. Williamsburg, VA: AidData at William & Mary, 2016.

[47] ECOSOC. Assessing the suitability of different development cooperation modalities for greater effectiveness and impact post-2015, 2016 Development Cooperation Forum Policy Briefs [R/OL]. March, 2015, No. 6. http://www.un.org/en/ecosoc/newfunct/pdf15/dcfrok_brief_impact.pdf.

[48] George Friedman. The Leading Power In East Asia Will Be Japan-Not China [D]. 8 Febbruary, 2017.

[49] Global infrastructure Hub [R]. Oxford Economics: Global Infrastructure Outlook, July, 2017.

[50] Global Humanitarian Overview 2019 [R]. the United Nations Office for the Coordination of Humanitarian Affairs (OCHA), 19 November, 2018.

[51] GPPI. Drivers and Inhibitors of Change in the Humanitarian System, 2016 [R/OL]. http://www.gppi.net/publications/humanitarian-action/article/drivers-and-inhibitors-of-change-in-the-humanitarian-system.

[52] H. B. Chenery, A M Strout. Foreign Assistance and Economic Development [J]. American Economic Review, Vol. 56, Issue 4, Sep. 1966, pp. 679-

733.

[53] Hans Morgenthau. A Political Theory of Foreign Aid [J]. the American Political Science Review, Vol. 56, No. 2, June, 1962.

[54] Indo-Pacific Strategy of the United States [R]. February, 2022.

[55] Index for Risk Management (INFORM) 2023 [R]. 31 August, 2022.

[56] Jack R, Taggart. Global development governance in the "interregnum", Review of International Political Economy [R]. 2020.

[57] Japan Cabinet Decision. Development Cooperation Charter: For peace, prosperity and a better future for everyone [R]. 10 February, 2015.

[58] Japan Cabinet Decision. Japan's Official Development Assistance Charter [R]. 29 August, 2003.

[59] Japan International Cooperation Agency. JICA Annual Report 2018 [R/OL]. November, 2018. https://www.jica.go.jp/english/publications/reports/annual/2018/c8h0vm0000dxws0g-att/2018_all.pdf.

[60] Japan International Cooperation Agency. JICA Annual Report 2020 [R]. November, 2020.

[61] Japan's Official Development Assistance White Paper 2011 [R/OL]. Japan's International Cooperation, Ministry of Foreign Affairs. https://www.mofa.go.jp/policy/oda/white/2011/pdfs/00_oda_wp_2011.pdf.

[62] Japan-ASEAN Relations: Public Survey on Japan among ASEAN Citizens, Ipsos Marketing Prepared for Ministry of Foreign Affair of Japan [R]. 25 November, 2016.

[63] JICA, Medium - term Plan of Japan International Cooperation Agency (Business year 2017—2022) [R/OL]. https://www.jica.go.jp/english/about/organization/c8h0vm000000ks38-att/medium_term_plan.pdf.

[64] JICA's Cooperation for Disaster Risk Reduction: Disaster Resilient Society for All [R]. April, 2017.

[65] Joint Statement: Vision and Principles for the United States-India Compre-

hensive Global Strategic Partnership ［R/OL］. 25 February, 2020. https://www. whitehouse. gov/briefings－statements/joint－statement－vision－principles－united－states－india－comprehensive－global－strategic－partnership/.

［66］ José Antonio Alonso, Jonathan Glennie. What is development cooperation? ［J］. Development Cooperation Forum, ECOSOC, February, 2015, No. 1.

［67］ Kai－Ping Huang, Bridget Welsh. Economic Context, Values, and Soft Power Competition in Southeast Asia: An Individual－level Analysis, Asian Barometer: A Comparative Survey of Democracy, Governance and Development, Working Paper Series, Jointly Published by Globalbarometer. 2 October, 2017 ［R/OL］. http://www. asianbarometer. org/publications//ad116f9 d1ebf5800072798890066b6f1.pdf.

［68］ Kupchan C. Explaining peaceful transitions. In C. A. Kupchan, E. Adler, Jean－Marc Coicaud, & Y. F. Khong (Eds.), Power in transition: The peaceful change of international order (pp. 1－17) ［M］. New York: United Nations University Press. 2001.

［69］ Le Hong Hiep. The Strategic Significance of Vietnam－Japan Ties ［R/OL］. ISEAS Perspective 2017 No. 23. Yusof Ishak Institute. 11 April, 2017. https://www.iseas.edu.sg/images/pdf/ISEAS_Perspective_2017_23.pdf.

［70］ Leni Wild, Lisa Denney, Alina Rocha Menocal. Informing the Future of Japan's ODA: Positioning Japan's ODA as a leader in its field ［R］. The Overseas Development Institute, London, November, 2011.

［71］ Lowy Insititue. 2023 Asia Power Index Key Findings Report ［R］. Feburary 2023.

［72］ Marijke Breuning. Foreign Aid, Development Assistance, or Development Cooperation: What's in a Name? ［J］. International Politics, Vol. 39, September, 2002.

［73］ Martin Stuart－Fox. Southeast Asia and China: The Role of History and Culture in Shaping Future Relations ［J］. Contemporary Southeast Asia,

No. 1, 2004.

[74] Masahiro Kawai, Moe Thuzar, Bill Hayton. ASEAN's Regional Role and Relations with Japan [R]. The Challenges of Deeper Integration, Chatham House, February, 2016.

[75] Michael A, Glosny. Meeting the Development Challenge in the 21st Century: American and Chinese Perspectives on Foreign Aid, National Committee on United States-China Relations [J]. China Policy Series, No. 21, August, 2006, pp. 30-36.

[76] Ministry of External Affairs Annual Report 2017—2018 [R/OL]. New Delhi. http://www.mea.gov.in.

[77] Ministry of External Affairs of India. India - Australia - Japan - U. S. Consultations on Indo-Pacific [R]. 12 November, 2017.

[78] Ministry of Foreign Affairs of Japan. International Cooperation and NGOs: Partnership between the Ministry of Foreign Affairs Japan and Japanese NGOs [R/OL]. http://www.mofa.go.jp/files/000024755.pdf.

[79] Ministry of Foreign Affairs of Japan. Quality Infrastructure Investment [R/OL]. Casebook. http://www.mofa.go.jp/files/000095681.pdf.

[80] Ministry of Foreign Affairs of Japan. Chairman's Statement of the 21st Asean-Japan Summit [R/OL]. Singapore, 14 November, 2018. https://www.mofa.go.jp/files/000419668.pdf.

[81] Ministry of Foreign Affairs of Japan. Follow-up Measures of "the Partnership for Quality Infrastructure" [R]. November, 2015.

[82] Ministry of Foreign Affairs of Japan. Japan's Official Development Assistance White Paper 2013 [R]. February, 2014.

[83] Ministry of Foreign Affairs of Japan. Japan-ASEAN Commemorative Summit (Japan's ODA to ASEAN) [R]. 15 December, 2013.

[84] Ministry of Foreign Affairs of Japan. White Paper on Development Cooperation 2017 [R]. March, 2018.

［85］ Ministry of Foreign Affairs of Japan. White Paper on Development Cooperation 2018 ［R］. March, 2019.

［86］ Ministry of Foreign Affairs of Japan. White Paper on Development Cooperation 2020 ［R］. March, 2021.

［87］ Ministry of Foreign Affairs of Japan. New Tokyo Strategy 2015 for Mekong–Japan Cooperation ［R］. 4 July, 2015.

［88］ Ministry of Foreign Affairs of Japan. Tokyo Strategy 2018 for Mekong–Japan Cooperation ［R］. 9 October, 2018.

［89］ Naohiro Kitano. Estimating China's Foreign Aid II: 2014 Update ［R］. JICA Research Institute, Working Paper No. 131, June, 2016.

［90］ Naohiro Kitano. Estimating China's Foreign Aid: 2017—2018 Preliminary Figures ［R］. JICA Research Institute, September, 2019.

［91］ National Security Strategy of the United States of America ［R/OL］. White House. December, 2017. https://www.whitehouse.gov/wp–content/uploads/2017/12/NSS–Final–12–18–2017–0905–2.pdf.

［92］ New Way of Working, OCHA Policy Development and Studies Branch （PDSB）, 2017 ［R/OL］. https://www.agendaforhumanity.org/initiatives/3861.

［93］ Nicolai Fogth Gjøde Nielsen. How China Avoids War in the South China Sea ［J］. The National Interest. 15 January, 2019.

［94］ OECD. Blended Finance: Mobilising Resources for Sustainable Development and Climate Action in Developing Countries ［R］. October, 2017.

［95］ OECD. Detailed Note: COVID–19 spending helped to lift foreign aid to an all–time high in 2020 ［R］. 13 April, 2021.

［96］ OECD. Development Cooperation Profiles ［R/OL］. 1 July, 2022. https://www.oecd – ilibrary. org/sites/714276e8 – en/index. html? itemId =/content/component/e4b3142a – en& _ csp _ = 03acf40a953b38ea180c7666e44817d4&itemIGO =oecd&itemContentType =chapter.

［97］ OECD. Global Outlook on Financing for Sustainable Development 2019 ［R/

OL]. https://www.oecd.org/dac/financing-sustainable-development/development-finance-topics/Global-Outlook-on-Financing-for-SD-2019.pdf.

[98] OECD. Global Outlook on Financing for Sustainable Development 2023: No Sustainability Without Equity [R]. November, 2022.

[99] Opinion Poll on Japan in Six ASEAN Countries, TNS Consultants Prepared for Ministry of Foreign Affairs of Japan [R]. February-March, 2008.

[100] Opportunity, Security, Strength: The 2017 Foreign Policy White Paper [R]. Department of Foreign Affairs and Trade, 23 November, 2017.

[101] Overview ASEAN-India Dialogue Relations [R]. ASEAN, February, 2019.

[102] Partners in Asian Development Cooperation: The Role of the NGOs and the Private Sector [M]. Seoul: Korea Development Institute. December, 2017.

[103] Peter Boone. Politics and the Effectiveness of Foreign Aid [J]. European Economic Review, Vol. 40, No. 2, 1996, pp. 289-329.

[104] Pew Research Center. Trump's International Ratings Remain Low, Especially Among Key Allies [R]. October, 2018

[105] Pew Research Center. Globally, More Name U. S. Than China as World's Leading Economic Power [R]. July, 2017.

[106] Reilly J. China and Japan in Myanmar: aid, natural resources and influence [J]. Asian Studies Review, Vol. 37, No. 2, 2013, pp. 141-157.

[107] Robert McKinley, Richard Little. A Foreign Policy Model of US Bilateral Aid Allocations [J]. World Politics, Vol. 30, No. 1, 1977, pp. 58-86.

[108] Rocha Menocal A, L Denney, M Geddes. Informing the Future of Japan's ODA-Phase One: Locating Japan's ODA within a crowded and shifting marketplace [R]. ODI: London, 2011.

[109] Shared Vision of India-Indonesia Maritime Cooperation in the Indo-Pacific [R/OL]. Ministry of External Affairs of India. 30 May, 2018. https://www.mea.gov.in/bilateral-documents.htm?dtl/29933/Shared_Vision_of_IndiaIndonesia_Maritime_Cooperation_in_the_IndoPacific.

［110］ Sotharith C. Trade, FDI, and ODA between Cambodia and China/Japan/Korea. Economic Relations of China, Japan and Korea with the Mekong River Basin Countries ［R］. BRC Research Report, 2010.

［111］ Spring 2014 Global Attitudes Survey ［R/OL］. Pew Research Center, 14 July, 2014. http://www.pewglobal.org/2014/07/14/chapter-4-howasians-view-each-other.

［112］ State of Southeast Asia: 2019 Survey ［R］. ASEAN Studies Centre at ISEAS-Yusof Ishak Institute. 7 January, 2019.

［113］ State of Southeast Asia: 2021 Survey ［R］. ASEAN Studies Centre at ISEAS-Yusof Ishak Institute, 10 February, 2021.

［114］ Statement by Former U.S. Combatant Commanders ［R/OL］. 10 March, 2019. https://www.usglc.org/media/2019/03/Statement-by-Former-US-Combatant-Commanders.pdf.

［115］ Summary of the Results of an Opinion Poll on Japan in the Ten ASEAN Member States ［R］. Ipsos Prepared for Ministry of Foreign Affairs of Japan, 1 November, 2017.

［116］ Swiss Federal Department of Foreign Affairs. Switzerland's International Co-operation Strategy 2021—2024 ［R］. 19 February, 2020.

［117］ The Internal Displacement Monitoring Centre (IDMC). Global Report on Internal Displacement 2022 ［R］. April, 2022. ASEAN Outlook on the Indo-Pacific, June, 2019.

［118］ The UK Government's Strategy for International Development ［R/OL］. May, 2022. https://assets.publishing.service.gov.uk/government/uploads/system/uploads/attachment_data/file/1075328/uk-governments-strategy-international-development.pdf.

［119］ The White House. National Security Strategy ［R/OL］. October, 2022. https://www.whitehouse.gov/wp-content/uploads/2022/11/8-November-Combined-PDF-for-Upload.pdf.

［120］ The White House. RENEWING AMERICA'S ADVANTAGES: Interim National Security Strategic Guidance ［R］. March, 2021.

［121］ The U. S. Department of State and USAID: Joint Strategic Plan FY 2022— 2026 ［R］. March, 2022.

［122］ Thomas Lum, Hannah Fischer, Julissa Gomez－Granger, Anne Leland. China's Foreign Aid Activities in Africa, Latin America, and Southeast Asia, Congressional Research Service (CRS) Report for Congress ［R］. 25 February, 2009.

［123］ Thomas Lum, Wayne M Morrison, Bruce Vaughn. China's "Soft Power" in Southeast Asia, Congressional Research Service (CRS) Report for Congress ［R］. 4 January, 2008.

［124］ Tokyo Declaration of the First Meeting between the Heads of the Governments of Japan and the Mekong region countries ［R］. 7 November, 2009.

［125］ Tokyo Strategy 2012 for Mekong－Japan Cooperation ［R］. Ministry of Foreign Affairs of Japan, 21 April, 2012.

［126］ Update on recent TOSSD consultation and forward roadmap, DAC meeting ［R］. 2 February, 2017.

［127］ U. S. Department of State. U. S. Department of State Diplomacy in Action Australia－India－Japan－U. S. Consultations on the Indo－Pacific ［R］.

［128］ U. S. Role in the World: Background and Issues for Congress ［R］. Congressional Research Service. 26 October, 2018.

［129］ USAID Private－Sector Engagement Policy ［R/OL］. https://www. usaid. gov/sites/default/files/documents/1865/usaid_psepolicy_final.pdf.

［130］ USAID's Strategic Approach to Advancing America's Vision for a Free and Open Indo－Pacific ［R］. June, 2019.

［131］ USAID's Strategic Approach to Advancing America's Vision for a Free and Open Indo－Pacific ［R/OL］. February, 2020. https://www. usaid. gov/sites/default/files/documents/1861/Strategic － Approach － Indo － Pacific － Vision_Feb2020.pdf.

［132］ USAID. Statement by Administrator Samantha Power ［R/OL］. 28 May, 2021. https://www.usaid. gov/news - information/press - releases/may - 28 - 2021 - fiscal-year-fy-2022-presidents-budget-request/.

［133］ USAID. Fact Sheet - FY 2023 President's Budget Request ［R/OL］. 28 March, 2022. https://www. usaid. gov/sites/default/files/documents/USAID _FY_2023_ BudgetRequest_ FactSheet.pdf.

［134］ UN. Financing for Sustainable Development Report 2022 ［R］. April, 2022.

［135］ UN. The Sustainable Development Goals Report 2021 ［R］.

［136］ UNOCHA. Global Humanitarian Overview 2021 ［R］. December, 2020.

［137］ UNDP. Human Development Report 2021 - 22: Uncertain Times, Unsettled Lives: Shaping our Future in a Transforming World ［R］. 11 September, 2022.

［138］ UNCTAD. Financing for Development: Mobilizing Sustainable Development Finance Beyond COVID-19, 2022 ［R］. http://unctad. org/system/files/ official-document/tdb_ efd5d2_ en.pdf.

［139］ UNDESA. 2022 Development Cooperation Forum (DCF) Survey Study: Navigating COVID-19 recovery and long-term risks ［R］. 6 July, 2022.

［140］ UNHCR. Global Trends Report 2017 ［R］. 19 June, 2018.

［141］ WFP. Analytical Paper on WHS Self - Reporting on the Agenda for Humanity, 2017 ［R］. http://reliefweb. int/sites/reliefweb. int/ les/re-sources/CASH.pdf.

［142］ Wild L., L. Denney, A Rocha Menocal. Informing the Future of Japan's ODA-Phase Three: Positioning Japan's ODA as a leader in its field ［R］. ODI: London, 2011.

［143］ World Economic Forum (WEF). The Global Risks Report 2018, 13th Edi-tion, 2018, Geneva ［R/OL］. http://wef.ch/risks2018.

［144］ Zha Daojiong. In Pursuit of Connectivity: China Invests in Southeast Asian Infrastructure ［J］. ISEAS Perspective. ISEAS - Yusof Ishak Institute. 2018 No. 62.

六、英文网站

［1］ ADB Approves Over $210 Million in LEAP Financing in First Year of Operation ［R/OL］. ADB. 3 October, 2017. https://www.adb.org/news/adb-approves-over-210-million-leap-financing-first-year-operation.

［2］ Address by Prime Minister Shinzo Abe at the Opening Session of the Sixth Tokyo International Conference on African Development (TICAD VI), 27 August, 2016 ［R/OL］. http://japan.kantei.go.jp/97_abe/statement/201608/1218850_11013.html.

［3］ Adva Saldinger. US budget slashes global development funding, stresses burden sharing, Devex ［R/OL］. 12 March, 2019. https://www.devex.com/news/us-budget-slashes-global-development-funding-stresses-burden-sharing-94464.

［4］ Adva Saldinger. USAID administrator shares view on development finance legislation ［R/OL］. 25 June, 2018. https://www.devex.com/news/usaid-administrator-shares-view-on-development-finance-legislation-92960.

［5］ Akhilesh Pillalamarri. Project Mausam: India's Answer to China's "Maritime Silk Road" ［J/OL］. The Diplomat, 18 September, 2014. https://thediplomat.com/2014/09/project-mausam-indias-answer-to-chinas-maritime-silk-road/.

［6］ ASEAN Secretariat. ASEANstats database ［EB/OL］. https://data.aseanstats.org.

［7］ BartBroer. EU counters China's Silk Road Initiative ［R/OL］. EURACTIV, https://www.euractiv.com/section/central-asia/opinion/eu-counters-chinas-silk-road-initiative.

［8］ Better Utilization of Investments Leading to Development Act of 2018 or the BUILD Act of 2018, S. 2463 — 115th Congress (2017—2018), 02/27/2018 ［EB/OL］. https://www.congress.gov/bill/115th-congress/senate-bill/2463.

［9］ Busan Partnership for Effective Development Cooperation, Fourth High-Level Forum on Aid Effectiveness ［R/OL］. 1 December, 2011. http://www.oecd. org/development/effectiveness/busanpartnership.htm.

［10］ China To Forgive Cambodia's 2010 Debt ［EB/OL］. 5 November, 2010. Cambodia Daily. https://www. cambodiadaily. com/news/china - to - forgive - cambodias-2010-debt-107082/.

［11］ China's aid to Papua New Guinea threatens Australia's influence ［EB/OL］. https://www.theguardian. com/world/2018/jul/02/chinas - aid - to - papua - new-guinea-threatens-australias-influence.

［12］ Conor M Savoy. Future Considerations for the Partnership on Global Infrastructure and Investment ［R/OL］. 29 June, 2022. https://www.csis.org/analysis/future-considerations-partnership-global-infrastructure-and-investment.

［13］ Factsheet on NDICI - Global Europe ［R/OL］. 9 June, 2021. https://ec. europa. eu/international - partnerships/system/files/factsheet - global - europe - ndici-june-2021_ en.pdf.

［14］ FACT SHEET: President Biden and G7 Leaders Formally Launch the Partnership for Global Infrastructure and Investment ［R/OL］. 26 June, 2022. https://www.whitehouse.gov/briefing-room/statements-releases/2022/06/26/fact- sheet - president - biden - and - g7 - leaders - formally - launch - the - partnership-for-global-infrastructure-and-investment/.

［15］ Follow-up Measures of "the Partnership for Quality Infrastructure", Ministry of Foreign Affairs of Japan ［R/OL］. November, 2015. https://www.mofa. go.jp/policy/oda/.

［16］ Free Trade Agreement （FTA） and Economic Partnership Agreement （EPA） ［R/OL］. Ministry of Foreign Affairs of Japan, https://www.mofa.go.jp/policy/economy/fta/index.html.

［17］ G7 Ise-Shima Summit "Expanded Partnership for Quality Infrastructure" ［R/

OL]. Ministry of Foreign Affairs of Japan, November 2015. https://www.
mofa.go.jp/policy/oda/.

[18] Government of Japan. FY2018 Government Development Assistance Budget
[R/OL]. Japan Donor Profile, Donor Tracker. https://donortracker.org/
country/japan.

[19] GRIPS Development Forum, An Overview: Diversity and Complementarity in
Development Efforts, Diversity and Complementarity in Development Aid: East
Asian Lessons for African Growth [R/OL]. http://www.grips.ac.jp/forum-e/
D&CinDA.html.

[20] Heritage Foundation program, Southeast Asia's Forgotten Tier: Burma, Cam-
bodia and Laos [R]. July 26, 2007.

[21] Index for Risk Management (INFORM) [EB/OL]. 31 March, 2018.

[22] James Brooke. Japan to List China as a Major Threat [N]. The New York
Times, 16 September, 2004.

[23] Japan to propose G-20 aid rules to check China's Belt and Road [J/OL].
Nikkei Asia Review, 18 March, 2019. https://asia.nikkei.com/Economy/Ja-
pan-to-propose-G-20-aid-rules-to-check-China-s-Belt-and-Road.

[24] JICA Partnership Program [EB/OL]. JICA. https://www.jica.go.jp/
english/our_work/types_of_assistance/citizen/partner.html.

[25] JICA profile [EB/OL]. https://www.jica.go.jp/english/.

[26] JOCVs receive Ramon Magsaysay Award, Asia's Nobel Prize; JICA President
meets PH Cabinet members [EB/OL]. JICA. 3 October, 2016. https://
www.jica.go.jp/english/news/field/2016/161003_01.html.

[27] Kaplan, Stephen B. The Rise of Patient Capital: The Political Economy of
Chinese Global Finance [R/OL]. 24 July, 2018. https://ssrn.com/
abstract=3108215 or http://dx.doi.org/10.2139/ssrn.3108215.

[28] Kiichi Fujiwara. Japan's Return to ASEAN-Bringing Together the Wisdom to
Keep China in Check [N/OL]. Asahi Shimbun Newspaper, 18 December,

2013. http://pari.u-tokyo.ac.jp/eng/unit/ssu/articles/ssu20150320.html.

［29］ Leading Humanitarian, Development, and Global Health Organizations Urge Congress to Reject Cuts to Foreign Assistance ［J/OL］. InterAction, 11 March, 2019. https://www.interaction.org/blog/leading-humanitarian-development-and-global-health-organizations-urge-congress-to-reject-cuts-to-foreign-assistance/.

［30］ Leni Wild, Lisa Denney, Alina Rocha Menocal. Informing the Future of Japan's ODA: Positioning Japan's ODA as a leader in its field ［R］. The Overseas Development Institute, London, November, 2011.

［31］ Malcolm Cook. China and Japan's Power Struggle is Good News for Southeast Asia ［J/OL］. Southeast Asia Globe. 9 November, 2018. http://sea-globe. com/china-japan-rivalry/.

［32］ Mausam. Maritime Routes and Cultural Landscapes, Ministry of Culture of India ［R/OL］. https://indiaculture.nic.in/project-mausam.

［33］ Mekong-Japan Action Plan 63. 7 November, 2009 ［EB/OL］. Ministry of Foreign Affairs of Japan. https://www.mofa.go.jp/region/asia-paci/mekong/cooperation.html.

［34］ Ministry of Foreign Affairs of the Republic of Turkey ［EB/OL］. http://www. mfa.gov.tr/turkey_s-development-cooperation.en.mfa.

［35］ Ministry of Foreign Affairs Japan. Partnership with civil society ［R/OL］. https://www.mofa.go.jp/policy/oda/white/2015/html/honbun/b3/s2_3_3.html.

［36］ Ministry of Foreign Affairs of Japan. Japan-Australia-India-U. S. Consultations, 7 June, 2018 ［R/OL］. https://www. mofa. go. jp/press/release/press4e_002062.html.

［37］ MOFA, MOF, METI, MLIT. Partnership for Quality Infrastructure: Investment for Asia's Future. 21 May, 2015 ［EB/OL］. https://www.mofa. go.jp.

［38］ National Security Advisory Council ［EB/OL］. https://www.usglc.org/about-us/advisory-councils/national-security-advisory-council/.

［39］ OECD Development Co-operation Directorate ［EB/OL］. http://www.oecd.org/dac/.

［40］ Pacific Regional—Australian Infrastructure Financing Facility for the Pacific, Department of Foreign Affairs and Trade ［EB/OL］. https://dfat.gov.au/geo/pacific/development - assistance/Pages/australian - infrastructure - financing-facility-for-the-pacific.aspx.

［41］ Prashanth Parameswaran. The Ticking Clock on Trump's Asia Strategy ［J/OL］. The Diplomat, 6 July, 2017. https://thediplomat.com/2017/07/the-ticking-clock-on-trumps-asia-strategy/.

［42］ Private Sector Investment Finance for theThilawa Special Economic Zone (SEZ) —First SEZ Development in Myanmar, Building Company Expansion Bases with Public-Private Partnerships ［R/OL］. JICA. https://www.jica.go.jp/english/news/press/2014/140423_01.html.

［43］ Raj Kumar. Facing harsh realities, the global development community confronts another fraught year, Devex, 2 January, 2019 ［R/OL］. https://www.devex.com/news/facing-harsh-realities-the-global-development-community-confronts-another-fraught-year-94080.

［44］ Relationship between Japan and ASEAN ［R/OL］. Ministry of Foreign Affairs of Japan, December, 1998. https://www.mofa.go.jp/region/asia - paci/asean/pmv9812/relation.html.

［45］ Roser M, E Ortiz-Ospina. 2018 "Global Extreme Poverty" ［EB/OL］. http://www.ourworldindata.org/extreme-poverty.

［46］ Speech by Prime MinisterTakeo Fukuda (Fukuda Doctrine Speech) in Manila on August 18, 1977 ［R/OL］. "The World and Japan" Database. http://worldjpn.grips.ac.jp/documents/texts/docs/19770818.S1E.html.

［47］ Thailand to submit request to join CPTPP ［J/OL］. Vietnamplus, 10 February, 2019. https://en.vietnamplus.vn/thailand-to-submit-request-to-join-cptpp/

146353.vnp.

［48］The White House. Memorandum on the Partnership for Global Infrastructure and Investment ［R/OL］. 26 June, 2022. https：//www.whitehouse.gov/briefing － room/presidential － actions/2022/06/26/memorandum － on － the － partnership-for-global-infrastructure-and-investment/.

［49］TOSSD：A new statistical measure for the SDG era, OECD-DAC ［R/OL］. https：//oecd/tossd-task-force.

［50］Pompeo. U. S. plans ＄113 million "down payment on a new era" in Indo-Pacific ［R/OL］. https：//www. reuters. com/article/us － usa － trade － pompeo － idUSKBN1KK1NP.

［51］UNCTAD STAT ［EB/OL］. https：//unctadstat.unctad.org.

［52］经济合作与发展组织数据库 OECD. Stat ［EB/OL］. https：//stats. oecd.org.

［53］日本国首相官邸网站 ［EB/OL］. http：//www.kantei.go.jp.

［54］日本外务省网站 ［EB/OL］. https：//www. mofa. go. jp/policy/oda/policy. html.

［55］日本国际协力机构网站 ［EB/OL］. https：//www.jica.go.jp.

［56］美国国际发展署网站 ［EB/OL］. https：//www.usaid.gov.

［57］世界卫生组织网站 ［EB/OL］. https：//www.who.int.

七、日文报告

［1］平成 29 年度 ASEAN（10 か国）における 对日世論調査結果 ［R/OL］. 調査機関：Ipsos, 2018 年 12 月 28 日, 日本外务省网站.

［2］2019 年版開発協力白書 ［R/OL］. 日本の国際協力, 外務省, 2020 年 3 月 10 日.

后　记

2011 年硕士毕业后，我进入商务部国际贸易经济合作研究院工作，被分配到当时还叫发展援助研究的部门，那个如同记忆中《编辑部的故事》一样的办公室。从此，我十分幸运地成为了一名"援外人"，踏上了对外援助的研究之路；在这里遇见的是波澜壮阔、充满大爱和情怀、令人振奋和崇尚的援外故事。

记得是 2015 年，彼时的对外援助研究还相对小众，我的博士导师——中国人民大学国际关系学院黄大慧教授建议我关注对东南亚地区的援助问题，这成为我逐步形成本书思路的起点。而近些年，随着我国国际影响力的不断提升，援助已获得越来越多的关注，聚焦区域国别的发展合作研究越来越具有理论和现实意义。黄老师对国际形势的敏锐观察和对研究方向的准确把握，极大启发了我的思考，促使我将国际发展与地区合作相结合，于是有了本书的形成。在此，谨对导师在我人生多个重大阶段给予的教诲和指引致以最衷心的感谢！

如今，本书即将出版，希望以此对我十余年的对外援助和国际发展研究做出一个阶段性的回顾与总结。借此机会，向在书稿撰写、编辑和出版过程中给予我帮助和关心的家人、师友、同事表示最诚挚的感谢！

感谢商务部国际贸易经济合作研究院的领导和同事。作为国家高端智库，研究院提供的广阔平台和充足资源，使我有机会接触政策制定、赴国外培训访学、深入发展中国家调研；更有幸与领域内顶尖的官员、学者、实践者面对面地交流学习。感谢顾学明院长、俞子荣副院长，正是他们对国际发展合作研究以及青年发展的高度重视，使我得以在商务部原对外援助司、国家国际发展合作署受到锻炼，了解政策和项目管理，不断提高研究能力；感谢国际发展合作研究所王泺所长、西亚与非洲研究所毛小菁所长，在研究工作中始终如一地指导我提高站位、拓展视野、精炼文字，给予我成长和历练的机会；感谢与我并肩战斗的国际发展合作研究所每一位同事，在温暖而向上的工作氛围中，每一次的讨论交流、会议筹办、实地调研都使我受益匪浅；特别感谢陈小宁在本书出版阶段一路相伴，提出很多有益的修改意见。

感谢在国家国际发展合作署借调期间给予我指导的汤瑛、张贵轩、崔志飞等领导，使我对国际发展合作事业有了更深刻的认识；感谢上海对外经贸大学国际发展合作研究院黄梅波院长、太原理工大学经济管理学院寇静娜教授在书稿出版阶段给予我的关心；感谢中国商务出版社云天主任、张永生老师和研究院媒体中心钱志清老师，正是他们细心而辛勤的工作，使本书得以顺利出版。

最后，特别感谢家人始终给予的最大支持和爱，为我分担家庭重任，使我能有更多精力投入到研究工作中。尤其感谢我的爱人，正是在研究上受到他的感染、帮助和督促，在生活上受到他无微不至的照顾，在心灵上受到他始终如一的支持，才有了今天和今后的我。从本书的酝酿到完成期间，女儿的到来给我的人生带来了新的希望和前进的动力。

研究的路途漫长而艰苦，幸有家人、师友、同事为伴，使研究之路并不孤单，反而乐在其中。站在如今的时间节点，身处如此浩瀚激荡而变幻莫测的大历史中，作为一名涉足尚浅的研究人员，深感责任之艰巨、本领之恐慌，唯有持之以恒的努力，才能不辱使命，为我国的国际发展合作事业尽一点绵薄之力。

姚　帅
2023 年 6 月